面向21世纪金融投资精编教材

（第六版）

投资学

Touzixue

王玉霞 编著

东北财经大学出版社 · 大连
Dongbei University of Finance & Economics Press

图书在版编目（CIP）数据

投资学 / 王玉霞编著．—6版．—大连：东北财经大学出版社，2024.1（2025.7重印）
（面向21世纪金融投资精编教材）
ISBN 978-7-5654-4975-8

Ⅰ.投…　Ⅱ.王…　Ⅲ.投资经济学-高等学校-教材　Ⅳ.F830.59

中国国家版本馆CIP数据核字（2023）第193221号

东北财经大学出版社出版
（大连市黑石礁尖山街217号　邮政编码　116025）
网　　址：http://www.dufep.cn
读者信箱：dufep@dufe.edu.cn
大连东泰彩印技术开发有限公司印刷　东北财经大学出版社发行

幅面尺寸：170mm×230mm　字数：456千字　印张：23.75　插页：1
2024年1月第6版　2025年7月第2次印刷

责任编辑：郭　洁　石建华　孟　鑫　责任校对：刘贤恩
封面设计：张智波　版式设计：原　皓

定价：53.00元

教学支持　售后服务　联系电话：（0411）84710309

如有印装质量问题，请联系营销部：（0411）84710711

第六版前言

岁月如梭，本书自2006年问世，至今已迎来第六版。在这转瞬即逝的17年里，出版社、编辑与广大读者一同见证了这本书的成长。回顾过去，许多读者为这本书提出了很多建设性意见，使这本书日臻完善，备受欢迎。

本书的写作初衷，是为投资知识的初学者提供一本深入浅出、通俗易懂，既能理解投资的理念和逻辑，又与中国资本市场实践紧密相连的“指南”。令人欣慰的是，根据读者的反馈，这本书实际上帮助了许多读者，达到了我们的预期目标。

党的二十大报告中指出，要以中国式现代化全面推进中华民族的伟大复兴。“健全资本市场功能，提高直接融资比重”，是党的二十大报告为新形势下的资本市场改革发展部署的重要任务。在党的二十大报告的指引下，中国资本市场已进行了一系列的改革。紧跟时代步伐，满足教学与实践的新需求，使得第六版的修订工作成为自然与必然且水到渠成。

本书第六版在前五版的基础上，结合近年来金融市场和投资环境的变迁以及投资理论的最新发展，对全书内容进行了全面的梳理、修订和订正。尤其针对全面注册制新规、交易所新修订的交易规则、主板股票监控细则，以及近3年资本市场的剧变，对大部分章节内容进行了不同程度的修改，增添了最新的知识内容，特别是对证券发行市场、证券交易市场、证券市场法规制度与监管等发生重大注册制变革的章节重新进行了撰写；同时，为了提升学生分析和解决问题的能力，对全书的案例进行了重新筛选，选中的案例都具有典型性、代表性和时代感。本次修订旨在全面展示投资领域的新生态、新变化，同时深入浅出地解读专业知识点。

最后，我要再次向本书所引用的所有文献的原作者表示深深的感谢！我也要感谢东北财经大学出版社和编辑们对本书出版的热情支持，感谢读者提出的各种建设性意见，你们的认可是我前进的最大动力。

由于我的学识水平和时间的限制，第六版中仍难免存在一些疏漏或不妥之处，期待广大读者能继续为本书提供宝贵的建议。

王玉霞

2023年12月于中央财经大学

目　录

第一篇　基础知识篇

第一章
投资概述

本章提要

在现代经济生活中，无论是个人还是机构都需要投资。“投资学”在西方被称为家庭必修课。本章重点探讨投资的含义、阐述投资的分类和各种形式、分析投资和投机的关系、考察投资的发展历史。通过教学，使学生明白与掌握投资含义的变化、投资的本质以及投资与投机的关系原理，熟悉投资的分类和各种形式，知晓投资的发展历史。

第一节　投资的含义

一、投资的含义

在经济生活中，人们经常会碰到或用到“投资”一词。那么，什么是投资呢？

投资是经济学的一个重要范畴。从经济学的角度，投资和储蓄、消费、收益及风险是密不可分的。进行投资必须要有资金来源，从广义上说，全部投资均来源于储蓄，而储蓄来源于消费剩余或牺牲目前的消费。牺牲目前的消费的目的是将来得到更多的回报和收益，获得更大的价值或更多的资产。正因为有牺牲，才应当有报酬、有投资收益，“报酬”则是将来的消费增加。因此，西方投资学家威廉·夏普在其所著《投资学》一书中将投资表述为：投资（Investment）就是指为了获得可能的不确定的未来值而做出的确定的现值的牺牲。

因此，我们可以用通俗的语言将投资定义为：投资是指经济主体（国家、企业、个人）以获得未来货币增值或收益为目的，预先垫付一定量的货币或实物以经营某项事业的经济行为。

投资的这一含义，表明了投资主体、投资目的、投资方式和投资行为的内容及其内在联系。

我们也可以从以下四个方面来认识投资的定义：

第一，投资是投资者现在投入一定价值量的经济活动。从静态的角度来看，投资是现在垫支一定量的资金；从动态的角度来看，投资就是为了获得未来的报酬而

本章建议阅读资料：

1.陈保华．证券投资原理［M］．2版．上海：上海财经大学出版社，2003.
2.曹凤岐，刘力，姚长辉．证券投资学［M］．3版．北京：北京大学出版社，2013.
3.赖利，诺顿．投资学［M］．李月平，译．3版．北京：机械工业出版社，2005.
4.格雷厄姆，多德．证券分析［M］．巴曙松，陈剑，等译．6版．北京：中国人民大学出版社，2013.
5.中国证券业协会．证券业从业资格考试统编教材（2020）——金融市场基础知识［M］．北京：中国财政经济出版社，2020.

从事的经济活动。

第二，投资的目的在于得到报酬（即收益）。投资的目的很明确，那就是要获取将来的价值增值。投资者肯牺牲当期的消费，是因为他们期望未来能得到更多的价值补偿。未来的价值超过现在的价值，投资方能获得正报酬。

第三，投资具有时间性。投资是一个过程，这个过程要经过一定的时间间隔才能完成，所以投资自然而然地就包含了时间因素。

第四，投资具有风险性。风险是指未来收益的不确定性。当前投入的价值是确定的，但是，未来可能获取的收益却是不确定的，这种未来收益的不确定性就是投资风险。投资中的风险是不可避免的，而且风险大小与投资对象、投资时间长短有关。

上述所讲的投资者即投资活动的经济主体，简称投资主体或投资方，它有多层次和多种类型，如直接从事投资的各级政府、企业、事业单位、投资基金或者个人等。前四者通常合称为机构投资者，它们的投资规模较大，而个人投资者的投资规模相对较小。投资就是这些人或人格化的组织进行的一种有意识的经济活动。

总之，投资是个人或机构对现有资金的一种运用，是为了获得未来收益而进行的一种资本垫付行为。

但是，在我国原有的计划经济体制下，投资的内涵十分简单，如有的辞书将投资定义为“为了扩大再生产，新增固定资产和流动资金”“经济主体为了在未来获得经济效益或社会效益而进行的实物资产购建活动”。显而易见，这些定义过于狭窄，主要是指直接再生产的投资。实际上，投资涵盖的领域非常广泛，既包括生产投资、教育投资、科技投资、卫生投资等实际投资，也包括金融资产投资，如居民储蓄、购买股票与债券等，还包括各种流动性低的收藏品投资，如艺术品、古玩、邮票、贵重宝石、纪念币投资等。

二、投资的发展简史

投资是源于商品经济的活动，而且随着社会经济的发展、社会形态的差异，投资的含义也有所变化和逐渐扩展。早在古代社会，生产力水平低下，只能共同劳动、平均分配产品，产品没有剩余，平日如确有交换需要，则直接进行物物交换，以其所有换其所无。此时，投资便无从谈起。随着生产力的发展和社会的进步，出现了剩余产品，交换发生、商业兴起，社会分工越来越细，货币充当交换的媒介，逐渐产生了商业资本。在这个阶段，投资才有可能，投资活动才逐渐出现萌芽。

到了中世纪，商品、货币经济进一步发展，资本主义生产关系产生，投资活动随之产生、发展和日趋活跃。资本主义经济中的投资，一般就是投资者（主要是资本家）为获得最大利润而投入一定量的货币，将其转化为生产资本，即投放资本于国内外企业的活动，投资与资本化过程是密切联系的。而且，随着资本家对生产资本的需求，在西方国家出现了众多大小不等的以从事短期工商企业流动资金贷款为主要业务的商业银行。商业银行以吸收存款的方式将社会上闲置的资金集中起来，再将其贷放出去，将吸收的保管性存款变为投资性存款，以满足资本主义商业经济发展对信用的需要，且随着资本主义商业经济的发展，商业银行也得到迅猛发展，资金剩余者主要通过存款的方式和商业银行的运作实现投资目的。

在资本主义发展初期，资本家既是资本所有者也是资本使用者。资本家一般都直接拥有生产资料、资本，并亲自从事生产经营。投资大多采用实物投资的方式，即直接投入资本，购置土地、建造厂房、添置设备、购买原材料和存货、雇用工人，开展生产和流通活动。在这一阶段，为生产、再生产、扩大生产规模、提高生产能力而垫付资金，是投资最一般的含义。但是，随着17世纪新大陆的发现和海外贸易的发展，占有资本和使用资本相分离日益成为资本运用的一种重要方式。因为资本所有者要发展海外贸易，单靠个人原始资本的积累是很难实现的，且仅凭着一叶轻舟，要在海上长时间、长距离航行，无论前面的利润有多么可观，那些出没无常的狂风巨浪都会给远航的贸易带来无法回避的巨大风险。远航带来的超额利润是所有人都希望得到的，而获取它所必须承担的巨大风险又是所有人都无法逃避的。那么，有没有一种办法既能够获得足够的利润又能够把风险控制在一定的限度内呢？于是，股份制的公司、股票以及股票市场就在人们这种分散投资风险和对巨额资金的需求中诞生了。荷兰东印度公司是世界上第一家公开发行股票的公司，它发行了当时价值650万荷兰盾的股票，在荷兰的6个海港城市设立了办事处，其中最重要的一个城市就是阿姆斯特丹，在这里发行的股票数量占总数的50%以上。当时，几乎每一个荷兰人都去购买这家公司的股票，每一个人都成了这家公司的投资者。荷兰东印度公司基本上是以这种方式运作的，即将公司的资本分成若干股，每个人都可以持有公司的股份，公司给予持股者有公司抬头的证明，凭这种持股证明可以参与利润分配。荷兰东印度公司从此进入了繁荣时代。此后，荷兰各家船运公司纷纷效仿组建股份公司，通过发行股票吸收和聚集更多的他人资本，这使荷兰的经济规模雄居全球之首。当时其商船总数是英国的10倍，占世界总量的75%，这同时也为荷兰赢得了“海上马车夫”的称号。

海外贸易的发展和股份公司制度使投资方式发生了革命性的变革，在过去直接对实物进行投资的基础上，兴起了新的投资方式，即通过购买各种有价证券，包括政府债券、金融债券、公司债券、股票，以及其他证券实现投资。这样一来，投资方式，就既包括各个投资主体为了在未来获得经济效益或社会效益而进行的构建各种实物资产的直接投资，也包括各个投资主体用其积累起来的货币购买各种有价证券以获得资本增值为目的的间接投资。但是，在工业革命之前，一切生产活动都围绕着贸易进行，当时资本市场和证券投资对工业生产并没有起到支撑作用。

进入19世纪中期，西方国家先后发生了第一次和第二次产业革命，极大地提高了社会分工和协作水平，企业规模迅速扩大。并且，工业革命作为人类经济史上的一次重要变革，使工业生产取代了商品贸易，占据了整个经济的主导地位。资本所有者要兴办产业，越来越需要吸收和聚集更多的他人资本，否则单靠个人的资本积累不足以扩大其资本规模，铁路建设就是一个典型例证。1825年，英国要修建达灵顿到史达克顿的铁路，全程共需花费10万英镑，在19世纪20年代，这是个天文数字，很显然任何个人都是无法承担这笔开支的。修建铁路作为当时一个很大的投资项目，需要快速地集聚资金以保证工程的进度。于是，达灵顿-史达克顿铁路公司发行了股票。仅仅一年的时间，达灵顿到史达克顿的铁路就建成了，这条铁路的建成不仅大大降低了商品运输的成本，同时也使达灵顿-史达克顿铁路公司获得了巨额利润。马克思看到了这些，他在《资本论》中写道，“假如必须等待某个单个资本增长到能够修建铁路的程度，那么恐怕直到今天世界上还没有铁路。但是，集中通过股份公司瞬间就把这件事完成了”。马克思对股份制进行研究后指出，实行执行职能的资本家转化为单纯的经理，即别人的资本的管理人，资本所有者则转化为单纯的所有者，即单纯的资本家，“资本所有权这样一来就同现实再生产过程中的职能完全分离了”。股份制经济的出现和发展，大大加速了这种分离，且通过证券投资方式和资本市场这样一种渠道，将千千万万投资者手里的资金引入生产领域。制度上的变革，使得英国经济规模迅速扩大，渐渐变成了“世界工厂”，把欧洲那些与之同时起步的国家远远地抛在身后，在当时经济实力位居世界第一。于是，一直服务于经济发展的资本市场也随之发生了一次历史性的转变，资本市场和证券投资方式也逐渐在世界各国的经济发展中占据主导地位。这时的投资已演变成将收入转换成资本，投入某项事业，以便在未来能获得所期望的经济效益。

到了20世纪80年代，资本市场和证券投资基本上是以国界为限的。80年代以后，很多工业发达国家开始放松资本管制和外汇管制，跨国投资和并购日益频繁，尤其是信息技术和互联网的迅速发展，使资本在国与国之间的流动更加自由。纽约、香港、伦敦、东京这些世界级的金融中心，已经将全球资本市场连成一体，上百亿美元的资金可以在几个小时之内，从世界的一个地方流到另外一个地方。投资者可以坐在自己的家中，在一天24小时之中的任意时刻，轻轻地敲击几下键盘，通过互联网便能对在全球任何一个交易所上市的任何一家公司进行投资。跨时空、跨地域进行投资已经变成现实。

在市场经济高度发达的今天，随着金融市场的扩张、演进和制度的完善，市场上不但存在货币与股权交易、货币与债权交易、货币与信托交易等，而且出现了金融衍生产品交易，如期货交易、期权交易、互换交易等，这使得资本增值的途径不但可以是“货币-实物商品-货币”的形式，也可以是“货币-货币”的形式。实物项目投资已不是投资的必要条件，资金的再生产可以相对独立于产品的再生，投资的内容以及所牵涉的关系也更加复杂，投资领域大大拓宽。

从投资发展历史可以看出：投资走过了从无意识到有意识，从土地、机器或工厂等固定资产到股票、债券等金融资产，从小规模到大规模，从少量投资者到多数投资者，从国内到全球的发展道路。并且，“证券”和“证券投资”的发展成为投资的最一般含义。

第二节 投资的分类和形式

一、投资的分类

依照不同的划分标准，投资有许多种分类，下面就一些主要分类作简单介绍。

（一）广义的投资和狭义的投资

广义的投资是指各个投资主体为了在未来获得经济效益或社会效益而预先垫支一定资本的各种经济行为。例如，国家、企业、个人出资开工厂、办农场、修水利、建桥梁，购买生产所用的机械、设备、材料，收藏艺术品、古玩、邮票、纪念币、贵重宝石，买股票、债券等都可称为投资。

狭义的投资则仅指投资于各种有价证券，进行有价证券的买卖，也可称为证券投资（Securities Investment），如购买股票、债券等。当今西方学术界的许多投资学专著，实际上主要研究狭义投资，即证券投资。

（二）直接投资和间接投资

对于直接投资和间接投资，目前有两种划分方法，一种是从广义上进行划分，一种是仅就金融资产的投资进行划分。

从广义上说，直接投资（Direct Investment）是指投资者将货币资金直接投入投资项目，形成实物资产（固定资产、流动资产等），或者通过收购、兼并等对现有企业进行投资。通过直接投资，投资者便可以拥有全部或一定数量的企业资产及经营的所有权，直接进行或参与投资的经营管理，从而对投资企业具有全部或较大比例的控制权。间接投资（Indirect Investment）是指投资者将货币资金投资于金融资产，包括投资于银行和金融机构储蓄，购买股票、债券、基金等有价证券，形成金融资产的投资。

就投资于金融资产而言，按投资者能否直接控制其投资资金的运用来划分直接投资和间接投资。各个投资主体直接以购买股票、债券、商业票据等形式进行金融投资是直接投资，由于其投资形式主要是购买各种各样的有价证券，因此也被称为证券投资。各个投资主体将资金存入商业银行或其他金融机构，以储蓄存款或企业存款、机构存款的形式存在是间接投资。

股票、债券投资是直接投资最重要的形式，直接投资的中介机构是证券经营机构。商业银行信贷是间接投资最重要的形式，间接投资的中介机构主要是商业银行。

投资于金融资产的直接投资和间接投资有以下区别：

首先，直接投资与间接投资的投资者与筹资者之间建立了不同的经济关系。在直接投资活动中，股票的发行和流通伴随着所有权的产生和转移，债券的发行和流通则反映了两个行为主体的债权债务关系，投资者必须直接承担投资风险，并从筹资者处直接取得股息或利息收益。证券经营机构作为中介人，以承销商或经纪人的身份提供中介服务，并不直接介入投融资活动，即投资者与筹资者之间不存在中介因素。而在间接投资活动中却反映了三个行为主体的债权债务关系，一是投资者（存款人）与银行之间的债权债务关系，二是银行与筹资者（借款人）之间的债权债务关系。在这里，商业银行扮演金融中介的角色，既是存款人的债务人，又是贷款人的债权人，商业银行直接介入投融资活动，既要承担清偿债务的责任，又要承受贷款的风险；与之相对应的，商业银行的主要收益来自存贷款的利差。而投资者无须直接承担贷款风险，投资者和筹资者之间是一种间接的信用关系；与之相对应的，投资者的投资收益是商业银行支付的存款利息。图1-1简要说明了直接投资与间接投资的资金流通途径。

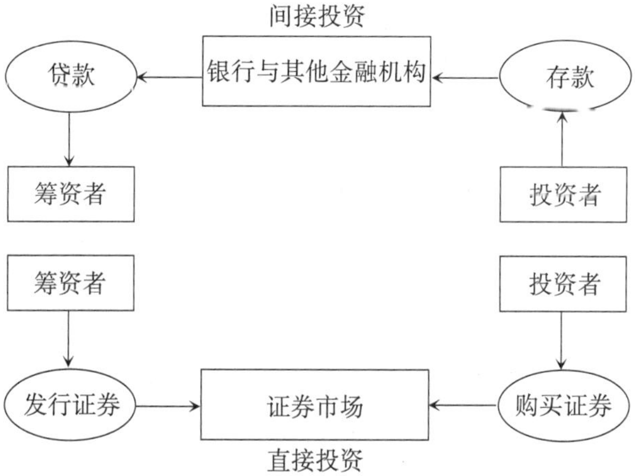

图1-1　金融体系中直接投资与间接投资的资金流通途径

其次，直接投资与间接投资都属于金融市场范畴，但是这两种资金融通在金融市场上所起的作用是不一样的，投资者承担的风险和获得的收益也是不同的。

直接投资对获得资金的企业来说，特别是对通过发行股票获得资金的企业来说，资金比较稳定，除非企业破产倒闭，没有中途资金被抽走的风险，不管经济形势如何变化，改变的只是已上市股票的价格，而不影响企业已得到资金的运作。当然，对投资者来说这是一种风险高、收益也可能较高的交易方式。而间接投资对企业来说，一般属于获得了短期信贷资金，来源也不稳定。当然，对投资者来说，因以银行等金融机构为中介，一般风险较小，因此收益也较低。

任何一个发达、完善的金融市场体系一定会同时存在直接投资和间接投资，投资者应根据自身的投资需要和这两种投资方式的特点加以选择。

（三）实物投资和证券投资

投资某公司开发的房地产项目和该公司的股票都属于投资，前者是真实的实物投资，后者是证券投资。

实物投资（Real Assets Investment）是指投资者对现实的物质资产进行构建以求获取一定的回报。它的投入会形成社会资本存量和生产能力的提高，并可直接增加社会物质财富或提供社会所需要的服务，如国家、企业、个人出资建造工业厂房和购置生产所用的机械设备等。

证券投资是指投资者将货币资金投资于各种各样的有价证券，如股票、债券、基金等。这种行为会使投资者在证券的持有期内获得与其承担的风险相对称的收益。证券投资是以有价证券的存在和流通为前提条件的，即证券投资所形成的资金运动是建立在金融资产基础上的，属于一种金融投资。证券投资可使实物部门筹集到生产经营活动所需的资金，使实物投资更加便捷。

实物投资和证券投资之间并不是相互排斥的关系，它们具有紧密的联系。

如果我们以股份制企业为例，对资本运动的全过程进行考察，证券投资与实物投资是同一投资运行过程中的两个阶段，而且，证券投资是最基本的资本垫付，对实物投资具有决定性意义。

在发达的商品经济条件下，公司的股票、债券是融资工具，它们促成了实物资产的形成和配置，对实物投资具有决定性意义。从股份制企业资本运动的全过程来看，股份制企业通过向社会发行股票等各类证券筹集生产经营所需的资金，然后再将资金投入到生产经营领域进行实物投资，通过生产活动创造出利润，再分配给投资者。投资者购买股票、债券等进行证券投资的资金来源主要是社会储蓄资金，这部分社会储蓄资金通过证券市场转化为投资资金，间接进入生产领域投资于实物资产。就是说，由于证券市场自身机制的作用，通过各类证券的发行将社会储蓄资金转化为投资于证券的资金并转移到企业部门，进入生产领域，使社会资金在资金盈余单位和资金不足单位之间重新配置，解决社会资金供求的矛盾。而且，证券流通市场中各类证券的交易活动，还会促使有限的社会资金流向经济效益好的部门和企业，提高社会资金的利用效率和社会生产力水平，实现优胜劣汰和资源的优化配置。正如马克思说的那样，世界上如果没有股份公司的出现，恐怕到现在铁路也不能修建起来。所以，在发达的商品经济条件下，证券投资对实物投资具有决定性意义。

尽管证券投资在发达商品经济条件下占有重要的地位，但它的未来收入又是由实物资产的运作产生的，即证券投资的收益最终来源于实物资产在社会再生产过程中的创造。因而，证券投资的资金运动是以实物投资的资金运动为依据的，企业实物投资效果的好坏会直接影响企业的盈利能力，企业盈利能力的变化会影响投资者对该企业证券的投资前景预期，从而做出不同的投资决策，使金融投资水平发生变化。

证券投资在很多发达国家经济中已经占有重要地位，如在美国等很多国家，证券市场总市值占国内生产总值（GDP）的比重已经超过了100%，发展中国家平均也近70%，而我国2012年的统计数据还不到50%，近些年来虽又有了一定的发展，但无疑证券市场还有很大的发展空间。当然，我们也必须看到，实物资产才是证券投资存在和发展的基础，证券投资本身并不能创造财富，它是一种信用活动，只能通过实物资产在社会生产过程中创造价值，因而证券投资并不能脱离实物投资，否则就会出现泡沫经济，最终导致金融危机的爆发。

（四）短期投资和长期投资

这是按照投资期限或投资回收期的长短来划分的。

短期投资是指预期在一年内收回的各种投资业务，如企业的各种流动资产及各类短期证券投资等。短期投资周转快、流动性较好，风险也较低。

长期投资，简单地讲，是指投资期在一年以上的各类投资事项，如对企业固定资产和设备等的投资、对长期金融资产的投资等。长期投资耗费多、回收期长、短期变现能力较差，故风险较高，但其长期的盈利能力较强。

短期投资和长期投资的区别是：从时间上看，短期投资一般控制在一年之内，而长期投资通常超过一年。从目的上看，投资人进行短期投资主要是利用暂时多余的资金，购入一些非必需但能随时变现的财物，以供生产周转之用，同时达到谋取一定利益的目的；而长期投资主要用于财务上合理调度和筹划资金，参与并控制其他公司的经营决策，实现某些经营目的。

（五）固定收益投资与非固定收益投资

固定收益投资是指预先规定应得的投资收入，一般用百分比表示，按期支付，收益在整个投资期内不变。多数债券和优先股的收益都是固定的。非固定收益投资是指投资收益预先不规定，收入不固定，如普通股的收益就是不固定的。一般来说，固定收益投资风险小，但收益也低；非固定收益投资风险大，但收益也高。

（六）营利性投资和政策性投资

营利性投资又称经济性投资，在西方也常称为商业投资，是指为了通过生产经营而获取盈利所进行的投资，一般主要投入到生产或流通领域中。政策性投资又称非营利性投资，是指用于保证社会发展和群众生活需要而不能或允许其不带来盈利的投资。

（七）国家投资、企业投资和个人投资

国家投资，是指中央政府和地方各级政府所进行的投资，通常表现为财政投资。它可以由国家直接拨款来安排，无偿使用，也可以委托管理投资的专业银行或投资公司进行贷款，有偿使用。企业投资是指企业作为投资主体所进行的投资。个人投资的主体是个人，是指个人将手中的资金用于购买证券充作金融资产，借以在未来获利。

（八）国内投资和国际投资

国内投资是指本国政府、企业、个人等各类投资主体在本国境内所进行的投资。国内投资总量代表了一个国家经济发展水平的高低、积累能力的大小和经济实力的强弱。国际投资是指各类投资主体跨越国家界限的投资，包括国际上各种形式的直接投资和间接投资。

二、投资的形式

（一）固定资产投资

固定资产投资是指投资主体垫付货币或物资，以获得生产经营性或服务性固定资产的过程。固定资产是指在社会再生产过程中可供长时间反复使用，并在使用过程中基本上不改变其实物形态的劳动资料和其他物质资料。在我国会计实务中，将使用年限在一年以上的房屋、建筑物、机械设备、器具、工具等生产经营性资料作为固定资产。不属于生产经营主要设备的物品，单位价值在2 000元以上，且使用年限超过2年的，也作为固定资产。

全社会固定资产投资按照管理渠道分为基本建设投资（新建、扩建工程的投资）、对现有固定资产进行更新改造的投资、房地产开发投资和其他固定资产投资4个部分。

（二）房地产投资

房地产投资是指为了获得未来收益或避免资金贬值而投资建造或购买房地产以便出卖、出租的活动。它是固定资产投资的重要组成部分。在许多经济发达国家，房地产投资已经成为经济繁荣的重要支撑力量。

（三）有价证券投资

有价证券投资简称证券投资，即所谓的狭义的投资，是指投资者将资金投向股票、债券等各种有价证券，进行有价证券的买卖，从而获取收益的一种投资行为。在现代社会中，证券投资在投资活动中占有突出地位。它是目前发达国家重要和基本的投资方式，是动员和再分配资金的重要渠道。证券投资可将社会上的闲散货币转化为投资资金，可使储蓄转化为投资，对促进社会资金合理流动、促进经济增长具有重要作用。

（四）期货投资与期权投资

期货投资是指投资者通过买卖期货合约规避价格风险或赚取利润的一种投资方式；期权投资是指为了实现盈利或避免风险的目的而投资，购买期权者以支付一定数量的期权费（Premium）为代价，得到在一定时期以指定价格买卖一定数量的商品或证券的权利，所以一般所讲的期权即指期权合同。

（五）信托投资

信托投资，从受托人的角度来说，是指信托企业以投资者的身份直接从事各种投资活动，这是信托投资公司的基本业务；从委托人的角度来说，是指委托人以投资者的身份将财产交付受托人并指定其用于投资活动，这是委托人的一种投资方式。基金投资就属于一种信托投资。

（六）保险投资

保险投资是投资者通过参加保险来抵补风险损失或获取收益的一种投资方式。它具体又可细分为财产保险、人寿保险、投资连接保险等投资。

（七）BOT投资

BOT（Build-Operate-Transfer）投资是指外国投资者投资于东道国基础设施项目的建设，东道国授予投资者一定时期的经营管理权，投资者在其经营期间赚取利润和收回投资后，到期将该项目全部无偿交给东道国政府的投资方式。这是近年来国际上流行的利用外资的形式。

第三节　投资与投机

投资与投机好比一对孪生兄弟，相互依存，只要有投资就会有投机。在投资实务中很难将二者严格区分开来。因此，我们有必要探讨一下投资、投机的作用及投资与投机的关系。

一、投机的概念

所谓投机（Speculation），是指在愿意承担较高风险的基础上为获取较高的收益而从事的短期买卖行为，如炒地皮、炒楼花、炒权证、炒股票。它是市场上常见的一种买卖行为。

二、投机的作用

按照以往的习惯看法，投资与投机是两个截然不同的概念，投资是正常行为，投机则是不正当甚至是非法行为。其实，我们要辩证地看待投机现象。投机对市场的健康发展具有双刃剑作用：一方面，它是市场中不可缺少的重要组成部分，可以这样说，没有投机，就不会有市场的存在；另一方面，过度投机也会引起市场动荡或加剧经济波动。

以证券市场为例，投机具有积极作用，具体表现为：

第一，投机具有平衡市场价格的作用。投机者力图通过自己对未来价格变动的预期来进行买卖。当证券市场行情暴涨，人们都不舍得卖出股票时，投机者认为行情已经达到峰顶而趁机高价卖出股票，从而增加了对证券的供给，缓和了价格继续上涨的压力；当证券市场行情暴跌，人们都不敢买入股票时，投机者认为证券价格被低估而趁机进场抄底，从而增加了对证券的需求，抑制了价格进一步下跌。由此可见，投机完全是证券市场上的一种市场行为，正常的投机对平衡证券价格能起到一定的积极作用。

第二，投机能够增强证券市场上的流动性。可以说，一个证券市场上流动性的大小主要取决于投机行为的大小。投机者只要觉得有利可图，就会频繁地买卖，从而能够增强市场上的流动性。当市场都看好某一种或多种证券时，如果缺乏投机者，那么，很多要投资的人就会不断地抬高价格买进，已经买进的人又会因为看好此证券而不愿意抛售，结果必然导致价格异常上涨，而且都想买不想卖，市场就会缺乏流动性。但是，有了投机者的快进快出，就会提高证券交易的流动性，投机者使得市场有行有市。所以，正常的投机对增强证券的流动性、加速资金周转、维持证券市场正常运转具有积极作用。

第三，证券投机者参与交易有利于分散价格变动风险，从而成为风险承担者。投资者往往是风险回避者，不愿承担风险，他们往往通过期货、期权交易来回避风险，但这种交易若没有人主动出来承担风险就不会成交，从而导致证券价格向原有的方向变动。正因为价格剧烈波动产生了获取价差的机会，所以投机者就会挺身而出承担他人不愿承担的风险以获取额外收益。从某种意义上说，没有投机，就没有证券市场。

当然，投机还具有很多消极作用，这主要是由过度投机、违法投机造成的。具体表现为：

第一，投机活动会使一些投机者在很短的时间内成为暴发户，而使另一些投机者在很短的时间内遭受破产损失，不利于社会安定。

第二，在投机过度的情况下，一些投机者为了牟取暴利会进行内幕交易，甚至制造谣言，进行虚假交易，垄断、操纵证券市场，违背证券市场“公平、公正、公开”的三公原则，造成市场混乱。

第三，在过度投机的情况下，证券价格会脱离现实的经济条件和公司业绩，不断暴涨，形成虚假的市场繁荣和需求，从而形成泡沫经济。而当价格过高时，一旦产生不利因素，又会即刻引起暴跌，严重损害大批投资者的利益和影响国民经济的稳定运行。

这些行为对证券市场的危害是相当大的，证券管理机构应该予以严厉打击。

三、投资与投机的关系

投资与投机这对孪生兄弟，同在一个市场从事交易活动，但二者在投资策略选择、投资收益的重点，以及风险和收益的权衡等方面都是有差异的。

在投资策略的选择上，投资者倾向于做长线，着重对各种证券所代表的实际价值、公司的业绩和创利能力进行分析，选择有发展前途的资产投资，以期将来取得高收益；投机者倾向于做短线，主要注重市场行情的变化，只向短期能带来可观收益的资产投资，通过频繁地买进卖出谋利，以获得市场差价为主。投资者注重证券的内在价值；投机者则注重证券的市场价格。因此，投资活动是市场稳定的基础，投机活动是活跃市场的主要动力。

在投资收益的重点上，投资者看重基本收益；投机者追求的则是资本升值，而非利息、股息收入。

在投资风险上，风险大的为投机，投机是高风险投资；风险相对小的为投资，投资是稳健的行为。

第四节 投资过程

投资过程就是一个投资者如何进行投资决策的过程。它是动态的和连续的，投资分析工作也是永无止境的。无论是从事实物投资还是从事证券投资，都需要经过几个步骤或阶段才能做出恰当选择，同时还涉及后续的投资管理问题。投资过程基本上由五个部分组成，即明确投资目标、了解投资环境（工具）、制定投资策略、实施投资策略、监控及评价投资业绩。图1-2说明了投资过程各部分间的联系。

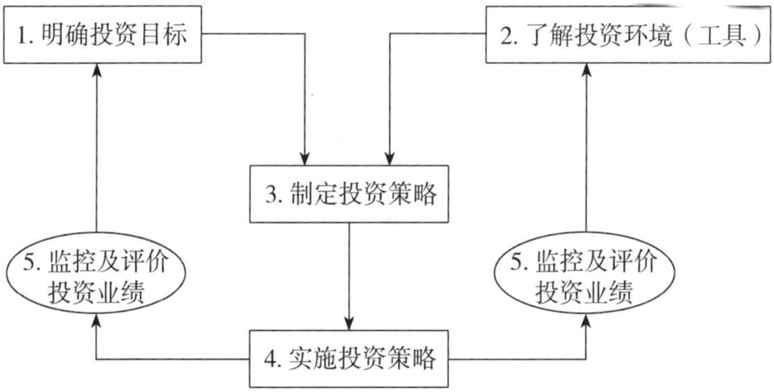

图1-2 投资流程图

一、明确投资目标

投资过程中的首要因素就是投资者的投资目标。投资者首先应制订一个投资计划，一般来说，普通股的平均回报率显著高于储蓄账户或债券的利息率，但是，不是所有的普通股都如此，回报较高的投资必须承担较高的风险。因此，投资计划应当包括有关收益要求和风险承受能力的具体目标。例如，某投资者对证券组合投资的要求是平均收益应当高于8%且损失不得超过10%。

制订投资计划时还应当考虑到：投资者目前的财务状况是怎样的？资金来源有哪些？在可以预见的未来一段时期，能用来投资的资金有多少？在未来的不同时期需要花费的现金是多少？投资者能够承担的风险有多大？投资者更适合选择哪种投资方式？投资的税收情况如何？

例如，父母想为他们刚出生的孩子准备大学教育费的投资计划肯定会与想在一年之内准备结婚的投资者的投资计划不同。所以，在开始投资操作时必须根据自己的实际情况确定合适的投资目的。

二、了解投资工具

在确定了投资者的投资目标之后就应该考虑适当的投资机会了，既要了解目前的市场投资环境、市场上都有哪些投资工具，也要了解不同投资工具本身的状况，以便在众多的投资工具中进行选择。总的来说，不同的投资工具具有不同的投资收益和风险，对不同投资工具的选择就是对不同的收益和风险进行权衡。以金融资产投资为例，金融资产一般分为三种类型：债券、股票、衍生证券。

债券，是表示债务人与债权人之间关系的金融资产，是一个公司的负债凭证。

股票，是证明投资者的股东身份和权益并据以获取股息的凭证。

衍生证券，如认股权证、期权和期货，它们是与基础证券联系在一起的。

债券风险最小，而收益也最低；股票平均来说收益较高但风险也较大；衍生证券可能风险最高，但同时潜在收益也最高。图1–3描述了金融资产的预期收益和风险的选择。

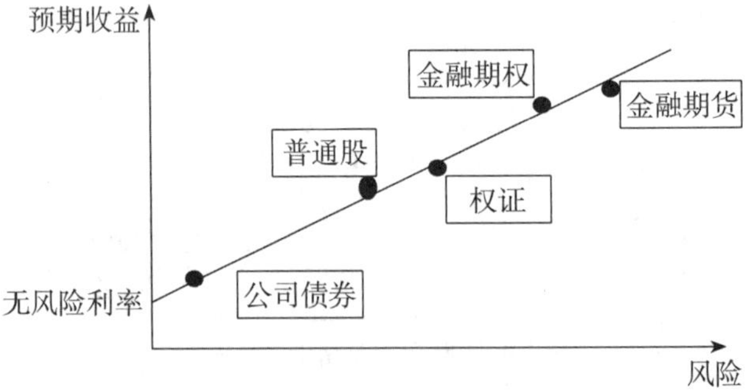

图1–3　金融资产的预期收益和风险的选择

三、制定组合投资策略

在充分了解了各种投资工具的收益与风险及市场状况之后，投资过程的下一步是协调各种投资工具，使其与投资者的投资目的相适应。

在制定组合投资策略时，有些投资者喜欢尽可能地回避风险。例如，你需要一笔钱来支付下一年的学费，你可能会把所有的钱都投入到非常安全的证券上，如短期债券；而一些不愿失掉获得高收益机会的投资者则愿意冒风险，把他们所有的资金都投资于股票或衍生证券。以上两例都是比较极端的选择，没有必要做出这种把所有的钱都投入一种证券的极端选择。“不要把鸡蛋放到一个篮子里”是进行投资的至理名言。

“不要把鸡蛋放到一个篮子里”，就是指投资要注意分散风险，要确定各种不同资产的投资比例，进行组合投资。典型的资产有货币市场证券、债券、股票和不动产。组合投资在投资管理中举足轻重。在各类资产中的证券，如股票，趋向于一起波动，这种具有统一性的运动变化就叫做相关性（Correlation）。因此，资产配置是很关键的，因为不同类型的资产相关性较低，即一般不会一起波动。不一起波动的资产组合在一起可以有效地降低投资的总风险水平。

四、实施组合投资策略

这一步骤，实际上是通过选择投资工具、实施资产配置和对资产配置进行修正三个环节来完成的。

要成功地实施资产配置策略是很难的，这主要是受到以下三个因素的影响：一是交易费用。要改变资产配置就会增加交易费用，交易费用增加会直接减少因改变资产配置而带来的期望收益。二是市场的不断变化。不断变化的市场会改变人们追求的最佳配置投资策略。三是投资者的目标和限制也在不断发生变化。随着时间的推移，个人的需求或资金的变化都会要求资产重新配置。例如，若一位投资者继承了一大笔钱，则他对风险的厌恶态度就会发生改变。

五、监控及评价投资业绩

一旦投资开始，定期评价投资方案就显得非常重要。投资者要根据收益与风险之间的关系来评价资产配置方案取得的实际业绩，这是因为市场是处于变动之中的。此外，税收法律的更改以及其他一些事情的发生也会改变既定的目标。投资者必须定期检查投资策略，保持质疑心态，再重新开始步骤一、二……以使策略保持最佳。

【案例】　巴菲特的投资原则[①]

如果在1956年你的祖父母给你10 000美元并要求你和巴菲特共同投资，如果你非常走运或者很有远见，你的资金就会获得27 000多倍的惊人回报，而同期的道·琼斯工业股票平均价格指数仅仅上升了大约11倍，况且道·琼斯指数是一个税前数值，因而它是一个虚涨的数值。如果伯克希尔的股票价格为7.5万美元，在扣除各种费用、缴纳各项税款之后，起初投资的1万

① 根据公开的网络资料整理。

美元就会迅速增至2.7亿美元，其中有一部分费用发生在最初的合伙企业里。无怪乎有些人把伯克希尔股票称为"人们拼命想要得到的一件礼物"。

巴菲特没有继承任何财产，但他持有伯克希尔公司超过30%的股份。这是一家投资控股公司，拥有大量的股票、债券、现金、其他投资品种以及众多的实业公司。由于巴菲特持有大量的伯克希尔股票，从多方面来看，巴菲特就是伯克希尔公司的股东，伯克希尔公司理所当然就是他的智慧结晶，伯克希尔公司的出色业绩可以同美国任何一家大企业相媲美。

尽管巴菲特在金融领域很有名气，但是，他在1991年出面拯救华尔街的所罗门公司之前却鲜为人知。他的办公地点就位于内布拉斯加州中等城市奥马哈一栋很不起眼的大楼里。多年来，巴菲特坐在他的办公室里阅读和思考，他已经创造了数十亿美元的股东价值，使几十位早期投资伙伴的财富超过了数千万美元，使几百位投资者成了百万富翁。

除了财富之外，巴菲特的投资思想和投资观念在世界上也极具影响力。对于那些追求财富的人，巴菲特提出了两条具体的投资原则：

第一条原则：千万不要亏损。

第二条原则：千万不要忘记第一条原则。

案例思考：巴菲特的投资原则给你带来哪些启示？

本章基本概念

直接投资和间接投资　实物投资和证券投资　投资与投机

复习思考题

1. 什么是投资？如何正确理解投资的含义？
2. 什么是证券投资？试述证券投资与实物投资的区别、联系。
3. 试述直接投资与间接投资的主要区别和相互关系。
4. 试分析投资与投机的关系。
5. 正确的投资过程有什么意义？

学习资料推荐

■你可以登录中国证券监督管理委员会官网了解各种投资工具及投资情况。

第二章
股　票

本章提要

股票是证券市场上的主要投资工具之一，作为虚拟资本具有价值。本章重点阐述股票的含义、特征及种类，股票的权利及义务，分析我国现行的股票类型及产生的原因。通过本章的学习，学生应掌握股票的含义、特征及相应的权利、义务，知晓各种股票的类型，对我国的股票种类划分有一个清晰的认识。

第一节　股票的含义、特征和基本内容

一、股票的含义

股票（Stock）是股份有限公司发行的一种有价证券，是用以证明投资者的股东身份和投资份额，并对公司拥有相应的财产所有权的证书。股票一经发行，购买股票的投资者即成为公司的股东。股票实质上是股份公司的股份证明，表示其持有者在公司的地位与权利，以及承担的相应责任与风险。

股份有限公司的全部资本被分成的许多等值的单位，叫做“股份”。它是股份有限公司资本的基本单位和股东法律地位的计量单位，占有一个单位，就称占有一股股份。将“股份”印制成一定的书面形式，记载表明其价值的事项及有关股权等条件的说明，就是股票。股票与股份，前者是形式，后者是内容。例如，某公司发行了1 000万股股票，则每一股代表公司净资产的千万分之一，若某股东持有其中的100万股，则他拥有该公司的十分之一股权。股票虽然是所有权证书，但股东的权利是有限制的，股东无权处置公司的资产，只能通过处置持有的股票来改变自己的持股比例。

就股票的本质属性来看，它不同于商品证券和货币证券。股票是代表股份所有权的股权证书，是代表对一定经济利益分配请求权的资本证券，是资本市场上流通的一种有价证券，是虚拟资本。

二、股票的特征

股票的特征主要表现在如下几个方面：

1.不可返还性。股票投资人一旦出资购买了某公司的股票，就不能向发行股票

本章建议阅读资料：

1.霍文文．证券投资学［M］．3版．北京：高等教育出版社，2013.

2.邢天才，王玉霞．证券投资学［M］．3版．大连：东北财经大学出版社，2012.

3.BODIE，KANE，ALAN J.Investments［M］．5th ed.NewYork：McGraw-Hill Companies，Inc.，2002.

4.中国证券业协会．证券业从业资格考试统编教材（2020）——金融市场基础知识［M］．北京：中国财政经济出版社，2020.

的公司提出退股索回资金的要求，同时也没有到期还本的可能。股份公司不对股东偿还本金，股东若想收回投资，只能将股票转卖给他人，但这种转卖不涉及公司资本的增减，只是改变了公司资本的所有者。

2.责任有限性。股东只负有限连带清偿责任，即股东仅以其所持股份为限对公司承担责任，公司以全部资产对其债务承担责任。换句话说，一旦公司破产倒闭，股东承担的风险只限于其购买股票所做的投资。这是股份公司能在社会公众中广泛募集资金的重要特征。

3.参与决策性。股东参与公司经营管理决策权的大小取决于他持有股份的多少。股东持有一个公司的股份越多，其参与经营的决策权越大。股票代表的经营决策权是一种综合权利，体现为股东有权参加股东大会，有权对公司的重大经营决策投票赞成或反对，有权选举和被选举为公司的董事或监事。股东通过行使各项权力参与公司的经营管理。

4.收益性。收益性是股票的最基本特性。它是指股票可以为持有人带来收益的特性。持有股票的目的是获得收益。股票的收益来源分为两类：一是来自股份公司派发的股息和红利。股息和红利的多少取决于股份公司的经营状况和盈利水平。二是来自股票流通市场的价差收益，这种价差收益也称资本利得。

5.风险性。股票投资与其他证券投资相比具有较大的风险性，这是因为投资者出资购买股票不再保证还本，同时股息收入也是没有保证的。股票的收益要看公司经营状况的好坏，有利则分、无利不分，利多多分、利少少分。此外，股票的价格也受股市价格波动的影响，变化无常，买卖股票有赚有赔。

6.流通性。股票是一种可以自由转让的投资工具。投资人购买公司股票后，虽不能退还股本，但股票可以拿到证券市场上去转让，也可将股票作为抵押品向银行贷款。由于股票有极强的变现能力，弥补了股票期限上永久性的不足，因而股票被视做仅次于现金资产的流动性资产。这也是股份公司能在社会公众中广泛募集资金的又一重要原因。流通性是股票的优点也是它的生命力所在。

7.价格波动性。通常，股票是有票面价格的，但股票的交易价格一般与股票的票面价格不一致，具有较大的波动性。影响股票交易价格的因素很多，这些因素不断变化，导致股市上下波动频繁。人们认为，股票交易价格与股票面值不一致，价格波动的变幻莫测，正是股票的魅力所在。

8.投机性。股票交易价格与股票面值不一致，交易价格的频繁波动，就给股票买卖的投机带来了可能性，投机者可根据股票交易价格的涨落价差取得投机性收益。股票的投机虽然有其破坏性的一面，但对于活跃股票市场、加速资本的流动，也有一定的积极意义。

第二节　股票的种类

随着现代股份公司制度的不断发展、完善及投资者不断提出新的投资要求，股票的形式与内容也在不断发生变化。按不同的标准或从不同的角度，股票可以分为不同的种类。常见的股票类型如下：

一、按股东的权益分类

（一）普通股票

普通股票（Common Stock）是指在公司的经营管理和盈利及财产的分配上享有普通权利的股份，代表满足所有债权偿付要求及优先股股东的收益权与求偿权要求后对企业盈利和剩余财产的索取权，是股票中最基本和最重要的一种形式，是构成股份有限公司资本基础的股票。普通股票是股份有限公司最先发行、必须发行的股票，是股息随公司利润的大小而增减的股票，是风险最大的股票，也是市场上交易最活跃的股票。普通股票的期限与公司的存续期间相关联，利益与公司的利益相依存，因此普通股票的持有人是公司的基本股东，相较于其他种类股票的持有人有着更多的权利。这些权利主要表现在如下几个方面：

1.投票表决权

普通股股东有权参加股东大会，在股东大会上可以就公司的财务报表和经营状况进行审议，对公司的投资计划和经营决策有发言权、建议权，有权选举董事和监事，对公司的财务预决算方案、利润分配方案、增资减资决议、合并、解散及修改公司章程等具有广泛的表决权。股东若不参加股东大会，可填写授权委托书，委托代理人来行使投票表决权。通过投票表决，股东间接参与公司的经营管理，所以这种权利也可以叫做参与经营权。

（1）同股同权。绝大多数股份公司对普通股票的投票方式采取“一股一票制”，即持普通股票的股东每持有一股便拥有一股投票权，以体现股权的同一性。投票的方法有两种，一是多数投票制，二是累积投票制。

多数投票制，又称普通投票制、直接投票制。在选举董事会时，股东每持有一股便拥有1票的投票权，而且必须对每位董事的空缺进行分散投票。例如，一位股东持有1 000股股票，那么每个董事的空缺他都可以投1 000票。由于每位董事候选人都必须得到选票总数的半数以上才能当选，因此，这种办法使小股东无法当选为董事。而掌握大部分投票权的大股东可以垄断全部董事会人选。

累积投票制，是针对多数投票制的弊端，为保障多数小股东的利益而采用的投票方法。在累积投票制下，每一位股东都可以把投票权累积起来，集中投给某一位候选人。他可投的总票数，等于所持有的股数乘以所要选出的董事数。这样，小股东们可集中推选某一位董事，或根据需要适当分散投票，选出能代表小股东利益和意愿的董事。例如，上述那位股东持有1 000股股票，本次股东大会要选出董事12人，那么这位股东总共可投12 000票（1 000×12），他可用这12 000票来推举他认为合适的一位或数位董事人选。

（2）同股不同权。还有少数股份公司对普通股票设置差异化表决权，即将普通股的投票权分为AB双层股权结构：A类一股有1票投票权，B类一股有N票投票权。其中：A类普通股通常由投资人与公众股东持有，B类普通股通常由创业团队持有。B类决议权股除表决权数量外，在其他方面并无任何优先利益。设置AB股差异化表决权的核心目的就是大股东通过弱化其他股东的投票表决权来巩固自己的控制权，使公司日常经营管理和重大事项都在自己的掌控之中，避免被恶意收购。例如，京东、新浪微博、58同城、拼多多等公司均以“AB双层股权”结构在美国上市。

2019年1月30日晚，中国证监会发布《关于在上海证券交易所设立科创板并试点注册制的实施意见》。同时，上交所起草完成《上海证券交易所科创板股票发行上市审核规则》等配套规则。其中，上交所明确，尊重科创企业公司治理的实践选择，允许设置差异化表决权的企业上市。2020年6月12日创业板改革并试点注册制相关政策发布，明确创业板上市公司可以设置AB股权架构。深圳市运用经济特区立法权，在2020年10月29日修订 的《深圳经济特区商事登记若干规定》中明确规定自2021年3月1日起，深圳地区所有类型公司均可设置“同股不同权”，这是中国境内公司制度的一项重大创新，引领了全国商事制度的重大变革。

2. 盈余分配权

普通股股东有权要求从公司的净利润中分取股息和红利。普通股股东在投资时并不知道将来会得到多少收益，未来的股利多少完全取决于公司盈利情况及分配政策。一般来说，公司盈利多，普通股股利就高，反之则少，若公司亏损则可能分文没有。这种股利收益的不确定性，正是普通股票的重要特点。所以，在证券投资中，投资普通股票的风险最大。但若公司获得高额利润，普通股股东也可获得高额回报。

3. 资产分配权

当公司因各种缘由需要破产、解散清算时，普通股股东有权按比例分得公司的剩余财产，但必须排在公司债权人、优先股股东之后。若在他们之后没有剩余，普通股股东则只能甘受损失。在一般情况下，普通股股东对该权利兴趣不大，因为投资者购买股票看重的是公司的获利能力。

4. 优先认股权

当公司增发新股时，普通股票原有股东有按低于市价的某一特定价格及持股比例优先购买一定数量的新发行股票的权利。这样，原有股东就可以通过认购新股而继续维持其原有权利和收益。例如，某一股东原来持有公司普通股票总额的1‰，在公司发行新股票时，这个股东就有权按原有比例再认购新发行股票总额的1‰。新股加旧股，该股东仍保证了公司股份1‰的权利和收益。

给老股东优先认股权（Preemptive Right）出于两个方面的考虑：一是保证老股东的持股比例；二是保护老股东的利益。规定的配股价格之所以低于市价，除了为吸引投资者外，还在于大多数公司通过出售股票而募集的新资本不可能立即产生利润，而且在短期内可能会出现每股净利被稀释的现象，公司为了弥补老股东的这一损失，把优先认股权价格定得较低，作为对老股东的补偿。

股东拥有优先认股权后，其处理权利的方式有三种：其一是行使优先权，购买新股票；其二是转让优先认股权；其三是放弃这一权利，任其过期失效（优先认股权的有效期一般为2周到2个月，最多为2个月）。这种情况只有在股东认为购买新股无利可图时才会发生。

（二）优先股票

优先股票（Preferred Stock）是相对于普通股票而言的，是公司在筹集资本时给予投资者在公司利润、公司清理剩余资产的分配上比普通股股东享有优先权的股票。优先股票的股息率是固定的，其持有者在表决权等方面会受到一定的限制。由于在股份公司中优先股票是预先确定股息的，因而它既是股票的一种，又有些类似于债券，是介于普通股票与债券之间的一类折中性证券。

1.优先股票的利弊分析

与普通股相比，优先股有它优越的一面，但也有它不利的一面。首先，优先股的股息率是事先确定的，当公司经营良好、利润激增时，优先股的股息不会因此而提高，而普通股的收益却可大增。其次，优先股股东一般没有选举权和被选举权，对公司经营决策没有表决权。最后，在股份公司发行新股票时，优先股股东没有普通股股东那样的优先认购权。

优先股虽然存在一些不利的因素，但无论对投资者来说，还是对股票发行公司来说，它确实有可取之处。

从投资者的角度看，购买优先股票收益固定，风险小于普通股票，股息一般高于债券收益，而且股份可以转让，所以比较适合保守型的投资者和无暇参与公司管理的投资者。

从筹资的股份公司的角度看，公司发行优先股票可以在不增加投票权、不分散对公司控制权的情况下进行筹资；优先股票的股本也是公司的股本，公司可以长期使用；优先股票也可溢价发行，所以公司发行优先股票可筹集低成本的长期资金；优先股票属于公司股权资本的一部分，能提高公司的价值，有利于改善公司的发债条件，而且优先股票不像债券那样会给公司造成破产压力，若付不出股息，可以积欠，因此在资金短缺时不失为一种较好的筹资手段。

除此之外，优先股票还具有财务杠杆作用。在一家公司中有没有优先股票及优先股票的多少，对普通股票的收益影响很大，这种影响称为杠杆作用。股息的来源是公司利润，而公司利润来源于公司总资本即普通股票、优先股票、债券、贷款等的增值。由于优先股票、债券的收益固定，资本利润率若超过利息率，则增加的部分就由普通股票独享。例如，假定某公司的资本结构是只有普通股票500万股，每股面额100元，某期可分配盈余为1 500万元，则此1 500万元全由普通股股东分享；如果下期可分配利润增加到3 000万元，普通股票的股息则增加1倍。但是，当公司的资本结构由普通股票和优先股票两部分组成时，情况就不同了。假定公司有优先股票100万股，每股面额100元，固定股息率为8%；普通股票有400万股，每股面额100元。假定可分配盈余仍是1 500万元，则需付优先股票的股息为800万元，普通股票持有人能得到股息700万元。如果下期可分配利润增加到3 000万元，则付给优先股票的股息仍为800万元，分配给普通股票的股息可达2 200万元。可见，优先股票可分配利润增加了1倍，而普通股票的股息却增加了3.14倍。反之，若下期可分配利润下降为800万元，则普通股票的股息为0，优先股票股息却不受影响。

2.优先股票的种类

（1）累积优先股（Cumulative Preferred Stock）与非累积优先股（Non Cumulative Preferred Stock）。累积优先股的基本特征为：当公司本年度没有盈利因而不能分派股息，或者盈利不足以满额分派股息时，公司可以把未分派或未满额分派的股息累积到以后年度补付。累积优先股是一种最常见、发行比较广泛的优先股票。而非累积优先股则以当年公司所得盈利为限分派股息，若当年未能分派股息或未能足额分派股息，则不进行累积，当然也不存在次年补付的问题。

（2）参加优先股（Participating Preferred Stock）与非参加优先股（Non Participating Preferred Stock）。参加优先股按参与分配比例的多少又可分为全部参加优先股和部分参加优先股。

仍以前例为例，该公司在按固定股息率分派了优先股股息和不少于优先股收益率的普通股股利后，尚余1 500万元供再次分配，那么在全部都是参加优先股的情况下，优先股和普通股每股可分别再获3元（1 500÷（100+400））的额外股利。在优先股最终收益率的上限为10%的情况下，优先股每股可再获2%（10%−8%）即2元（100×2%）的额外股利，普通股每股可再获3.25元（（1 500−200）÷400）的额外股利。总的看来，这两种参加优先股除了可以优先获得固定股息外，在公司利润增加时，还可以和普通股一样参与对剩余利润的分配。至于非参加优先股，则是指除获得固定股息外，没有剩余利润参与权的优先股。由于参加优先股对普通股股东的利益有很大影响，所以大多数优先股票都属于非参加优先股。

（3）可转换优先股（Convertible Preferred Stock）与不可转换优先股（Non Convertible Preferred Stock）。按公司章程的规定，允许股东以一定的比例转换成普通股的优先股，称为可转换优先股；反之，那些不能转换成普通股的优先股称为不可转换优先股。可转换优先股只是表明一种权利，至于优先股是否真的实行转换，这要看投资者的决定。

（4）可赎回的优先股（Callable Preferred Stock）与不可赎回的优先股（Non Callable Preferred Stock）。可赎回的优先股在发行时股份公司就已做出决定，在将来公司不再需要此项资金时，有权按一定的价格将股份收回注销。这种优先股票一般是在公司经营不利的情况下，因一时急需资金并且预计今后某一时期有能力也有必要用公司收益偿还股本的情况下发行的。一般来说，回购价格都定得很高，以补偿该类股票购买者因公司回购所遭受的经济损失。所谓不可赎回的优先股，是指股票一经投资者认购，在任何条件下都不能由股份公司赎回。

二、按股票的面额形态分类

（一）记名股票与无记名股票

记名股票是指在股票票面和股份公司的股东名册上同时记载股东姓名的股票。记名股票不得私自转让，必须通过公司而且必须通过法定程序办理过户手续。我国《公司法》规定，股份有限公司向发起人、国家授权投资的机构、法人发行的股票，应当为记名股票。

无记名股票是指股票票面上不记载股东姓名的股票。对无记名股票来说，凡是持有公司股票的人即为公司股东。由此可见，这种股票的转让是非常自由的。由于无记名股票有一定的弊端，因此有的国家不允许发行无记名股票。

（二）面值股票与无面值股票

面值股票是指股票票面上记载有每股金额的股票。这一记载的金额也称为票面金额、票面价值或股票面值。股票面值为公司资本的基本单位，是股东的基础出资额。

无面值股票就是在股票票面上不载明股票面值，只注明它在公司总股本中所占比例的股票。无面值股票也称为比例股票或份额股票。其价值随公司财产的增减而相应增减。在公司会计处理上，对于无面值股票，一般在股票发行时由公司董事会对每股规定一个价值，称为设定价值，作为公司记账的依据。例如，某公司的股本总额为5 000万元，共分为100万股，每股50元，该股票为无面值股票，只在票面上注明它是股票总额的一百万分之一。

无面值股票具有发行和转让价格较灵活、便于股票分割等优点。在美国，这种股票比较常见，但大多数国家（包括我国）则不允许发行这种股票。

（三）实体股票与记账股票

实体股票，是指股份公司给股东发放纸质的票券作为其持有股份的表现形式。记账股票，是指不发行股票实体，只作股东名册登记的股票。记账股票仅限于记名股票使用。在现代证券市场上，很多交易所都借助大型计算机网络进行股份登记和股票交易，股票不再具有纸质票券的形式，而以电子符号的形式存在，人们也将其称为电子股票。

三、按股票的收益能力、风险特征分类

（一）蓝筹股

蓝筹股是指历史较长、信誉卓著、资金实力雄厚的大公司发行的股票。这种公司一般在本行业内占有重要的甚至是支配性的地位，具有稳定的长期盈利能力，能定期发放不菲的股息。所以，蓝筹股的市场价格稳定、投资风险适中、股价呈上升趋势，普遍受投资者的欢迎。在美国，像电话电报公司、通用汽车公司的股票即属于这类股票。

（二）成长股

成长股是指由正处于高速发展阶段的公司发行的股票。由于发行这种股票的公司正处于上升阶段，其销售额和收益额都处于上涨之势，公司在今后有足够的实力进行大发展并能长期为股东带来投资收益。这类公司注重科研，留存大量收益进行再投资以满足发展的需要，有大展宏图之势。这种股票的股利虽然近期并不一定很高，但极具成长潜力，投资者坚信它的市场价格能随着公司的发展壮大而不断提高，投资者可以获得长远的利益。

（三）收入股

收入股是指当前能发放较高股利的股票。发行收入股的企业一般处于成熟阶段，无须新的投资项目，且具有较好的盈利能力。收入股留存较少，大量的利润被用做股利的分配。因其收益稳定且无须专业投资知识，这类股票一般受妇女、老年人、退休者和一些法人团体的欢迎。

（四）周期股

周期股是指那些收益随商业周期波动的股票。在西方，人们认为钢铁、机械制造、建材等行业的股票属于周期股。

（五）防守性股票

防守性股票是指在任何经济波动条件下收益都比较稳定的股票。这种股票与周期股正好相反，在商业条件恶化时，它的收益要比其他股票优厚并且较为稳定，如水、电和交通等公用事业公司发行的股票。

（六）投机性股票

投机性股票是指那些价格变化快、幅度大，发展前景很难确定的股票，是由一

些盈利情况极不稳定且未来收入难以确定的公司发行的。由于这种股票价格波动大且涨落频繁，给证券投机者赚取巨额差价带来了极大的可能性，因此这种股票备受偏好高风险的证券投机者的青睐。

第三节　中国现行的股票种类

中国的股票市场建立时间比较短，尚处于新兴市场发展阶段。除了也有同发达国家股票市场同样的股票分类外，中国独特的国情使得中国的股票还有一些较为特殊的分类方法。

一、按投资主体分类

（一）国有股

国有股又称国家股，是国家作为企业的所有者拥有的股份。在我国的企业股份制改造中，全民所有制企业的资产属于国家所有，因此在改组为股份公司时，原企业中的国有资产就折成国有股。另外，国家对新组建的股份公司进行投资，也构成了国有股。国有股由国务院授权的部门或机构持有，或根据国务院的决定，由地方人民政府授权的部门或机构持有，并委派股权代表。

（二）法人股

法人股是指企业法人或具有法人资格的事业单位和社会团体以其依法可支配的自有资产向股份有限公司股权部分投资所形成的股份。法人股是法人相互持股所形成的一种所有权关系，是法人经营自身财产的一种投资方式。法人股股票以法人记名。根据法人股认购的对象，可将其进一步分为境内发起法人股、募集法人股和外资法人股三种。

（三）社会公众股

社会公众股是指社会公众依法以其拥有的财产投入公司时形成的可上市流通的股份。在采用社会募集方式的情况下，股份公司发行的股份，除了由发起人认购一部分外，其余部分应该向社会公众公开发行。因此，公司内部职工以外的个人认购的股份，就构成了社会公众股。我国《公司法》规定，公司申请股票上市的条件之一是：向社会公众发行的股份，不得少于公司股份总数的25%。公司股本总额超过人民币4亿元的，向社会公开发行股份的比例为10%以上。

（四）外资股

外资股是股份公司向外国和我国香港、澳门、台湾地区投资者发行的股票。这是我国股份公司吸收外资的一种方式。外资股按上市地域可以分为境内上市外资股和境外上市外资股。

二、按上市地点和投资者不同分类

（一）A股

A股的正式名称是人民币普通股票。由我国境内公司对境内自然人和法人（不含香港、澳门、台湾地区的投资者）发行的股票，统称为A股。它以人民币标明面值，在境内上市，用人民币认购和交易。

（二）境内上市外资股——B股

B股的“B”，仅相对于A股的“A”而言，无实际含义。B股的正式名称是人民币特种股票，属于在境内上市的外资股。B股市场于1992年建立，其设立的初衷是为国内企业筹集外汇资金。它也是以人民币标明股票面值，在境内上市（深圳B股用港币、上海B股用美元）的股票。B股公司的注册地和上市地都在我国境内。2001年2月19日前，B股仅限境外投资者买卖。此后，经国务院批准，中国证监会决定允许境内居民以合法持有的外汇开立B股账户，交易B股股票。随着B股市场对境内投资者的开放，境内投资者逐渐取代境外投资者成为投资主体，B股出现了由“外资股”演变为“内资股”的趋向，B股的“吸引外资”性质也发生了变化。近年来，随着沪港通、深港通等外资进入国内资本市场渠道的增多，B股逐渐失去吸引外资的功能，沦为交易投资的“鸡肋”，已经失去了存在的价值。

（三）境外上市外资股——H股、N股、S股、L股

境外上市的外资股是指股份有限公司向境外投资者募集资金并在境外上市的股票。这类股票也采取记名股票的形式，以人民币标明面值，以外币认购。在境外上市时，可以采取境外股票存托凭证的形式（Depository Receipts，DR）或者股票的其他派生形式。在境外上市的外资股除了应符合我国的有关法规外，还需符合上市所在地国家或者地区证券交易所制定的上市条件。其中，H股是注册地在境内、上市地在香港的外资股。因香港的英文名称是HongKong，取其字首，将在我国香港上市的外资股称为H股。依此类推，在美国纽约上市的外资股称为N股，在新加坡上市的外资股称为S股，在英国伦敦上市的外资股称为L股等。2022年，三一重工计划到瑞士发行存托凭证，进一步拓宽了中国企业境外融资渠道。

（四）红筹股

红筹股的概念诞生于20世纪90年代初期的香港股票市场。我国在国际上有时被称为“红色中国”，相应地，香港地区的投资者和国际投资者就把在中国境外注册、在香港地区上市但主要业务在内地或大部分股东权益来自内地的股票称为红筹股。

红筹股已经成为内资企业进入国际资本市场筹资的一条重要渠道，但红筹股不属于外资股。红筹股与H股的区别在于注册地不同，发行H股的公司是在中国境内注册的公司，发行红筹股的公司注册地都在中国境外。

三、其他分类

（一）ST股票

沪深交易所在1998年4月22日宣布，将对财务状况或其他状况出现异常的上市公司股票交易进行特别处理（Special Treatment），由于特别处理简称ST，因此这类股票被称为ST股。

ST股的特别处理措施是：①在公司股票及其衍生品种的简称前冠以“ST”字样；②股票报价的日涨跌幅限制在5%以内；③证券交易所对上市公司的股票进行特别处理不属于对上市公司的处罚，上市公司在特别处理期间的权利和义务不变。

财务状况或其他状况出现异常是指下列情况：①最近两个会计年度审计结果显示的净利润均为负值；②最近一个会计年度的审计结果显示其股东权益低于注册资本，即每股净资产低于股票面值；③最近一个会计年度的财务报告被注册会计师出具无法表示意见或否定意见的审计报告；④最近一个会计年度经审计的股东权益扣除注册会计师、有关部门不予确认的部分，低于注册资本；⑤最近一份经审计的财务报告对上年度利润进行调整，导致连续两个会计年度亏损。

（二）*ST股票

沪深交易所从2003年启用新标记“*ST”警示退市风险，即交易所对存在终止上市风险的公司，对其股票交易实行“警示存在终止上市风险的特别处理”，简称退市风险警示，在ST符号前加“*”，以充分揭示其股票可能被终止上市的风险。

（三）PT股票

PT是英文Particular Transfer（特别转让）的缩写。依据我国《公司法》和《证券法》的规定，上市公司出现连续三年亏损等情况，其股票将暂停上市。沪深交易所从1999年7月9日起，对这类暂停上市的股票实施特别转让服务，并在其简称前冠以“PT”字样，称之为PT股。PT股的交易自2002年5月1日起已停止。

四、我国股权分置改革产生的新名词、新分类

2006年10月9日，在中国证券市场上随着一些股票上“G”标志的取消，另一些股票的简称前面又加上了“S”标志。这些标志的出现，都与中国证券市场的股权分置现象和“股改”进程密切相关。

（一）股权分置和“股改”“对价”的含义

1.股权分置

股权分置也称股权分裂，是指中国A股市场上的上市公司股份按能否在证券交易所上市交易，被区分为“非流通股”和“流通股”。前者的主要成分为国有股和法人股，约占2/3，后者为社会公众股。这两类股票形成了“不同股不同价不同权”的市场制度与结构。

股权分置问题的产生，主要根源于早期对股份制的认识不统一，对证券市场功

能和定位的认识不统一，以及国有资产管理体制的改革还处在初期阶段，国有资本运营的观念还没有完全建立。2004年年底的一份统计数据显示，当时我国上市公司总股本7 149亿元，其中非流通股份4 543亿元，占上市公司总股本的64%，国有股份在非流通股份中占74%。

2.股改

股改是股权分置改革的简称，一般是指上市公司的非流通股股东支付一定的对价给流通股股东，以取得股票的流通权。

3.对价

对价（Consideration）一词最早出现在欧美的法律文献中，是指一方为了得到权利、权益、益处或换取另一方的承诺，所付出的或所承诺的损失、所担负的责任、所做出的牺牲。在中国股权分置改革中，对价是指非流通股股东为了取得所持有的非流通股流通的权利而向流通股股东支付的相应的代价。其表达方式为流通股股东每10股获得多少股的补偿。

（二）股改新名词和新分类

1.G股与S股

G股是指完成股权分置改革后恢复上市交易的公司股票。G是“股改”的拼音“gugai”的第一个字母。标示G股的出发点是区分完成股改和未完成股改的两类公司，便于对完成股改的公司实行再融资等方面的优惠政策。

S股是指未完成股权分置改革的公司股票。2006年10月9日，随着中石化完成股改，完成股权分置改革的公司还原原来的名称，即去掉“G”，而对尚未完成股改的公司在其股票名称前加上“S”，所以业界称其为S股。

2.限售股与解禁股

限售股是指股票持有人持有的，依照法律、法规规定或按承诺有转让限制的股份，包括因股权分置改革暂时锁定的股份，内部职工股，董事、监事、高级管理人员持有的股份等。

解禁股是指限售股过了限售承诺期，可以在二级市场自由买卖的股票。

3.大非解禁股和小非解禁股

中国证监会2005年9月4日颁布的《上市公司股权分置改革管理办法》规定，改革后公司原非流通股股份，自改革方案实施之日起，在12个月内不得上市交易或者转让；持有上市公司股份总数5%以上的原非流通股股东，在前项规定期满后，通过证券交易所挂牌交易出售原非流通股股份的，出售数量占该公司股份总数的比例在12个月内不得超过5%，在24个月内不得超过10%。这意味着持股在5%以下的非流通股股份在股改方案实施后12个月即可上市流通。因此，“小非”是指持股量在5%以下的非流通股股东所持的股份；与此对应，“大非”则是指持股量在5%以上的非流通股股东所持的股份。

五、深交所创业板股票特殊标识“U”“W”“V”“N”“C”

2020年6月12日创业板改革并试点注册制的相关政策发布，深交所发布关于创业板股票及存托凭证证券简称及标识的通知。通知中明确：

对尚未盈利的公司，名称前标识“U”；对存在有表决权差异安排的公司，名称前标识“W”；对存在协议控制架构的公司，名称前标识“V”。

新股上市首日，证券简称前增加首位字符“N”；第二日至第五日，证券简称前增加首位字符“C”。

【案例】　只有15.8%股权，刘强东如何掌握京东的控制权？①

企业的控制权，事关一个企业的生死存亡。

刘强东曾经说过，“如果我失去了京东的控制权，我就拿钱走人”。他之所以敢说出这种豪气冲天的话，是有底气的。他的底气来自京东特殊的股权架构，即AB股制度。

根据京东2016年年报，刘强东占股15.8%，却拥有80%的投票表决权。刘强东用15.8%的股权牢牢掌握了京东的控制权。

京东的AB股制度是这样设计的：

（1）普通股分为A（Class A common stock）、B（Class B common stock）两类。刘强东持B类，每1股拥有20票投票权；其他投资人持A类，每1股拥有1票投票权。

（2）A类上市交易，B类不上市交易。

（3）A类在任何时候均不可以转换为B类；B类可随时自由转换为A类。

（4）B类转让给非联属人士（联属即直系或其控制的实体）时，则自动转换成为A类。

（5）当刘强东不再担任京东董事兼CEO或发生其他特定情况时，其所持有的B类将自动转换为等量的A类。

（6）A类及B类就所有呈交股东投票的事项一并投票。普通决议，出席的简单多数通过；特殊决议，出席的2/3通过。

AB股制度并不是京东的首创。其实，百度才是国内首家采取AB股制度的公司。

百度2005年在美国上市，上市后的百度股份分为A类和B类股票，在投票权方面，A类股每股为1票，而创始人股份为B类股，其投票权为每1股10票。所以，李彦宏虽然只拥有15.9%的股权，却拥有53.5%投票权，也牢牢地掌握了百度的控制权。

AB股制度是美国上市公司的常见制度，美国互联网巨头Google、Facebook、Twitter、GroupOn、Zynga等都采取AB股制度。

案例思考：结合本案例，谈谈你对股东权益的认识。

① 佚名. 只有15.8%股权，刘强东如何掌握京东的控制权？[EB/OL].（2019-04-21）[2023-08-31]. https://www.163.com/dy/article/ED9C95M50518ETFU.html.

本章基本概念

股票　普通股票　优先股票　国有股　法人股　社会公众股　外资股　A股　B股　红筹股　差异化表决权

复习思考题

1.什么是股票？它有哪些特征？

2.普通股有哪些权益？它和优先股相比主要有哪些区别？

3.优先股一般具有哪些优先权利？公司为什么发行优先股？

4.股东拥有新股优先认购权后，其处理权利的方式有哪几种？

5.我国现行的股票有哪些类型？

6.H股与红筹股有何区别？

学习资料推荐

■你可以登录深圳证券交易所官网，通过"股东大会网络投票系统平台"了解股东参与上市公司决策的相关内容。

第三章
债　券

本章提要

债券是一种重要的投资工具。本章重点阐述债券的含义及特征，分析债券与股票的主要区别，阐明债券的分类情况。通过本章的学习，使学生掌握债券投资工具的本质特征，熟悉债券的各种分类，明白债券与股票的区别、联系，知晓中国债券的发展及分类情况，提高对债券工具的认识。

第一节　债券的含义及特性

债券是历史上最早发行的证券，而且在现代经济社会中，债券的发行品种、规模和交易量都远远超过了其他证券，是除股票之外另一类比较重要的有价证券。

一、债券的含义

债券（Bond）是社会各类经济主体为筹集资金而向债券投资者出具的、承诺按一定利率定期支付利息并到期偿还本金的债权债务凭证。债券持有人有权在约定的期限内要求发行人按照约定的条件还本付息。债券属于确定请求权的有价证券。

债券的发行最早始于12世纪末期的威尼斯共和国。18世纪以后，资本主义国家市场经济有了较大的发展，它们纷纷发行债券为其政治经济活动融资。到19世纪末，以公司形式出现的商业组织猛增，开始大量地利用债券来筹集资金。时至今日，世界上几乎所有的国家特别是工业发达国家的政府及绝大部分公司都发行债券，债券已成为其筹措资金的重要手段。

二、债券的票面要素

债券作为证明债权债务关系的凭证，一般都要求以一定格式的票面形式明确记载一些事项。这些事项主要包括：

1.发行单位的名称。债券票面应该明确记载发行单位的名称（发行单位的名称应写全称，不能简写），以便投资者了解发行单位的情况。同时，这一要素指明了该债券的债务主体，也为债权人到期追索本金和利息提供了依据，同时能起到区别不同债券的作用。

2.发行单位的地址。除众所周知的单位外，其他单位发行的债券都应明确记载

本章建议阅读资料：

1.中国证券业协会．证券业从业资格考试统编教材（2020）——金融市场基础知识［M］．北京：中国财政经济出版社，2020.

2.吴晓求．证券投资学［M］．4版．北京：中国人民大学出版社，2014.

3.陈彼得，胡建军．债券投资［M］．南京：南京大学出版社，2008.

4.邢天才，王玉霞．证券投资学［M］．3版．大连：东北财经大学出版社，2012.

发行单位的地址，以便投资者与发行者进行联系和核实。

3.债券的面值。其包括面值的币种和面值的大小两个基本内容。面值的币种主要取决于发行者的需要和债券的种类。债券的面值大小不定，其代表投资者购买债券的本金数额，是到期偿还本金和计算利息的基本依据。而且，不同的票面金额，可以对债券的发行成本、发行数额和投资者的分布产生不同的影响。

4.债券的票面利率和计息方法。债券的票面利率是债券的利息与债券面值的比值。计息又可以分为按单利、复利、固定利率及浮动利率等不同方法。不同的债券有不同的票面利率和计息方法，其直接影响投资者的利益，因此，债券应明确记载其票面利率和计息方法。

5.债券的偿还期限。它是指从债券发行日起到本息偿还日止的时间。债券的偿还期一到，债券的持有者就可以按照票面金额从债券发行者那里收回本金。债券的偿还期限通常是固定的，但不同的债券偿还期限长短不一，有的只有几个月，有的却长达几十年。它的确定主要受发行者在一定时期内可以调配的资金数额、对未来利率的预期、证券市场的发达程度、投资者的购买意向、心理状态和行为偏好等因素的影响。

6.债券的发行日期。它是确定计息时间的基础，是影响投资者权益的重要因素。因此，债券票面必须载明其发行日期。

7.发行单位的印记。它是证明债券发行者的重要依据。因此，任何债券都必须载明发行单位的印记。

8.债券号码。债券票面应载明其发行序号。

以上是债券的基本记载事项，除此之外，债券发行机关还应根据具体情况在票面上记载其他一些需要明确的事项。

三、债券的基本特征

债券作为一种重要的融资手段和金融工具具有如下特征：

1.债券的有期性。债券一般都规定有偿还期限，发行人必须按约定条件偿还本金并支付利息。债券的偿还性使得资金使用者不能无限期地占用债券购买者的资金，换言之，他们之间的借贷经济关系将随着偿还期结束、还本付息完毕而不复存在。

2.债券的安全性。与其他有价证券相比，债券的安全系数较大，投资者遭受损失的可能性小。这是因为：首先，除浮动利率债券以外，债券在发行时的利率基本上已确定，收益比较稳定；其次，债券本息的偿还和支付有法律上的保障，有的还有相应的资产抵押或公司作担保；再次，债券的发行必须具备一定的条件，而且要经过严格的审查，对发行量也有严格的限制；最后，与股票相比，在企业破产时，债券持有者享有优先于股票持有者的对企业剩余资产的索取权。

当然，债券投资也具有风险性，这种风险主要来自三个方面：

（1）因债务人破产不能全部收回债券本息所遭受的损失。

（2）因市场利率上升导致债券价格下降所遭受的损失。

（3）由于债券利率固定，在出现通货膨胀时，实际利息收入将下降。

但债券投资的这些风险与股票投资相比，仍然较低。

3.债券的流通性。债券一般都可以在流通市场上自由转让，这样当投资者在债券到期前由于各种原因需要资金时，就可以随时在证券市场上变现提前收回本金。流通性首先取决于市场对转让所提供的便利程度；其次取决于债券在迅速转变为货币时，是否在以货币计算的价值上蒙受损失。

4.债券的收益性。收益性是指债券能为投资者带来一定的收入。在实际的经济生活中，债券的收益性主要表现在两个方面：一是债权人将债券一直持有至期满日为止，这样，在债券存续期内，可以按约定的条件分期、分次取得利息或者到期一次取得利息；二是投资者在债券到期前可以利用债券价格的变动买卖债券赚取差价。另外，有一部分公司的债券允许其持有者在一定的条件下将其转换成另一种金融工具，如公司股票等。发行可转换的公司债券，转换条件需事先在契约中明确。关于可转换公司债券，我们将在以后章节中介绍。

四、债券与股票的比较

债券与股票一样，都属于有价证券，都是虚拟资本，它们本身无价值，但又都是真实资本的代表。持有债券或股票都拥有取得发行单位一定收益的权利，并能进行权利的发生、行使和流通转让活动。二者都在证券市场上交易，并构成证券市场的两大支柱。二者都是企业筹措资金的手段。但二者却存在着以下不同点：

1.权利不同。股票表示的是对公司的所有权，而债券所表示的只是一种债权；股票投资者有参加公司经营管理的权利，而债券投资者则没有参加公司经营管理的权利。

2.目的不同。发行股票是股份公司筹集资本的需要；发行债券则是追加资金的需要。发行股票所筹措的资金列入公司资本；发行债券所筹措的资金列入公司负债。

3.期限不同。股东把资本交给公司后，资本即归公司支配，除非停业清理或解散，资本是不能退还给股东的。因此，股票是一种无期投资，或称永久投资。债券有到期日，期满时债务人必须按时归还本金，因此，债券是一种有期投资。

4.收益不同。债券通常有规定的利率，可获得固定的利息。股票的股息红利不固定，一般视公司的经营情况而定。

5.投资风险不同。股票的投资风险大于债券的投资风险，因为：

第一，从报酬支付顺序上看，债券获得报酬优先于股票。因为债券利息是公司的固定支出，属于费用范围，在上缴所得税之前支付；股票的股息红利要视公司经营的盈亏而定，多盈可以多分、亏损可以不分，股利要在税后盈利中支付，而且支付顺序列在债券利息支付和上缴所得税之后。

第二，倘若公司破产，清算资产有余额偿还时，债券偿付在前，股票偿付在后。

第三，在二级市场上，债券因其利率固定、期限固定，所以，市场价格也较稳定，投机性很小；而股票无固定的期限和利率，受各种宏观因素和微观因素的影响，市场价格波动频繁，且投机性很大。

6.流通性不同。股票和债券都具有很强的流通性，但程度有明显差别。一般情况下，债券因有期限，流通性远不如股票。

7.发行单位不同。发行债券的经济主体很多，中央政府、地方政府、金融机构、公司组织等一般都可以发行债券，但能发行股票的经济主体只有股份有限公司。

第二节 债券的种类

债券是一种重要的筹资工具，因发行主体、期限、利率以及筹资用途不同，可以划分为不同的种类。

一、债券的基本分类

债券不仅种类繁多，并且在不同国家、不同地区，其分类方法也不相同。其基本分类方法主要有以下几种：

（一）按发行主体分类

1.政府债券

政府债券是政府或政府代理机构为弥补预算赤字、筹集建设资金及归还旧债本息等而发行的债券。按照政府级别不同，又可具体分为国家债券、政府机构债券、地方政府债券等。

（1）国家债券，即国债，是指由中央政府或财政部门发行的债券。它是政府筹集资金的一种方式，是国家信用的主要形式。根据举借国债对筹集资金使用方向的规定，可将国债分为赤字国债、建设国债、战争国债和特种国债。国债有最高的信用度，一般没有信用风险，因此在债券市场特别发达的英国又被称为“金边债券”。这种债券一般可享受税收优惠，是最受投资者欢迎的金融资产之一。

（2）政府机构债券，是指各国政府有关机构发行的债券。它一般由中央政府担保，具有准国债的性质，有较高的信誉，如美国的联邦政府代理机构债券、日本的政府保证债券等。其也是债券投资者的重要投资对象。

（3）地方政府债券，又称市政债券（Municipal Bond），是指由市、县、镇等地方公共机关为当地经济开发、公共设施建设等发行的债券，如美国的市政债券、日本的地方债券等。地方债券一般以地方财政做担保，其安全性与国家债券差不多。但由于其具有地方性，流通区域有限，因此不易转让。地方政府债券也享有免税待遇。

2. 金融债券

金融债券（Financial Bond）是银行或非银行金融机构为筹措中长期信用资金而向社会发行的一种债务凭证，如日本的附息金融债券、美国的国民银行从属债券等。它是银行资产负债管理的重要手段。其利率往往介于国债和公司债两种债券的利率之间，也是很受欢迎的一种较好的投资工具。金融债券又可具体分为全国性金融债券和地方性金融债券。

3. 公司债券

公司债券（Corporate Bond）是公司为筹集投资资金而发行的一种债务凭证。公司发行债券多为筹集长期资金、扩大经营规模，因此，公司债券多为长期债券，同政府债券相比，其风险性相对较大，因此利率也较高。通常，国家为保护投资者的利益，对公司债券在发行数额、发行时间、债券期限、利率等方面都有较严格的规定。公司对公众发行债券，要经有关部门的审查批准。公司债券的发行主体是股份公司，但是有些国家也允许非股份制企业发行债券，所以，归类时，可以将公司债券和企业发行的债券合在一起，称为“公司（企业）债券”。

4. 国际债券

国际债券是指各主权国家政府、金融机构、信誉好的大公司以及国际机构等，在本国以外的国际金融市场上以外国货币为面值、向外国投资者发行的债券。发行国际债券主要是为了弥补发行国政府的国际收支逆差，以及发行国政府的国内预算赤字；实施国际金融组织的经济开发计划；增加大型工商企业或跨国公司的营运资金，扩大经营范围。其主要特点是资金来源广、发行规模大、存在汇率风险、有国家主权保障、以可自由兑换的货币作为计量货币。

国际债券依所用货币与发行地点的不同，又可具体分为外国债券、欧洲债券、龙债券等。

（1）外国债券（Foreign Bond）。它是指某国借款人在本国以外的某个国家发行以该国货币为面值并还本付息的债券。外国债券的特点是债券发行人属于一个国家，债券的面值货币和发行市场属于另一个国家。发行外国债券，通常要在债券发行所在国一个较大的国内市场注册，由该市场内的公司负责包销，并主要在该市场内出售。发行外国债券的优点是能够筹集到期限较长又可以自由运用的外汇资金。但它要受到政府的严格检查和控制，发行时除受本国外汇管理法规的约束外，还要受到发行所在国有关法规的限制。外国债券是一种传统的国际债券，根据国际惯例，一国金融机构在另一国发行债券时，一般会以该国最具特征的吉祥物命名。外国债券常见的品种有：

①扬基债券（Yankee Bond）。在美国发行的外国债券被称为扬基债券，它是由非美国居民在美国市场发行的、以美元为面值并还本付息、吸引美国资金的债券。例如，英国天然气公司在美国市场发行的债券。

②武士债券（Samurai Bond）。在日本发行的外国债券被称为武士债券，它是非日本居民在日本债券市场发行的、以日元为面值并还本付息、吸引日本资金的债券。例如，IBM公司在日本债券市场发行的债券。

③熊猫债券（Panda Bond）。它是指国际多边金融组织在中国发行的人民币债券。2005年10月14日，亚洲开发银行（ADB）与国际金融公司（IFC）在银行间债券市场正式推出熊猫债券，发行额度10亿元人民币，期限10年，票面利率采用簿记建档方式确定，募集资金用于满足普通业务的需要，特别是中国的项目融资。中银国际为熊猫债券的主承销商。

（2）欧洲债券（Euro-Bond）。它是指某国借款人在本国境外市场发行的，不以发行市场所在国货币，而是以另一种货币为面值并还本付息的债券。欧洲债券的特点是债券发行者、债券发行地点和债券面值所使用的货币可以分别属于不同的国家。由于它不以发行市场所在国的货币为面值，故也称无国籍债券。欧洲债券除可以用单独货币发行外，还可以用复合货币单位发行，如特别提款权。欧洲债券一般不记名，可以通过国际债券市场上的经纪人或包销商来出售，而不必在任何特定的国内资金市场上注册或者销售。因此，欧洲债券无须像外国债券那样受发行所在地国家有关法规的限制。欧洲债券是在20世纪60年代初期随着欧洲货币市场的形成而出现和发展起来的，到80年代，欧洲债券的发行规模已超过国际债券发行总额的50%。目前，欧洲债券已成为各经济体在国际资本市场上筹措资金的重要手段。

（3）龙债券（Dragon Bond）。亚洲开发银行将龙债券定义为：在日本以外的亚太地区定价、推出和组织包销的债券，最少要在三个亚洲金融中心（中国香港、新加坡及中国台北）中的两个上市，并在亚洲地区买卖。龙债券的期限一般都在3～10年之间，尤以3年、5年居多。龙债券一般属到期还本、每年付息一次的长期固定利率债券，或者是以美元计价、以伦敦银行间同业拆放利率为基准、每一季或每半年重新确定一次利率的浮动利率债券。龙债券多数是以美元标价，也有用加拿大元、澳元和日元标价的。龙债券的发行人来自亚洲、欧洲、北美洲和南美洲，投资者则来自亚洲主要国家。1993年10月，我国财政部首次发行龙债券，受到了投资者的欢迎。龙债券具有欧洲债券的特性。

（二）按债券期限分类

债券根据偿还期限的长短，可分为短期债券、中期债券和长期债券。

1.短期债券（Treasury Bill），是指偿还本金的期限在1年以下的债券，通常有3个月、6个月、9个月、12个月等。例如，美国的短期国库券期限通常为3个月、6个月，最长不超过1年；英国的短期国库券期限通常为3个月；日本的短期国债期限为2个月等。

2.中期债券（Treasury Note），是指本金偿还期限在1年以上10年以下的债券。例如，美国联邦政府债券中的1～10年期债券；日本期限为2～4年的中期附息国家债券，贴现国家债券的期限为5年；中国发行的国库券大多为3～5年等。

3.长期债券（Treasury Bond），是指本金偿还期限在10年以上的债券。例如，美国联邦政府债券中的10～30年期国家债券；日本期限为10年的长期附息国家债券；英国期限为15年以上的长期金边债券等。这里需要强调的是，有的长期债券不偿还本金，只是按期支付利息，除因发行公司破产或有重大债务不能履行其义务等情况外，一般不能要求偿还本金，也有人称这种债券为无期债券。

当然，现实生活中，由于不同国家、不同地区、不同性质的债券有不同的特点和划分习惯，因此其期限划分标志也不完全一致。

（三）按利息支付方式分类

债券的利息支付方式与债券的形态、期限等有关。按利息支付方式，债券通常可分为贴现债券、附息票债券和息票累积债券。

1.贴现债券（Discount Bond），是指以面额为基础，将债券利息用贴现的方式先行扣除，采用低于面额的价格发行，到期后按面额偿还的债券。这种债券的利息是预先支付的，债券发行价格与其面额的差额即利息。这种利息支付方式主要适用于中短期债券。

2.附息票债券（Coupon Bond），又称定息债券，是指债券上附有各期领取利息凭证，每年在付息日以息票领取利息的债券。附息票债券发行时规定的利率不变。在利息到期时，将息票剪下来，凭此领取本期的利息。息票一般要求必须有编号，并载有应付利息的日期和金额。这种利息支付方式主要适用于中长期债券。另外，息票本身也是一种有价证券，也可流通转让。

3.息票累积债券，也称到期一次性还本付息债券，是指债券利息按票面利率计算，到期后一次还本付息的债券。这种利息支付方式一般适用于中短期债券，多数采取债券到期后一次偿还本金支付利息的方法，是现实生活中常见的债券形式。

（四）按债券形态分类

按券面形态，债券可分为实物债券、凭证式债券和记账式债券。

1.实物债券，是一种具有标准格式实物券面的债券。在券面上一般印有债券面额、债券利率、债券期限、债券发行人全称、还本付息方式等各种债券票面要素。它是一般意义上的债券，很多国家都通过法律或法规对实物债券的格式予以明确规定。实物债券属于无记名国债。

2.凭证式债券，是一种收款凭证，而不是债券发行人制作的标准格式的债券。我国1994年通过银行系统开始发行凭证式国债。其票面上不印制金额，而是根据认购者的认购额填写实际的缴款金额，是一种国家储蓄债，可记名、挂失，以“凭证式国债收款凭证”记录债权，不能上市流通，自购买之日起计息。在持有期内，可以到原购买网点提前兑取。提前兑取时，除偿还本金外，利息按实际持有天数及相应的利率档次计算，经办机构按兑付本金的2‰收取手续费。

3.记账式债券，是没有实物形态的票券，只在证券交易所电脑账户中做记录。投资者进行记账式债券买卖，必须在证券交易所设立账户。由于记账式债券的发行和交易均无纸化，因此效率高、成本低、交易安全。

（五）按计息方式分类

按计息方式，债券可分为单利债券、复利债券和累进利率债券等。

1.单利债券（Simple Interest Bond），是指在计算利息时，不论期限长短，仅按本金计息，所生利息不再加入本金计算下期利息的债券。

2.复利债券（Compound Interest Bond），与单利债券相对应，是指按一定期限将所生利息加入本金再计算利息，逐期滚算的债券。

3.累进利率债券（Progressive Rate Bond），是指以利率逐年累进的方法计息的债券。与单利债券或复利债券利率在偿付期内固定不变不同，累进利率债券的利率随着时间的推移而提高，后期利率比前期利率高，呈累进状态。这种债券的期限往往是浮动的，但有最短持有期和最长持有期的规定。这种债券有利于调动投资者的投资积极性，刺激投资者长期持有债券。它一般属于中长期债券。

（六）按利率是否固定分类

按利率是否固定，债券可分为固定利率债券和浮动利率债券。

1.固定利率债券（Fixed Rate Bond），是指在债券发行时就已经明确规定了利率且不可改变的债券。这种债券在偿还期内，无论市场利率如何变化，债券持有人只能按债券票面载明的利率获取债息。固定利率债券不考虑市场变化因素，因而其筹资成本和投资收益可以实现预期，不确定性较小，但债券发行人和投资者仍然必须承担市场利率波动的风险。

2.浮动利率债券（Floating Rate Bond），是指利率随市场利率的变动做相应调整的债券。这种债券的利率与市场利率挂钩，一般高于市场利率的一定百分点，有的还规定有浮动的上下限。这样，浮动利率债券就可以避开因市场利率波动而产生的债券的实际收益率与市场收益率之间的任何重大差异。它一般属于中长期债券。

（七）按债券信用形式分类

按信用形式，债券可分为信用债券、抵押债券、保证债券三大类。

1.信用债券，是指仅凭债券发行人的信用，不提供任何抵押品或担保人而发行的债券。一般政府债券、金融债券都属于信用债券。当然，一些信誉较高的企业也可以发行信用债券，但为保证投资者的利益，需对发行信用债券的企业进行约束，如企业不得随意增加债务，在信用债券清偿前，股东分红需有限制等。

2.抵押债券，是指以特定财产为抵押品而发行的债券。在发债人不能按期还本付息的情况下，债券持有人对抵押财产有留置权，即拥有出售抵押财产来获得其未偿债务的权利。

抵押债券具体可细分为不动产抵押债券和质押债券两类。

不动产抵押债券（Real Estate Mortgage Bond），是指为保证本金的偿还，将土地、房屋、林木等地上定着物及建筑物的固定设备等不动产作为抵押品而发行的债券。在现代公司债券中，抵押公司债券占很大的比重。抵押公司债券所提供的抵押品多为整个企业或全部机器设备，使债权人感到安全可靠。当同一抵押品价值很大时，可以设定若干个抵押权，并按债权人受偿的先后次序，分为第一抵押权、第二抵押权、第三抵押权等。当抵押品被拍卖后，所得的价款按次序清偿，直至价款用完。如有剩余，应退还抵押人。

质押债券（Pawns the Bond），是指为保证本金的偿还，发行人以自己拥有的动产或权利作为抵押品而发行的债券。通常，发行这种债券需将作为担保品的动产（如汽车、船）和证券（如子公司股票或其他公司证券）交给作为受托人的信托机构，当债券发行单位到期不能清偿时，即由受托人处理抵押的动产和证券，并代为偿债。在美国，这种债券被称为“抵押品信托债券”。

3.保证债券，是指由第三者担保偿还本息的债券。发行这种债券的担保人可以是政府、银行、举债公司的母公司、其他企业等。它可以提高债券信誉、扩大销路、减轻发行单位的利息负担。

（八）按是否记名分类

按是否记名，债券可分为记名债券、无记名债券和交换债券。

1.记名债券，是券面需要记载债权人姓名的债券。这种债券在领取本息时，除需凭借债券本身外，还需凭持有人印鉴。转让时要重新登记，流动性较差。

2.无记名债券，是券面无须记载债权人姓名的债券。这种债券可凭债券本身或息票领取利息，转让时无须重新登记，流动性较好。

3.交换债券。在公司同时发行记名债券和无记名债券时，债权人可随时提出将记名债券转换成无记名债券，或将无记名债券转换成记名债券。

（九）按债券募集方式分类

按是否公开募集，债券可分为公募债券和私募债券。

1.公募债券，是指向社会公开销售的债券。这种债券不是向指定的少数投资者出售，而是向社会所有可能的投资者出售。因此，必须遵守信息公开制度，以保护投资者的利益。一般发行时要请有关部门审批，并需经公认的资信评级机构评级。

2.私募债券，是指仅向发行单位内部或与发行单位有特殊关系的投资人发售的债券。私募债券发行的范围较小，不需要公开申报，债券的转让也受到一定限制，流动性较差。

二、我国债券的主要分类

中华人民共和国建立后已发行过许多债券，主要包括国家债券、地方政府债券、政府支持机构债券和政府支持债券、金融债券、企业债券与公司债券、国际债券等。

（一）国家债券

中华人民共和国成立后，我国国债发行基本上分为两个阶段，20世纪50年代是第一个阶段，20世纪80年代以来是第二个阶段。

20世纪50年代，我国发行过两种国债：一种是1950年1月为弥补财政赤字、遏止通货膨胀而发行的“人民胜利折实公债”，实际发行额折合人民币为2.6亿元，截止到1956年11月30日，该债券已经全部还清本息；另一种是1954—1958年，我国进入第一个五年计划建设时期以后，为了加速国家经济建设，中央政府决定为筹集建设资金而连续发行“国家经济建设公债”，一共发行过5次，累计发行金额为39.35亿元人民币，至1968年，这些债券已经全部偿清。此后20余年内，我国再没有发行任何债券。

进入20世纪80年代，随着改革开放的不断深入，我国国民收入分配格局发生了变化，政府财政收入占国民收入的比重逐步下降，部门、企业和个人所占比重逐步上升；同时，为了更好地利用国债调节经济，中央政府于1981年恢复发行国债。1981年以后，我国发行的国债品种有：

1.普通国债。目前，我国发行的普通国债在实物形态上有凭证式国债、记账式国债和储蓄国债（电子式）。发行期限趋于多样化，从1994年开始，一方面发行3个月、6个月、1年、2年期的中短期国债；另一方面开始发行10年、15年、20年、30年期的长期国债。目前，国债最长的期限是50年，发行规模越来越大，发行方式也趋于市场化。

2.其他类型的国债。为适应国家经济发展和筹措财政资金的需要，自1987年以来，财政部曾发行多种其他类型的国债，主要有国家重点建设债券、国家建设债券、财政债券、特种债券、保值债券、基本建设债券等。

（二）地方政府债券

地方政府债券是政府债券的形式之一，在中华人民共和国成立初期就已经存在。如1950年，东北人民政府发行过东北生产建设折实公债。但1981年恢复国债发行以来，却未发行地方政府债券。1998—2004年我国在实施积极的财政政策时，国债发行总规模中有少量中央政府代地方政府发行的债券。2009年，为了应对国际金融危机、增强地方安排配套资金和扩大政府投资的能力，国务院决定在规模控制的前提下允许地方政府发行债券。2011年10月，财政部发布《2011年地方政府自行发债试点办法》。自行发债是指试点省（市）在国务院批准的发债规模限额内，自行组织发行本省（市）政府债券的发债机制。办法中规定发行的政府债券为记账式固定利率付息债券，期限为3年和5年。尽管自行发债不同于自主发债，但是其迈出了地方政府拥有财政自主权的重要一步。

（三）政府支持机构债券和政府支持债券

为了探索国有金融机构注资改革的新模式，中央汇金投资有限责任公司（简称汇金公司）于2010年在全国成功发行了两期人民币债券，共1 090亿元。汇金债券被命名为政府支持机构债券。经国家发展和改革委员会批准，2011年，当时的铁道部[①]在银行间债券市场发行中国铁路建设债券，发行规模为1 000亿元人民币，债券分4期发行，期限有7年、10年和20年期，这种债券属于政府支持债券。

（四）金融债券

1982年1月，中国国际信托投资公司首次在国际市场上发行金融债券。1985年，工行、农行开始在国内发行金融债券，随后，建行、中行、交行陆续发行了人民币金融债券。债券筹集的资金用于国家规定的专门项目，称为特种贷款。1993年，中国投资银行被批准在境内发行外币金融债券，这是我国首次发行境内外币金融债券。1994年，随着政策性银行的成立，发债主体也由商业银行转向政策性银行，政策性金融债券随之出现，当年仅国家开发银行就发行了7次金融债券，总金额达758亿元人民币。1997—1998年，经中国人民银行批准，部分金融机构发行了特种金融债券，所筹集的资金专门用于偿还不规范证券回购交易所形成的债务。这是因为在1995年国债“327”风波中，少数金融机构和交易场所在国债回购交易业务中违反央行、财政部、证监会的有关规定，买空卖空国债，利率过高，期限过长，资金用途也不合理，扰乱了货币市场秩序，使大量已经到期的国债回购合同不能按期履约还款，出现了严重的资金拖欠，拖欠金额达800亿元。目前，我国的金融债券在全国银行间债券市场发行和交易。根据2005年6月发布的《全国银行间债券市场金融债券发行管理办法》，我国金融债券的主要品种有：政策性金融债券、商业银行债券、证券公司债券、财务公司债券、金融租赁公司和汽车金融公司的金融债券、资产支持证券。

---

① 2013年已撤并。

（五）企业债券与公司债券

我国证券市场上同时存在着企业债券和公司债券。

我国企业发行债券，多数是从1984年和1986年开始的，大致经历了萌芽期（1984—1986年）、发展期（1987—1992年）、整顿期（1993—1995年）、再度发展期（1996年至今）四个阶段。1997年3月，经国务院批准，我国上市公司开始发行可转换公司债券。2006年5月，中国证监会颁布的《上市公司证券发行管理办法》首次提出上市公司可以公开发行认股权和债券分离交易的可转换公司债券。2007年8月，中国证监会正式颁布实施《公司债券发行试点办法》，标志着我国公司债券发行工作的正式启动。

我国企业债券和公司债券的区别是：

1.发行主体的范围不同。企业债券的发行主要以大型企业为主；公司债券的发行不限于大型公司，一些中小规模的公司只要符合一定的法规标准，都有发行机会。

2.发行方式以及发行的审核方式不同。企业债券的发行采取审批制或注册制；公司债券的发行采取核准制，引进发审委制度和保荐制度。

3.担保要求不同。企业债券较多地采取担保的方式，同时又以一定的项目（国家批准或者政府批准）为主；公司债券募集资金的使用不强制与项目挂钩，包括可以用于偿还银行贷款、改善财务结构等股东大会核准的用途，也不强制担保，而是引入信用评级方式。

4.发行定价方式不同。《企业债券管理条例》规定，企业债券的利率不得高于银行相同期限居民储蓄定期存款利率的40%；公司债券的利率或价格由发行人通过市场询价确定。

（六）国际债券

为利用国外资金，加快我国的经济建设步伐，自20世纪80年代初期以来，我国先后在香港特别行政区、东京、法兰克福、伦敦等地以及新加坡、美国等国发行了国际债券，发行币种包括日元、港币、德国马克（已被“欧元”取代）、美元等。从债券的期限结构来看，有1年、5年、7年、10年、30年等数个品种，特别是1996年，在美国市场发行了10年期扬基债券，极大地提升了我国政府的国际形象。2009年9月8日，中央政府又在香港地区发行了60亿元人民币国债，这是中央政府首次在内地以外地区发行人民币国债，开启了人民币离岸业务的新里程。目前，我国利用国际债券市场筹集资金的过程中主要涉及的债券品种有：政府债券、金融债券和可转换公司债券。

【案例】　粤高速A（000429）：2009年公司债券发行公告①

1.债券名称：广东省高速公路发展股份有限公司2009年公司债券。

2.发行总额：80 000万元。

3.票面金额：100元/张。

4.发行数量：800万张。

5.发行价格：按面值平价发行。

6.债券期限：5年期。

7.本期债券票面利率预设区间为4.9%～5.4%。

8.还本付息的期限和方式：本期公司债券采取单利按年计息，不计复利，每年付息一次，到期一次还本，最后一期利息随本金一起支付。

9.起息日：本期公司债券的起息日为发行首日，即2009年9月21日。

10.付息日：2010—2014年间每年的9月21日为上一计息年度的付息日（遇节假日顺延，下同）。

11.到期日：2014年9月21日。

12.担保方式：本期债券由广东省交通集团有限公司提供全额不可撤销的连带责任保证担保。

13.资信评级情况：经中诚信证券评估有限公司综合评定，发行人主体信用等级为AA+，本期债券信用等级为AAA。

14.债券受托管理人：中国国际金融有限公司。

15.本次发行对象：

网上发行：持有登记公司A股证券账户的自然人、法人、证券投资基金、符合法律规定的其他投资者等（国家法律、法规禁止购买者除外）。

网下发行：在登记公司开立合格证券账户的机构投资者（法律、法规禁止购买者除外）。

16.发行方式：

本期债券发行采取网上面向社会公众投资者公开发行和网下面向机构投资者询价发行相结合的方式。网上认购按“时间优先”的原则实时成交，网下认购采取机构投资者与保荐人（主承销商）签订认购协议的形式进行。

本期债券网上、网下预设的发行数量分别占发行规模的比例为10%和90%。公司和保荐人（主承销商）将根据网上/网下的发行情况决定是否启动网上/网下双向回拨机制。

17.网上发行时间：网上发行时间为1个工作日，即发行首日2009年9月21日深交所交易系统的正常交易时间。如遇重大突发事件影响本次发行，则顺延至下一交易日继续进行。网上投资者通过深圳证券交易所交易系统参加认购，网上发行代码为“101699”，简称为“09粤高债”。参与本次网上发行的每个证券账户最小认购单位为10张（1 000元），超过10张的必须是10张的整数倍。网上认购次数不受限制。

18.网下发行时间：本期公司债券网下发行的期限为3个工作日，即发行首日2009年9月

①　深圳证券交易所官网信息披露专栏2009年9月17日公告。

21日至2009年9月23日每日的9：00—17：00。网下发行仅面向机构投资者。机构投资者通过与保荐人（主承销商）签订认购协议的方式参与网下协议认购。机构投资者网下最低认购数量为10 000张（100万元），超过10 000张的必须是10 000张的整数倍。

19.承销方式：本期债券由主承销商中国国际金融有限公司组织承销团，以承销团余额包销的方式承销。

20.上市地：深圳证券交易所。

21.上市时间：发行人在本期发行结束后尽快向深交所申请上市，具体上市时间将另行公告。

22.本期债券上市后可进行新质押式回购交易，具体折算率等事宜按中国证券登记结算有限责任公司的相关规定执行。

案例思考：结合该案例谈谈你对债券的认识。你了解到该债券产品的哪些信息？

本章基本概念

债券 外国债券 欧洲债券 贴现债券 附息票债券 凭证式国债 记账式债券

复习思考题

1.什么是债券？它具有哪些基本特征？

2.简述债券与股票的区别与联系。

3.简述债券的分类。

4.什么是实物、凭证式和记账式债券？

5.什么是欧洲债券？其与外国债券有什么区别？

6.什么是资产支持证券？

7.为什么说国际债券具有良好的发展前景？

学习资料推荐

■你可以到中华人民共和国中央人民政府官网文件公报栏查看《关于印发〈储蓄国债（电子式）管理办法〉的通知》，了解我国储蓄国债（电子式）的基本情况。

■你可以到沪深交易所官网的固定收益信息平台了解各类债券产品基本信息。

第四章

证券投资基金

本章提要

证券投资基金是当今社会最受大众欢迎的信托投资工具，它为中小投资者在金融市场上分散风险、共同获利打开了方便之门。本章将重点阐明投资基金的含义、性质及特征，投资基金的各种分类及意义；分析投资基金同股票、债券的关系；考察中外投资基金的发展历程，投资基金的投资运作制度、规定等内容。通过本章的学习，学生应掌握投资基金的含义、性质及特征，投资基金的主要分类，理解投资基金同股票、债券等投资工具的关系，了解投资基金的投资运作及我国投资基金的现状和发展情况。

第一节 证券投资基金概述

证券投资基金始创于19世纪中叶的英国，发展于美国，普及于日本、德国、法国等众多国家以及中国的香港和台湾地区。100多年来，特别是20世纪80年代中后期，随着社会经济的发展、全球投资规模的剧增，各种名目的投资基金风起云涌，形成了一个庞大的产业，已成为继股票、债券之后又一个非常重要的投资工具。

一、证券投资基金的含义

证券投资基金（Securities Investment Fund）是指通过公开发售基金份额募集资金，由基金托管人托管，基金管理人管理和运用资金，为基金份额持有人的利益，以资产组合的方式进行证券投资的一种利益共享、风险共担的集合投资方式。

作为一种大众化的信托投资工具，各国对基金的称谓有所不同。美国称为“共同基金”（Mutual Fund），在英国及我国香港称为“单位信托基金”（Unit Trust Fund），在日本和我国台湾称为“证券投资信托基金”，在其他国家和地区有称为“互助基金”“互惠基金”“投资基金”的，也有称为“基金”的。虽然称谓不同，但内容及操作却有很多共性，在本书中，我们称为“证券投资基金”。

证券投资基金在证券市场上具有多重身份。首先，它是投资客体，供投资者选择，并以此为手段获取收益；其次，它也是投资主体，将筹集的资金投资于股票、债券等有价证券，成为证券市场上重要的机构投资者；最后，它又是专业的投资中

本章建议阅读资料：

1. 中国证券投资基金业协会. 证券投资基金［M］. 北京：高等教育出版社，2020.
2. 中国证券投资基金业协会. 股权投资基金［M］. 北京：中国金融出版社，2020.
3. 列维. 投资学［M］. 任淮秀，译. 北京：北京大学出版社，2000.

介，接受投资者的委托，代理证券投资事宜，并收取相应费用，成为连接社会公众投资者和筹资者的桥梁。

二、证券投资基金的产生与发展

从证券投资基金的发展历史来看，其产生于市场经济较为发达的资本主义发展时期。

（一）证券投资基金的起源

投资基金产生于英国。18世纪的产业革命与海外扩张为英国积累了大量的社会财富，使得国民收入大幅增加，居民储蓄迅猛增长，国内资金出现了过剩的局面。而国内存贷款利率较低、投资收益率不断下降，迫使剩余资金在海外寻求投资出路，以实现资本的保值与增值。但是，当时大多数投资者缺乏国际投资知识，难以直接参与海外投资。于是，人们便萌发了众人集资、委托专人经营和管理的想法。这一想法得到了英国政府的支持。1868年英国政府出面组建了海外和殖民地政府信托组织，公开向社会发行收益凭证。“海外和殖民地政府信托”是公认的第一个公众投资信托基金，它以投资于国外殖民地的公司债为主，总额达48万英镑，信托期限为24年。该基金类似于股票，不能退股，也不能兑现，认购者的权益仅限于分红和派息。从该基金的实际运作情况看，投资者得到的实际回报率达到7%以上，远远高于当时3.3%的英国政府债券利率。

（二）证券投资基金在美国的迅速发展

虽然美国在1893年成立了第一家封闭式基金——“波士顿个人投资信托”，但美国基金业的真正发展是在第一次世界大战后。自1924年组建第一家开放式互惠基金——“马萨诸塞投资信托基金”开始，其后的几年中，美国的基金业迅猛发展，1929年基金资产高达70亿美元，是1926年的7倍多。20世纪30年代，基金受大萧条的影响发展陷入低谷，其间，美国颁布了《1933年证券法》，又颁布了《1934年证券交易法》，特别是1940年颁布的《投资公司法》，详细规范了共同基金的组成及管理要件，为基金投资者提供了完整的法律保护，从而奠定了美国共同基金规范发展的基础。第二次世界大战之后，美国的共同基金出现了高速发展的势头。

（三）证券投资基金扩散到世界各地

证券投资基金专业化管理、分散投资的优势使其在第二次世界大战后获得了突飞猛进的发展，很快扩散到世界各地。其中，日本于1948年颁布了《证券投资公司法》，并于1951年颁布了《证券信托法案》；联邦德国于1957年颁布了《投资公司法案》。20世纪70年代以来，随着世界经济规模的剧增和现代金融业的不断创新，品种繁多、名目各异的基金风起云涌，已经形成了一个庞大的产业，基金业与银行业、证券业、保险业并驾齐驱，成为现代金融体系的四大支柱之一。

（四）中国证券投资基金的发展历程

中国投资基金市场依附于证券市场的发展而发端。1987年中国银行和中国国际信托投资公司首创中国基金投资业务，它标志着中国投资基金市场的诞生。进入20世纪90年代，我国基金业务进入实质性阶段，依主管机关管辖权力的过渡可分为两个阶段：

第一阶段是1992—1997年的摸索阶段。该阶段为中国人民银行作为主管机关的阶段。在沪深交易所上市的基金有25只，在大连、武汉、天津证券交易中心联网交易的基金数量达28只，但此时基金规模很小，运作也很不规范，而且专业性基金管理公司也很少，不足10家，俗称“老基金”。

第二阶段是1997年之后的规范阶段。1997年11月14日，我国《证券投资基金管理暂行办法》正式颁布；1998年3月，按照新法规的规定，分别以国泰证券和南方证券为主发起人的基金金泰和基金开元招股说明书在各大证券报公开发布，从而拉开了中国证券投资基金业的新纪元。当年共发行了5只基金，净值107.40亿元。2003年10月28日第十届全国人民代表大会常务委员会第五次会议通过了《中华人民共和国证券投资基金法》（以下简称《证券投资基金法》），并于2004年6月1日起正式实施，以法律形式确认了证券投资基金在资本市场中的地位和作用，成为中国证券投资基金业发展史上的一个重要里程碑。证券投资基金业从此进入了崭新的发展阶段，基金数量和规模迅速增长，市场地位日益重要。截至2021年年底，中国公募基金管理规模突破25万亿元，基金产品数量超过9 000只；私募基金管理规模突破19.7万亿元，基金产品数量达到1 500只。随着中国经济的发展，中国证券投资基金业呈现出一片繁荣景象。

三、证券投资基金的主要特征

证券投资基金之所以在许多国家都受到投资者的青睐，这与它集诸多优点于一身的特征有关：

1.集合投资。中小投资者用于证券投资的资金比较少，从几千元到几十万元不等，这样少的资金在庞大的证券市场上犹如一盘散沙，难以抗击市场的狂风巨浪。投资基金的特点是将众多的分散的小额资金汇集起来，形成规模巨大的基金，这样就可以分散投资于数十种甚至数百种有价证券，投资者也就可以最大限度地分散风险。

2.分散风险。这是指分散投资，通过投资组合来降低投资风险。有过一定投资经验的人一定知道这样一句话：“不要把所有鸡蛋放在一个篮子里”，这就是避免由于某投资品种的突发损失导致一损俱损。多元化投资是投资运作的一个重要策略，投资基金可以凭借其聚集而来的巨额资金，分别投资于各类证券品种或其他项目，实现资产组合的多元化，真正做到风险分散，提高投资的安全性和收益性。

3.专业理财。投资基金是间接投资，这就等于聘请了具有丰富的证券投资知识和经验的专家来经营管理，可以节约交易成本，提高投资收益。例如，英国罗伯特·弗莱明资产管理公司有400多位投资专家重点追踪全球3 500多种股票的情况，每天根据研究结果提出基金的投资组合以及调整方案。对那些没有时间，或者对市场不太熟悉的中小投资者来说，投资于基金，可以获得基金管理人在市场信息、投资经验、金融知识和操作技术等方面所拥有的优势，从而尽可能避免一般投资者由于缺乏专业知识和无法进行全面的考察而引起的投资失误。

当然，投资基金也有其局限性：

1.投资基金只是进入证券市场的众多方式之一，只对中小投资者具有吸引力。

2.投资者面对不同的基金也有个选择的问题，因为每种基金的盈利率是有差别的，所以投资于不同的基金其收益亦不相同。比如，1990年时香港景泰欧洲基金增值率为76.9%，太平洋证券基金增值率达128%，而景顺东协基金却负增长了3.3%。

3.投资基金本质上是一种委托投资制度，投资者与经营者之间既有一荣俱荣、一损俱损的一致性，又有利益上此长彼消的对立性。因此，基金投资者还将面临基金经营者的道德风险。

四、投资基金同股票、债券等投资工具的关系

1.反映的经济关系不同。股票所表示的是对公司的所有权，是一种所有权关系；债券所表示的只是一种债权，是一种债权、债务关系；契约型基金反映的是一种信托投资关系，并不涉及所有权的转移。

2.发行目的不同。发行股票是股份公司筹集资本的需要，发行股票所筹集的资金列入公司资本；发行债券是公司追加资金的需要，发行债券所筹集的资金列入公司负债；而发行基金股份或受益证券是为了形成一个以分散组合投资为特色、以降低风险达到资产增值为目的的基金组织，基金组织是一个标准的投资人，发行基金所筹集的资金构成基金的组成单位。

3.发行者不同。股票发行者是股份公司，债券发行者是政府、金融机构、公司企业等，而基金发行者是一个比较松散的组织。

4.筹集资金的投向不同。股票、债券是一种融资工具，投资面向实业；基金是一种信托工具，投资面向其他证券。如果说股票、债券属于一次投资的范畴，基金则属于再投资或二次投资的范畴。

5.期限不同。债券是债权的代表，债券的性质决定了它要在一定时期内还本付息。股票是公司的所有权的代表，没有到期日。基金较灵活，可有期、可无期；有期限的，在到期时，经基金持有人大会同意、主管机关批准，还可以延期。

6.风险和收益不同。债券反映债权债务关系，其特点是双方事先约定借贷的利率与时间，债务人对债权人的这种承诺是无条件执行的，因此债权人风险较小，债务人风险较大。与之相比，股票投资者在其投资时没有定期取得收入的任何保证，股票收益要视公司经营的盈亏而定，且没有到期日，不能赎回，只能在二级市场上通过交易获得现金，有可能出现亏损，所以股票投资风险大。基金与股票的相同点是基金投资者在其投资时也不能得到一个确定的利率，也没有定期取得收入的任何保证，基金经营业绩良好，投资者会得到较好的报酬，反之则报酬较低，投资者必须承担一定的风险。但基金主要投资于有价证券，专业性投资机构对投资者资金的运用能实现稳定收益，且有可能获得比债券更高的收益；基金的组合投资也避免了投资于一般股票那样的高风险，所以基金的风险介于股票和债券之间。

7.返还性不同。债券到期必须还本付息；股票具有不可返还性，但可以在二级市场上通过交易换回现金；基金则较灵活，在基金的存续期内封闭式基金同股票一样不能赎回，但可以在二级市场上通过交易换回现金，开放式基金可以自由赎回，而股票则不行。

8.投机性不同。债券一般只是单纯的投资对象，投机性很小。股票则不单是投资对象，还有很强的投机性。基金是一种中长期信托投资工具，不能当做股票来炒；基金也不同于债券，基金的价格随着投资的经营效益的高低而发生变化，具有波动性。所以，基金的投机性介于股票、债券之间。

第二节　证券投资基金的种类

证券投资基金在世界范围内已经过100多年的发展，其种类繁杂，按照不同的分类方法可将其分为若干种类。

一、按证券投资基金的组织形式分类

按照组织形式，证券投资基金可分为公司型投资基金和契约型投资基金。

（一）公司型投资基金

公司型投资基金（Corporate Investment Fund）是由具有共同投资目标的投资者依据公司法组成的，以营利为目的，投资于特定对象（如货币市场、有价证券）的股份制投资公司。公司型投资基金在组织结构上与股份有限公司类似。其发行普通股份，投资者可以购买公司的股份，成为公司的股东，基金将集中的资金用于证券市场的投资，投资者从这些投资中获取收益。从法律意义上来说，公司的资产由公司的股东所持有，股东选举产生董事会来负责公司的管理和运作。公司型基金成立后通常委托专业的基金管理公司管理基金资产，同时还会委任第三者来保管基金资产，各当事人之间的权利和义务由公司的章程来规范。

美国的基金以公司型投资基金为主体。

（二）契约型投资基金

契约型投资基金（Contract Investment Fund），也称信托型投资基金，是依据一定的信托契约通过发行受益凭证而组建的投资基金。该类基金一般由投资者、基金托管人、基金管理人签订信托契约，通过发行受益凭证组成信托资产，基金管理人负责运用信托资产进行投资，基金托管人负责保管基金资产。在契约型投资基金的运作中，主要的当事人是基金投资者、基金托管人和基金管理人三方。投资者通过购买受益凭证参与基金投资，获取投资收益。基金管理人和基金托管人的职责与公司型投资基金中管理人和托管人的职责基本相同。英国、日本和我国香港、台湾地区的基金多是契约型基金，《证券投资基金法》所规定的基金也是契约型投资基金。

公司型投资基金与契约型投资基金相比，在运作机制方面主要有以下不同：

1.性质不同。公司型投资基金的资金是通过发行普通股票筹集的公司法人的资本；契约型投资基金是依据信托法通过发行基金份额筹集起来的信托资产，不具备法人资格。

2.投资者地位不同。公司型投资基金的投资者是公司的股东，有权对公司的重大决策进行审批；契约型投资基金的投资者作为基金契约的受益人，对基金的重要投资决策并没有发言权。

3.基金运营的依据不同。公司型投资基金与一般的股份公司一样，依据投资公司的章程运营，除非依据公司法破产、清算，否则公司一般都具有永久性。而契约型投资基金依据基金契约进行运作，契约期满后，基金运营随之终止。另外，公司型基金作为法人在运用债务杠杆方面具有更大的空间和灵活性。

二、按证券投资基金能否赎回分类

按证券投资基金设定后能否追加投资份额或赎回投资份额，证券投资基金可分为封闭式投资基金和开放式投资基金（或称固定型和追加型投资基金）。

（一）封闭式投资基金

封闭式投资基金（Closed-End Fund）是相对于开放式投资基金而言的，是基金资本总额及发行份数在发行之前就已确定下来，在发行期满后，基金就封闭起来，总量不再增减的投资基金，因此也称固定型投资基金。封闭式投资基金受益凭证在封闭期间内不能追加认购或赎回，但投资者可以在证券交易所等二级市场上交易。

（二）开放式投资基金

开放式投资基金（Open-End Fund）是指基金的发行总额是变动的，可以随时根据市场供求状况追加投资份额或被投资人赎回的投资基金。但追加购买或赎回的价格不同于原始发行价，而是以基金当时的净资产价值为基础加以确定。投资者可以按投资基金的报价在国家规定的营业场所申购或者赎回投资基金份额。

封闭式投资基金与开放式投资基金的区别如下：

1.发行规模限制不同。封闭式投资基金的份额是固定的，在封闭期内未经法定程序认可不能增加发行。开放式投资基金的份额是不固定的，没有发行规模限制，投资者可随时提出申购或赎回申请，基金规模随之增加或减少。

2.期限不同。封闭式投资基金有固定的封闭期，通常在5年以上，一般在10年或15年，经基金份额持有人大会通过并经主管机关同意还可以适当延长期限。开放式投资基金没有固定期限，投资者可随时向基金管理人赎回基金单位，若大量赎回甚至会导致清盘。

3.基金份额交易方式不同。封闭式投资基金在证券交易所进行交易，即持有人在封闭期内不能赎回基金份额，只能在证券交易所出售给第三者，基金交易在基金投资者之间完成。开放式投资基金一般是在基金管理公司或托管人（商业银行）柜台进行交易，即投资者可随时向基金管理人或代理人提出申购或赎回申请，基金交易在投资者与基金管理人或其代理人之间进行。

4.基金份额的交易价格计算标准不同。封闭式投资基金和开放式投资基金的基金份额除了首次发行价都是按面值加一定百分比的认购费计算外，后面的交易计价方式是不同的。封闭式投资基金的交易价格是由市场供求关系决定的，常出现溢价或折价现象。开放式投资基金的交易价格则取决于每一基金份额净资产值的大小，不直接受市场供求关系的影响，一般申购价是基金份额净资产加一定的申购费，赎回价是基金份额净资产减去一定的赎回费。

5.交易费用不同。封闭式投资基金份额的买卖是在基金价格之外支付手续费。开放式投资基金是支付申购费和赎回费。

6.基金份额资产净值公布的时间不同。封闭式投资基金一般每周或更长时间公布一次，开放式投资基金一般在每个交易日结束后连续公布。

7.投资策略不同。封闭式投资基金在存续期内不得要求赎回，故信托资产稳定，基金资产的投资组合能有效地按预定计划进行，可进行长期投资，便于基金管理人稳定运作基金。开放式投资基金的单位总数是变动的，随时面临投资者赎回的压力，使得基金资产相对封闭式投资基金来说不稳定。基金资产的稳定性会对基金的投资战略产生重要影响，开放式投资基金的管理人为应对投资者随时赎回兑现，往往需要保留较大份额的流动性和变现性较强的资产（如国债），且投资理念相对短期化，即必须保持基金资产的流动性，这给基金管理人稳定运作基金带来了挑战。而封闭式投资基金则有条件投资于一些变现性相对较差、投资期限较长的资产。

8.投资风险不同。封闭式投资基金的投资风险较大，当基金业绩好时，投资者可享受超过净资产价值的证券收益；若有亏损，则投资者最先遭受损失。开放式投资基金每日公布份额净资产值，透明度高，便于投资者控制风险。

在投资基金业兴起之初，封闭式投资基金是基金业的主要形式，但是，随着金融市场的成熟与金融自由化的深入，开放式投资基金在第二次世界大战以后逐渐成为基金业发展的主流。

三、按证券投资基金的投资对象分类

按投资对象的不同，证券投资基金可分为股票基金、债券基金、货币市场基金、指数基金、不动产投资信托基金、创业基金、贵金属基金、期货基金、期权基金、认股权证基金、对冲基金等。

（一）股票基金

股票基金是证券投资基金中最常见的一种，其投资对象是股票。投资目标以追求资本成长为主，但其必须面对股票价格波动的风险。由于股票基金规模较大，比较容易通过投资组合分散风险，因此成为中小投资者的首选投资对象。股票基金根据投资目标和投资风格又可细分为成长型、收入型和平衡型等类型。在我国，根据中国证监会对基金类别的分类标准，60%以上的基金资产投资于股票的，为股票基金。

（二）债券基金

债券基金是基金市场的重要组成部分，其规模仅次于股票基金，它主要以政府公债、市政债券、公司债券等债券品种为投资对象。由于债券是一种获利稳定、风险较小和具有一定期限结构的有价证券，因而债券基金可以获得稳定收益，风险也较小。债券基金基本上属于收益型基金。债券基金按投资地域不同可分为国际债券基金、欧洲债券基金、美国债券基金、英国债券基金等。债券基金按币种不同可分为美元债券基金、英镑债券基金、日元债券基金等。债券基金按发行主体不同可分为政府公债基金、市政债券基金、公司债券基金等。在我国，根据《证券投资基金运作管理办法》的规定，80%以上的基金资产投资于债券的，为债券基金。

（三）货币市场基金

货币市场基金是以货币市场工具为投资对象的一种基金，其投资对象期限较短，一般在1年以内。它的主要投资对象包括国库券、银行可转让大额存单、商业票据、银行承兑汇票、同业拆借及回购协议等货币市场工具。货币市场基金于1972年创设于美国。它的特点是单位基金的资产净值固定不变，但投资者可利用收益再投资，从而增加所持有的基金份额；衡量货币市场基金的标准是收益率而非资产净值；货币市场基金不收取认购费用、申购费用和赎回费用，管理费用也较低；货币市场基金均为开放式基金。由于其投资对象为短期证券，而且兑现方便，因此，货币市场基金具有收益稳定、流动性强、风险小、资本安全性高等特点，在国外货币市场上深受投资者的欢迎。许多国外证券投资者都是从货币市场基金开始从事基金投资的。在我国，根据《证券投资基金运作管理办法》的规定，仅投资于货币市场工具的，为货币市场基金。

（四）指数基金

指数基金是通过复制所跟踪指数中的股票而形成的基金。属于被动型投资。简单地说，就是基金跟踪的指数中有哪些股票，基金就主要买哪些股票，且指数基金中每只股票配置的比例大致与每只股票在指数中占的比例相同。

世界上第一只指数基金于1971年由美国的Wells Fargo银行向机构投资者推出，但当时的反对者远远多于支持者。之后的1976年，先锋集团推出基于标准普尔500指数的第一个面向公众的开放式指数基金。由于很多人认为指数基金的投资策略缺乏技术含量，指数基金一直没有得到投资者的认同，被认为是“傻子设计的卖给傻子的产品”。20世纪80年代以后，美国股市日渐繁荣，投资者发现业绩长期战胜指数的主动型基金屈指可数，于是，指数基金逐渐开始吸引一部分投资者的注意。直到20世纪90年代以后，指数基金才真正获得了巨大发展。

从国际上来看，指数基金可以分为两种：一种是纯指数型基金，另一种是指数增强型基金。纯指数型基金是一种完全被动操作的基金。它的资产几乎全部投入所跟踪的指数的成分股中，而且基本上是满仓操作。指数增强型基金则略有不同，它不是完全的被动投资，而是在纯指数化投资的基础上，根据股票市场的具体情况进行适当的调整。

指数基金的优势是：

（1）费用低廉。由于指数基金一般采取买入并持有的被动投资策略，其交易的手续费支出较少；同时，基金管理人不必非常积极地对市场进行研究，收取的管理费也会更低。指数基金的认购费和申购费也比其他股票型基金低，在我国投资指数基金还免征印花税。

（2）可以有效地规避金融市场的非系统性风险。由于指数基金投资非常分散，任何单个股票的波动都不会对指数基金的整体表现构成大的影响，从而规避了个股风险。

（3）可以获得平均市场收益率。在以机构投资者为主的市场中，指数基金可以获得平均市场收益率，可以为投资者提供比较稳定的投资回报。

（4）资金利用率高。指数基金资金的90%以上用来跟踪基准指数，资金利用率高。

（5）投资透明度高。指数基金完全按照指数的构成原理进行投资，透明度很高，可有效降低基金管理人的道德风险。

（6）可以分享经济成长的成果和股票资产的长期高回报。1973—2004年，股票、商品、债券、现金四大类资产的平均年化收益率分别为6.1%、5.8%、3.5%、1.5%（数据来源：Breetham，Hartnett. The Investment Clock.，2004）；Vanguard

S&P500指数基金自1976年成立到2009年3月底总回报为1 935%，年化收益率为9.68%（数据来源：Bloomberg）；Sharpe（1991）指出：平均来讲，主动管理型基金业绩不可能超过被动管理型基金业绩，原因在于股票指数的表现就是二者包括成本在内的投资收益的加权平均。

（五）不动产投资信托基金

不动产投资信托基金也称不动产投资信托（Real Estate Investment Trust，简称REITs），是一种通过发行股份或受益凭证汇集资金，由专门的基金托管机构进行托管，并委托专门的投资机构进行房地产投资经营管理，并将投资综合收益按比例分配给投资者的一种信托基金，是将房地产证券化的重要手段。REITs的目的是将流动性较弱的商业地产转变为流动性较强的证券资产，而其主要收益来源是不动产产生的现金流：租金以及未来资产增值的部分。

常见的REITs是根据基础资产的不同而分类的，主要分为基础设施建设类REITs、商业零售REITs、工业物流类房地产REITs、租赁住房REITs、农业用地产REITs、医疗健康类房地产REITs、酒店餐馆类房地产REITs等。

（六）创业基金

创业基金又称置业基金或风险基金（Venture Capital，VC），是以股权投资方式，主要投资于未上市公司的基金。它是为支持一些盈利前景看好的新兴产业而设立的基金，其经营方针是在高风险中追求高回报。它的投资目标主要是那些不具备上市资格的小型企业和新兴企业，甚至是仅仅处于构思之中的企业。因此，创业基金具有高风险、高收益的特征。创业基金投资于未上市公司的目的不是要控股，而是通过资金和技术援助取得部分股权，促进受资公司的发展，使资本增值。一旦受资公司发展起来，股票可以上市，基金管理公司便通过在股票市场上出售股票收回增值的资金和资本，再去寻找新的投资对象。

（七）贵金属基金

贵金属基金主要以全球黄金、白银及其他与贵金属矿产相关的工业之股票为主要投资标的的投资基金。黄金具有保值作用，尤其在美元贬值时黄金基金有很大的增长潜力，投资黄金基金又比直接购买黄金具有流动性强、投资分散的好处，所以对投资者颇具吸引力。

（八）期货基金

期货基金是以期货合约为主要投资对象的投资基金。

（九）期权基金

期权基金是以期权合约为主要投资对象的投资基金。

（十）认股权证基金

认股权证基金（Warrant Fund）是以认股权证为投资对象的投资基金，主要投资于个别公司搭配公司债发行的认股权证，以及投资银行对特定类股所发行的认股权证，具有时效性强、风险高的特点，属于冒险型基金，如日本认股权证基金、欧洲认股权证基金、亚洲认股权证基金等。

（十一）对冲基金

对冲基金（Hedge Fund）意为“风险对冲过的基金”，也称避险基金或套期保值基金，诞生于20世纪50年代初的美国，它利用期货、期权等金融衍生产品以及对相关联的不同股票进行空买空卖、风险对冲等各种操作技巧以规避和化解证券投资风险，从而赚取巨额利润。其特点是承担高风险、追求高收益。

以上后四种基金都属于衍生工具基金，风险较大，但也有可能获得较高回报。衍生工具的具体内容在下一章讲解。

基金按投资对象进行细分，一方面推动了专业分工的深入，从而提高了整个基金业的投资回报率、降低了投资风险；另一方面也给投资者提供了越来越丰富的投资选择，满足了不同投资风格和风险偏好的投资者多样化投资的需求。

四、按证券投资基金的投资目标和风险大小分类

按投资目标和风险大小来分类，证券投资基金的类别更多，大致有：

（一）成长型基金

成长型基金的投资目标是追求资本的长期增值，也注重投资的经常性收益，是证券投资基金中为数最多的一种。为实现长期增长目标，基金资产主要投资于信誉好、长期有稳定盈余公司的普通股票，或是有长期升值潜力公司的普通股票。成长型基金又可分为稳健成长型基金和积极成长型基金。

（二）收入型基金

收入型基金主要投资于可带来现金收入的有价证券，以获取当期的最大收入为投资目标。投资对象通常为股息比较优厚、红利水平较高的绩优股票，资信度高的政府债券，公司债券和可转换债券。一般分为固定收入型基金和股票收入型基金。

（三）平衡型基金

平衡型基金的投资目标是追求基金资产净值的稳定、可观的经常收入和适度的长期增长。为兼顾以上三个目标，它通常会把一半的资金投资于债券，另一半的资金投资于股票，因而投资基金的收益不会有明显的涨跌。这种投资基金对于期望能保本和期望资本增值的投资者均具有吸引力。

五、按证券投资基金的投资理念分类

按投资理念分类，证券投资基金可分为主动型基金和被动型基金。

（一）主动型基金

主动型基金是指力图取得超越基准组合表现的基金。

（二）被动型基金

被动型基金一般选取特定指数作为追踪对象，因此，通常又被称为指数基金。

六、按证券投资基金的募集方式分类

按募集方式不同，证券投资基金可分为公募基金和私募基金。

（一）公募基金

公募基金（Public Offering of Fund）是指以公开发行方式向社会公众投资者募集基金资金并以证券为投资对象的证券投资基金。它具有公开性、可变现性、高规范性等特点。

（二）私募基金

私募基金又称私募股权投资（Private Equity，PE），是以非公开方式向特定投资者募集资金并以证券为投资对象的证券投资基金。它具有非公开性、投资金额较高、投资范围较广、风险较大、封闭运作、非上市、在基金运作和信息披露方面所受到的限制和约束较少等特点。

公募基金与私募基金的具体区别列示在表4-1中。

表4-1 **公募基金与私募基金比较**

	公募基金	私募基金
发行对象	社会不特定投资者	特定合格投资者
募集方式	公开募集	非公开募集
投资门槛	1~1 000元	100万元
成立规模	超过2亿	超过100万
投资者人数	不限制	小于200人
收费标准	低（仅管理费）	管理费+业绩分成
监管程度	严格	相对宽松（2017年资管新规颁布后逐年趋严）
投资策略	限制严格	十分灵活

七、按证券投资基金的投资来源和运用地域分类

按投资来源和运用地域不同，证券投资基金可分为国内投资基金、国际投资基金、离岸基金和海外基金等。

（一）国内投资基金

国内投资基金是指资金全部来自国内投资者并投资于国内金融市场的一种投资基金。一般而言，国内投资基金在一国基金市场上应占主导地位。

（二）国际投资基金

国际投资基金是指资金来源于国内但投资于境外金融市场的投资基金。由于各国经济和金融市场发展的不平衡性，在不同国家会有不同的投资回报，通过国际基金的跨国投资，可以为本国投资者带来更多的投资机会以及在更大范围内分散投资风险。但是，国际投资基金的投资成本和费用一般也较高。国际投资基金有国际股票基金、国际债券基金和全球商品基金等种类。

（三）离岸基金

离岸基金是指资金从国外筹集并投资于国外金融市场的基金，其特点是两头在外——筹资与投资都在境外。离岸基金的资产注册登记也不在母国，为了吸引全球投资者的资金，离岸基金一般都在素有“避税天堂”之称的地方注册，如卢森堡、开曼群岛、百慕大群岛等，因为这些国家和地区对个人投资的资本利得、利息和股息收入都不征税。

（四）海外基金

海外基金是指从国外筹集资金并投资于国内金融市场的基金。利用海外基金，可以通过发行受益凭证，把筹集到的资金交由指定的投资机构集中投资于特定国家的股票和债券，把所得收益作为再投资或作为红利分配给投资者。它所发行的受益凭证则在国际著名的证券市场挂牌上市。海外基金已成为发展中国家利用外资的一种较为理想的形式，一些资本市场没有对外开放或实行严格外汇管制的国家可以利用海外基金。

除了上述几种类型的基金外，证券投资基金还可按是否收费划分为收费基金和不收费基金；根据投资币种不同，划分为美元基金、英镑基金、日元基金、欧元基金等，以及投资于其他基金的基金中的基金等。

八、特殊类型的基金

1.伞型基金。它也称系列基金，是指多个基金共用一个基金合同，子基金独立运作，子基金之间可以进行相互转换的一种基金形式。

2.基金中的基金。基金中的基金FOF（Fund of Funds）是专指以其他证券投资基金为投资对象的基金，其投资组合由其他基金组成，是基金中的一种特殊产品。

3.保本基金。它是指通过采用一定的投资组合保险策略，保证投资者在投资周期结束时至少能获得投资本金或一定回报的证券投资基金。保本基金的投资目标是在锁定下跌风险的同时力争有机会获得潜在的高回报。

4.上市型开放式基金（Listed Open-end Fund，LOF）。它是指开放式基金发行结束后，投资者既可以在场外市场的指定网点申购与赎回基金份额，又可以在交易所场内进行基金份额买卖，并通过份额转托管机制将场外市场与场内市场有机地联系在一起的一种基金，是开放式基金在交易方式上的创新。2004年8月18日深圳证券交易所发布了《深圳证券交易所上市开放式基金业务规则》，深交所推出的LOF基金在世界范围内属于首创。

5.交易型开放式指数基金（ETF）与ETF联结基金。交易型开放式指数基金（Exchange Traded Fund，ETF）通常又被称为"交易所交易基金"。它是指一种被动跟踪某一市场指数的可以在交易所上市的交易型开放式指数基金，是开放式基金在产品上的创新。

ETF一般是以复制和追踪某一市场指数为目标，通过充分分散化的投资策略降低非系统性风险，以通过消极被动管理方式最大限度地降低交易成本而取得市场平均收益水平的一种金融衍生产品。由于ETF属于被动式投资，管理费用低，一般不超过0.5%，远远低于开放式基金1%~1.5%的水平。同LOF一样，ETF也是基金发行结束后，投资者既可以在场外市场的指定网点申购与赎回基金份额，也可以在交易所场内买卖该基金。所不同的是，它在场外申购、赎回必须采用组合证券的形式即申购是用一揽子股票换取ETF份额，赎回时也是换回一揽子股票而不是现金。

ETF发轫于金融中介机构为大型机构投资者提供对冲工具，这种交易方式使该类基金存在一二级市场之间套利的机会，可有效防止类似封闭式基金的大幅折价现象。ETF最早产生于加拿大，1990年多伦多证券交易所推出了世界上第一只ETF基金，但其发展与成熟主要是在美国，1993年美国股票交易所推出了第一只真正意义上的跟踪标普500指数ETF-SPDR。我国第一只ETF基金成立于2004年年底，当时上海证券交易所推出了上证50ETF投资基金。

尽管投资者可以像买卖封闭式基金一样在交易所场内买卖ETF基金，但对未参与股票二级市场交易的投资者而言仍无法参与ETF投资。在这种情况下，一种将其绝大部分基金资产投资于跟踪同一标的指数的ETF（简称目标ETF）、密切跟踪标的指数表现、采用开放式运作方式、可以在场外申购和赎回、被称为"ETF联结基金"的基金应运而生。

根据中国证监会相关文件的规定，ETF联结基金投资于目标ETF的资产不得低于基金资产净值的90%，其余部分应投资于标的指数的成分股和备选成分股以及中国证监会规定的其他证券品种。从性质上看，可以将ETF联结基金看做一种指数型的基金中的基金。

ETF与LOF的关系见表4-2。

6.QFII基金和RQFII基金。QFII（Qualified Foreign Institutional Investor）是合格的境外机构投资者的英文简称。QFII机制是外国专业投资机构到境内投资的资格认定制度，它是在货币没有实现完全可自由兑换、资本项目尚未开放的情况下，有

表4-2　　**ETF基金与LOF基金比较**

<table>
<tr><th></th><th></th><th>ETF基金</th><th>LOF基金</th></tr>
<tr><td rowspan="4">共性</td><td rowspan="2">都属于开放式基金、同跨两级市场交易</td><td colspan="2">都可以在场外申购和赎回，即都可以通过基金发起人、管理人、托管人及其他代销机构网点进行申购和赎回。申购和赎回价格取决于基金单位资产净值</td></tr>
<tr><td colspan="2">同时，也可以像封闭式基金那样通过交易所场内的系统进行交易买卖。市场交易价格由系统撮合形成，主要由市场供需决定</td></tr>
<tr><td>理论上都存在套利机会</td><td colspan="2">由于上述两种交易方式并存，当基金单位资产净值和二级市场交易价格存在一定程度偏离，且当这种偏离足以抵消交易成本的时候，就存在理论上的套利机会</td></tr>
<tr><td>流动性强</td><td colspan="2">由于同时存在场外市场和场内市场交易，流动性明显强于一般的开放式基金</td></tr>
<tr><td rowspan="5">区别</td><td>定义不同</td><td>ETF是被动跟踪某一市场指数的可以在交易所上市的交易型开放式指数基金</td><td>LOF基金是上市型开放式基金。可以是股票型基金、债券型基金、商品型基金，也可以是指数型基金</td></tr>
<tr><td>投资策略不同</td><td>ETF是被动型基金</td><td>可以是被动型基金也可以是积极主动型基金</td></tr>
<tr><td>申购和赎回标的不同</td><td>在申购和赎回时，是ETF基金份额和“一揽子”股票的交换，而不是现金</td><td>是基金份额和现金的交换</td></tr>
<tr><td>申购赎回门槛限制不同</td><td>拥有基金份额50万份以上才能参与场外市场的申购和赎回</td><td>申购和赎回没有特别的要求</td></tr>
<tr><td>套利操作方式和成本不同</td><td>ETF在套利交易过程中必须通过一揽子股票进行买卖，同时涉及基金和股票两个市场。可实时套利，即T+0交易，交易成本除交易费用外主要是冲击成本</td><td>LOF进行套利交易只涉及基金的交易。但必须经过交易所系统之间的转托管，需要两个交易日的时间，所以LOF套利还要承担时间上的等待成本，进而增加了套利成本</td></tr>
</table>

限度地允许境外投资者投资境内证券市场的一项过渡性的制度安排。RQFII（RMB Qualified Foreign Institutional Investor）是人民币合格境外机构投资者的英文简称，R代表人民币。RQFII可将批准额度内的外汇结汇投资于境内的证券市场。对RQFII放开股市投资，是从侧面助力人民币国际化进程的一个举措。

QFII和RQFII的区别用最简单的一句话来描述就是：QFII是用境外的外币来投

资境内的证券市场，RQFII是用境外的人民币来投资境内的证券市场。

7.QDII基金。QDII（Qualified Domestic Institutional Investor）是合格的境内机构投资者的英文简称。QDII基金是在一国境内设立，经该国有关部门批准从事境外证券市场的股票、债券等有价证券投资业务的证券投资基金。和QFII一样，QDII也是在货币没有实现完全可自由兑换、资本项目尚未开放的情况下，有限度地允许境内投资者投资境外证券市场的一项过渡性的制度安排，为国内的投资者参与国际市场投资提供了便利。2007年我国推出了首批QDII基金。

8.复制基金。它是英文Clone Fund的意译，又可直译为克隆基金。复制基金在国外非常普遍，主要可分为两种形式：一种是通过衍生产品来复制目标基金的市场表现，另一种是复制目标基金的投资策略。复制基金的意义在于通过金融创新，创造性地解决投资者的困难，满足其投资需求。复制基金也将加速基金产品的优胜劣汰，具有持续优良业绩回报的基金产品可以通过复制的途径来创造规模，有利于培育基金长期投资的理念。

9.分级基金（Structured Fund）。它又被称为结构性基金、可分离交易型基金，是在一只基金内部通过结构化的设计或安排，将普通基金份额拆分成具有不同预期收益与风险的两类（级）或多类（级）份额，并可分离上市交易的一种基金产品。其具体计算公式如下：

$$\frac{\text{拆分成两类份额的}}{\text{母基金净值}}=\frac{\text{A类子}}{\text{基金净值}}\times\frac{\text{A份额}}{\text{占比(\%)}}+\frac{\text{B类子}}{\text{基金净值}}\times\frac{\text{B份额}}{\text{占比(\%)}}$$

如果母基金不进行拆分则就是一只普通基金。

第三节 证券投资基金的投资运作与管理

对证券投资基金投资运作的了解是进行基金投资的基础。本节主要介绍证券投资基金有关当事人的权利责任、基金基本的运作机制、投资限制、投资组合以及基金的信息披露等内容。

一、投资基金的参与主体

（一）基金发起人

基金发起人是指以基金设立为目的，并采取一定的步骤和必要措施来达到设立基金目的的机构。考虑到基金发起人在基金设立和基金运作中的重要性，各国的法规一般都从发起人的规模、商业信誉和经营业绩等方面对其资格进行限制。国外基金发起人大多数为有实力的金融机构。按照我国的《证券投资基金法》的规定，基金的主要发起人为按照国家有关规定设立的基金管理公司。基金管理公司的股东由从事证券经营、证券投资咨询、信托资产管理或者其他金融资产管理业务的公司组成。

（二）基金份额持有人

基金份额持有人即基金投资者，是基金的出资人、基金资产的所有者和基金投资回报的受益人。作为基金的受益人，基金份额持有人享有基金资产的一切权益。基金份额持有人的基本权利包括对基金收益的享有权、对基金份额的转让权和一定程度上对基金经营决策的参与权。

（三）基金管理人

基金管理人是基金资产的管理者和运用者，基金投资者能否取得较好的回报，完全取决于基金管理人的投资运作。因此，为了保护基金投资者的利益，世界各国和地区对基金管理人的资格都有严格的规定。我国《证券投资基金法》对基金管理人的资格、职责规定如下：

基金管理人的基本职责是运用和管理基金资产。其主要职责包括：

1.按照投资基金契约的规定运用投资基金资产投资并管理投资基金资产。

2.及时、足额向投资基金持有人支付投资基金收益。

3.保存投资基金的会计账册、记录15年以上。

4.编制投资基金财务报告，及时公告，并向中国证监会报告。

5.计算并公告投资基金资产净值及每一投资基金单位资产净值。

6.投资基金契约规定的其他职责。

在世界上不同的国家和地区，基金管理人有不同的名称，如在英国被称为投资管理公司，在美国被称为基金管理公司，而在日本则被称为证券投资信托公司。

（四）基金托管人

基金托管人又称基金保管人，是依据投资基金运行中“管理与保管分开”的原则对投资基金管理人进行监督和保管投资基金资产的机构，是基金资产的名义持有人与受托保管人。

由于基金托管人在基金的运作中处于联系的枢纽地位，因此各国的监管法规对其资格都有严格的要求。从基金资产的安全性和基金托管人的独立性出发，一般都规定基金托管人必须由独立于基金管理人并具有一定实力的银行、保险公司和信托投资公司等金融机构担任。其主要职责是：

1.安全保管投资基金的全部资产。

2.执行投资基金管理人的投资指令，并负责办理投资基金名下的资金往来。

3.监督投资基金管理人的投资运作，发现投资基金管理人的投资指令违法、违规的，不予执行，并向中国证监会报告。

4.复核、审查投资基金管理人计算的投资基金资产净值及投资基金价格。

5.保存投资基金的会计账册、记录15年以上。

6.出具投资基金业绩报告，提供投资基金托管情况，并向中国证监会和中国人民银行报告。

7.投资基金契约、托管协议规定的其他职责。

基金托管人必须将其托管的投资基金资产与其自有资产严格分开，对不同投资基金分别设置账户，实行分账管理。

基金管理人和基金托管人在基金运作中扮演着重要角色。它们之间是一种相互协作和相互制衡的关系。

二、投资基金运作的监督管理

在证券投资基金成立后，基金的受益人一般不再介入基金资产的运作，因此，基金管理人有着相当大的自主权。但是，基金管理人是一个有着自身利益的机构，并且基金管理人和基金受益人之间存在着一定的利益冲突，如何才能保护广大投资者的合法权益，这不仅关系证券市场的运作，还关系社会公正和社会安定。纵观世界基金业的发展历程，保护投资者的利益都被各国的金融管理部门和证券市场监管部门放在极其重要的位置，并成为基金立法和基金监管的基本原则。

在对投资基金的监督管理中，对投资者合法权益的保护可以是多层次的：国家的法律，政府的行政条例，或者投资基金业的约定和职业道德等。从各国的经验来看，具体表现为以下几个方面：

1.保持基金资产的独立性。独立可辨的基金资产是基金受益人权益的载体。一旦基金资产与其他财产混合，基金份额持有人的利益便失去依托，基金财产也难以得到保护。所以，基金的监管部门首先要求基金资产的独立保管。体现在具体的措施上便是基金资产必须由符合条件的第三者托管。基金资产必须开设单独的账户，并且必须和基金托管人的自有财产严格分开。如果基金托管人同时托管几只证券投资基金，应对不同的基金设置不同的账户，实行分账管理。在这种要求下，即使基金托管人或基金管理人破产，基金资产也不会受到影响，能保护基金受益人的权益。

2.对投资基金的投资范围进行限制。许多西方发达国家的政府都对本国投资基金的投资范围加以严格限制，其中最突出的例子就是绝对禁止投资基金投资于它们认为是高风险的市场，甚至一些高风险的金融产品（如期货、期权等派生金融产品）、流通性差的金融资产、投资基金管理人无法有效管理的资产都被排除在某些投资基金的投资范围之外。

3.对投资基金的投资对象进行限制。即使在允许的投资范围之内，投资基金也不能随心所欲地进行投资，而必须按照既定的投资基金类型选择具体的投资对象。例如，股票投资基金就必须将一定比例的资金投资在股票上，不论债券的利息率有多高。类似地，债券类投资基金必须有不低于某一比例的资金投资在债券上；区域性投资基金的主要投资对象必须集中在特定的地理区域等。

4.对投资基金的风险进行控制，即对投资对象的投资比例进行限制，进行组合投资。进行组合投资的最大好处是把“所有鸡蛋不放在同一个篮子里”，分散了非系统性风险，即证券市场中个别投资对象所具有的个别风险。国际上对投资基金投资组合的规定有很多，各个国家的规定也不相同，但出发点都是保护投资人的利益，把投资风险控制在最低限度。在我国的相关法规中，对投资基金投资组合的规定如下：

（1）一个投资基金投资于股票、债券的比例，不得低于该投资基金资产总值的80%。

（2）一个投资基金持有一家上市公司的股票，不得超过该投资基金资产净值的10%。

（3）同一投资基金管理人管理的全部投资基金持有一家公司发行的证券，不得超过该证券的10%。

（4）一个投资基金投资于国家债券的比例，不得低于该投资基金资产净值的20%。

5.对利益冲突采取防范措施。世界各国的监管法规在防范基金管理人与基金受益人之间利益冲突方面都有具体的规定，禁止基金管理人利用基金资产为自身或利益相关人谋取利益而损害基金受益人的权益。我国相关法规规定，禁止基金资产投资于与基金管理人或托管人有利害关系的公司发行的证券；禁止投资基金管理人以投资基金的名义使用不属于投资基金名下的资金买卖证券；禁止将投资基金资产用于抵押、担保、资金拆借或者贷款；禁止从事可能使投资基金资产承担无限责任的投资业务；禁止投资基金之间相互投资；同时也禁止基金管理人从事除国债以外的证券自营和证券承销业务。这些措施都是为了防止基金管理人和托管人利用基金资产谋取自身的利益，损害基金投资者的权益。

6.规范信息披露。基金的投资者是社会公众，他们希望通过证券投资基金来获取投资收益。为了让基金份额持有人或潜在的基金投资者能够及时了解基金真实的经营运作情况，并依此进行投资决策，基金管理人和基金托管人必须向公众披露与基金有关的一切信息。基金的信息披露是降低基金份额持有人和基金管理人委托代理关系的不透明性的重要手段，同时规范的信息披露也是基金规范运作的一个重要方面。

一般来说，基金的信息披露包括三种：一是基金在发售时的信息披露，主要是披露基金的组成文件和招募文件；二是基金在运作中定期的信息披露，包括对基金经营状况的披露和基金投资组合的披露；三是基金的不定期公告，即对基金影响重大的事项的披露。

三、投资基金的收益、费用与利润分配

(一) 投资基金的收益

投资基金的收益是指投资基金管理人将募集的资金进行投资获得的投资收益。证券投资基金主要投资于股票、债券等金融工具，因此它的收益来源主要有以下三部分：一是买卖价差；二是基金投资所得红利、股息、债息收入；三是存款利息收入。

(二) 投资基金的费用

通常情况下，投资基金从设立到终止要支付的费用包括：

1.基金管理费。这是指从基金资产当中提取的、支付给为基金提供专业化服务的基金管理人的费用，也就是管理人为管理和操作基金而收取的费用。基金管理费通常按照每个估值日基金净资产的一定比率（年率）逐日计提，累计至每月月底，按月支付。管理费率的大小通常与基金规模成反比，与风险成正比。不同的国家及不同的基金，管理费率不完全相同。我国股票型基金大部分按1.5%的比例提取，指数型基金为0.5%，债券基金一般低于1%，货币基金为0.33%。

2.基金托管费。这是指基金托管人为保管和处置基金资产而向基金持有人收取的费用。托管费通常按照基金资产净值的一定比率提取，逐日计算并累计，按月支付给托管人。托管费从基金资产中提取，费率也会因基金种类的不同而有差异。我国投资基金的年托管费最初为基金资产净值的0.25%，指数型基金为0.1%，随着基金规模的扩大和竞争的加剧，托管费也出现了下调趋势。

3.其他费用。这是指基金的设立、销售和赎回时的费用，该部分费用由投资者直接承担。包括：证券交易费，这部分费用与基金在投资管理时的周转率有关，周转率越高，交易费用就越高；基金信息披露费；基金持有人大会费用；与基金相关的会计师、律师等相关费用；基金分红手续费；清算费用；法律、法规及基金契约规定可以列入的其他费用。上述费用由基金托管人根据法律、法规及基金契约的相应规定，按费用实际支出金额支付。

(三) 投资基金的利润分配

投资基金的利润是指基金在一定会计期间的经营成果，投资基金需将利润分配给投资者。不同国家、不同的投资基金的收益分配方案都不尽相同。我国的《证券投资基金法》规定，投资基金收益分配应该采用现金形式，每年至少1次。投资基金收益分配的比例不得低于投资基金会计年度净收益的90%。投资基金收益每会计年度结束后4个月内分配1次，采用现金形式分配；投资基金当年收益的先弥补上一年度亏损，投资基金当年亏损的，则不进行收益分配；每份投资基金单位享有同等分配权；投资基金收益分配方案由投资基金管理人拟定，经投资基金托管人核实，报中国证监会备案后公告。

【案例】 华泰柏瑞沪深300ETF（510300）[①]

基金全称	华泰柏瑞沪深300交易型开放式指数证券投资基金	基金简称	华泰柏瑞沪深300ETF
基金代码	510300（主代码）	基金类型	指数型-股票
发行日期	2012年04月05日	成立日期/规模	2012年05月04日/329.686亿份
资产规模	718.71亿元（截至2023年06月30日）	份额规模	185.2159亿份（截至2023年06月30日）
基金管理人	华泰柏瑞基金	基金托管人	中国工商银行
基金经理人	柳军	成立以来分红	每份累计0.60元（11次）
管理费率	0.50%（每年）	托管费率	0.10%（每年）
销售服务费率	—（每年）	最高认购费率	1.00%
最高申购费率	—	最高赎回费率	0.50%
业绩比较基准	沪深300指数	跟踪标的	沪深300指数

基金管理费和托管费直接从基金产品中扣除，具体计算方法及费率结构请参见基金“招募说明书”。

案例思考：为什么在投资理念中认为指数基金能稳定获得市场平均回报？

【小资料】 基金定投原理

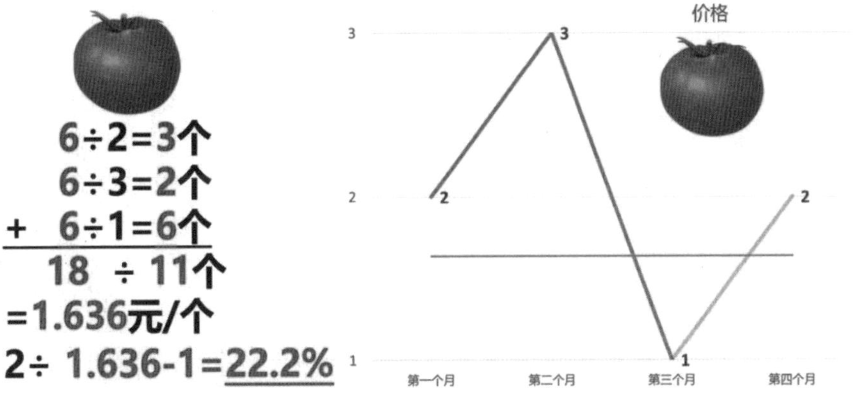

① 天天基金网/基金档案/华泰柏瑞沪深300ETF（510300）基金基本概况。

如图中所示，番茄的价格围绕2元的平均价格上下波动，每月花6元钱购买番茄，按照平均成本法（2+3+1）/3=2元/个，真实的定投成本是1.636元/个。我们可以发现，定投是反直觉的，真实的定投成本和你以为的定投成本不一样，要低很多，当番茄价格涨回到2元时，投资者卖出可以获利22.2%。由此可见，定投这种投资方式弱化了择时，平滑了波动，可以摊低持仓成本，比较适合没有太多时间做个股深入研究的投资者。所以，当市场震荡不知所措时，不妨就选择定投吧。

本章基本概念

投资基金　公司型投资基金　契约型投资基金　封闭式投资基金　开放式投资基金　货币市场基金　指数基金　LOF基金　ETF基金

复习思考题

1.什么是投资基金？它具有哪些特点？

2.投资基金与股票、债券的联系与差异表现在哪些方面？

3.投资基金都有哪些分类？

4.试述封闭式投资基金与开放式投资基金的主要区别。

5.试述契约型投资基金与公司型投资基金的主要区别。

6.什么是货币市场基金？它有哪些特点？

7.什么是指数基金？它有什么优点？

8.LOF基金与ETF基金有何异同？

9.基金管理人与基金托管人都有哪些权责？其相互关系是怎样的？

10.为什么要对投资基金进行监管？如何才能保护投资者的利益？

学习资料推荐

■你可以登录中国证券监督管理委员会官网了解预先披露、基金信息披露、上交所信息披露、深交所信息披露等信息披露内容。

■你也可以登录天天基金网了解基金发行情况、基金净值排名情况、评级情况等。

第五章
金融衍生工具

本章提要

金融衍生工具已成为财经教育中的热门课程，本章重点阐述金融期货、期权、权证、可转换证券的含义及本质特征，分析各种金融衍生工具的经济功能，阐明金融期权与金融期货的主要区别，考察各种金融衍生工具产生的历史背景。通过本章的学习，学生应掌握各类金融衍生工具的含义及本质特征，理解其经济功能，知晓金融期权和金融期货的主要区别，掌握股指期货的交易特点。

金融衍生工具又称金融衍生产品，是与基础金融产品相对应的一个概念，指建立在基础产品或基础变量之上，其价格取决于基础金融产品价格（或数值）变动的派生金融产品。金融衍生产品所具有的跨期性、杠杆交易、与基础产品价格联动、高风险、高效率等特征正成为微观个体风险管理和金融投资的利器，但是，金融衍生工具在特定的条件下，如果监管不当又会引起风险总量的净增长，酿成巨大的金融灾难。因此，强化对金融衍生产品的学习就成为当务之急。囿于篇幅要求，本章仅介绍与中国资本市场密切相关的金融衍生产品。

第一节　金融期货

一、金融期货的含义及特征

期货，是指买卖双方在集中的交易所市场以公开竞价的方式所进行的标准化期货合约交易，即买卖双方支付一定数量的保证金，通过期货交易所进行的以将来的特定日作为交割日，按成交时约定的价格交割一定数量的某种特定商品的标准化协议。期货交易实质上是把订约与履约的时间隔离开来，通常时间间隔可以是1个月、3个月、6个月不等，相对于现货交易而言，是一种远期交易、“未来买卖”。在期货交易中，买卖双方先签订买卖合同，就买卖商品的种类、数量、成交价格以及交割时间、交割地点达成协议，等到合同规定的交割日期才正式办理交割手续。由于期货交易要按约定价格结算，在交割时，如果正遇金融工具价格上涨，买方则可大获其利；反之如果正遇价格下跌，则卖方就能获利。期货品种主要有两大类：

本章建议阅读资料：

1.斯特朗．衍生产品概论［M］．王振山，等译．大连：东北财经大学出版社，2005.
2.刘立喜．可转换债券［M］．上海：上海财经大学出版社，1999.
3.路透．金融衍生工具导论［M］．北京：北京大学出版社，2001.
4.中国证券业协会．证券业从业资格考试统编教材（2020）——金融市场基础知识［M］．北京：中国财政经济出版社，2020.
5.曹凤岐，刘力，姚长辉，等．证券投资学［M］．3版．北京：北京大学出版社，2013.

一是商品期货，如大豆、石油等的期货交易；二是金融期货，主要有外汇期货、利率期货、股权类期货。本节主要讲金融期货。

金融期货交易一般具有以下特点：

1.交易对象是金融工具的标准化合约（Futures Contract），即金融期货合约是由期货交易所为进行期货交易而设计的，对指定金融工具（如外汇汇率、债券、股票、股票价格指数）的种类、价格、数量、交收月份、交收地点都做出统一规定，具有固定格式和内容的标准化书面协议。其实行标准化管理，只有合约的交易价格是可变的，因而便于流通转让，又可避免产生纠纷。所以，就期货合约而言，它具有标准化和流动性强的特点。

2.期货交易所组织交易。交易所实行保证金交易和逐日盯市无负债制度、限仓制度、大户报告制度等，交易安全可靠。期货交易所采用会员制，只有交易所会员才有资格进场交易，且为防止交易者毁约，实行保证金制度，如按成交金额的10%交纳，每天收盘时，要按市价重新核算需交纳的保证金数额，实行多退少补。这种交易方式的实质是买空和卖空，即投资者只需支付少量的保证金，就可以买卖多份额证券。

3.对冲交易多，实物交割少，具有明显的投机性。金融工具现货交易的目的是筹资或投资，即为生产和经营筹集必要的资金，或为暂时闲置的货币资金寻找生息获利的投资机会。金融期货交易的主要目的是套期保值，即为不愿承担价格风险的生产经营者提供稳定成本的条件，从而保证生产经营活动的正常进行。因此，在金融期货交易中，金融工具的销售者不一定出卖金融工具，金融工具的购买者也不一定真地买进金融工具，真正需要履约进行现货交割的是极少数，据统计，只约占总合约的1%～2%，绝大部分交易都在合约到期前通过做相反交易实现对冲买卖而了结，只进行现金差额结算，减少或免除金融工具实物的交换。

4.交易者众多，交易活跃，流动性好。参与金融期货交易的不仅有套期保值者，更有跨期套利者，使交易趋于活跃，风险得以分散。

二、金融期货交易制度

1.保证金制度。在期货交易中，任何交易者都必须按照其买卖期货合约价值的一定比例缴纳少量资金，作为其履行期货合约的财力担保，然后才能参与期货合约的买卖，并视价格变动情况确定是否追加资金。其中，所交的资金就是保证金。开仓时交的保证金又称初始保证金（Initial Margin），保证金的高低会影响投资的杠杆效应和交易的活跃程度，同时也成为交易所控制期货交易风险的一种重要手段。

保证金的收取是分级进行的，可分为期货交易所向会员收取的保证金和期货经纪公司向客户收取的保证金，即分为会员保证金和客户保证金。保证金专户专存、专款专用、不得挪用。

2.逐日盯市、每日无负债结算制度。它是结算部门在每日闭市后计算、检查保证金账户余额，通过适时发出追加保证金通知，使保证金余额维持在一定水平之上，防止负债现象发生的结算制度。其具体执行过程如下：在每个交易日结束之后，交易所的结算部门根据全日成交情况计算出当日结算价，据此计算每个会员持仓的浮动盈亏，调整会员保证金账户的可动用余额。若调整后的保证金余额小于维持保证金的额度，交易所便发出通知，要求在下一交易日开市之前追加保证金；若会员单位不能按时追加保证金，交易所有权强行平仓。

维持保证金（Maintenance Margin）是指为了减少投资者的违约风险，经纪人所要求的最低保证金。它是保证金账户需要留存的保证金。维持保证金总是比开仓保证金少。买方保证金现金流量情况如图5-1所示。

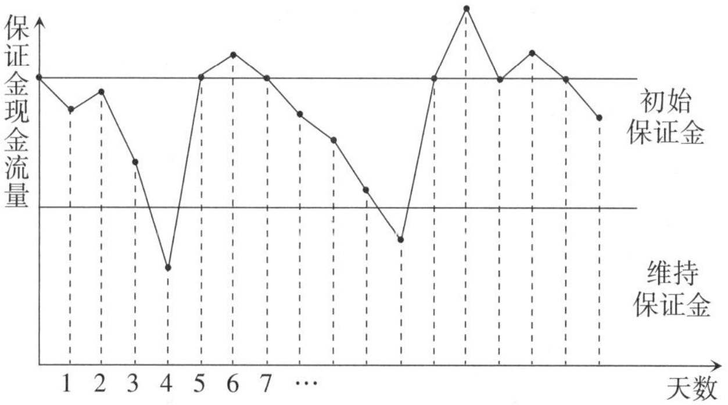

图5-1　买方保证金现金流量

从图5-1中我们可以看到，在第一天，期货价格下降的幅度较小，经纪人和客户之间没有现金流量。在第四天，保证金账户中的资金余额低于维持保证金的水平，因此，买方客户必须支付额外的资金。

逐日盯市的结算制度对于控制期货市场风险、维护期货市场的正常运行具有重要作用：

（1）逐日盯市制度对所有账户的交易及头寸按不同品种、不同月份的合约分别进行结算，保证每个交易账户的盈亏都能得到及时、具体、真实的反映，为及时调整账户资金、控制风险提供依据。

（2）由于这一制度规定以一个交易日为最长的结算周期，在一个交易日中，要求所有交易的盈亏都得到及时的结算，保证会员保证金账户上的负债不超过一天，因而能够将市场风险控制在交易全过程的一个相对小的时间单位内。

【例1】每张标准普尔500指数期货合约的价值是指数的500倍。某投资者于7月1日签订了一份空头合约，开仓时指数为465点，到期日是7月9日，价格为465点。交易所要求初始（开仓）保证金为14 000美元，维持保证金为12 000美元。

7月2日，标普500上升了一个点，收盘为466点，这导致该投资者产生了500美元的损失。这500美元的损失使保证金账户的余额减少到13 500美元（14 000-500），但还无须追加保证金；7月3日，指数价格上涨到470点，该投资者累积损失为2 500美元，致使保证金账户低于12 000美元（14 000-2 500）的维持保证金水平。在这种情况下，交易所发出了2 500美元的保证金催付通知（Margin Call），使保证金账户余额回到14 000美元的水平。

3.涨跌停板制度，又称价格最大波动限制（Price Limit）。涨跌停板以上一交易日的结算价为基准，可在一定程度上控制结算风险，保证保证金制度的顺利执行，如《中国金融期货交易所风险控制管理办法》规定，沪深300指数期货合约的涨跌停板幅度为前一交易日结算价的正负10%。

4.持仓限额制度。它是指交易所规定会员或客户可以持有的，按单边计算的某一合约投机头寸的最大数额。该制度制定的目的在于防范操纵市场价格的行为和防止期货市场风险过度集中于少数投资者。

5.大户报告制度。当会员或客户某种持仓合约的投机头寸达到交易所对其规定的投机头寸持仓量的80%以上时，会员或客户应向交易所报告其资金情况、头寸情况等，客户需通过经纪会员报告。达到交易所报告界限的经纪会员、非经纪会员和客户按规定提供不同的材料。

6.实物交割制度。它是指交易所规定的期货合约到期时，交易双方将期货合约所载商品的所有权按规定进行转移，了结未平仓合约的制度。实物交割是联系期货与现货的纽带，其管理制度包括标准仓单、定点交割、仓单交付、仓库管理、仓单转让、违约处理。

7.强行平仓制度。当会员或客户的交易保证金不足，并且未在规定时间内补足时，交易所通过平仓释放保证金以达到可用资金为正数，称为强制平仓；或者当会员或客户的持仓量超出规定的限额时，或者当会员或客户违规时，交易所为了防止风险进一步扩大，实行强行平仓。

8.风险准备金制度。它是指期货交易所从自己收取的会员交易手续费中提取一定比例的资金，作为确保交易所担保履约的备付金的制度。一般来说，交易所将按会员收取的手续费收入的20%提取出来作为风险准备金，当风险准备金达到交易所注册资本的10倍时，可不再提取。风险准备金必须单独核算、专户存储，除用于弥补风险损失外，不得挪作他用。

9.信息披露制度。它是指交易所即时、每日、每周、每月向会员、投资者和社会公众提供期货交易信息。信息披露的内容涉及各种价格、成交量、成交金额、持仓量、仓单数、申请交割数、交割库容情况等。

10.熔断（Circuit Breaker）制度。它又称断路器制度，是指在市场下跌时用有秩序、事先计划的暂停交易，取代突发性的暂停交易制度。熔断制度于1987年全球股灾时应运而生，其实质就是在涨跌幅限制前设立一道过渡性闸门，提前向投资者警示风险，就如同信号灯红灯亮之前先闪黄灯一样。在世界各国的交易所中，熔断制度有两种表现形式，即熔而断与熔而不断。熔而断是指当价格触及熔断点时，在随后的一段时间内停止交易；熔而不断是指当价格触及熔断点时，在随后的一段时间内继续交易，但报价限制在熔断点之内。

为了控制风险和减少市场非理性的过度波动，我国的股指期货引进了熔断制度。《中国金融期货交易所风险控制管理办法》规定，沪深300指数期货合约的熔断点为±6%，在此幅度内熔而不断地继续交易10分钟。

三、金融期货的产生和发展

金融期货交易是证券市场的创新，它源于商品期货交易。美国芝加哥交易所在1848年建立了谷物期货交易市场，不久之后，该所又开拓了金属、木材等产品期货市场。自20世纪70年代初开始，随着布雷顿森林体系的解体和世界性石油危机的发生，利率和汇率出现了前所未有的剧烈波动，市场风险急剧放大，迫使商业银行、投资机构、企业寻找可以规避市场风险、进行套期保值的金融工具，金融期货、金融期权等衍生工具便应运而生了。美国于1975年10月最先开设金融期货交易市场，之后西欧国家、日本等也陆续开设了金融期货市场。人们在进行金融工具交易时，可以利用期货交易方式，在订立合同时就把金融工具的价格确定下来，在未来规定的时间内按照合同价格交割金融工具，而不管金融工具在到期时的市价是多少。显然，这是投资人稳定金融工具价值、转移金融工具价格涨落风险的一种手段。

1982年2月24日，美国堪萨斯市农产品期货交易所（KCBT）推出了世界上第一份被称为“价值线综合平均指数”的股指期货合约，这是期货交易史上的一项重大创新。股票价格指数期货自问世以来，取得了突飞猛进的发展。之后，全球股票价格指数期货品种不断涌现，几乎覆盖了所有的基准指数。

金融期货的一个突出特点就是后来居上。商品期货市场在经历了数百年的探索后才发展到今天的规模，而金融期货市场仅经过短短的20年时间便形成了，并在许多方面超过了商品期货。

四、金融期货的功能

金融期货具有四项基本功能：套期保值功能、价格发现功能、投机功能和套利功能。金融期货具有的功能就决定了参与金融期货交易的主要有两类人，一类是套期保值者，另一类是投机者。

（一）套期保值功能

期货套期保值就是利用期货合约为现货市场上的证券交易进行保值。它的基本做法是在期货市场上买进（或卖出）与现货市场上的证券数量相同的该证券的期货合约，以期在未来的某一时间在现货市场上卖出（或买进）证券时，能通过在期货市场上卖出（或买进）相同数量的该证券的期货合约来补偿和冲抵因现货市场上价格变动所带来的实际价格风险，以一个市场上的盈利来弥补另一个市场上的损失。

期货套期保值的基本原理在于某一特定商品或金融工具的期货价格和现货价格受相同经济因素的制约和影响，从而使它们的变动趋势大致相同；而且，现货价格与期货价格在走势上具有收敛性，即当期货合约临近到期日时，现货价格与期货价格将逐渐趋同。因此，期货套期保值就是利用两个市场——现货市场和期货市场同时存在，并且期货合约在期货市场上可以随时进行“对冲”的特点，通过在期货市场上持有一份与将来在现货市场上准备交易的现货具有相同数量和交易时点（位置）的期货合约，来避免未来价格波动可能给入市者带来的损失，实现保值的目的。

（二）价格发现功能

价格发现功能是指在一个公开、公平、高效、竞争的期货市场中，通过集中竞价形成期货价格的功能。期货价格具有预期性、连续性和权威性的特点，能够比较准确地反映出未来商品价格的变动趋势。期货之所以具有价格发现功能，是因为期货市场将众多影响供求关系的因素集中于交易所内，通过买卖双方公开竞价，集中转化为一个统一的交易价格。这一价格一旦形成，立即向世界各地传播，并影响供求关系，从而形成新的价格。如此循环往复，使价格不断趋于合理。

由于对同一种商品来说，在同一时空内会受到相同的经济因素的影响和制约，因而一般情况下现货市场和期货市场的价格变动趋势相同，并且随着期货合约临近交割，期货价格与现货价格趋于一致。由于期货价格与现货价格基本一致并逐渐趋同，因此，今天的期货价格可能就是未来的现货价格，这一关系使世界各地的套期保值者和现货经营者都利用期货价格来衡量相关现货商品的远、近期价格发展趋势，利用期货价格和传播的市场信息来制定各自的经营决策。这样，期货价格成了世界各地现货成交价的基础，比较真实地反映了一定时期世界范围内供求关系影响下的商品或金融工具的价格水平。

（三）投机功能

如果入市者在金融市场上基于对金融工具价格未来变化趋势的判断，只买入或只卖出，没有现货市场上的对应行为，那么，这个入市者就是一位期货合约的投机者，他的买卖行为就是投机行为。他在预计价格上涨时买入期货合约、建立期货多头，在预计价格会下跌时卖出期货合约、建立期货空头。如果他的判断正确，他将获利；如果他的判断失误，他将遭受损失，他是期货市场上的风险承担者。

金融期货投机的原理就是对期货未来价格变化趋势的一种预期，判断正确，就会实现贱买贵卖或贵卖贱买，投机就将获利；判断错误，就可能出现贱买不能贵卖，贵卖不能贱买，甚至是贵买贱卖或贱卖贵买，投机将会遭受损失。投机者的存在对维持市场流动性具有重大意义。当然，过度的投机必须受到限制。

（四）套利功能

套利的理论基础在于经济学中所谓的“一价定律”。严格意义上的期货套利是指利用同一合约在不同市场上可能存在的短暂价格差异进行买卖，赚取差价，称为“跨市场套利”。行业内通常也根据不同品种、不同期限合约之间的比价关系进行双向操作，分别称为“跨品种套利”和“跨期限套利”。对于股价指数等品种，还有“指数套利”等。期货套利机制的存在对于提高金融市场的有效性具有重要意义。

五、金融期货品种

（一）外汇期货

外汇期货又称货币期货，是以外汇汇率为标的物的期货合约，是金融期货中最先产生的品种，目的是规避汇率风险。第一份外汇期货合约诞生于20世纪70年代初的美国芝加哥商品交易所（CME）所属的国际货币市场（IMM）分部，当时在IMM进行包括英镑、加元、西德马克、法国法郎、瑞士法郎、日元、荷兰盾和墨西哥比索等的外汇交易。在IMM，外汇交割的月份为每年的3月、6月、9月和12月。交割日为每个交割月份的第三个星期三。从此之后，外汇期货在国际上得到迅猛发展。

（二）利率期货

利率期货是继外汇期货之后产生的又一个金融期货产品，是以利率为标的物的期货合约。标的物主要是各类固定收益金融工具，目的是规避利率风险。在美国期货市场上，利率期货品种主要有短期国库券期货、3个月期欧洲美元期货、美国政府中长期国债期货、政府国民抵押贷款协会（GNMA）存单期货、欧洲美元存单期货等。无论是合约的买方还是卖方，其目的都是利用合约有效期内利率的变化进行保值或投机。

（三）股票期货

股票期货是以单只股票作为标的物的期货合约，是指买卖双方以约定价格在合约到期日买卖规定数量的股票。单个股票期货交易最早出现于20世纪80年代末。较早进行股票期货交易的是阿姆斯特丹交易所，到目前为止，全球各主要交易所均推出了单个股票期货交易。

为防止操纵市场行为，并不是所有上市交易的股票均有期货交易，交易所通常会选择流通盘较大、交易比较活跃的股票推出相应的期货合约，并且对投资者的持仓数量进行限制。

（四）股指期货

1.股指期货的含义及特征

股指期货（股票价格指数期货）是金融期货中产生最晚的一个品种，是20世纪80年代金融创新中最重要、最成功的金融工具之一。

股指期货，是指以股票市场上的价格指数作为标的物的标准化期货合约，并在保证金交易制度下进行买空和卖空交易。

股指期货合约的价值，是以现货指数的某一倍数为基准。这个倍数通常为500，也有用100的。具体说来，股票价格指数是用“点”来表示的，股票价格指数期货合约的价格也以“点”为基础来计算。例如，标准普尔股票价格指数期货合约规定每点为500美元，当股票价格指数为100时，一个期货合约的价格为50 000美元，指数升到102，价格就升到51 000美元。显然，股票价格指数不同，股指期货合约的价格也不同。

目前，美国股票价格指数期货市场上使用三种指数：一是芝加哥商品交易所的标准普尔500种股票价格综合指数；二是纽约期货交易所的纽约证券交易所综合指数；三是堪萨斯农产品交易所的价值线综合指数。

分析股票价格指数期货交易，可以发现它有几个显著特点：

（1）交易对象是经过统计处理的股票综合指数，而不是股票。一般来说，投资者在购买股票时所遇到的一个最大难题就是已知整个股市的走势，但对选择哪种股票却难以做出决策。而股指期货交易正好解决了此难题，从事一笔交易便可以达到参与整个股市的目的，而不必考虑选择购买哪一种股票。

（2）采用现金结算，不用实物交割。因为指数代表的是若干种股票当期价格与基期价格的变动情况而不是若干数量的某种股票，因此，只能用现金进行股指期货合约的清算。这与一般期货交易有较大区别，从而使投资者无须持有股票就可以涉足股票市场。

（3）把正常交易先买后卖的程序颠倒过来。当投资者预计市场趋势是下降时，可以先卖出，等到指数下降时，再买进一个合约来对冲。指数期货和保证金信用交易的卖空行为不同。信用交易卖空者在出售时要向证券商借股票交割，同时还要交保证金。股指期货买卖的是一份合约，不限于市场趋势上升时才能卖出。一般保证金只按合约价值的10%交付，从而可以用较少的资金获取较大的利润，这是价格指数期货最吸引人的地方。

（4）可以进行套期保值。这是以股票价格和股票价格指数的变动趋势同方向、同幅度的原理为依据的。因为股票价格指数是一组股票价格变动情况的指数，那么在股票的现货市场与股指期货市场进行相反操作就可以抵消出现的风险。例如，手中拥有股票想保存或将要卖出者，为避免或减少股票价格下跌带来的风险损失，应在期货市场上做空头，即卖出指数期货；将要购买股票者，为防止股票价格上涨的不测风险，应做多头，即买入指数期货。

2.股指期货交易

实际上，股指期货交易主要是用来套期保值的。例如，在股票市场总趋势下降时，如果投资者持有股票，他就会担心股票价格下跌；这时投资者如不愿立即出售股票，就可以通过卖出股指期货的方法来对冲目前持有现货组合的系统性风险，尽量减少损失。假如你持有1 000股甲公司股票，在2023年3月1日这一天股票价格指数为117，每股甲公司股票价格为45元，所以投资者持有的股票价值为45 000元。为防止股价下跌造成损失，投资者可以在2023年3月1日这一天，在股指期货市场上卖出一份6月1日到期的股指期货合约，价值58 500元（117×500）。假如股价如投资者所料下跌，在6月1日股票价格指数降为112，甲公司股票每股降为43元，那么，投资者手中股票的价值降为43 000元，损失2 000元。但是，在股指期货市场，投资者按指数112买进一份股指期货合约，价值56 000元（112×500）。前后两份合约对冲，投资者可以获取差价2 500元（58 500−56 000）。这样，抵消现货损失，投资者还可赚500元。其具体操作见表5-1。

表5-1　**股指期货交易操作表（一）**

现货市场	股指期货市场
2023年3月1日： 股票每股市价45元，买入1 000股 价值：45×1 000=45 000（元） 2023年6月1日： 股票每股市价43元 价值：43×1 000=43 000（元） 投资结果：由于股价下跌，损失2 000元	2023年3月1日： 股票价格指数117，卖出股指期货 价值：117×500=58 500（元） 2023年6月1日： 股票价格指数112，买进股指期货合约 价值：112×500=56 000（元） 对冲结果：股指期货交易产生2 500元的利润

再如，在股票市场价格总趋势上升时，投资者可以改变原来在期货市场上先卖后买的做法，采取先买后卖的方式为未来构建的组合进行套期保值，具体来说就是：投资者预计在3个月后可以有一笔45 000元的收入，按目前市价能买1 000股股票，但由于股价上升，投资者担心在收到款项时股票会涨价，就买不进1 000股的股票了，这时投资者就买进一份股指期货合约，价值为58 500元（117×500）。假如3个月后，即2023年6月1日，股价确实上扬了，该公司股票每股涨到50元，股票价格指数上升到127点，那么，投资者可以在股指期货市场上卖出一份股票指数期货合约（价值63 500元（127×500））进行对冲。这样，股指期货市场上的交易，使投资者获利5 000元，恰好可以用来加到45 000元的预期收入上，购买1 000股股票。其具体操作可见表5-2。

表5-2 股指期货交易操作表（二）

现货市场	股指期货市场
2023年3月1日： 投资者预计6月1日可取得45 000元收入，现货市场按当期股价可买入1 000股股票	2023年3月1日： 投资者买进股指期货合约 价值：117×500=58 500（元）
2023年6月1日： 投资者用50 000元买入价格50元的股票1 000股 计算结果： 由于股价上扬，投资者发生了5 000元的机会损失	2023年6月1日： 投资者卖出股指期货合约 价值：127×500=63 500（元） 计算结果：期货交易产生5 000元利润

此例说明，只要预测准确，便可获取大利，至少可以减少损失。但事实并非如此，因为证券市场上都是通过喊价竞争成交的，想买进的必须要有人卖出才能成交，想卖出的也必须有人买进，缺一不可。因此，把市场作为一个总体，买进的合约必须等于卖出的合约，总盈余必然等于总亏损。也就是说，有赚钱的必然有赔钱的，总数是相等的。

第二节 金融期权

金融期权（Financial Option）最早出现在金融市场最为发达的美国。1973年，芝加哥期权交易所（CBOE）首先推出了期权交易，至今它仍是全球最繁荣的期权交易所。除美国以外，英国伦敦金属交易所、澳大利亚悉尼股票交易所等都开办了期权交易业务。目前，交易品种有股票期权、股票指数期权、利率期权、货币期权、金融期货合约期权、互换期权等品种。随着金融期权的日益发展，金融期权的基础资产还有日益增多之势，不少金融期货无法交易的资产均可作为金融期权的基础资产，甚至连金融期权合约本身也成了金融期权的基础资产，即所谓复合期权。

一、金融期权的含义及特征

金融期权又称选择权，是一种金融协议，它赋予购买者在某个交易日或之前，以固定价格买入或卖出某种金融资产（如某只股票或某种指数）的权利，权利持有人既有行权的权利，又有放弃行权的权利。所以，金融期权又称选择权。期权交易实质上是一种权利的单方面有偿让渡。期权合约是拥有这项权利的凭证。合约的双方当事人分别称为期权的买方和卖方。买方和卖方拥有不平等的权利和义务。

买方是指权利方，支付权利金，拥有权利，无义务，即以支付一定数量的期权费（Option Premium）为代价，得到一种权利。他可以在某个交易日或之前行使这个权利，买进或卖出证券，也可以到期不执行这一权利，任其作废。

卖方是指义务方，无权利，收取权利金，有接受行权的义务和缴纳保证金的义务，即对出售期权的卖方来说，在收取了一定数量的期权费后，在一定的时间内必须无条件地服从买方的选择并履行成交时的允诺，按规定出售或购进证券，而没有选择的权利。

二、期权合约的要素

一份标准期权合约的形成必须具备以下几个要素：

1. 标的资产。这是合约规定的在某一确定时间进行交易的资产。例如，上交所上市交易的单只股票或指数ETF基金。

2. 行权价格。这是期权买方行权时合约中规定的交易价格。

3. 权利金。这是期权合约的市场价格，又称期权费或保险费，是期权买方为了获得权利支付给卖方的资金，是交易所通过公开竞价形成的。期权权利金的最后确定要受整个期权合约、期权合约到期月份、履约价格等的影响，是唯一的变量。

4. 行权日（最后交易日）。这是期权买方行使权利的最后日期，如每个合约到期月份的第四个星期三的9：30—15：30。

5. 行权交收日。这是期权买方提出行权后，资产或标的资产交收的日期。

6. 到期月份。这是指当月、下月及最近两个季月，如4月合约有4月、5月、6月及9月。

7. 行权方式。个股期权采用实物交割方式。

8. 行权指令。申报当日有效，当日可撤销。行权日买入的期权，当日可行权。

三、金融期权的基本类型

（一）看涨期权和看跌期权

金融期权交易因买卖关系不同可分为看涨（买入）期权和看跌（卖出）期权两大类，二者都需要委托期权交易经纪人来进行。

1. 看涨期权（Call Option），也称认购期权、买入期权（买权），是一种在特定日期或之前以固定价格购买一定量证券的权利。如果你认为一只证券将要上涨，你可以买入该证券，或者买入其看涨期权，并待其上涨后行权。两种方法都可以获利。

例如，某人看涨某只股票，当时每股的市场价格为××元，他可以现在缴纳一笔定金，这笔定金的作用是确保他在未来能以现在双方约定好的价格买到这只股票，无论到时市场价格如何波动。如果到时候股票价格没有上涨，他不想买了，将损失且仅仅损失定金。看涨期权的价值往往随着标的资产价值的上涨而上涨。

购买期权的定金称为权利金，用来确保在将来某个时间，以现在确定好的行权价格买入或卖出一定数量的证券。如果权利人不准备行使这种权利，他唯一的损失就是权利金。期权的权利不是必须履行的。

2. 看跌期权（Put Option），也称认沽期权、卖出期权（卖权），是在未来某日或之前，以特定价格卖出某证券的权利。因此，看跌期权有点像商业保险。

例如，您买了一辆新车，并为其买了商业保险，这就好像您支付了一笔权利金：当遇到车祸或车辆故障时，商业保险将保护您免受损失。看跌期权就像保险，其价值往往随着标的资产价值的下降而上升。如果车辆没有损失，那么保险公司自然不会理赔，同时保险公司将权利金确认为利润。

当一个人拥有看跌期权时，可以确保其证券的出售价格。如果因为某些因素证券价格下跌，证券收益为负，那么他可以行使看跌期权，以合约约定好的价格卖出证券，对冲掉亏损。如果证券价格上涨，证券收益为正，防范证券下跌的保险就是多余的，此时他唯一的损失便是购买看跌期权的权利金。

可见，期权的主要交易功能是帮助投资者管理规避风险。

看涨期权和看跌期权买入者（持有者）卖出者（创造者）双方权利义务如图5-2所示。

		看涨期权	看跌期权
买入者	付权利金	买入的权利，但不一定行权	卖出的权利，但不一定行权
卖出者	收权利金	潜在卖出的义务	潜在买入的义务

图5-2　看涨期权和看跌期权买卖双方的权利、义务

（二）美式期权和欧式期权

金融期权根据行权时间的不同可分为美式期权和欧式期权。美式期权（American Option）可以在到期日之前的任何时刻行使，而欧式期权（European Option）只能在到期日行使。

（三）实值、平值、虚值

金融期权按行权价格和期权关系可分为实值、平值、虚值三种情况。

在认购期权方面，当标的价格高于行权价时，则认购期权为实值；当标的价格等于行权价时，则认购期权为平值；当标的价格低于行权价时，则认购期权为虚值。在认沽期权方面，当标的价格低于行权价时，则认沽期权为实值；当标的价格等于行权价时，则认沽期权为平值；当标的价格高于行权价时，则认沽期权为虚值。具体分析见表5-3。

四、期权价格的影响因素

期权价格的变动主要受合约标的价格、行权价、到期日、当前利率、隐含波动率等因素的影响，具体分析见表5-4。

表5-3　期权的实值、平值和虚值

市场价P=10	实值	平值	虚值
认购期权执行价	8	10	12
认沽期权执行价	12	10	8

表5-4　期权价格的影响因素

	因素变化方向	认购期权价格	认沽期权价格
合约标的价格	标的价格上涨	上涨	下跌
行权价	行权价越高	下跌	上涨
到期日	剩余时间越长	认购和认沽期权的价值上涨	
当前利率	利率上涨	上涨	下跌
隐含波动率	波动率高	认购和认沽期权的价值上涨	

表5-4中，隐含波动率是指通过期权产品的现时价格反推出来的标的证券价格在未来期权存续期内的波动率，是市场对未来期权存续期内标的资产价格的波动率判断。

五、金融期权与金融期货的区别

金融期权与金融期货有相似之处，但是它们毕竟是不同的，这种不同的表现见表5-5。

表5-5　金融期权与金融期货的区别

	金融期权	金融期货
当事人权利、义务不同	非对称性	权利与义务对等
收益风险不同	期权买方承担有限风险，盈利可能无限；期权卖方收益有限，风险可能无限	盈亏风险对称
保证金制度不同	只有卖方支付保证金	持有人都需要缴纳保证金
套期保值与盈利性的权衡	标的证券价格向不利方向运动时可锁定风险，向有利方向运动时可获取盈利	在规避不利风险的同时也放弃了收益变动可能的增长
交割时间不同	美式期权持有人可以在合同期限内的任何一天执行合同；欧式期权持有人在到期日才能行使	到期日是合同执行时间，提前或推后都不行
现金流转不同	在成交时，期权购买者必须向期权出售者支付一定的期权费，以取得期权合约所赋予的权利。除了到期履约外，交易双方在整个合约有效期内将不发生任何现金流转	交易双方在合同成交时不发生现金收付关系，但在成交后，由于实行逐日结算制度，交易双方有可能因市场价格的变动而每日都发生保证金账户的现金流转

第三节　可转换证券

一、可转换证券的定义及分类

可转换证券（Convertible Securities）又称转股证券、可兑换证券、可更换证券等，是指发行人依法定程序发行，持有人在一定时间内依据约定的条件可以转换成一定数量的另一类证券的证券，通常是转换成普通股票。因此，它实际上是一种长期的普通股票的看涨期权。

可转换证券主要分为两类：一类是可转换公司债券，即将公司债券转换成公司的普通股票；另一类是可转换优先股票，即将优先股票转换成公司的普通股票。由于二者在性质、原理、原则上基本相同，所以，下面的阐释仅以可转换公司债券为例。

二、发行可转换证券的原因及意义

（一）发行可转换证券的主要原因

当公司准备发行证券筹集资金时，可能由于市场条件不利，不宜发行普通股票；可能由于市场利率过高，发行一般信用债券必须支付较高利息而加重公司的利息负担；也可能由于公司正面临财务或经营上的困难，投资者对其发行的普通股票和一般公司债券缺乏信心。此时，公司为降低发行成本、及时募集所需资金，可发行可转换证券。由于可转换证券给予了投资者一定的转换权利，具有债权加看涨期权的性质，可增强对投资者的吸引力，故其利率或优先股股息率一般略低于同类公司债券，因而可节省发行成本。

另外，很多国家的法令禁止商业银行和其他金融机构投资普通股票，而可转换证券属于债券或优先股，特别是可转换债券，不在禁止范围内。发行公司为吸引这些大机构投资者，也为了满足它们进行资产组合和享受普通股增值收益的需要，会发行可转换证券。

（二）发行可转换证券的意义

对公司而言，可转换证券不仅以它较低的利率或优先股股息率为公司提供财务杠杆功能，而且今后一旦转换成普通股票，就能使公司将原来筹集的期限有限的资金转化为长期稳定的股本，又可节省一笔可观的股票发行费用。同时，如投资者转股成功，较高的转股价又为公司减轻了股权稀释的压力。

对投资者来说，可转换证券的吸引力在于，当普通股票市场疲软或发行公司财务状况不佳、股价低迷时，可以得到稳定的债券利息收入并有本金安全的法律保障，或是得到固定的优先股股息；当股票市场趋于好转或公司经营状况有所改观、股价上扬时，又可享受普通股股东的丰厚股息和资本利得。所以，当投资者对公司普通股票的升值抱有希望时，一般愿意以接受略低的利率或优先股股息率为代价来购买可转换证券。

三、可转换公司债券的基本要素

可转换公司债券是公司债券与看涨期权的结合体，具有债权加看涨期权的性质，因此，可转换公司债券的要素设计必然包含公司债券与期权的设计。具体来讲，公司债券设计条款包含发行额度、债券期限、利率水平、付息方式等基本要素。期权设计条款较复杂，由基本条款和附加条款组成。基本条款包括基准股票、票面利率、转换期、转换价格、转股价修正条款等基本要素；附加条款包括赎回条款、回售条款、强制性转股条款等。

（一）基准股票

基准股票（又称正股）是指可转换公司债券持有人将所持有的转换债券转换成发行公司普通股的股票。

（二）票面利率

票面利率主要是由当前市场利率水平、公司债券资信等级、可转换公司债券的要素组合决定的。

市场利率水平高，可转换公司债券票面利率就高。在国际市场上，通常设计的可转换公司债券票面利率为同等风险情况下的市场利率的2/3左右。例如，某公司的债券3年期利率为10%，那么该公司的可转换公司债券的票面利率就应该在6%左右。

（三）期限

可转换公司债券的期限（又称存续期）与一般债券期限的内涵相同。所不同的是，可转换公司债券的期限与投资价值成正相关关系。期限越长，股票变动和升值的可能性越大，可转换公司债券的投资价值就越大。

（四）请求转换的期限

请求转换的期限是指可转换公司债券可以转换为股票的起始日至结束日的期限。在整个转换期内，投资者可视股价的变动情况逢高价时转换，也可以选择将债券转让出售。

转换期限一般依据发行公司的经营方针来确定，有两种方法：

1. 发行公司制定一个特定的转换期限。发行公司制定的转换期限一般有以下几种：

（1）发行日起至公司债偿还期日。

（2）发行日或其稍后起至公司债偿还期日。

（3）发行日或其稍后的数年间。

（4）发行日起的几年后至公司债偿还期日。

2. 发行公司不制定具体期限。不限制转换具体期限的可转换公司债券，转换期为其上市日至到期停止交易日。如果是未上市公司发行的可转换债券，则为未上市公司股票上市日至可转换公司债券到期停止交易日。

（五）转换价格

转换价格是指可转换公司债券转换为公司每股股份所支付的价格。它的确定，反映了公司现有股东和债权人双方利益预期的某种均衡。制定转换价格要和债券期限、票面利率相互配合起来。具体说来，决定转换价格高低的因素很多，主要有：

1.公司股票的市场价格（即正股市价）。这是最为重要的决定因素。股票的市场价格和价格走势直接主导着转换价格的确定，股价越高，转换价格也越高。制定转换价格一般是以发行前一段时期的公司正股市价的均价为基础上浮一定幅度，通常上浮5%~30%。

2.债券期限。可转换公司债券的期限越长，相应的转换价格越高；期限越短，则转换价格越低。

3.票面利率。一般来说，可转换公司债券的票面利率高，则转换价格也高；利率低，则转换价格也低。

（六）转股价修正条款

公司在发行可转换公司债券后，由于公司的送股、配股、增发股票、分立、合并、拆细及其他原因导致发行人股份发生变动，股本增加引起公司股票名义价格下降时，转股价格应做出相应的调整。转股价修正条款是可转换公司债券设计中至关重要的保护可转换公司债券投资者利益的条款，因此，也称为转换权保护条款。其公式如下：

$$\text{修正后转换价格}=\text{修正前转换价格}\times\frac{\text{已发行股数}+\dfrac{\text{新发行股数}\times\text{每股认股价}}{\text{股票市价}}}{\text{已发行股数}+\text{新发行股数}}$$

（七）可转换公司债券的附加条款

1.赎回条款。赎回是指发行人在发行一段时期后，可以按照赎回条款生效的条件提前购回其未到期的发行在外的可转换公司债券。赎回行为通常发生在公司正股市场价持续一段时间高于转股价格而达到某一幅度时（国际上通常把正股市场价达到或超过转股价格100%~150%作为涨幅界限，同时要求该涨幅持续30个交易日作为赎回条件），公司按事先约定的价格买回未转换的股票。赎回价格一般高于面值，一般规定为可转换债券面值的103%~106%，越接近可转债到期日，赎回价格越低。

设计赎回条款的主要目的：

（1）避免市场利率下调给可转换公司债券发行人带来利率损失。当市场利率下降或贴现率下调幅度较大时，对发行人来说，赎回已有的可转换公司债券再组织新的融资活动更为合算。

（2）加速转股过程、避免转换受阻的风险。可转换公司债券上市后，其市场价格同股票价格保持着密切的相关关系，而且，可转换公司债券的市场价格所对应的实际转股价格同股票市场价格保持着一定的溢价水平。也就是说，在实际交易中，当时购买的可转换公司债券立即转股不可能即刻获利。在这种情形下，可转换公司债券的持有人没有必要也没有理由把可转换公司债券转换成股票，转股的目的就难以实现。为此，发行人通过设计赎回条款促使可转债持有人转股以减轻发行人到期兑付可转换债券本息的压力。

可转换债券一般有四种偿还方法：到期偿还、到期前偿还、赎回条件下偿还和回售条件下偿还。赎回是到期前强制性偿还的一种特定方法。

2. 回售条款。回售一般是指公司正股市价在一段时间内连续低于转股价格达到某一幅度时，可转换公司债券持有人按事先约定的价格将所持可转换公司债券卖回发行人的行为。也有的回售条款是承诺某个条件，如公司股票在未来某一时间要达到上市目标，一旦达不到，则履行回售条款。回售条款是发行人为使可转换公司债券发行顺利和筹资成功而设定的有利于保护投资人利益、增强可转债吸引力的条款。如果订立回售条款，可转换公司债券的票面利率可订得更低。包括回售条款的可转换公司债券对投资者更具吸引力。

回售条款主要包括以下几项内容：

（1）回售价格。其形式是以面值加上一定的回售利率。回售利率是事先规定的，一般比市场利率稍低，但高于可转换公司债券的票面利率。

（2）回售时间。这是事先约定的，一般定在可转换公司债券整个期限的1/2～2/3时间段处，具体的回售时间少则数天，多则月余。

（3）回售选择权。发行人承诺达到回售时间时，如果正股市价仍然达不到所约定的价格，致使转换无法实现，则投资人享有按照约定利率回售可转换公司债券给发行人的权利，发行人须无条件接受可转换公司债券。

赎回条款和回售条款是可转换公司债券不同于其他金融产品的重要特征，也是可转换公司债券金融魅力的奥秘所在。设立科学合理的赎回条款和回售条款对债券的成功发行和转股有着重要的意义。

3. 强制性转股条款。它是发行人约定在一定条件下，投资人务必将持有的可转换公司债券转换为公司股份的条款。国际上，发行强制性可转换公司债券的公司总是与非上市公司相联系的。大多数非上市公司在发行可转换公司债券时，就已经考虑了本次发行是公司的资本扩张。发行人为减轻公司的还本压力，往往使用强制性转股条款以利于公司稳定经营和控制财务风险。

强制性转股的类型有四种：到期无条件强制性转股、转换期内无条件强制性转股、转换期内有条件强制性转股及到期有条件强制性转股。设立了强制性转股条款的可转换公司债券，其类股性较强，而债券的特征相对较弱，尤其是到期无条件强制性转股的可转换公司债券，投资者丧失了发行人到期还本付息这一债券的基本权利。

赎回、回售和强制性转股三种条款中，赎回与回售、强制性转股与回售可以用于同一可转换公司债券；但赎回与强制性转股则不可同时运用，因为其反映的是发行人不同的选择趋向。

四、可分离交易公司债券

可分离交易公司债券又称附认股权证公司债券，来自英文Bonds with Attached Warrant或Equity Warrant Bonds（WBs），在日本和我国香港、台湾地区被译为“附认股权公司债券”。它是指上市公司在发行公司债券的同时附有认股权证，是公司债券加上认股权证的组合产品。

2006年5月8日，中国证监会发布《上市公司证券发行管理办法》，明确规定上市公司可以公开发行认股权和债券分离交易的可转换公司债券（简称分离交易的可转换公司债券）。2006年11月13日，马鞍山钢铁股份有限公司成为首家在A股市场发行分离交易的可转换公司债券的上市公司，共发行55亿元人民币5年期附息债券，并同时派发12.65亿份认股权证。11月29日，债券主体和权证在上海证券交易所同时上市交易。

分离交易的可转换公司债券与一般的可转换公司债券的区别如下：

（1）分离交易的可转换公司债券与一般的可转换公司债券的本质区别在于债券与期权可分离交易。也就是说，分离交易的可转换公司债券的投资者在行使了认股权利后，其债权依然存在，仍可持有到期归还本金并获得利息；而普通可转换公司债券的投资者一旦行使了认股权利，其债权就不复存在了。

（2）分离交易的可转换公司债券不设赎回条款，有利于发挥发行公司通过业绩增长来促成转股的正面作用，避免了一般的可转换公司债券发行人往往不是通过提高公司经营业绩而是以不断向下修正转股价或强制赎回方式促成转股而带给投资人的损害。同时，分离交易的可转换公司债券持有人与一般的可转换公司债券持有人同样被赋予一次回售的权利，从而极大地保护了投资人的利益。

（3）一般的可转换公司债券中的认股权是与债券同步到期的，分离交易的可转换公司债券则并非如此。《上市公司证券发行管理办法》规定，分离交易的可转换公司债券“认股权证的存续期间不超过公司债券的期限，自发行结束之日起不少于六个月”。由于债券与认股权证分离交易导致市场风险加大，缩短权证存续期有助于减少投机。

第四节　权证

一、权证的含义及特征

权证（Warrant）是一种金融衍生产品，是由标的证券的发行公司或第三者，如证券公司、投资银行等发行的有价证券。由第三者发行的权证也叫备兑权证或衍生权证，表明权证持有人具有在约定时间内以事先约定的价格认购或沽出一定数量的标的证券的权利。权证是持有者享有一种权利（但没有义务）的证明。其行使权利时，权证发行人不得拒绝。

这里所说的标的证券，是权证发行人在权证发行时就规定好的、已经在交易所挂牌的品种，是权证发行人承诺按照事先约定的条件向权证持有人购买或卖出的证券或资产。它可以是一只股票、基金、债券，也可以是一个组合、一个指数等。

权证作为一种新兴的与股票紧密联系的投资工具，具有与期权很相近的本质特征，因此，深受广大投资者的欢迎，在证券市场上占有相当重要的位置。

二、权证的要素内容

权证的各要素会在发行公告书中得到反映。

例如，A公司发行以本公司股票为标的证券的权证，假定发行时股票市场价格为15元，发行公告书列举的发行条件如下：

（1）发行日期：2023年8月8日

（2）存续期间：6个月

（3）权证种类：欧式认购权证

（4）发行数量：50 000 000份

（5）发行价格：0.66元

（6）行权价格：18.00元

（7）行权期限：到期日

（8）行权结算方式：证券给付结算

（9）行权比例：1∶1

上述条款告诉投资者由A公司发行的权证是一种股本认股权证，该权证每份权利金是0.66元，发行总额为5 000万份，权证可以在6个月内买卖，但行权则必须在6个月后的到期日进行。如果到期时A公司股票市场价格为20元，高于权证的行权价18元，投资者可以18元/股的价格向发行人认购市价20元的A公司股票，每股净赚1.34元（20-18-0.66）；如果到期时A公司股价为15元，低于行权价18元，投资者可以不行权，从而仅损失权利金0.66元/股。

三、权证的分类

权证根据不同的划分标准有不同的分类：

1.按买卖方向分为认购权证和认沽权证。认购权证持有人有权按约定价格在特定期限内或到期日向发行人买入标的证券；认沽权证持有人则有权按约定价格在特定期限内或到期日向发行人卖出标的证券。认购权证和认沽权证的区别见表5-6。

表5-6 **认购权证和认沽权证的区别**

要素	认购权证	认沽权证
持有人的权利	持有人有权利（而非义务）在某一期间内以预先约定的价格向发行人购买特定数量的标的证券	持有人有权利（而非义务）在某一期间内以预先约定的价格向发行人出售特定数量的标的证券
到期可得的回报	（权证结算价格-行权价）×行权比例——未考虑行权有关费用	（行权价-权证结算价格）×行权比例——未考虑行权有关费用

2.按权利行使期限分为美式权证和欧式权证。美式权证的持有人在权证到期日前的任何交易时间都可行使其权利，欧式权证的持有人只可以在权证到期日当日行使其权利。

3.按发行人不同可分为股本权证和备兑（衍生）权证。股本权证一般由上市公司发行，备兑权证一般由证券公司等金融机构发行。股本权证和备兑权证的区别见表5-7。

表5-7 **股本权证和备兑权证的区别**

要素	股本权证	备兑权证
发行人	标的证券发行人	标的证券发行人以外的第三方
标的证券	需要发行新股	已在交易所挂牌交易的证券
发行目的	为筹资或激励高管人员	为投资者提供避险、套利工具
行权结果	公司股份增加、每股净值稀释	不会造成股本增加或权益稀释

4.按权证行使价格是否高于标的证券价格分为价内权证、价平权证和价外权证。参见表5-8。

表5-8 **权证按行使价格的分类**

价格关系	认购权证	认沽权证	性质
行使价格>标的证券收盘价格	价外	价内	虚值
行使价格=标的证券收盘价格	价平	价平	平值
行使价格<标的证券收盘价格	价内	价外	实值

5.按结算方式分为证券给付结算型权证和现金结算型权证。权证如果采用证券

给付方式进行结算，其标的证券的所有权发生转移；如采用现金结算方式，则仅按照结算差价进行现金兑付，标的证券所有权不发生转移。

四、权证产生的必然性

认股权证之所以能够成为新的投资工具，应该说有其必然性。对公司来说，发行认股权证是引诱投资者去购买那些他们认为收益太低或风险太大的证券，并希望投资者在将来股票高于市价时才来认购股票，以增加公司的资本，从而防止过早地摊薄每股盈利。所以，认股权证实质上是一种远期的集资方式，它不仅对公司现时财务状况有好处，而且可在较长的有效期限内一直为公司带来灵活集资的机会，使公司的资金周转更灵活。最初推出认股权证，是一些发展速度较快的成长型小公司以发行优先股或债券方式筹集资金时，为了使这些优先股或债券更具有吸引力，又为了降低筹资成本，在发行优先股或债券的同时向投资者发行一种认购股份权利证明书。

例如，某公司发行优先股，股息率为7%。为减轻优先股股息负担、减少股息支付对公司利润的影响，将7%的股息率改为5%，并发行认股权证。该证书规定，只要购买优先股股票1 000股，该公司就配给优先股持有人在10年内的任何时间以每股10元的价格购买该公司100股普通股票的认股权利。当然，认股价格的制定要高于发行时的市场价格，目的是当公司发展壮大时，股票市场价格就会高于认股价格，认股权证持有者就可以择机执行权利认股获利，也可以将认股权证售出，赚取价差收益。假如公司普通股票从每股10元上涨到15元，认股权证持有人就可以向发行公司以每股10元的价格认购股票100股，然后到流通市场以每股15元的价格卖出股票，从而获利500元。可见，认股权证具有期权的性质。另外，在公司急用资金时，发行认股权证集资较发售新股集资更容易为证券市场所接受。再者，如果遇到股市低迷或公司经营不景气，派息有困难，公司还可以用认股权证代替派息，使公司的现金或流动资金得以保留，有助于公司渡过难关。所以，认股权证也备受各类股份公司的欢迎。随着金融市场的不断发展，在认股权证的基础上又出现了买卖方向相反的认沽权证等。

五、权证与期权的区别

权证与期权的区别见表5-9。

表5-9　**权证与期权的区别**

要素	期权	权证
合约不同	标准化合约	非标准化合约
交易主体不同	买卖双方都是普通投资者	买方是普通投资者，发行者是上市公司或者其委托的证券公司等第三方

续表

要素	期权	权证
交易种类不同	可买入或卖出开仓 投资者能进行四种类型的基本交易：买入认购期权、卖出认购期权、买入认沽期权、卖出认沽期权	只可买入开仓 投资者只能进行两种交易：买入认购权证和买入认沽权证
行权后效果不同	资产在不同投资者间转移，不影响上市公司实际流通总股本数	认购权证行权时，发行公司实际流通总股本数增加

第五节　中国现行的金融期货与期权

一、中国金融期货交易所

为了发展中国金融衍生品市场，经国务院同意、中国证监会批准，专门从事金融期货、期权等金融衍生品交易与结算的公司制交易所——中国金融期货交易所（简称中金所）于2006年9月8日在上海成立。中金所的主要职能是：组织安排金融期货等金融衍生品上市交易、结算和交割，制定业务管理规则，实施自律管理，发布市场交易信息，提供技术、场所、设施服务，以及中国证监会许可的其他职能。

二、中金所上市品种

（一）国债期货

我国国债期货市场的发展可谓跌宕起伏，最初交易试点开始于1992年12月，上海证券交易所最先开放了国债期货交易。上交所共推出了12个品种的国债期货合约，只对机构投资者开放。但在国债期货交易开放的近一年里，交易并不活跃。1993年10月25日，上海证券交易所对国债期货合约进行了修订，并向个人投资者开放国债期货交易。1993年12月，原北京商品交易所推出国债期货交易，成为我国第一家开展国债期货交易的商品期货交易所。随后，原广东联合期货交易所和武汉证券交易中心等地方证交中心也推出了国债期货交易。

从1994年第二季度开始，国债期货交易逐渐趋于活跃，交易金额逐月递增。到1994年年底，上交所全年国债期货交易总额达到1.9万亿元。1995年以后，国债期货交易更加火爆，经常出现日交易量达到400亿元的市况，而同期市场上流通的国债现券不到1 050亿元。由于可供交割的国债现券数量远远无法满足国债期货的交易规模，因此市场上的投机气氛越来越浓厚，风险也越来越大。

1995年2月，国债期货市场上发生了著名的“327”违规操作事件，给市场造成了沉重的打击。1995年5月，国债期货市场再次发生恶性违规事件——“319”

事件。1995年5月17日下午，中国证监会发出通知，决定暂停国债期货交易。于是，各交易场所从5月18日起组织会员协议平仓；5月31日，全国14个国债期货交易场所全部平仓完毕。这样，中国国债期货交易试点始于1992年，结束于1995年5月，历时两年半，以失败而告终。

国债期货在我国经试点失败后就一直暂停，直到2013年9月6日，时隔18年后，国债期货才在中国金融期货交易所重新上市交易。到2019年1月1日，我国交易中的国债期货品种主要有3个，其具体合约内容见表5-10。

表5-10　**2年期、5年期和10年期国债期货合约表**

要素	2年期国债期货合约表	5年期国债期货合约表	10年期国债期货合约表
合约标的	面值为200万元人民币、票面利率为3%的名义中短期国债	面值为100万元人民币、票面利率为3%的名义中期国债	面值为100万元人民币、票面利率为3%的名义长期国债
可交割国债	发行期限不高于5年，合约到期月份首日剩余期限为1.5～2.25年的记账式附息国债	合约到期月份首日剩余期限为4～5.25年的记账式附息国债	合约到期月份首日剩余期限为6.5～10.25年的记账式附息国债
报价方式	百元净价报价		
最小变动价位	0.005元		
合约月份	最近的3个季月（3月、6月、9月、12月中的最近3个月循环）		
交易时间	09：15—11：30；13：00—15：15		
最后交易日交易时间	09：15—11：30		
每日价格最大波动限制	上一交易日结算价的±0.5%	上一交易日结算价的±1.2%	上一交易日结算价的±2%
最低交易保证金	合约价值的0.5%	合约价值的1%	合约价值的2%
最后交易日	合约到期月份的第二个星期五		
最后交割日	最后交易日后的第三个交易日		
交割方式	实物交割		
交易代码	TS	IF	T
上市交易所	中国金融期货交易所		

国债期货本身是一个利率衍生品，它对利率市场的影响不是简单地影响某一个利率而是利率的市场化，是整个利率体系重要的环节。国债期货是中国实施利率市场化改革的基石。

（二）股指期货

股指期货是成熟的风险管理工具，对于改善中国股市运行机制、提供保值避险工具、完善投资产品体系和促进多层次市场稳定健康地发展具有重要意义。

2010年4月16日，经中国证监会批准，中国首个股指期货合约——沪深300股指期货合约正式上市交易。2015年4月16日，中国证监会批准中金所开展上证50、中证500股指期货交易，以满足投资者对大盘蓝筹股票和中小市值股票的财富管理和风险管理需求，进一步完善股指期货产品序列，丰富金融市场产品类型。这对于提升境内股指期货话语权、促进资本市场对外开放和平稳运行都具有积极意义。中国沪深300、上证50、中证500股指期货合约的异同见表5-11。

表5-11 **中国沪深300、上证50、中证500股指期货合约比较**

合约标的	沪深300指数	上证50指数	中证500指数
合约乘数	每点300元		每点200元
报价单位	指数点		
最小变动价位	0.2点		
合约月份	当月、下月及随后两个季月		
交易时间	9：30—11：30；13：00—15：00		
每日价格最大波动限制	上一个交易日结算价的±10%		
最低交易保证金	合约价值的8%		
最后交易日	合约到期月份的第三个周五，遇国家法定假日顺延		
交割日期	同最后交易日		
交割方式	现金交割		
交易代码	IF	IH	IC
上市交易所	中国金融期货交易所		

三、股指期权

2015年2月9日，对中国股市来说又是一个具有标志性意义的时间节点——上海证券交易所设计的股指期权产品正式登场，初期展开交易的主要是上证50ETF期权（510050），是指支付一定额度的权利金后，获得在未来某个时间内以一个价格买入或者卖出上证50ETF指数基金的权利，中国金融市场迎来了历史上首只场内期权产品，市场期待已久的“期权元年”终于在2015年年初“尘埃落定”。2019年12月23日，由沪深300指数衍生出的三大期权品种同时上市，其中，上交所上市交易沪深300ETF期权合约（标的为华泰柏瑞300ETF），深交所上市交易沪深300ETF期权合约（标的为嘉实300ETF），中金所上市交易沪深300股指期权（标的为中证指数公司沪深300指数）。三大沪深300指数期权全部采用做市商制，这为期权成功上市提供了流动性保障。三大新期权品种的同时上市，进一步满足了市场对避险工具的需求，对完善资本市场风险管理体系、更好地服务资本市场发展具有重要作用。

表5-12所示的是目前我国正在交易中的四个期权合约的基本条款。

表5-12　**我国目前交易中的四个期权合约的基本条款**

要素	上证50ETF期权	沪深300ETF期权		沪深300股指期权
合约标的	华夏50ETF	华泰柏瑞300ETF	嘉实300ETF	沪深300指数
标的代码	510050. SH	510300. SH	159919. SZ	000300. SH
交易所	上交所		深交所	中金所
合约单位	10 000份			每点人民币100元
最小报价单位	0.0001元			0.2点
行权申报时间	9：15-9：25；9：30-11：30；13：00-15：00		9：15-11：30； 13：00-15：00	9：30-15：15
到期日	到期月份的第四个星期三			到期月份的第三个星期五
合约月份	当月、下月及随后两个季月（共4个月份）			当月、下两个月及随后三个季月（共6个月份）
行权价格	以标的昨日收盘价为基准，按行权价格间距挂出4个实值期权、1个平值期权、4个虚值期权（共9个合约）			覆盖沪深300指数上一交易日收盘价上下浮动10%对应的价格范围
交易时间	上午9：15-9：25，9：30-11：30（9：15-9：25为开盘集合竞价时间） 下午13：00-15：00（14：57-15：00为收盘集合竞价时间）			上午9：30-11：30（9：25-9：30为开盘集合竞价时间） 下午13：00-15：00（14：57-15：00为收盘集合竞价时间）

续表

<table>
<tr><td>要素</td><td>上证50ETF期权</td><td>沪深300ETF期权</td><td colspan="3">沪深300股指期权</td></tr>
<tr><td>涨跌幅限制</td><td colspan="2">认购期权最大涨幅=max{合约标的前收盘价×0.5%，min［（2×合约标的前收盘价-行权价格），合约标的前收盘价］×10%}
认购期权最大跌幅=合约标的前收盘价×10%
认沽期权最大涨幅=max{行权价格×0.5%，min［（2×行权价格-合约标的前收盘价），合约标的前收盘价］×10%}
认沽期权最大跌幅=合约标的前收盘价×10%</td><td colspan="3">最大波动幅度为上一交易日沪深300指数收盘价的±10%</td></tr>
<tr><td rowspan="8">行权价格间距</td><td>行权价格≤3元</td><td>0.05元</td><td rowspan="4">对于当月和下2个月合约</td><td>2 500以下</td><td>25</td></tr>
<tr><td>3元≤行权价格≤5元</td><td>0.1元</td><td>2 500~5 000</td><td>50</td></tr>
<tr><td>5元≤行权价格≤10元</td><td>0.25元</td><td>5 000~10 000</td><td>100</td></tr>
<tr><td>10元≤行权价格≤20元</td><td>0.5元</td><td>10 000以上</td><td>200</td></tr>
<tr><td>20元≤行权价格≤50元</td><td>1元</td><td rowspan="4">对于随后3个季月合约</td><td>2 500以下</td><td>50</td></tr>
<tr><td>50元≤行权价格≤100元</td><td>2.5元</td><td>2 500~5 000</td><td>100</td></tr>
<tr><td rowspan="2">100元≤行权价格</td><td rowspan="2">5元</td><td>5 000~10 000</td><td>200</td></tr>
<tr><td>10 000以上</td><td>400</td></tr>
<tr><td>交割方式</td><td colspan="2">实物交割</td><td colspan="3">现金交割</td></tr>
<tr><td>合约代码</td><td colspan="2">标的代码-C/P-月份M-行权价格</td><td colspan="3">IO合约月份-C/P-行权价格</td></tr>
<tr><td>行权方式</td><td colspan="5">欧式期权（买方只可在期权合约到期日当天行使权利）</td></tr>
<tr><td>合约类型</td><td colspan="5">认购期权和认沽期权</td></tr>
</table>

（一）期权合约种类

新上市的期权合约包括认购、认沽两种，4个到期月份（当月、下月及最近的两个季月），9个行权价（1个平值、4个实值、4个虚值）的相互组合，共40个期权合约，如图5-3所示。

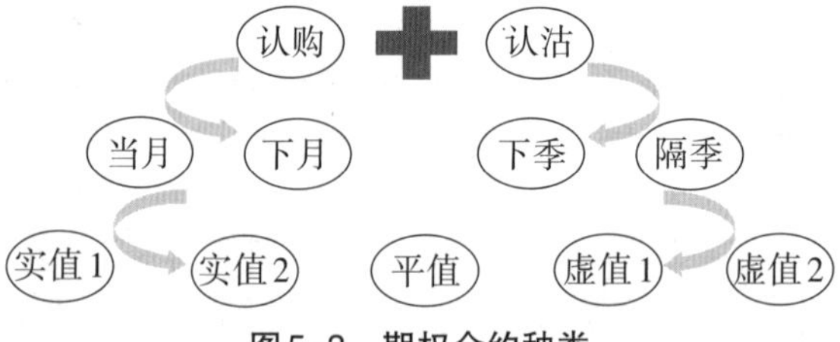

图5-3 期权合约种类

若指数为2 500点，那么50ETF购1月2 500为平值，50ETF购1月2 400和50ETF购1月2 450为虚值，50ETF购1月2 550、50ETF购1月2 600、50ETF购1月2 650和50ETF购1月2 700均为实值。

（二）期权的保险功能

期权实际上提供的是一种保险功能，它与持仓是正负关系。如果做多股指期货，就要买卖权（看跌期权）；如果做空股指期货，就要买买权（看涨期权）。在ETF交易中也是这样的，如果我们买入ETF就要买一个卖权（看跌期权）；如果我们融券做空卖出ETF，就要买一个买权（看涨期权）。

以沪深300股指期货的交易为例，假设在2 200点的时候买入一手股指期货，为防止股指下跌风险，则可买入一个2 200点的卖权，假设期权价格为20元。若股指由2 200点跌到2 100点，如未买期权，则亏损100点对应亏损为30 000元；而买入看沽期权后，则可以在2 200点卖出，只需付出20元期权费用，从而降低了风险。

（三）股指期权与股指期货的区别

股指期权和股指期货在买卖双方的权利与义务、风险收益特征、保证金制度、上市合约数量等方面均有较大区别。

首先，权利、义务不同。股指期权买方支付权利金后获得相应的权利，但不承担义务；期权卖方卖出权利收取权利金，需承担履约的义务。股指期货不牵涉权利金交易，买卖双方在到期日必须按照交割结算价进行交割。

其次，风险收益特征不同。期权的损益与标的资产的涨跌是非线性关系，两者不存在确定的比例关系，期权买方所承担的最大风险为亏损所有权利金，而期权卖方所承担的风险较大；期货的损益与标的资产涨跌之间存在一定的比例关系，买卖双方均要承担较大风险。

再次，保证金制度不同。期权买方无须缴纳保证金，卖方需要缴纳保证金；而期货的买卖双方均需缴纳保证金。

最后，上市合约数量不同。期货每个合约月份只有一个合约，上市合约的数量较少；期权每个合约月份都有多个不同行权价格的看涨期权和看跌期权合约，上市合约数量较多。

【案例1】　香港金融保卫战①

在1998年的东南亚金融风暴中，香港的股票和外汇市场受到了以索罗斯为首的金融大鳄所操控的对冲基金的猛烈冲击，股指期货交易在其中扮演了重要角色。

① 以下两个案例根据对相关事件的公开报道整理。

1998年8月28日，600多万香港市民的目光被锁定在位于港岛中环的香港联交所和香港期交所。因为8月28日是8月份香港恒生指数期货合约的结算日，也是香港特别行政区政府打击以对冲基金为主体的国际游资集团操控香港金融市场的第10个交易日。双方经过9个交易日的激烈搏杀后，迎来了首次决战。

上午10点整，开市之后仅5分钟，股市的成交金额就超过了39亿港元（在之前的同月14日一整天，特区政府仅动用了30亿港元吸纳蓝筹股，就将恒生指数由13日报收的6 660点推高到7 224点）。半小时后，成交金额就突破了100亿港元，到上午收市时，成交金额已经达到400亿港元之巨，接近1997年高峰时（8月29日）创下的460亿港元的日成交量历史最高纪录。下午开市后，抛售压力有增无减，成交量一路攀升，但恒指和期指始终在7 800点以上。随着下午4点整的钟声响起，显示屏上不断跳动的恒指、期指、成交金额分别在7 829点、7 851点、790亿港元锁定。

1998年8月28日，对众多国际炒家来说是一个心痛的日子。香港股市在周边股市普遍下跌的不利条件下，仍顶住了国际炒家的抛售压力，大出炒家们的意料，也使炒家们在此战中惨败。这是特区政府自1998年8月14日入市干预以来的顶峰，也是特区政府针对炒家们惯用的汇市、股市、期市的主体性投机采取的策略——“以其人之道，还治其人之身”所取得的重大胜利。在10个交易日中，特区政府将恒生指数从8月13日收盘的6 660点推高到28日的7 829点报收，并迫使炒家们在高价位结算交割8月份股指期货，并抬高9月份股指期货。在此之前，炒家们建了大量的8月份期指空仓，这样一来，即使他们转仓，成本亦很高，而一旦平仓，则巨额亏损不可避免。

自入市以来，香港特区政府已动用了100多亿美元，消耗了外汇基金的13%，此举大大超过了1993年“英镑保卫战”中英两国政府动用77亿美元与国际投机者对垒的规模，堪称一场“不见硝烟的战争”。就此而言，特区政府的胜利也是有代价的胜利。

概括起来，8月份特区政府采取的主要措施有：

第一，如数吸纳炒家抛售的港元，并将所吸纳的港元存入香港银行体系以稳定香港银行同业拆借率，并于8月14日突然提高银行隔夜拆息率，突击投机者，提高投机者的拆借成本。

第二，自8月14日起大量买入恒生指数成分股（蓝筹股），抬高恒生指数及8月份恒生指数期货合约的价格，加大了已建立了许多空仓的投机者在8月28日的8月恒生指数期货合约结算日的亏损。

第三，指示香港各公司、基金、银行等机构不要拆借股票现货给对冲基金，减缓股票市场的波动。

第四，抬高9月份指数期货合约的价格，以加大投机者转仓的成本。

案例思考：谈谈你对这个案例的认识。

【案例2】 国债期货“327”事件反思

“327”是国债期货合约的代号，合约标的对应的是1995年6月到期兑换、1992年发行的

3年期国债92（3），该债券发行总量是240亿元人民币。债券到期的基础价格已经确定，为票面价值100元加上3年合计利息28.50元（年息为9.50%），合计128.50元。影响国债价格走势的主要因素是市场利率水平。1995年2月23日，上海万国证券公司违规交易“327”合约，最后8分钟内砸出1 056万口卖单，面值达2 112亿元，亏损16亿元人民币，国债期货因此夭折。英国《金融时报》称这是“中国内地证券史上最黑暗的一天”。

我国国债期货交易于1992年12月28日首先出现于上海证券交易所。1993年10月25日，上海证券交易所国债期货交易向社会公众开放；北京商品交易所在期货交易所中率先推出国债期货交易。

1992—1994年中国面临高通货膨胀压力，1994年10月以后，中国人民银行提高了3年期以上储蓄存款利率和恢复存款保值贴补。国家为了保证国债的顺利发行，对已经发行的国债也同样实行保值贴补。保值贴补率由财政部根据通货膨胀指数每月公布。保值贴补率的不确定性为炒作国债期货提供了空间，大量的机构投资者由股市转入债市，国债期货市场行情火爆，成交屡创新高，市场成交规模急速扩大。1994年全国国债期货市场总成交量达2.8万亿元，占上海证券市场全部证券成交额的74.6%，全国开展国债期货交易的交易场所陡然增加到14家。这种态势一直延续到1995年，与全国股票市场的低迷形成鲜明对照。

形势似乎一片大好，但问题就出在了“327”国债期货合约上。多空双方对峙的焦点，始终围绕在对“327”国债期货品种到期价格的预测上，因此，对通货膨胀率及保值贴补率的不同预期，成了“327”国债期货品种的主要多空分歧。

“327”国债应该在1995年6月到期，9.5%的票面利率加保值贴补率，使每百元债券到期应兑付132元，与当时的银行存款利率和通货膨胀率相比回报过低。于是有市场传闻，财政部可能要提高“327”国债的利率，到时会以148元的面值兑付。但上海三大证券公司之一的万国证券不这样看，它认为高层正狠抓宏观调控，财政部不会再从国库里割肉拿出16亿元来补贴“327”国债。于是，万国证券开始大规模做空。

1995年2月“327”合约的价格一直在147.80～148.30元徘徊。23日，提高“327”国债利率的传言得到证实，百元面值的“327”国债将按148.50元兑付。一直在“327”品种上与万国证券联手做空的辽宁国发公司突然倒戈，改做多头。“327”国债在1分钟内竟上涨了2元，10分钟后共涨了3.77元。“327”国债每上涨1元，万国证券就要赔进十几亿元，按照它的持仓量和现行价位，一旦到期交割，它将要拿出60亿元资金。毫无疑问，万国证券没有这个能力。同时，由于“327”国债价格上涨造成巨额亏空，万国证券必须追加巨额保证金。当天下午，为扭转巨额亏损，上海万国证券公司铤而走险，自16时22分13秒起大量透支保证金，在收市前几分钟内突然发难，在“327”合约上抛出巨量空盘——2 070万口卖单（1口=200张合约），成交1 044.92万口，相当于“327”国债期货的本品——1992年国库券发行量的3倍多，使正在逐步推高的“327”国债的交易价格短短8分钟内出现暴跌行情，价位从151.30元被拉到147.50元，使当日开仓的多头全线爆仓，以此压低结算价格。这个行动令整个市场都目瞪口呆，若以收盘时的价格来计算，这一天做多的机构，包括像辽宁国发公司这样空翻多的机构都将血本无归，而万国证券不仅能够摆脱危机，还可以赚到42亿元。万国证券希望以此来减少其已持有的巨大空头头寸的亏损。这完全是一种蓄意违规行为。

由于“327”国债期货交易出现异常，这天夜里11点，上海证券交易所正式下令宣布23日16时22分13秒之后的所有“327”品种交易异常，是无效的，该部分不计入当日结算价、成交量和持仓量的范围，经此调整，当日国债成交额为5 400亿元，当日“327”品种的收盘价为违规前最后签订的一笔交易的价格151.30元。

5月17日，中国证监会鉴于中国当时不具备开展国债期货交易的基本条件，发出《关于暂停全国范围内国债期货交易试点的紧急通知》，开市仅2年零6个月的国债期货无奈地画上了句号，中国第一个金融期货品种宣告夭折。

9月20日，国家监察部、中国证监会等部门公布了对“327”事件的调查结果和处理决定，定义这次事件“是一起在国债期货市场发展过快、交易所监管不严和风险控制滞后的情况下，由上海万国证券公司、辽宁国发（集团）公司引起的国债期货风波”。

在中国资本市场上曾叱咤风云的老牌证券公司——万国证券，因资不抵债（若不取消最后8分钟交易，万国证券将有100亿元的巨额亏空），与当年最强劲的竞争对手申银证券公司合并。万国证券从此成为历史，号称中国“证券之父”的万国证券总裁管金生也因此身败名裂，于4月25日辞职，后以受贿罪和挪用公款罪被判处17年徒刑；9月15日，因监管不力，上海证券交易所理事会免去了尉文渊常务理事、总经理的职务。

“327”风波结束了，但它给我们留下的教训却是深刻的：

第一，从政府监管的角度看，作为一种强制行为，必须有一定的法律、法规作为监管依据。而在新兴的证券市场上，市场发展速度很快，法律、法规的制定往往跟不上市场的步伐，从而导致了监管体系不可避免地出现漏洞。从“327”风波就可以看出，中国资本市场缺乏相关法律、法规，监管乏力。1994年11月22日，提高“327”国债利率的消息刚公布，上海证券交易所的国债期货就出现了振幅为5元的行情，但未引起注意，许多违规行为没有得到及时、公正的处理。在“327”风波中，万国证券在预期已经造成无法弥补的巨额亏损时，干脆以搅乱市场来收拾残局。事发后第二天，上海证券交易所发出《关于加强国债期货交易监管工作的紧急通知》，中国证监会、财政部也颁布了《国债期货交易管理暂行办法》，中国终于有了第一部具有全国性效力的国债期货交易法规，但却出台得太晚了。

第二，在市场经济的初级阶段，市场信息不充分，政府获取的信息不可能是完全无误的。同时，由于其本身并不接近市场，就更不可能对各种证券市场中的违法、违规行为都明察秋毫、了如指掌了。

第三，政府用于监管的资源也是有限的，因此，政府没有足够的能力来监管一切。事实上，近些年，监管部门之所以未能及时发现信息披露的违法、违规行为，很大程度上就在于监管部门现有监管人力和物力相对较为薄弱，很难做到有效监管。尽管近年来证监会对监管方式、监管内容进行了较大调整，但问题并未根本解决。

第四，新兴市场的主要特征是金融工具和金融制度的创新速度较快，这就使以法律为主导的监管体制不能满足各种创新的要求，从而制约了新兴市场的快速发展。

第五，从行业的自律性管理角度看，证券交易所和证券业协会没能充分发挥应有的作用。行业内会员一直处于市场发展的前沿，最熟悉市场发展的趋势，也最了解行业发展的动态，在一定程度上本可以避免这些问题的出现。但是，尽管我国投资银行业也成立了自律组织，但一方面大家缺乏自律意识，另一方面自律组织也未起到应有的作用，在自律监管方面，缺乏合适的制度安排使之缺乏约束力，致使业内恶性竞争、欺诈、投机等不轨行为时有发生。从“327”事件可以看出，我们在自律管理方面的失误主要表现为：

（1）保证金过低。“327”事件前，上海证券交易所规定客户保证金比率是2.5%，深圳证券交易所规定为1.5%，武汉证券交易中心①则规定为1%。保证金水平的设置是期货风险控制的核心。用500元的保证金就能买卖2万元的国债，这无疑是把操纵者潜在的盈利与风险放大了40倍。偏低的保证金水平与国际通行标准相距甚远，甚至不如国内当时商品期货的保证金水平，这无疑使市场投机气氛更为浓重。

（2）没有涨跌停板制度和持仓限量制度。涨跌停板制度是国际期货界通行的制度，而事发前上海证券交易所根本就没有采取这种控制价格波动的基本手段，出现上下差价达4元的振幅，交易所也没有预警。当时中国国债的现券流通量很小，国债期货某一品种的可持仓量应与现货市场流通量之间保持合理的比例关系，并在电脑撮合系统中设置。但从“327”合约在2月23日尾市出现的大笔抛单的情况看，交易所显然对各笔下单缺少实时监控，从而导致上千万手空单在几分钟之内通过计算机撮合系统成交，扰乱了市场秩序。

（3）无法杜绝透支交易。我国证券期货交易所以计算机自动撮合为主要交易方式，按“逐日盯市”的方法而非“逐笔盯市”的清算制度来控制风险，故不能杜绝透支交易。交易所无法用静态的保证金和前一日的结算价格控制当日动态的价格波动，使得空方主力违规抛出千万手合约的“疯狂”行为得以实现。

尽管随着资本市场的发展，在监管方面有了改进，但是，中国证券市场目前的监管框架仍有缺陷，没有很好地处理政府机构监管和自律监管的关系，这也不利于我国投资银行业的发展，万国证券的破产就是一个典型的例子。

案例思考：为什么说“327”事件给我们留下的教训是深刻的？该事件对中国规范资本市场的发展有什么意义？

本章基本概念

金融期货　金融期权　可转换证券　认购权证　认沽权证　股指期货　套期保值　看涨期权　看跌期权　欧式权证　美式权证

复习思考题

1.什么是金融衍生工具？其有什么特性？分为哪些种类？

2.什么是金融期货、金融期权？二者有何区别？

3.什么是金融期货的套期保值功能？如何制订一套套期保值计划？

4.什么是股指期货？有何经济功能？

5.什么是期权合约？标准化的期权合约一般都包括哪些内容？

6.为什么说期权买方的亏损有限、盈利无限，而期权卖方的盈利有限、亏损无限？

7.什么是权证？它有什么性质？有哪些分类？

8.认股权证与期权有何区别与联系？

---

① 1999年关闭。

9．试述可转换债券的意义、特点和基本要素。

学习资料推荐

■你可以登录中国金融期货交易所（中金所）官网进一步了解沪深300股指期货等上市品种的交易规则等内容。

■你也可以登录中证指数有限公司官网了解中证500指数相关内容。

■你还可以登录上海证券交易所官网了解更多与期权相关的知识。

第二篇　市场运行篇

第六章
证券市场概述

本章提要

证券市场在一国经济发展中发挥着极为重要的作用，是资本供求的中心。本章在综述中外证券市场的产生和发展的基础上，重点阐述证券市场的功能、分类及发展趋势，分析发行市场和交易市场的关系，阐明证券市场各方参与者在市场中扮演的角色和发挥的作用。通过本章的学习，学生应掌握证券市场的含义、功能，了解证券市场发展的概况和参与主体及中介机构，知晓证券市场的发展趋势。

第一节　证券市场的含义、分类及特征

一、证券市场的含义

证券市场是有价证券及其衍生产品发行和交易的场所以及与此相联系的组织与管理体系的总称。投资者通过证券市场买卖有价证券向企业提供资金，进行间接投资；企业通过证券市场筹集资金，用于生产和建设，实现直接融资。证券市场以证券发行与交易的方式实现了筹资与投资的对接，有效地化解了资本的供求矛盾和资本结构调整的难题。而且，在现代发达的商品经济中，证券市场还是完整的市场体系的重要组成部分，对整个经济的运行具有重要影响。

二、证券市场的分类

证券市场是筹集和分配社会资金的重要渠道，按照不同的标准，可以划分为以下类型：

（一）按市场的功能分类

按市场的功能分类，证券市场可分为证券发行市场和证券流通市场。

1.证券发行市场。

证券发行市场是指各发行主体发行、推销各种新证券所形成的市场。这是发行者与初始投资者交易的市场，因此也称初级市场或一级市场。

2.证券流通市场。

证券流通市场，亦称交易市场，是已发行的有价证券交易与转让的市场。在发行市场购得有价证券者或以其他方式持有证券者，可以在市场上重新出售，新投资

本章建议阅读资料：

1.法博齐，弗朗哥，莫迪利亚尼．资本市场：机构与工具［M］．唐旭，译．北京：经济科学出版社，1998.

2.中国证券业协会．证券业从业资格考试统编教材（2020）——金融市场基础知识［M］．北京：中国财政经济出版社，2020.

3.中国证券业协会．证券业从业资格考试统编教材（2020）——证券市场基本法律法规［M］．北京：中国财政经济出版社，2020.

者可以随时购买。这是已发行的有价证券所有权的转移，因此流通市场也称次级市场或二级市场。交易市场又可分为有组织的场内交易市场（证券交易所市场）和场外交易市场（柜台交易市场）两部分。

总体而言，证券发行市场与证券流通市场共同构成了整个证券市场，同时二者又是相辅相成、相互依存、相互制约的，是一个不可分割的整体。

一方面，证券发行市场是流通市场的基础和前提，假设没有证券发行市场，筹资者就无法通过发行各种证券来筹集资金，投资者也无法购买到各种证券来进行证券投资，当然也就不可能有证券交易市场的存在了。可见，证券发行市场的存在是证券交易市场存在的前提条件。证券发行的种类、数量和发行方式决定着流通市场的规模和运行。

另一方面，证券流通市场又是证券发行市场的保证。这是因为：证券的变现能力以及所反映的资产流动性，是人们选择证券投资的重要标准之一。如果没有证券流通市场，投资者购买证券后就不能随时转让，也不能在需要的时候及时变现，不能依据经济效益有效地调整投资目标，投资者就无法灵活地运用资金，由此也就决定了其不愿意购买证券或持有证券，这样势必会反过来影响证券发行市场的正常运行。

此外，流通市场的交易价格制约和影响着证券的发行价格，是证券发行时需要考虑的首要因素。所以，只有当证券交易市场与证券发行市场相互配合，协调、高效率地运转，才能形成一个具有生机和活力并能稳定发展的证券市场。

（二）按市场的交易组织形式分类

按市场的交易组织形式分类，证券市场可分为交易所市场和场外交易市场。

1.交易所市场。

交易所市场，也称场内交易市场，是有组织、制度化了的市场，是指在一定的场所、一定的时间、按一定的规则集中买卖已经发行了的证券而形成的市场。一般而言，证券必须达到证券交易所规定的上市标准才能够在场内交易。

2.场外交易市场。

场外交易市场，是证券交易所以外的证券交易市场的总称，包括分散的柜台市场（也称店头市场）和一些集中性的市场。

（三）按市场的性质分类

按市场的性质分类，证券市场可分为股票市场、债券市场、基金市场及金融衍生工具市场。

（四）其他分类

其他分类，如证券市场可分为现货市场与期货市场、国内证券市场与国际证券市场等。

三、证券市场的特征

证券市场具有以下三个显著特征：

1.证券市场是价值直接交换的场所。

有价证券都是价值的直接代表，它们本质上是价值的一种直接表现形式。虽然证券交易的对象是各种各样的有价证券，但由于它们是价值的直接表现形式，所以证券市场本质上是价值的直接交换场所。

2.证券市场是财产权利直接交换的场所。

证券市场上的交易对象是作为经济权益凭证的股票、债券、投资基金份额等有价证券，它们本身是一定量财产权利的代表，代表着对一定数额财产的所有权或债权以及相关的收益权，所以，证券市场实际上是财产权利的直接交换场所。

3.证券市场是风险直接交换的场所。

有价证券既是一定收益权利的代表，同时也是一定风险的代表。有价证券在转让出一定收益权的同时，也将其所特有的风险转让出去了。所以，从风险的角度分析，证券市场也是风险的直接交换场所。

第二节　证券市场的产生与发展

一、证券市场的产生

证券市场产生于何年何月？这无论是在经济学家那里，还是在历史学家那里都很难找到可靠的佐证。然而有一点人们是可以确信的，那就是，证券市场的形成是与股份公司的产生和信用制度的深化密切相关的。

证券市场产生的一个重要物质前提是股票等有价证券的发行与流通。股票等的发行与流通是资本社会化的一种具体形式，产生这种形式的基础是现代大工业的重要组织形式——股份公司。

股份公司是伴随着资本主义现代大工业而产生和发展起来的，因为在资本主义现代工业经济中，传统的独资方式和家族式的企业组织方式已经无法满足社会生产对巨额资本的需求，于是逐渐产生了合伙经营组织，接着合伙经营组织又逐步演化成股份公司。股份公司尤其是股份有限公司，通过发行股票、债券的形式向社会公众公开募集资金，实现了资本的集中，形成了社会扩大再生产的巨大能量，从而使那些单个资本或家族公司原本无法创办的企业可以创办起来。由此可见，正是股份公司的创建使证券应运而生，而证券的产生不仅为证券市场的产生提供了现实的基础，也对证券市场的建立提出了客观要求。

15世纪末，世界海上新航线的开拓与新大陆的发现，使得世界贸易的视野更宽了，欧洲许多资本主义国家纷纷把贸易重点由地中海转向大西洋，由西半球扩展到东半球，而且贸易规模日益扩大。当时，西班牙、葡萄牙、荷兰、英国作为海外贸易国异军突起，远渡重洋进行掠夺性贸易。这一时期，除了参与国之间为了争夺势力范围而进行争斗外，殖民地人民也时常奋起反击。这决定了这种海外贸易绝非少数个人所能经营，客观上要求必须有新的组织形式与之相适应。随着1602年荷兰东印度公司的成立，法国、瑞典、丹麦等也相继成立了海外贸易公司。这批海外贸易公司都是以股份公司的形式组建起来的，公司所需的经营资金以及后来发展壮大所需的资金，大多是通过集资入股的形式筹集的。

股份公司先在海外贸易中成立，接着又在金融业中获得发展。1694年成立的英格兰银行拥有资本120万英镑，是最早的股份制银行。美国的第一家银行——合众美国银行也是采用股份制形式建立起来的。

到19世纪60年代，发达的资本主义各国基本上完成了工业化，股份公司在工业中广泛发展开来。美国先在修筑公路和运河中发行股票集资，以后又掀起大规模的建筑铁路浪潮，在这股“铁路热”中，股份公司立下了汗马功劳。与此同时，股份公司特别是股份有限公司也进入了钢铁、煤炭、机器制造等产业领域，使股份制更加普及。

股份公司的兴起和发展给证券市场提出了两方面的要求：一是需要建立股票的发行市场，推销各公司发行的股票，筹集创办企业所需的资本；二是需要建立股票的转让市场，增强股票的流动性，这样既能为投资者提供充分的选择余地，又不影响企业经营的稳定性。这两类市场——发行市场与流通市场缺一不可。没有发行市场，很难把分散的资本集中起来；而没有流通市场，投资者就不能随时调整自己的投资方向和投资结构，既不能规避企业破产的风险，又难以寻求更有利的投资机会。因此，股份公司的发展离不开证券市场，而证券市场既是股份公司和现代化大工业发展的产物，又对股份公司和现代化大工业的发展起到了巨大的推动作用。

二、证券市场的发展

19世纪末20世纪初，欧美资本主义各国相继进入垄断阶段，以科学进步为背景，推动了资本的积累和集中。在资本积累的过程中，股份公司充分发挥其特点，获得了广泛的发展。股份公司通过发行股票和公司债券筹集资本，并随着公司的合并发行新股票，通过囤积股票参与合并，迅速将分散的资本集中起来。马克思对此也曾指出：“这种托拉斯创立了实行共同管理的巨大企业……普通的独家商号只是越来越成为使营业扩大到足以建立股份公司地步的准备阶段。”英国进入垄断资本主义阶段之后，股份公司的发展尤为迅速，在20世纪的第一个10年建立股份公司5万家，第二个10年建立股份公司6.4万家，第三个10年建立股份公司8.6万家。到1930年英国有90%的资本处于股份公司的控制之下。

在这一时期，对证券市场发展影响最大的是银行资本的大量介入。20世纪初期，金融垄断组织和持股公司得到了长足的发展，法国在1904年有20家殖民地银行和136家分行，荷兰有16家殖民地银行和68家分行，美国有13家殖民地银行和70家分行，1910年英国有72家殖民地银行和5 449家分行。持股公司在20世纪首先出现在美国，是金融寡头巩固和加强自身经济实力的主要工具。它通过发行和销售自己的股票和债券，筹集社会上的闲散资金和零星货币用于购买其他公司的股票。持股公司通常只要集中30%～40%的股票，有时甚至是5%～10%的股票，就能控制这家公司并操纵其业务经营。另外，金融公司、投资银行、信托投资公司、证券公司也获得了快速发展，形成了金融垄断体系。

由于银行的垄断，有价证券的交易大部分集中在少数大银行的手中。这一时期大银行不仅直接在自己的客户中处理大量的有价证券，而且一些大银行还成为证券交易所的垄断者。为了掠夺有价证券的小持有者，大银行和证券交易所的投机者结成集团，通过各种手段人为地抬高或压低某种证券的行市，以便于它们低价收进和高价抛出。大银行还将巨额货币资本贷放给证券交易所的经纪人。这些情况都表明大银行已经控制了证券交易所的活动。但是，证券交易所在垄断资本主义经济中仍起着经济行情晴雨表的作用，仍然是资本集中和在国家各经济部门之间进行资本再分配的工具。

由于银行资本的介入，这一时期有价证券的总额骤增。据统计，1921—1930年，全世界共计发行了6 000亿（以法国法郎计算，下同）的有价证券。其中，英国发行了1 420亿，美国发行了1 320亿，法国发行了1 100亿，德国发行了950亿。这4个国家处于证券市场的垄断地位。这一时期，有价证券的结构也发生了变化，在有价证券中占主导地位的已不是政府发行的公债券和国库券，而是企业股票和公司债券。据统计，1900—1913年全世界发行的有价证券中，政府公债发行额占发行总额的40%，而企业发行的股票和公司债券占60%。在这种情况下，证券市场就对整个金融市场具有决定性意义了。

证券市场在整个20世纪的成长过程中虽多有磨难，但一直在不断发展壮大，经历了若干次质的飞跃。发展到今天，它已经形成了一个较为规范、完整和现代化的体系。

这主要表现在如下几个方面：

1.证券品种多样化，筹资技术日新月异。

第二次世界大战前，有价证券主要是企业股票、公司债券和政府公债券，股票也只有普通股票、优先股票等少数几种。战后，随着证券市场的发展和竞争的加剧，筹资技术也不断创新，越来越多的证券发行者为筹集更多的资金，想方设法去迎合投资者的各种偏好，不断推出新种类的证券。在世界证券市场上先后出现了证券认购者可以分期付款的“分期股票”；可以定期调整利率的“浮动利率债券”；可以自由换成股票的“可转换债券”；可以在规定时期内以固定价格购买一定普通股的“附认股权证债券”；债券认购者可以分期付款的“分期债券”；借款人按浮动利率发行债券，但投资者可变其为固定息债券的“可变息债券”，以及与此类似的“自变息债券”和“零息债券”等。近年来，在美国证券市场上还出现了证券收益与期限相分离的“复合证券”，它是一种类似公司债券的优先股票，其特点是股票实行浮动利率，定期进行调节，出售时则按票面价格成交。“互换业务”的出现就更为引人注目。“互换业务”包括货币互换、利率互换和复合互换。货币互换是两家公司把各自筹集到的不同货币的债券调换使用；利率互换是把浮动利率的债券与固定利率的债券相互调换；复合互换是把上述两种调换合二为一。此外，证券交易方式除了普通交易外，还出现了信用交易、期货交易和期权交易等。

筹资技术与证券种类的日益增多和日臻完善，提高了证券市场的活力和融资能力，增强了对投资者的吸引力，同时也加速了证券市场的进一步发展。

2.证券交易的现代化与信息化。

伴随着现代科学技术的发展，证券市场的设施逐渐现代化，交易过程与方法也发生了极大的变化。

1970年英国伦敦证券交易所配置了“市场价格显示装置”（Market Price Display Service），这是一个有22条线路的闭路电视系统，可以向200多家经纪商和银行传递700多条股票行情，另外还可以通过专线电话与交易所会员联系。

在美国，1971年，邦克拉莫公司成功地开发了一种专门用于股票信息传输的大型计算机系统。这是一个把上市证券成交行情传递到各地证券市场的通信系统，它便于经纪人、证券商及时掌握信息，提高了效率，增强了竞争能力，改变了各地区证券交易活动相互分割的状况。这一系统最先得到了美国全国证券交易商协会（NASD）的采用，该协会的5 000多家会员用电话线联通了纳斯达克的电脑主机，形成了今天人们所看到的全美证券商协会自动报价系统（National Association of Securities Dealers Automated Quotations），其英文首字母缩写为NASDAQ，就是纳斯达克。纳斯达克的问世开创了证券电子化交易的先河。与此相适应，纽约证券交易所采用了一种叫作“Designated Order Turnaround System”（DOT）的系统，在该系统下，会员经纪人在他本人的办公室里通过电子传送键盘就可以将需要购买任何证券的订单直接发到交易大厅的交易台。1978年纽约证券交易所又进一步创设了一套“市场间交易系统”，用电子通信网络把美国波士顿、辛辛那提、纽约、费城等交易所相互连接沟通。它可使各个证券交易所每种股票的价格和成交量在荧屏上显示出来，经纪人和投资者可以在任何一个证券交易所与外地交易市场直接进行证券买卖。信息技术的发展，使纽约证券交易所能在10秒钟内处理完世界各地送来的订单。证券交易的现代化与信息化提高了效率、降低了成本，使证券的交易规模大幅扩大，证券交易的速度加快了，证券交易的过程简单了；上千万乃至上亿元的巨款可以在1/8秒内从日本的东京拨往美国的纽约或芝加哥，从而使整个社会资源的配置更加迅捷、有效。

3.证券投资的大众化和法人化。

过去，人们储蓄只重视安全和方便，对利率的高低并不敏感，参与证券投资的个人都是非常富有的人。随着大众收入的提高，人们储蓄并不主要在于攒钱买东西了，他们更多的是为了保值和增加收益，因而也就比较在意储蓄所带来的利息收入。相比之下，人们更愿意购买股息率、利率较高的股票和债券，而且也有可能获得买卖差价收益。所以，社会不同阶层、不同职业、不同年龄、不同性别的人都积极参与了证券市场的投资活动，证券投资大众化了。

在证券市场上，除了个人投资者外还有法人（机构）投资者。第二次世界大战后，法人投资者的地位逐渐上升。法人投资者是证券投资的大户，包括各类金融机构和企业。尤其是近年来，出于有效利用剩余资金、分散经营风险、增强经营便利的目的，许多企业和金融机构纷纷加入了证券投资者的行列，把证券投资纳入重要的业务范围内，成为证券市场的投资主力。在激烈的利益竞争中，实力是获利的基本要素之一。但不幸的是，单个的中小散户投资者的实力不够强，尤其是在股市越发全球化和复杂化的背景下，他们的劣势地位愈发明显。1873年，罗伯特·富莱明在英国创立了第一家投资基金公司——怡富公司，将众多的中小投资者的小资本聚合成大的金融资本，再雇用一个专家团队对证券市场进行投资，通过分散投资降低投资者的风险。共同基金公司提供了一系列不同的基金，所以投资者可以根据需求选择不同的投资组合。罗伯特·富莱明的创意就像一粒火种，全球金融同行纷纷效仿。从1873年至今，不过一个多世纪的时间，全球范围内与怡富公司类似的共同基金公司数量已经超过了3.1万家，尤其到了20世纪60年代之后，共同基金的数量更是与日俱增。如今，在资本市场上，投资基金的触角已经伸向了一切可以投资的领域，通过投资基金把小投资者团结起来整合为大投资者，已经成为全球资本市场发展的重要趋势。

4.证券市场的国际化和自由化。

生产的国际化推动了资本的国际化，加速了国际证券市场的发展，现代证券交易越来越趋向于全球性交易。电子化的手段和互联网在证券市场中的运用，为证券市场的国际化提供了条件，使全球的资本市场逐渐形成了一个整体。目前，世界上主要证券市场的经纪人可以通过设在本国的计算机系统与国外的分支机构进行24小时连续不断的业务联系。越来越多的大公司，甚至一些中型公司也纷纷到本国以外的证券市场上销售股票和债券。据统计，在世界500强企业中，有3/4的企业在纽约证券交易所上市。

20世纪70年代后期，世界证券市场发展迅速，证券业具备了一定的规模。此时，各国原先为保护和扶持证券市场所采取的一些限制措施已失去了原有的意义，而且妨碍了证券业的进一步发展，因而，各国逐渐取消了各种限制，使证券市场逐步走向了自由化。同时，证券市场的自由化也促进了证券市场国际化的发展。各国不仅不断开放国内证券市场，而且也为国家间的证券交易业务提供了更多的自由，纷纷放宽证券交易的限制，吸收更多的外国公司证券上市，还和其他国家的证券交易所建立越来越多的业务往来，各主要证券交易所都成为国际性证券交易所。在各国金融市场逐步放开、证券交易日趋国际化的形势下，一些大的证券公司和银行不失时机地走出国门，在国外建立众多的分支机构和办事处，进行国际性的证券委托交易，在更大的范围内招揽客户。而投资者不仅在国内证券市场上买卖外国的上市股票和债券，还可以委托本国证券公司购买在国外证券市场上市的外国证券。

如今，各国证券市场更加强了相互间的联系，密切了相互间的协作关系，成立了国际性的国际证券联合会，证券业蓬勃发展。在国际上，以纽约证券交易所、东京证券交易所和伦敦证券交易所为主导的证券交易所，联结了世界各大金融中心的证券市场，构成了一个全球性的24小时不间断交易的世界证券市场体系。

第三节　证券市场的功能

从上述的历史回顾中可以看出，证券市场对于股份公司的创立、西方的工业革命，都曾起到过重要的推动作用，但就全面的理论分析来看，证券市场的功能远不止这些。

一、证券市场是筹集资金的重要渠道

社会上企事业单位的闲散资金以及人们在生活中的节余资金一般都以存款或储蓄的方式存入银行，银行将这些分散的资金集中起来，再以放款的方式投资于生产。存款者除了从银行得到存款利息外，与企业经营的好坏没有直接关系，也不承担企业风险。这是一种间接融资方式。而另一种融资方式则是由企业向社会发行股票或债券，人们将节余的资金通过在证券市场上购买股票、债券来进行直接融资。以购买股票方式直接融资的，投资者虽然承担一定的风险，但可以从企业利润中分得红利，而且投资者可以根据自己的意愿与企业的经营状况选择投资对象，可以通过在证券市场买卖证券进行投资转移。由此可见，通过证券市场进行融资更符合大众的投资心理，有着更大的吸引力，证券市场是对社会资金进行集中和再分配的较好渠道。此外，股份公司发行股票筹资后，当个别或部分股东要求退出公司时，他虽然不能退股，但可以把手中的股票拿到证券市场上去转让。这对公司来讲，只是发生了股东的更换，公司资本没有发生变化，并不影响公司的继续经营。这与过去的合伙经营制度由于某个股东退伙就造成公司散伙相比，要有益得多，这正是股份公司的优越性，但这种优越性是依靠证券市场而存在的。

二、证券市场是推动企业加强经营管理、实现资源优化配置的场所

大众对企业进行证券投资，是希望与企业一同获得较高的经济收益。因此，人们在进行投资之前，必然持十分审慎的态度选择好投资对象。毫无疑问，大家都争着向那些经营前景广阔、竞争能力强、经济效益好的企业投资，由此也就决定了社会资金必然向这样的企业集中，促使这样的企业不断发展壮大；反之，那些经营前景黯淡、竞争能力弱、经济效益差的企业，必然遭到投资者的冷落，资金会从它们那里转移到经济效益好的企业。

证券市场时时刻刻都在通过证券的买卖来进行这样的资金再分配，使整个社会的有限资源得到优化配置，这也是证券市场推动企业加强经营管理的动力所在。在证券市场的压力下，企业要想立足于竞争激烈的商品社会并立于不败之地，就必须努力改进生产技术，完善经营管理，提高经济效益，只有这样，才能赢得广大投资者的信任，否则就会被淘汰。

三、证券市场是为资本确定合理价格的场所

证券是资本的存在形式，所以证券的价格实际上是证券所代表的资本的价格。证券的价格是证券市场上证券供求双方共同作用的结果。证券市场的运行形成了证券需求者和证券供给者之间的竞争关系，这种竞争的结果是：能产生高投资回报的资本，市场的需求就大，相应的证券价格就高；反之，证券的价格就低。因此，证券市场提供了资本的合理定价机制。

四、证券市场是商业银行安全经营的重要保证

商业银行的经营讲求盈利性、流动性和安全性的统一，因此需要审时度势地将资金有效地用好、用活。银行的资产主要有三大类：贷款、证券和现金。在这三类资产中，贷款的盈利性最强，但风险性最大，流动性最差；而现金流动性最强，安全性最高，但基本没有什么盈利可言；证券介于贷款和现金之间，它既有一定的盈利性，又有较好的流动性。

一般来说，人们将现金资产称为银行的“第一储备”，而将证券称为银行的“第二储备”。对商业银行来讲，它的经营目标是获得最大的经营利润。因此它必须尽量提高资产当中的贷款比例，在资产管理中维持一个较高的杠杆率。但是，也应看到，贷款是有较大风险的，而且贷款一般是通过契约形式事先确定好还本付息时间的，银行不可能随时把资金抽回来。而银行所面对的现实情况又是复杂多变的，它不得不时时保证充裕的支付能力，以确保自身的安全性。而证券与证券市场给银行的安全经营提供了重要保证，证券不仅有着较好的盈利性，而且有着较强的变现能力，当银行出现现金紧张、发生支付困难时，它可以把持有的证券拿到证券市场上去转让，能够很快地换回现金用于支付。由此可见，在较为发达的证券市场条件下，银行如能掌握一定数额的证券，就可以实现在较高盈利水平上的安全经营。

五、证券市场是国家进行宏观经济调控的重要手段

中央银行是国家进行宏观经济调控的主要部门，它进行宏观经济调控的一个重要方面就是参与公开市场业务。所谓公开市场业务，是指中央银行在金融市场上公开买卖有价证券来增加或减少金融市场上的借贷资金量，调节信用规模，从而实现社会总供给与社会总需求的平衡。具体地讲，当社会总需求大于社会总供给时，中央银行向证券市场抛售一定量的证券，以回笼货币，减少市场实际货币流通量，降低社会总需求水平，实现与社会总供给的平衡；当社会总供给大于社会总需求时，中央银行从证券市场上购进一定量的证券，以增加市场的货币流通量，提高社会总需求水平，使社会总供求趋于大体的平衡。中央银行公开市场业务，除了有向证券市场抛售或购进证券来直接调节社会总供求的作用以外，还能够影响金融市场的借贷利率，通过这种利率的变化起到间接调节社会总供求的作用。因为如果中央银行出售有价证券，则市场实际货币流通量必然减少。这样，在资金市场上就会出现资金供应紧张、市场利率上升、借贷需求减少的情况，从而使社会总需求水平下降；反之，如果中央银行从证券市场上购进证券，则市场实际货币流通量增多，当资金市场上资金供应充裕时，利率必然下降，导致资金需求增加，从而使社会总需求水平提高。

六、证券市场是传导经济信息的重要媒介

证券投资者总是需要及时、全面地了解和掌握经济情况与市场动态，以便能够及时采取措施保障其投资的安全性，或抓住机会买卖证券增加所得。由于证券市场是由证券买卖者、经纪人、证券公司以及证券交易所等组成的，这些参与者与机构从不同行业、不同部门、不同地区、不同单位聚集到一起，从不同的角度对政治、经济及市场形势进行调查研究，并把它们所获得的信息在证券市场上进行传播。于是，证券市场就自然成为经济信息产生和传播的重要场所。证券市场上的证券交易也能反映出社会资金的余缺状况。当社会资金紧张时，持有证券的企业或个人为了保证生产、建设所必需的资金，必然大量地抛售有价证券来换取现金，这时证券市场必然出现买方市场，证券价格呈下跌之势；反之，当社会资金比较充足时，必然有大量的游资投向证券市场，这时，证券市场必然出现卖方市场，证券价格呈上涨趋势。因此，证券市场可以说是反映一定时期国家金融形势乃至整个国民经济形势的晴雨表、温度计。

七、证券市场是进行国际资金融通的重要工具

证券市场不仅是吸收本国资金的重要渠道，而且也是吸收外国资金的重要渠道。企业以发行股票和债券的形式筹集资金，既可以在国内发行，也可以拿到国外证券市场上去发行。企业或个人如要进行证券投资，既可以购买本国的股票或债券，也可以通过国外证券市场购买外国的股票或债券，向国外企业投资。这样就形

成了国际资金的联系，实现了国家间长期资金的融通。有这样的国际资金融通条件，对资金短缺的国家来说，企业既可以通过国内的证券市场来筹集资金，也可以通过国外的证券市场来筹集资金，甚至可以双管齐下，这样一来，就为企业开拓了广泛的筹资渠道。对资金比较富裕甚至过剩的国家、企业或个人来说，可以将多余的资金投到国外企业，这样不仅为这些资金找到了出路，而且为资金短缺国家进行国外融资提供了可能。总而言之，证券市场的建立与发展，对国家间的资金融通和促进国家间的经济合作起到了重要作用。

第四节　证券市场的构成要素

证券市场由证券发行人、证券投资者、中介机构、自律组织和证券监管机构等构成。

一、证券发行人

证券发行人是指为筹措资金而发行股票、债券等证券的发行主体，是证券的供应者和资金的需求者，它们通过发行股票、债券等各类有价证券，在市场上筹集资金。发行人的数量和发行证券的数量、发行方式决定了发行市场的规模和发达程度。证券发行人主要是公司、金融机构、政府部门和其他经济组织。

二、证券投资者

证券投资者是通过买入证券而进行投资的各类机构法人和自然人，是资金的供应者和证券的需求者。投资者人数的多少和资金实力的大小同样制约着证券发行市场的规模。投资者分为个人投资者和机构投资者。

1. 个人投资者（Individual Investors）。

个人投资者，是指从事证券投资的社会自然人，他们是证券市场上最广泛的投资者。

2. 机构投资者（Institutional Investors）。

机构投资者，是指从事证券买卖的法人单位，主要有金融机构、企业法人、事业单位及政府机构、社会团体等。

机构投资者一般具有资金实力雄厚、收集和分析信息的能力强、能够分散投资于多个证券来建立投资组合以降低风险、对整个市场影响力较大等特点。

（1）金融机构是证券市场上主要的证券需求者和机构投资者，参加证券投资的金融机构可以分为四大类：

一是商业银行和保险公司。商业银行投资证券的主要目的是保持银行资产的流动性和分散风险，所以多投资于期限短、信用等级高的证券。保险公司出售的保单都有合约规定的固定水平，并在约定的若干年后支付给保单持有人，对投资的流动性要求不高，较注重安全性和收益性。这样，长期债券就成为它们保证履约的理想工具。

二是证券经营机构。其主要是指证券公司、基金管理公司等，既从事证券承销、证券经纪、资本管理等中介业务，也从事证券自营等业务。因此，证券经营机构也是证券市场上的机构投资者。

三是各类基金。当前，证券市场已发展到各类证券投资基金、社保基金、企业年金、社会公益基金、私募基金等成为基金市场主力的阶段。各类基金在市场中成为市场价格的主要引导者和决定者。

四是其他金融机构，如信托投资公司、企业集团财务公司、金融租赁公司等。

（2）企业法人不仅是证券市场上的发行者，也是证券市场上的投资者。它们投资的目的，有的是资金的保值、增值，有的是通过股票投资对其他公司进行参股、控股，参与这些公司的经营管理，从而建立起企业集团。

目前，中国资本市场中的机构投资者主要有基金公司、证券公司、信托投资公司、财务公司、社保基金、保险公司、三类企业（国有企业、国有控股企业、上市公司）、合格的境外机构投资者（QFII）等。

三、中介机构

证券市场上的中介机构主要是指为证券的发行与交易提供相关服务的各类机构。按提供服务的内容不同，中介机构可分为证券经营机构和证券服务机构两大类。这两大类中介机构在证券市场上各司其职、协调行动，沟通证券市场的供应和需求，是证券市场正常运行必不可少的组成部分。

（一）证券经营机构

证券经营机构是由证券主管机关依法批准设立的在证券市场上经营证券业务的金融机构，也就是证券公司。在世界各国，证券经营机构有各不相同的名称：美国称为投资银行（Investment Bank）；英国称为商人银行（Merchant Bank）；以德国为代表的一些国家实行银行与证券混业经营，没有专门的证券经营机构；日本等一些国家与中国一样称为证券公司（Securities Corporation）。证券公司是沟通资金盈余者和资金短缺者的桥梁。按它们从事证券业务的功能不同，可以分为主要从事证券发行业务的证券承销商、代客买卖证券的证券经纪商和为自己买卖证券并创造市场的证券自营商。实际上，证券经营机构往往同时从事多项业务，综合类的证券公司一般都设有若干业务部门，分别从事证券发行业务、经纪业务和自营业务，而且现在业务范围已扩展到兼并收购、基金管理、项目融资、风险投资、资产管理及投资咨询等。

我国的证券经营机构分为可以从事证券承销业务、证券经纪业务、证券自营业务及经证券监督管理机构核定的其他证券业务的综合类证券公司和只允许专门从事证券经纪业务的经纪类证券公司两种类型。

（二）证券服务机构

证券服务机构是指依法设立的在证券市场上从事证券服务业务的法人机构，主要包括会计师事务所、律师事务所、资产评估机构、证券投资咨询公司、证券资信评级机构和证券登记结算公司等。下面介绍前五种证券服务机构：

1.会计师事务所。

这是指依法独立承办注册会计师业务，实行自收自支、独立核算、依法纳税的中介服务机构。会计师事务所是注册会计师执业的工作机构，而注册会计师审计是会计师事务所最主要的职能。注册会计师审计是指注册会计师以独立的第三者身份，客观、公正地审查企业的财务状况、经营成果和资金流动情况，并对企业会计报表的真实性、合法性提出审计报告。

注册会计师的审计报告，可以为证券发行公司揭示公司会计报表的公信力，以便吸引更多的投资者，筹集更多的资金，求得公司稳步快速发展；注册会计师的审计报告和鉴定结论，使投资者对股票发行公司盈利能力的判断或对债券发行公司偿债能力的了解有了可靠的依据；证券市场的管理者也要求注册会计师对上市公司的会计报表进行客观、公正的审查并提出报告，以便维护证券市场的正常秩序，保证证券市场健康发展。可见，在证券市场上，注册会计师所执行的业务，已经不仅仅是对某个公司的投资者和债权人负责，而是面向社会，发挥社会公证的职能，履行国家所赋予的社会监督职责。

2.律师事务所。

世界各国律师参与证券市场活动，向证券市场主体提供法律帮助的形式主要有两种：一种是通常方式，即律师通过法律咨询的形式，以他们的知识和经验为客户提供法律服务，这种方式以英国、意大利、澳大利亚和新加坡等国为代表；另一种是“证券律师”方式，是指由专业化的证券律师为证券市场主体提供法律帮助并参与证券市场活动，这种方式以美国为典型。

证券律师，是指那些以他们对法律的精通和对证券事务的特殊经验而专门处理与证券业务有关的法律事务，并对证券市场承担一定的监督责任的律师。律师事务所则是律师开展业务的工作机构。在我国，律师事务所从事证券法律业务的内容主要有以下三个方面：

第一，为公司首次公开发行股票并上市出具法律意见书，律师及其所在事务所应对出具的法律意见书的真实性、准确性、完整性进行核查和验证，并承担相应的责任。

第二，对招股说明书的内容进行验证并制作验证笔录，以保证招股说明书的真实性、准确性。

第三，参与起草、审查、修改、制作股份公司的创立文件、证券发行文件、证券上市文件和证券承销协议等法律文件。

3.资产评估机构。

这是指组织专业人员依照国家有关规定和数据资料，按照特定的目的，遵循适当的原则、方法和计价标准，对资产价格进行评定、估算的专门机构。

资产评估是将公司资产商品化和市场化的社会经济活动。资产评估过程是专业人员模拟市场对资产在某一时点上的价格进行评定和估测的过程。由于资产评估的结果是确定资产价格的基础，因此资产评估机构必须是具有独立性的专业机构。

资产评估机构在证券市场上发挥着重要作用：首先，在股份公司设立时，对股东作为出资的实物、工业产权、非专利技术或土地使用权等评估作价、核实财产、折成股份；其次，上市公司进行兼并收购等资产重组时，要对有关资产进行评估才能确认其真实价值，在上市公司增发新股或配股时也需要进行资产评估；最后，当上市公司公布年度报告或中期报告时，如果公司的资产价值发生非经营性因素的变动，也需要进行资产评估。此外，当企业出现资产拍卖转让、合资经营或合作经营、企业联营、企业租赁、企业清算、资产抵押及其他担保等情形时，也应当进行资产评估。

为了保证股票发行及上市交易的公正性，对同一股票公开发行、上市交易的公司，其财务审计与资产评估工作不得由同一机构承担。

4.证券投资咨询公司。

它又称投资顾问公司，是为证券市场参与者提供专业性投资咨询服务的中介机构。证券投资咨询公司的客户可以是政府部门、证券管理机关和有关业务部门，也可以是拟发行证券的公司或证券经营机构、机构投资者及个人投资者。证券投资咨询公司根据客户的要求收集大量的基础信息资料并加以系统深入的分析研究，向客户提供分析报告和交易建议，帮助客户制定投资策略，确定投资计划。另外，它也可以编辑、出版有关证券投资的资料、刊物、书籍，举办讲座，发表投资咨询文章，通过公众传媒等方式提供投资咨询服务。

目前，我国证券投资咨询公司主要有两种类型：一类是专门从事证券咨询业务的专营咨询机构，另一类是兼作证券投资咨询业务的兼营咨询机构。

5.证券资信评级机构。

它是由专门的经济、法律、财务专家组成的对证券发行人或证券的信用状况进行等级评定的中介机构。证券资信评级机构在性质上具有独立性，以保证评级结果的公正性。信用评级的主要对象为各类公司债券和地方债券，有时也包括国际债券和优先股票，对普通股票一般不做评级。作为降低资本市场交易费用的一种重要工具，证券评级已成为金融制度的重要组成部分。

四、自律组织

自律组织一般包括证券交易所、证券业协会、证券登记结算机构等各种行业性组织。

1.证券交易所。

证券交易所，是证券集中竞价交易的场所。其主要职责是：提供交易场所与设施；制定交易规则；监管在该交易所上市的证券以及会员交易行为的合规性、合法性，确保市场的公开、公平和公正。

2.证券业协会。

证券业协会，是证券业的自律性组织，是社会团体法人。证券业协会的权力机构为由全体会员组成的会员大会。中国证券业协会正式成立于1991年8月28日，是依法注册的具有独立法人地位、由经营证券业务的金融机构自愿组成的行业性自律组织。根据《中华人民共和国证券法》的规定，证券公司应当加入证券业协会。证券业协会应当履行协助证券监督管理机构组织会员执行有关法律，维护会员的合法权益，为会员提供信息服务，制定规则，组织培训和开展业务交流，调解纠纷，就证券业的发展开展研究，监督、检查会员行为以及证券监督管理机构赋予的其他职责。

3.证券登记结算机构。

它是专门为证券与证券交易办理集中登记、存管、过户和资金结算、交收业务的中介服务机构。证券登记结算是保障证券交易连续进行必不可少的环节，世界各国的证券交易所都有专门的证券登记结算系统。我国的证券登记结算业务由2001年3月30日成立的中国证券登记结算有限责任公司及其下属的上海分公司、深圳分公司承担。我国的证券登记结算机构实行行业自律管理。

五、证券监管机构

根据证券市场监管模式的不同，证券监管机构在各个国家有着不同的形式。

美国证券市场由1934年成立的证券交易管理委员会统一管理，它是美国联邦政府一个独立的金融管理机构，下设公司管理局、市场管理局、投资银行管理局和司法执行局等职能部门，主要负责市场规章制度的制定、解释和执行，以及市场秩序的维护和信息的收集与传播。

英国证券市场的监管体系相当完善，其两大特点是自律和立法。英国证券市场的自律体系由三个机构构成：证券交易商协会、收购与合并问题专家组和证券业理事会。三个机构与政府相对独立，在一定程度上进行非正式合作。证券交易所在政府有关部门的指导下实行自我监督和管理。自律和立法管理体系对英国证券业的管理相当成功。

在中国，证券监管机构是指中国证券监督管理委员会（证监会）及其派出机构。中国证监会成立于1997年11月，是国务院直属的证券监督管理机构。中国证监会的主要职责是：负责行业性法规的起草，负责监督有关法律、法规的执行，负责保护投资者的合法权益，对全国的证券发行、证券交易、中介机构的行为等依法实施全面监管，维持公平而有序的证券市场。

第五节　世界主要国家的证券市场

一、美国证券市场

美国拥有当今世界最发达、最有影响力的证券市场。美国证券市场是从经营政府债券开始的。美国政府债券在其证券市场中占有重要地位，这是由于在美国的独立战争中，美国的战时国会、各州和军队都发行了各种各样的中期债券和临时债券。战争结束后，美国政府为了取信于民，就以发行联邦债券的形式承担了这笔债务，共8 000多万美元。这项巨额债券的发行是依靠大量证券经纪人兜售的，起初没有集中的场所，交易都在咖啡馆进行。证券经纪人开始是在费城、纽约等地出现的，证券交易就从费城和纽约兴起，其后在芝加哥、波士顿等大城市蔓延开来，为美国证券业的发展奠定了基础。

1754年，一批从事证券买卖的商人在费城成立了经纪人协会，随着证券发行和交易规模的扩大，于1790年成立了美国第一个证券交易所——费城证券交易所。

1792年5月17日，24名经纪人在纽约华尔街一棵梧桐树下聚会，商定一项诚实守信的协定，即所谓的《梧桐树协议》。该协议确定了他们与公众交易时收取佣金的最低标准，他们之间进行交易的交易条款，约定每日在梧桐树下聚会交易等。这成为美国最早的股票市场，也就是现在的纽约证券交易所的前身。

1817年，这些经纪人通过一项正式章程，将其组织定名为“纽约证券交易会”，1863年更名为“纽约证券交易所”。

独立战争结束后开始的美国工业革命，给美国证券业带来了新的变化和发展，证券市场上公司股票代替了债券并占据了重要地位。这一时期，发展水陆运输成为美国经济发展的中心环节，当1794年从费城通向兰卡斯特的公路建成后，取得了显著的收益，大批筑路公司纷纷建立。1840年前后美国又掀起了修筑铁路的高潮，各种运输公司的股票纷纷出现在证券市场上。与此同时，银行、保险公司以及非金融机构的公司股票也开始露面，股票交易盛行。1830—1840年，美国证券业的另一变化是，本国投资银行业崛起，取代了它的欧洲前辈，开始了新证券的发行、承购和向国内外投资者推销证券业务的步伐。

1849年美国加州发现金矿，于是美国又掀起了一股采金热。公众对开发地下财富的激情高涨，主持开发者不管矿藏量的大小虚实、有无开采价值，贸然发行采金矿股票、债券。公众则抱着赌博心理，以期一朝得手，成为富翁，纷纷购买这种证券，参与交易活动。淘金热潮给美国证券业带来了兴旺，从东部城市到西部城市涌现出了大批证券交易所，多达100多家。证券交易也由东向西拓展。在美国证券管理委员会成立前，对证券交易所缺乏管理，放任自流，致使许多地方性证券交易所随着采矿业的兴衰而自生自灭，这些证券交易所大多短命，能生存下来继续经营的为数不多，主要分布在有一定经济基础的城市，如旧金山、盐湖城等。20世纪70年代以前，美国只有两家全国性的股票交易所——纽约证券交易所和美国证券交易所，其中始建于1792年的纽约证券交易所规模最大。

随着信息技术和服务业的兴起，一个完全采用电子交易、为新兴产业提供竞争舞台、自我监管、面向全球的纳斯达克（NASDAQ）股票市场于1971年诞生，目前已成为成长速度最快、规模和重要性与纽约证券交易所不相上下的股票交易市场。NASDAQ本是全美证券商协会自动报价系统的英文缩写，但目前已成为纳斯达克股票市场公司（NASDAQ Stock Market Inc.）的代名词，其职能是操作、维持纳斯达克报价系统的运转，并提供各种金融服务。纳斯达克股票市场隶属于全美证券交易商协会，该协会还有另一家子公司，即全美证券交易商协会监管公司，根据全美证券交易商协会自立的证券交易规则和联邦证券法对纳斯达克系统公司以及场外交易进行监管。纳斯达克是全美也是全球最大的股票电子交易市场。全美证券交易商协会是美国最大的金融自律组织。

在30年不到的时间内，纳斯达克已发展成为一个上市公司总数和成长速度均超过纽约证券交易所的股票市场，在1998年交易量一举超过了纽约证券交易所。纳斯达克指数通常同道·琼斯指数一起被用来作为市场分析的基本数据。因纳斯达克股票市场吸引力强，美国证券交易所已于1998年同它合并，组成了纳斯达克-埃迈克斯市场集团。

美国的股票指数，特别是道·琼斯指数和标准普尔500指数，被公认为美国乃至世界经济的晴雨表。

美国证券市场的特点是专业化和分散化相结合，有发达的证券交易所市场和场外市场，以及大量的直接交易，也有发达的投资银行业和大量成熟的机构投资者。

1.证券市场分散化。

与西方各国以及美国早期的证券市场相比，今天的美国证券市场呈现出高度的分散化趋势。

（1）证券交易不再集中于证券交易所，即打破了证券交易被证券交易所集中化的情形，代之以场外市场交易的蓬勃兴起。美国的证券流通市场由四个部分构成：

①分布在各大城市的10多个全国性的股票交易所，其中以纽约股票交易所最为著名；

②场外市场，其交易量仅次于纽约股票交易所，居全国第二位，有5万余种各

类证券在此流通；

③第三市场，即已在证券交易所上市的证券的场外交易市场；

④第四市场，即投资者直接进行交易的市场，主要是机构投资者进行巨额直接交易的市场。仅从证券交易量来看，美国场外交易的重要性已超过交易所交易。

（2）证券交易不再集中于经纪人，即打破了早先经纪人对证券交易的垄断化情形，大量的直接交易都是通过网络在很多个人与机构之间完成的，这一情形是与场外交易的发展密切相关的。

（3）证券交易不再集中于少数几种类别的证券交易形式上，即打破了早先证券交易形式单一化的情形，证券交易形式越来越多样化，不断涌现出新的交易形式。

从某种意义上说，美国证券市场的分散化这一特征是全球证券市场发展的共同趋势。

2.证券市场专业化。

美国证券市场的专业化由来已久，它有发达的投资银行业和大量成熟的机构投资者。其表现为：

（1）美国法律对金融机构的职能进行了明确划分，商业银行一般只能进行短期金融活动，中长期金融活动（主要指证券市场活动）则一般由投资银行负责，二者的专业分工非常明确。

（2）美国各类团体投资者，包括各种投资公司、年金基金、保险公司、互助储蓄协会等专业金融机构，对证券市场有着举足轻重的影响。这些专业金融机构拥有雄厚的实力和专业知识、充足的信息等，大量购买与持有各类证券。

（3）投资公司拥有强大的实力，在美国发行的各种证券大都由投资公司包销。

二、英国证券市场

英国证券市场也是伴随着股份公司的涌现和信用活动的开展而发展起来的。自从威廉三世时期出现非正式的证券经营活动之后，1773年在伦敦柴思胡同的约那森咖啡馆中，股票商正式组织成立了英国第一个证券交易所，即当今伦敦证券交易所的前身。1802年3月在英格兰银行附近，伦敦证券交易所新大厦落成开业。18世纪中叶，在伦敦证券市场上进行证券交易的主要是英格兰银行、南海公司和东印度公司的证券，其他股份公司的证券交易则是在非正式的地方性证券市场上进行的。到19世纪中叶，这些非正式的地方性证券市场逐步走向正规化。1827年利物浦证券交易所成立，1830年曼彻斯特证券交易所组建，从事各种证券交易活动，经营各种股票。1836年铁路股票兴盛，地方证券公司的发展尤为迅速。到1914年英国共有地方证券交易所22家。

随着工业革命的不断深入，伦敦证券交易所的规模空前扩大，上市的有价证券也转为以海外证券为主，成为大企业股票的集中场所和世界性的海外投资中心。两次世界大战使英国证券市场的国际地位迅速下降。第一次世界大战（以下简称“一战”）前，在伦敦证券交易所上市的证券中有80%是海外证券，充分显示了伦敦在国际证券业中的地位。一战后，英国的海外投资一直处于停滞状态，再加上20世纪30年代经济危机的影响，1929—1933年间，新发行的证券中，海外证券仅占17.4%，国内证券上升到82.6%。第二次世界大战（以下简称“二战”）后到20世纪60年代，英国在西方世界中的地位进一步下降，伦敦世界金融中心的地位也被纽约所取代。

20世纪70年代，欧洲债券市场的迅速发展对活跃英国证券市场起到了促进作用。20世纪80年代，英国企业发行的股票和债券迅速增加，由于英镑对美元汇率呈下降趋势，从而吸引着外国筹资者在伦敦证券市场举债，使英国证券市场的地位得到了巩固和提高。

英国拥有世界著名的伦敦证券交易所，该证券交易所在周转额方面居世界第一位，在成交额方面则仅次于纽约证券交易所，是传统的国际证券交易中心。与其他各国相比，英国证券市场的特点表现为：

1.发行业务极端专业化。

在英国，银行存款业务与证券业务历来是分开的，这与美国基本相同。但英国的专业化更进一步，英国证券发行业务的各个步骤都由各种金融机构分担；而美国证券发行业务则由投资银行包揽，相应地，投资银行内部组织也实行分部制。英国证券业的这种高度专业化，使得英国金融机构各自遵守其活动范围而不敢越雷池一步，相互之间缺乏协调与统一性。

2.中小企业集资兴股在证券市场上占相当比重。

英国拥有大量的中小型企业，这些中小型企业利用发行证券吸收资金，其发行证券的数额相当巨大，使得中小型企业集资兴股在英国证券市场占相当比重，成为英国证券市场的一大特色。

3.外国证券在证券市场上占相当比重。

英国的产业革命使得英国企业有充足的自有资金扩充业务，企业对外界资金的依赖甚小，资本市场投资主要面向海外市场，使得早期的英国证券市场主要是向海外投资（外国证券在本国发行），而国内企业的资本筹集不为证券市场所重视，证券交易机构也是专为便利海外投资和商业金融而形成的。二战后，高税率及英国经济的滑坡使得英国企业自有资金严重短缺，被迫依赖于外部资金供给，这使英国证券市场比较重视国内企业，即便这样，外国证券在英国证券市场仍占相当比重。

4.政府证券在证券市场上占相当比重。

伦敦证券交易所目前仍然是世界最大的“金边市场”（指政府证券市场，因早期的英国政府公债带有黄边，并被认为是最稳定可靠的债券而得名）。英国政府通过英格兰银行在伦敦证券交易所的经纪人买进或卖出政府证券，一方面筹措资金以满足财政需要，另一方面则通过政府证券的买卖来控制货币供应量以调整市场利率。

三、日本证券市场

日本证券市场起步较晚，但发展迅速。1878年明治维新时期证券市场方开始出现，在早期的日本证券市场形成中，沿袭封建社会的传统，大企业发行的股票往往被同一财团内部的企业所消化，而事业债的承销业务又几乎被银行和信托公司所垄断，因此证券市场规模较小，市场功能作用不大。

二战初期，日本在东京证券交易所的基础上建立了日本证券交易所，并实施了重大改革，把许多地方性证券交易所合并。到二战结束的时候，日本的证券交易所全部解体，一时间日本没有一个有组织的证券市场，非官方的证券市场实际上是一种场外交易市场。随后，日本政府在美国占领军的督促下实行经济体制改革，采取了一系列旨在扶持证券市场的措施，日本的证券业才得以复苏。

1948年5月，日本政府对证券交易活动实行立法，颁布了日本历史上第一部《证券交易法》。该法规定，只有证券公司才能经营证券业务。1949年，日本政府相继批准开放了东京、大阪、名古屋、神户等九个以会员制为组织形式的地方证券交易所，并规定在东京、大阪、名古屋三个证券交易所里，可以进行全国性的证券买卖交易。这些政策措施大大促进了证券市场的发展，振兴了日本的证券业。

东京证券交易所重建于1949年5月，它比伦敦证券交易所和纽约证券交易所等老牌证券交易所成立的时间晚得多，然而却在短短的60多年中奇迹般地为日本工业的技术革新提供了巨额资金，目前已成为世界第三大证券交易所。

独特的经济发展历史，形成了日本独特的证券市场制度。日本证券市场具有以下一些特点：

第一，发行市场尚未充分发展；

第二，间接融资相当发达；

第三，财团处于绝对支配地位；

第四，国家资本直接投入；

第五，投机性的流通市场；

第六，证券业社会地位低下。

日本证券市场具有这些特点是有其深刻的社会经济根源的：

首先，日本属于后起的资本主义国家，工业发展所需的资金大多是由国家供给的。而且，日本的资本主义带有浓厚的封建色彩，许多资本家源于日式银行家和地主，而这些人又与政府联系甚密，这是由于日本政府为促进产业高速发展，采取扶持垄断企业与垄断资本家的政策，形成了日本独具特色的财团。财团对日本的经济生活有绝对的支配权，产业利润绝大部分归属于少数财团，导致公众资金不足，加之作为后起的资本主义国家资金短缺，使得日本证券发行市场非常不发达；相反，由于公众积累资金较少，因而一般存于金融机构，使得日本间接融资相当发达。

其次，在二战后的日本经济恢复时期与高速增长时期，日本政府采取了一种通货膨胀政策，鼓励企业大举从银行借债进行投资，并借助银行对借款企业进行“窗口指导”，这就抑制了证券发行市场的发育和成长，相反使间接融资非常发达。

最后，由于证券发行市场的不发达，相应的流通市场就很难健康地发展；同时，日本的证券流通市场具有浓厚的投机性。也就是说，证券市场在日本并不是投资者与筹资者进行交易的场所及各种投资筹资关系的集合，而是进行投机交易的场所及各种投机关系的集合。日本证券市场这种浓厚的投机性，又使得证券从业者被视为炒卖证券者，因而社会地位低下。

第六节　中国的证券市场

中国证券发展的历史既短暂又源远流长。我国目前的证券市场建立仅有20多个年头，而国内各收藏家所收集的证券，展示给我们的却是一幅长达百年之久的中国证券发展的历史画卷。纵观中国的百年证券史，横跨清朝末期、民国时期、革命根据地时期、中华人民共和国建立初期和改革开放时期。由于历史条件不同，每个时期的证券业与证券市场均展现出不同的特点。

一、清朝末期（1872—1911年）

晚清政府统治时期，中国股票、债券筹资的形式已经出现。1872年，由洋务派大臣李鸿章策划，并以股份公司形式建立的轮船招商局发行的股票，是中国最早的股票。自此，官督商办、官商合办以及甲午战争后兴起的民营企业、金融企业都以股票的形式筹集资金，企业以债券筹资的则很少。清中期以前中国无公债制度。同治年间，清政府因国库空虚，向国外借款。1867年，清政府向外商的借款达400余万两白银。光绪年间，清政府因创建海军、修筑铁路等也向外商借款。国内债券的发行则始于1894年，清政府为应付甲午战争军费的需要，由户部建议向富商巨贾借款，称“息借商款”，这是晚清政府第一次发行债券。中国早期证券的发行等制度尚不规范，如清政府的债券和官办企业的股票，主要都以摊派的形式发行。

二、辛亥革命后及中华人民共和国成立前期（1912—1949年）

民国时期，股票成了企业的重要筹资手段。一战时期，西方列强忙于战争，中国民族资本企业蓬勃发展，它们多以股票的形式筹资。中国居民的股票投资热情也异常活跃。1941年，因交易所和经营股票买卖的信托公司的无序膨胀，导致交易所、信托公司的破产之风波及各业，股票交易萎缩。其后直至1949年，股票交易虽有跌宕起伏，但股票发行一直是企业筹资的重要形式。在公债方面，无论是北洋政府还是蒋介石政权，都视其为财力的支撑之一，它们既发行内债又发行外债，而且在1922—1937年间，证券市场是以债券市场为主的。全面抗战爆发后，国民党军队节节败退，公债信誉下降，公债交易日渐萎缩。

新民主主义革命时期，中国共产党及其领导下的民主政府，以极大的毅力进行根据地的财政经济建设。为了组织财力、创造争取革命战争胜利的物质基础，1932年6月以及10月先后发行了中华苏维埃共和国革命战争短期公债60万元和120万元。苏维埃政权所发行的公债还包括经济建设公债。同时，在苏维埃政权法律允许的范围内，鼓励私人资本的投资，并通过金融机构吸收群众存款，把所有的民间资金，一律组织在生产、消费与信用合作社之内。抗战时期发行的财政证券包括代价券、本票、公债券、田赋借券、公粮券等。解放战争时期，关内各解放区发行公债的地区不多，而东北地区的许多省市都曾发行过公债。1937—1949年，根据地合作商业得到发展，如1939年2月6日，晋察冀边区行政委员会发出“推行合作事业第一号通令”，规定了合作社种类，社股（每股5角）、社员及盈余的分配等。总之，革命根据地利用债券、股份筹集资金，集聚财力，为革命战争的胜利提供了物质保证。

三、中华人民共和国建立初期（1949—1968年）

中华人民共和国建立后不久，即对资本主义工商业进行社会主义改造。政府针对当时市场混乱、游资充斥、通货膨胀和投机猖獗的情况，对证券市场采取了改造和利用的策略，关闭了旧的证券市场，成立了新的证券市场。1949年和1950年，天津证券交易所和北京证券交易所相继开业，在引导社会游资、稳定市场和恢复国民经济等方面发挥了重要作用。由于当时的中国选择了苏联式的计划经济体制，建立了高度集中的金融体制，否定了除银行以外的一切信用形式和市场的作用，实行单一的社会主义公有制，证券市场被认为是资本主义的产物，与社会主义公有制的经济性质是不相容的，因此证券市场失去了存在的基础。1952年，北京和天津的证券交易所相继关闭，中国证券市场基本消失了。在公债方面，中华人民共和国成立时，国民经济处于极端困难的境地，针对1950年的预算赤字112.5亿斤细粮，中央人民政府决定通过发行国内公债和向银行透支来解决。1950年1—3月发行的第一期人民胜利折实公债达1.48亿份。1958年“大跃进”开始，刮起了“共产风”，银行开了大门，已无发行公债的必要。随之而来的是经济生活状况不正常、群众生活困难，也失去了发行内债的基础。1956年年初，国家的外债全部还清，到了1968年，国家的内债也全部还清，1969年5月11日，《人民日报》宣布，中国成为世界上第一个“既无内债，也无外债”的国家，从而出现了一段无证券活动的历史时期。这种情形一直延续到“文化大革命”结束，达10年之久。

四、改革开放后（1978年至今）

回顾改革开放以来中国资本市场的发展，大致可以划分为四个阶段：

第一阶段：中国资本市场的萌生（1978—1992年）。

从1978年12月中国共产党十一届三中全会召开起，经济建设成为国家的基本任务，改革开放成为中国的基本国策。随着经济体制改革的推进，企业对资金的需求日益多样化，中国资本市场开始萌生。

20世纪80年代初，城市一些小型国有企业和集体企业开始进行多种多样的股份制尝试，最初的股票开始出现。这一时期股票一般按面值发行，大部分是保本保息保分红、到期偿还，具有一定的债券的特性；发行对象多为内部职工和地方公众；发行方式多为自办发行，没有承销商。如1984年7月，北京天桥百货股份有限公司成立时发行了3年定期的股票，很具有代表性。

1981年7月，我国重新开始发行国债。1982年和1984年，最初的企业债和金融债开始出现。

随着证券发行的增多和投资者队伍的逐渐扩大，证券流通的需求日益强烈，股票和债券的柜台交易陆续在全国各地出现，二级市场初步形成。上海证券交易所、深圳证券交易所于1990年12月先后营业。伴随着一、二级市场的初步形成，证券经营机构的雏形开始出现。1987年9月，中国第一家专业证券公司——深圳经济特区证券公司成立。1988年，各省组建了33家证券公司，同时，财政系统也成立了一批证券公司。

1990年10月，郑州粮食批发市场开业并引入期货交易机制，成为中国期货交易的开端。1992年10月，深圳有色金属交易所推出了中国第一个标准化期货合约——特级铝期货标准合同，实现了由远期合同向期货交易的过渡。

在股份制改革起步初期，股票发行缺乏全国统一的法律、法规，也缺乏统一的监管，股票发行市场出现了混乱。同时，对资本市场的发展在认识上也产生了一定的分歧。

1992年初邓小平同志南方谈话后，中国确立的经济体制改革的目标是“建立社会主义市场经济体制”，股份制成为国有企业改革的方向，更多的国有企业实行股份制改造并开始在资本市场上市。1993年，股票发行试点正式由上海、深圳推广至全国，打开了资本市场进一步发展的空间。

第二阶段：全国性资本市场的形成和初步发展（1993—1998年）。

1992年10月，国务院证券管理委员会（证券委）和中国证券监督管理委员会（证监会）成立，标志着中国资本市场开始逐步纳入全国统一监管框架，区域性试点推向全国，全国性市场由此开始发展。1997年11月，中国金融体系进一步确定了银行业、证券业、保险业分业经营、分业管理的原则。1998年4月，证券委撤销，证监会成为全国证券期货市场的监管部门，建立了集中统一的证券期货市场监管体制。

中国证监会成立后，推动了《股票发行与交易管理暂行条例》《公开发行股票公司信息披露实施细则（试行）》《禁止证券欺诈行为暂行办法》《关于严禁操纵证券市场行为的通知》等一系列证券期货市场法规和规章的建设，资本市场法规体系初步形成，资本市场的发展走上规范化轨道，为相关制度的进一步完善奠定了基础。

随着市场的发展，上市公司的数量、总市值和流通市值、股票发行筹资额、投资者开户数、交易量等都进入了一个较快发展的阶段。沪深交易所交易品种逐步增加，除单纯的股票外，陆续增加了国债、权证、企业债、可转债、封闭式基金等。

伴随着全国性市场的形成和扩大，证券中介机构也随之增加。到1998年年底，全国有证券公司90家，证券营业部2 412家。从1991年开始，全国出现了一批投资于证券、期货、房地产等市场的基金（统称为“老基金”）。1997年11月，《证券投资基金管理暂行办法》颁布，以规范证券投资基金的发展。同时，对外开放进一步扩大，推出了人民币特种股票（B股），境内企业逐渐开始在香港以及纽约、伦敦和新加坡等海外市场上市；期货市场也得到了初步发展。

在这一阶段，统一监管体系的初步确立，使得中国资本市场从早期的区域性市场迅速走向全国性统一市场。随后，在监管部门的推动下，一系列相关的法律、法规和规章制度出台，资本市场得到了较为快速的发展；同时，各种体制和机制缺陷带来的问题也逐步积累，迫切需要进一步规范。

第三阶段：资本市场的进一步规范和发展（1999—2014年）。

《中华人民共和国证券法》于1998年12月颁布并于1999年7月实施，是中国第一部规范证券发行与交易行为的法律，并由此确认了资本市场在中国的法律地位。

在这一阶段，中国围绕完善社会主义市场经济体制和全面建设小康社会进行了持续改革。2001年12月，中国加入世界贸易组织，中国经济走向全面开放，资本市场的深度和广度日益扩大。

自1998年建立了集中统一的监管体制后，中国证监会严格依法履行监管职责，集中力量查办了“琼民源”“银广夏”“中科创业”“德隆”“科龙”“南方证券”“闽发证券”等一批大案要案，坚决打击各类违法、违规行为，切实保护了广大投资者的合法权益，维护了公平、公正、公开的市场秩序。

2004年1月，国务院发布了《关于推进资本市场改革开放和稳定发展的若干意见》，此后，中国资本市场进行了一系列的改革，完善了各项基础性制度，主要包括实施股权分置改革、提高上市公司质量、对证券公司进行综合治理、大力发展机构投资者、改革发行制度等。经过这些改革，投资者的信心得到恢复，资本市场出现了转折性变化。

为充分发挥资本市场的功能，市场各方对多层次市场体系和产品结构的多样化进行了积极的探索。中小板市场的推出和代办股份转让系统的出现，是中国在建设多层次资本市场体系方面迈出的重要一步。可转换公司债券、银行信贷资产证券化产品、住房抵押贷款证券化产品、企业资产证券化产品、银行不良资产证券化产品、企业或证券公司发行的集合收益计划产品以及权证等新品种的出现，丰富了资本市场的交易品种。

同时，债券市场得到初步发展，中国债券市场的规模有所扩大，市场交易规则逐步完善，债券托管体系和交易系统等基础建设不断加快；期货市场开始恢复性增长，2007年3月，《期货交易管理条例》发布，将规范的内容由商品期货扩展到金融期货和期权交易。

这一时期，合资证券期货经营机构大量设立；合格境外机构投资者（QFII）与合格境内机构投资者（QDII）机制相继建立；大型国有企业集团重组境外上市继续推进；外商投资股份公司开始在境内上市，外资也被允许对上市公司进行战略投资。

第四阶段：全面深化资本市场改革，加快推进高水平对外开放，努力打造规范、透明、开放、有活力、有韧性的资本市场（2014年至今）。

2014年新一届国家领导班子上任后，资本市场内部改革不断深化，推出了一系列的改革举措：

（1）股票发行全面实行注册制。

2018年，上海证券交易所设立科创板并试点注册制；2019年，首批科创板公司上市交易；2020年，深圳证券交易所创业板改革并试点注册制正式落地；2021年，北京证券交易所揭牌开市并同步试点注册制。北京证券交易所是中国第三家证券交易所，首批81家上市公司集体亮相，体现了鲜明的创新型中小企业特征。2023年2月1日，全面实行股票发行注册制改革正式启动，2023年4月10日，沪深交易所主板注册制首批10家企业上市，这是中国资本市场改革发展又一个重要里程碑。经历了4年多的发展与完善过程，股票发行注册制改革全面落地，注册制改革是一场触及监管底层逻辑的变革，为加快构建规范、透明、开放、有活力、有韧性的中国资本市场提供了更加坚实的制度支撑。

（2）在资本市场内部改革不断深化、完善的同时，对外开放也快马加鞭地推进。

持续完善沪深港通机制，优化交易日历安排，扩大交易标的范围，先后将不同投票权架构公司、尚未盈利生物科技公司、科创板股票和ETF纳入标的范围。拓宽跨境投融资渠道，2019年开通“沪伦通”，2022年境外融资已经拓展到瑞士、德国等欧洲市场。境外优质企业到交易所债券市场发行熊猫债券。

与此同时，MSCI中国指数、富时罗素全球股票指数等国际知名指数不断提高A股纳入比例，大幅提升QFII、RQFII总额度，境外机构投资者持续增加了对A股的配置，多家国际知名财富管理机构登记成为外商独资私募基金管理人，中日ETF互通产品陆续落地，全球投资者对中国资本市场的热情和信心日益增强。

经过30余年的发展，中国资本市场从无到有、从小到大、从区域到全国，从国内到海外，发展迅速，在很多方面走过了一些成熟市场几十年甚至上百年的道路。尽管经历了各种坎坷，但是，中国资本市场的规模不断壮大，制度不断完善，证券期货经营机构和投资者不断成熟，逐步成长为一个在法律制度、交易规则、监管体系等各方面与国际普遍公认原则基本相符的资本市场。

【案例】　三一重工全流通始末①

2005年4月12日，中国证监会对外宣布启动股权分置改革。4月29日，经国务院同意，中国证监会发布了《关于上市公司股权分置改革试点有关问题的通知》，标志着股权分置改革试点工作正式启动。4月30日，也就是证监会关于股权分置改革试点的通知出台的次日，三一集团便在第一时间向中国证监会正式提交了实施股权分置改革的试点方案；5月2日，三一集团接到中国证监会的“谈话”通知；5月7日被最终确定为首批试点单位之一。

2005年5月10日，三一重工（600031.SH）第一个公布其“股改”方案，即流通股股东每持有10股流通股将获得3股股票和8元现金，三一重工股份有限公司董事长梁稳根满以为自己宣布的是一个“所有人（流通股股东）都会很高兴”的方案，但得到的回应却是——“非流通股股东让利不够”。长久以来上市公司积累的亏损使所有投资人对“股改”试点的让利方案期望值过高。作为第一个公布“股改”方案的公司，三一重工必然要面对整个流通股股东对非流通股股东有不满情绪的状况。

于是，三一重工于2005年5月24日召开第二届董事会十四次会议，会议审议通过公司股权分置改革方案的修改提案，修改后的对价方案为：以2005年4月29日公司总股本24 000万股为基数，由非流通股股东向方案实施基准日的流通股股东按持股比例共支付总额为2 100万股的公司股票和4 800万元现金对价，即流通股股东每持有10股流通股将获得3.5股股票和8元现金对价。与原方案相比提高了0.5股让利幅度，同时在大股东减持问题上，三一集团还承诺，只有同时满足以下两个条件，方可通过上海证券交易所挂牌出售所持有的非流通股股份，以提高非流通股股东减持的门槛：自公司股权分置改革方案实施后的第一个交易日起满24个月以上，以及方案实施后任一连续5个交易日（公司全天停牌的，该日不计入5个交易日）公司二级市场股票收盘价格达到2005年4月29日收盘价16.95元的112.1%即19元或以上。

2005年6月10日16时08分，在A股上证指数跌破1 000点后的第四天，三一重工“股

① 朱宗文．股改头啖汤：三一重工全流通始末［N］．21世纪经济报道，2009-01-01（10）．作者对原文有所删节和整理．

改”方案以93.44%的高赞成率顺利通过。来自非流通股股东、基金公司、券商、流通股股东以及各大媒体的代表共400多人，在湖南长沙见证了中国证券市场改革的这一重大时刻，这标志着中国股权分置改革成功打响第一枪。三一重工也由此成为“中国股改第一股”，被永久地载入了中国资本市场发展的史册。

三一重工“股改”的成功，加上“送股+派送现金”的“三一模式”后来被普遍采用，为“股改”的推进提供了可供借鉴的成功经验，被誉为“股改风向标”。

2008年6月17日，三一重工控股股东三一集团有限公司的51 812.62万股限售股全部解禁，解禁股份占三一重工总股本的52%，按照三一重工17日的开盘价计算，解禁金额超过100亿元。作为沪深两市第一家完成“股改”的上市公司，三一重工的股票进入全流通时代，标志着中国自2005年4月底正式启动股权分置改革以来，“股改”公司实质性地进入全流通时期。

案例思考：结合“三一重工”股改全流通案例谈谈中国证券市场在经济发展中的意义。

本章基本概念

证监会　证券业协会　证券交易所　场外交易市场　第三市场　第四市场

复习思考题

1.什么是证券市场？它具有哪些功能？

2.证券市场产生的动因是什么？它又是如何推动经济发展的？

3.证券市场都有哪些参与者？

4.证券发行市场与证券流通市场有什么关系？

5.简述证券市场的发展趋势。

6.美、英、日三国证券市场各有何特点？

7.中国证券市场经历了哪几个发展阶段？

学习资料推荐

■你可以登录中国证券监督管理委员会官方网站了解证券中介“合法机构名录”、“业务资格”和“人员资格”等的相关内容。

■你可以登录上海证券交易所和深圳证券交易所的官方网站进一步了解证券交易所市场的基本情况。

第七章
证券发行市场

本章提要

发行市场是证券市场存在的基础，由发行者、投资者和证券中介机构组成。本章重点阐述股票发行的目的及种类、股票增资发行的主要方式；分析股票发行价格的确定及影响因素；考察股票的发行程序；阐明债券的发行条件及发行方式，债券信用评级的意义、内容及方法。通过本章的学习，学生应掌握股票、债券两个基本投资工具在发行市场上的表现，知晓发行市场上的各种概念和制度规定。

证券发行市场又称“初级市场”或“一级市场”（Primary Market），是指各发行主体发行、推销各种新证券所形成的市场。证券发行市场是一个无形的市场，不存在具体的固定场所。从理论上说，证券发行人直接或通过中介机构向社会发行证券，而认购人购买其证券的交易行为即构成发行市场。由此可见，证券发行市场由发行者、投资者和证券中介机构构成。通过证券发行市场，政府、金融机构及企业公开发行的新证券第一次销售给投资者，成为资金需求者筹措资金的重要渠道；同时又为资金盈余者提供了投资及获利的机会，实现了储蓄向投资的转化。它的功能就在于将分散在社会各方面的零散资金汇集起来，成为巨额的生产或经营资金，满足资金供求双方的双向需求。按发行对象的不同，证券发行市场可分为股票发行市场、债券发行市场和基金发行市场等，它们的发行目的、发行条件、发行方式及价格决定因素各不相同。本章主要阐述股票发行市场和债券发行市场。

第一节　股票发行市场

一、股票发行的目的

股票的发行主要分两种情况：一是为新设立股份公司发行股票；二是现有股份公司为改善经营而发行股票。

（一）为新设立股份公司发行股票

新设立股份公司需要通过发行股票来筹集资本，达到预定的资本规模，为公司

本章建议阅读资料：

1. 中国证监会关于进一步推进新股发行体制改革的意见，2014年2月13日，www.csrc.gov.cn.
2. 中国证券监督管理委员会第95号令《证券发行与承销管理办法》，2013年12月24日，www.csrc.gov.cn.
3. 胡克．兼并与收购实用指南［M］．陆猛，译．北京：经济科学出版社，2000.
4. 中国证券业协会．证券业从业资格考试统编教材（2020）——金融市场基础知识［M］．北京：中国财政经济出版社，2020.
5. 中国证券业协会．证券业从业资格考试统编教材（2020）——证券市场基本法律法规［M］．北京：中国财政经济出版社，2020.

开展经营活动提供必要的资金条件。股份公司的设立一般又分为发起设立和募集设立两种形式。

1.发起设立。

发起设立是指由发起人认购公司应发行的全部股份而设立公司。在这种情况下，股份有限公司创建时的资金来源，就只是发起人认购股票所缴的资金，这样每个发起人都是公司的原始股东。发起人在认购股份后，可以一次缴足认购款，也可以分期缴纳，期限由发起人共同议定。股款可以用现金支付，也可以按事先的协议用设备、房屋、地产等实物资产经作价后抵缴。发起设立方式比较省事，只要注册申请，经过批准，即可开始新公司的经营活动，这类公司规模通常较小。

2.募集设立。

募集设立是指由发起人认购公司应发行股份的一部分，其余股份向社会公开募集或者向特定对象募集而设立公司。《中华人民共和国公司法》规定，以募集设立方式设立股份有限公司的，发起人认购的股份不得少于公司股份总数的35%。但是，法律、行政法规另有规定的，从其规定。为此，发起人应先向主管机关申请，经核准后，公布招股说明书。其主要内容是：公司的基本情况（名称、营业范围、股份总额等），发起人认购情况，认购开始和结束的时间，股金交付方式、期限以及代收股金的金融机构等。股票发行结束后，发起人应通知所有股东参加公司创立大会，讨论公司章程，选举董事会，之后公司宣告成立，开始营业。

（二）现有股份公司为改善经营而发行股票

现有股份公司为改善经营而发行股票的目的主要有：

1.为扩大已有公司即老公司的资本规模而发行增资股票。

这种股票的发行一般比较复杂。老公司发行增资股票，主要是为了扩大本公司的生产经营规模，扩充资本总量，以增强其市场竞争力；或者是为了筹措设备资本，即增加设备投资，购买新的机器和扩建厂房；或者是为了筹措营运资本，即增加流动资本，特别是在银根紧缩、难以通过银行贷款解决流动资金需要时，发行股票增资是一种较好的方式。

2.调整公司财务结构，保持适当的资产负债比率。

自有资本在资金来源中所占比例是衡量公司财务结构和实力的重要指标。资产负债率通常反映股份公司的负债能力和经营的稳定性。必要时，公司可以通过发行新股票提高自有资本的比率，降低负债率。同时，由于股份公司发行债券的额度是根据公司的净资产额确立的，因此，增加自有资本还可以提高公司债券的发行额度，为公司筹集到更多的资金用于拓展业务。

3.满足证券交易所的上市标准。

各国证券交易所都对股票上市做出了严格的规定，如最低的股本数额、最低的公众持股比例、符合要求的业绩记录等。只有符合标准的股票才有可能获准挂牌上市。而一个公司股票上市与否，是判定该公司经营状况与信誉的主要标准之一。因此，公司为了争取自己的股票在证券交易所挂牌上市，往往通过发行新股票的办法来增加资本额，满足上市标准。

4.公司兼并重组。

这是出于两方面的考虑：一是维护公司的经营支配权，防止被其他公司兼并而发行股票；二是为本公司的经营前景考虑，谋求与其他公司合并，以股权交换的方式实现购并重组，达到减少竞争对手、扩大市场份额、引进其他公司先进生产技术等目的。

5.维护股东的直接利益。

经营状况良好的股份公司可以将超过规定比例的法定公积金和任意公积金，全部或部分地转为资本金，并按增加的资本金额发行股票，无偿地交付给股东。另外，还可以将本应分派的现金红利转入股本，发行相应数额的新股票分配给股东，这种股票股息可以使股东从中受益。

6.转换证券行使权利。

例如，当可转换优先股票或可转换公司债券的转换请求权生效后，股份公司需发行新股票来注销原来的可转换优先股票或可转换公司债券。

7.股份的分割与合并。

股份的分割又称拆细，是指公司为了争取更多的投资者而降低每股股票的票面价格并对股票进行分割，要向原股东换发拆细后的股票；股份的合并是指为了便利业务处理而对面额过低的股票进行合并。

8.公司缩股。

公司在减资时，需要发行新股票来替换原来发行的老股票。

二、股票发行种类

按发行时间与公司组建时间的关系，可将股票发行分为初次发行和增资发行。

（一）初次发行

初次发行是指新组建股份公司时，或原非股份制企业改制为股份公司时，或原私人持股公司要转为公众持股公司时，公司首次发行股票。前两种情形又称设立发行，后一种情形又称首次公开发行（Initial Public Offering，IPO）。初次发行一般都是在满足发行人必须具备的条件，并经证券主管部门审核批准或注册后，通过证券承销机构面向社会公众公开发行股票。通过初次发行，发行人不仅能募集到所需资金，而且能完成股份有限公司的设立或转制。

（二）增资发行

增资发行（Seasoned Offering）是指股份公司组建、上市后为达到增加资本金的目的而发行股票的行为。股份有限公司增资应当修改公司章程，须经出席股东大会的股东所持表决权的2/3以上通过。变动后应由法定验资机构出具验资证明，并依法向公司登记机关办理变更登记。

上市公司增资发行的方式有：向原股东配售股份、向原股东送红股、以公积金转增股本、向不特定对象公开募集股份、向特定对象非公开发行股份、发行可转换公司债券等。

股票增资发行，按照股东取得股票时是否缴付相应的价款来划分，可分为有偿增资发行、无偿增资发行和有偿无偿混合增资发行。

1.有偿增资发行。

有偿增资发行是一种旨在筹集资金的增资发行，是认股人必须按股票的发行价格支付现款方能获取股票的发行方式。股票发行数量与公司资本同时增加，它是最典型的股票发行方式，可分为向原股东配售股份、第三者分摊和向不特定对象公开募集股份（公开招股）三种形式，其中以公开招股形式发行的股票数量最多。

（1）向原股东配售股份。

向原股东配售股份，简称配股，是公司按股东的持股比例向原股东分配该公司的新股认购权，准其优先认购增资的方式，即按旧股一股摊配若干新股，以保护原股东的权益及其对公司的控制权。这种新股的发行价格往往低于市场价格，事实上是对原股东的一种优惠，一般股东都乐于认购。配股，没有必须应募的义务，可以放弃新股认购权，也可以把认购权转让给他人。

（2）第三者分摊。

第三者分摊，也称第三者配股，是给股东以外的本公司的管理人员、一般职员和往来客户等与本公司有特殊关系的特定者以新股认购权的方式。采取这种发行方式是为了解决某些重要问题，诸如公司经营不善、资金筹措困难，或有些公司破产后力图重建等；当不同公司进行业务合作时也可能采用第三者分摊的形式。这时，新股的发行价格低于市场价格，第三者可获得价格上的优惠，但发行价格与市场价格不能相差过大，否则将会损害原来以时价购进股票的股东利益。这种增资方式须经股东大会特别批准。

（3）向不特定对象公开募集股份（公开招股）。

向不特定对象公开募集股份（公开招股），简称增发，是以不特定的多数投资者为发行对象，由应募者认购新发行的股票。采用这种方式，既能增加资金的筹集量，增强股票的流通性，又可避免股票过分集中、分散股权，是常用的增资方式。公开招股一般以市场价格为基础确定发行价格。

2.无偿增资发行。

这是指股东无须缴付股款而取得新股的增资方法。通常，此种股票的发行是赠送给原来的老股东，目的并非直接筹资，而是调整资本结构或把积累资本化。无偿增资发行又可以分为无偿交付、红利增资、股票分割和债券股票化四种形式。

（1）无偿交付。

无偿交付，即公积金转增，也称累积转增资，是股份公司将资本公积金和盈余公积金转为资本金时，将公积金折成股票无偿地分发给股东，使股东无偿取得新发行的股票。公积金转增可以进一步明确产权关系，有助于投资者正确认识股票的投资价值。公积金转增应遵循国家有关法律的规定，《中华人民共和国公司法》规定，公司的公积金可用于弥补公司亏损、扩大生产经营或者转为公司资本，但是资本公积金不得用于弥补公司亏损。另外，法定公积金的余额必须达到注册资本的50%，才可将其中不超过一半的数额转为增资，任意公积金则可由股东大会决定全部或部分转为增资。

（2）红利增资。

红利增资，又称股票分红、股票股息或送红股，即将应分派给股东的现金股息转为增资，用新发行的股票代替准备派发的股息红利。这种无偿增资的方式使现金派息应流出的现金保留在公司内部，将当年的股息红利开支转化为经营性资金。公司股东既取得了与参与盈余分配同样的效果，又可免缴个人所得税（大多数国家规定将收入作再投资免交所得税）。但是，根据《中华人民共和国个人所得税法》的有关条款，个人因持有中国的债券、股票、股权而从中国境内公司、企业或其他经济组织取得的利息、股息、红利所得，须按比例缴纳个人所得税。对于所送红股，则依然按相关比例税率缴纳个人所得税，以派发红股的股票票面金额为收入额计征。以资本公积金转增的股本，则不征个人所得税。我国目前对股息红利所得采取的是按持股时间长短实行差别化征税政策，即持股超过1年的，税负为0；持股1个月至1年的，税负为10%；持股1个月以内的，税负为20%，在股票卖出后根据持股期限进行扣款。个人投资者持股时间越长，税负越低，以鼓励长期投资，抑制短期炒作，促进我国资本市场长期健康发展。

（3）股票分割。

股票分割，又称股票拆细，是将原有的大面额股票细分为小面额股票。股票分割的结果只是增加了股份公司的股份总数，而资本额并不发生变化。股票分割的目的在于降低股票价格，便于小投资者购买，以利于扩大股票发行量和增强流动性，是无偿发行的一种特殊形式。

（4）债券股票化。

债券股票化，是指将股份公司已发行的可转换债券转化为股票。债券股票化可以使股份资本增加，却不能使实际资产增加。

3.有偿无偿混合增资发行。

这是指公司对原股东发行新股票时，按一定比例同时进行有偿和无偿增资。在这种增资方式下，公司增发的新股票一部分由公司的公积金转增资，这部分增资是无偿的；另一部分由原股东以现金认购，这部分增资是有偿的，增资分配按原股东的持股比例进行。这种方式一方面可促使股东认购新股，迅速完成增资计划；另一方面也是对原股东的优惠，使他们对公司的前途充满信心。

三、股票发行方式

（一）按发行对象分类：公开发行与内部发行

公开发行又称公募发行（Public Issue），是指发行人向不特定的社会公众和法人公开发售股票，同时也可在规定比例内，向公司内部职工发售。按现行规定，只有社会募集公司的股票可向社会公开发行，且公司向社会公开发行的股票应占股票总额的25%以上，公司内部职工购买部分不得超过向社会公开发行股票总额的10%。

内部发行又称私募发行，是指以特定的少数投资者为对象的发行。私募发行的对象有两类：一类是公司的老股东或公司的员工，另一类是投资基金、社会保险基金、保险公司、商业银行等金融机构以及与发行人有密切往来关系的企业等机构投资者。私募发行有确定的投资者，发行手续简单，可以节省发行时间和发行费用。其不足之处是投资者数量有限，证券流通性较差，而且不利于提高发行人的社会信誉。

公募发行和私募发行各有利弊。公募发行是证券发行中最常见、最基本的发行方式，适合于证券发行数量多、筹资额大、准备申请证券上市的发行人。然而，在成熟的证券市场中，随着投资基金、养老基金、保险公司等机构投资者的增加，私募发行也呈逐年增长的趋势。

（二）按有无发行中介分类：直接发行与间接发行

直接发行（Direct Issue）是指由发行公司自己办理公司股票的发行业务。采取股票直接发行方式，发行公司可直接控制股票发行过程，也可降低发行费用，但由于发行准备工作时间较长，发行公司对股票市场的信息掌握不足，加之推销能力有限，一般股票发行时间较长。

间接发行（Indirect Issue）又称代销型发行，是指发行公司委托投资银行、证券公司等证券中介机构代为向广大投资者发售证券。一般来说，新建公司初次公开发行证券都要委托证券中介机构进行承销。由于中介机构熟知股市状况，又有极强的推销能力，故股票发行时间较短，尤其是在包销条件下，不管中介机构是否已将股票发售完毕，均应在规定的承销期限内向发行公司支付股款。这样，可使发行公司尽快地筹足资本金，且不承担股票发行风险。承销主要有代销、包销两种类型。

四、股票发行价格

（一）股票发行价格的种类

股票发行价格是指股份公司在发行新股时所确定和使用的价格。它是股票发行中最重要的内容，股票发行价格确定得合适与否直接关系到股票销售的成败。一般而言，股票发行价格有如下几种：

1.平价发行。

它又称面值发行或等价发行，指股票的发行价格与面额的价格相等。例如，股票面额为1元，则发行价格也为1元。这种发行价格一般不能被实力雄厚的公司采用，因为这样会减少公司的资本收益。但是按这种价格发行，对发行工作来说会顺利得多。一般在新公司成立时或向老股东配股时采用这种方法。

2.溢价发行。

股票以高于其票面金额的价格在发行市场上销售称为溢价发行，二者的差价称为溢价，溢价带来的收益计入资本公积。股票首次发行时，根据公司的实际情况一般有平价发行和溢价发行两种。但在发行增资股票时，一般根据公司原发行股票内在价值的增值，会考虑溢价发行。溢价发行股票应考虑的主要因素有：当前股市总水平、本公司实际盈利能力、每股资产净值、类似公司的股价水平、大众承受心理等。溢价发行是成熟市场最基本、最常用的方式。

3.时价发行。

它是指发行价格以股票在流通市场上的价格为基准来确定。时价发行在实行公开招股和配股给第三者时都予以采用，一般有两种情况：一是按超过面值的价格发行面额股票；二是按时价发行无面额股票。时价发行时的具体价格，一般会比市场价格低5%～10%。

股票溢价发行与时价发行的主要区别在于：前者注重考虑资产增值；后者既考虑资产增值，又考虑该股票在流通市场上的价格。

4.折价发行。

它是指以低于面值的价格发行，至于折扣为多少，由发行公司与承销商双方协商。发行公司声誉高、业绩好的，折扣自然小些；如果发行公司的业绩一般，或是一个新成立的公司，折扣就要大一些。世界上很多国家的法律不允许股票折价发行。《中华人民共和国公司法》规定："股票发行价格可以按票面金额，也可以超过票面金额，但不得低于票面金额。"

5.中间价发行。

它是指以时价和股票面值确定发行价格，分两种情况：一是介于时价和面值之间，但接近于时价为发行价格；二是介于时价和面值之间，但接近于面值为发行价格。

（二）影响确定发行价格的因素

1.经营业绩。

公司的经营业绩特别是税后利润水平直接反映了一个公司的经营能力和上市时的价值，每股税后利润的高低直接关系着股票的发行价格。

2.净资产。

净资产评估机构评估确认的每股净资产是定价的重要参考。

3.发展潜力。

公司经营指标的增长率（特别是盈利增长率）和盈利预测是关系股票发行价格的又一重要因素。在总股本和税后利润量既定的前提下，公司的发展潜力越大，未来盈利趋势越确定，市场所接受的发行市盈率也就越高，发行价格也越高。

4.发行数量。

不考虑资金需求量，单从发行数量上考虑，若本次股票发行的数量较大，为了保证销售期内顺利地将股票全部出售，取得预定金额的资金，价格应适当定得低一些；若发行量小，考虑到供求关系，价格可定得高一些。

5.行业特点。

发行公司所处行业的发展前景会影响公众对本公司发展前景的预期，同行业已经上市公司的股票价格水平，剔除不可比因素以后，也能客观地反映本公司与其他公司相比的优劣程度。如果本公司各方面均优于已经上市的同行业公司，则发行价格可定高一些；反之，则应定低一些。此外，不同行业的不同特点也是决定股票发行价格的因素。

6.股市状态。

二级市场的股票价格水平直接关系到一级市场的发行价格。在确定发行价格时，要考虑到二级市场股票价格水平在发行期内的变动情况。若股市处于“熊市”，发行价格太高则无人问津，使股票销售困难，因此，要定得低一些；若股市处于“牛市”，发行价格太低会使发行公司受损，股票发行后易出现投机现象，因此，可以定得高一些。同时，发行价格的确定要给二级市场的运作留有适当的余地，以免股票上市后在二级市场上的定位出现困难，影响公司的声誉。

（三）股票发行的定价方式

股票发行的定价方式是指决定股票发行价格的制度安排，主要有议价法、拟价法、竞价法、定价法等。我国股票发行的定价方式有以下几种：

1.自主协商直接定价。

在溢价发行的情况下，发行人和主承销商协商议定参与网下询价的投资者的条件、有效报价条件、配售原则、配售方式、承销价格和公开的发行价格，并报证券监管部门批准，承销价格与发行价格之差额即承销商的报酬；也可以仅协商议定公开发行价格并报证券监管部门批准，承销商按发行总额的一定比例收取承销费用。

2.询价。

在对一般投资者上网发行和对机构投资者配售相结合的发行方式下，发行人和主承销商事先确定发行量和发行价格区间（即对其最高报价和最低报价的价差做出限定），然后向网下机构投资者询价，网下机构投资者报价后，发行人和主承销商剔除拟申购总量中报价最高的部分（剔除部分不得低于所有网下投资者拟申购总量的10%），然后根据剩余报价及拟申购数量协商确定发行价格，以同一价格向机构投资者配售和对一般公众投资者上网发行。

3.累计投标询价。

这是一种根据不同价格下投资者的认购意愿确定发行价格的定价方式。具体做法是主承销商确定并公布发行价格区间，投资者在此区间内按照不同的发行价格申报认购数量。通过累计计算，主承销商得出不同价格的累计申购量，并根据超额认购倍数确定发行价格。

4.网上竞价。

这是指利用证券交易所的交易系统，主承销商作为新股发行的唯一卖方，以发行人宣布的发行底价为最低价格，以新股发行量为总的卖出数，由投资者在指定的时间内竞价委托申购，发行人和主承销商以价格优先的原则，将投资者的认购委托由高价位向低价位排队，并由高价位到低价位累计有效认购数量，累计数量恰好达到或超过本次发行数量的价格，即本次股票发行的价格。如果在发行底价上认购的数量仍不能满足本次发行股票的数量，则底价为发行价。我国只有少数股票以网上竞价的方式进行过试点。

中国证券监督管理委员会第95号令《证券发行与承销管理办法》规定，我国发行人首次公开发行股票，可以通过向网下投资者询价的方式确定股票发行价格，也可以通过发行人与主承销商自主协商直接定价等其他合法可行的方式确定发行价格。

（四）股票发行定价方法

无论采取哪种定价方式，发行人和主承销商都要事先商定发行价格区间。这一发行底价或价格区间可以通过一定的方法估算。

1.市盈率法。

市盈率又称本益比（Price to Earnings，P/E），是股票二级市场价格（每股市价）与每股盈利（Earning Per Share，EPS）的比率。其计算公式为：

市盈率=股票每股市价÷每股盈利

通过市盈率法确定股票发行价格，首先应根据注册会计师审核后的盈利预测计算出发行人的每股收益；然后根据二级市场的平均市盈率、发行人的行业情况（同行业公司股票的市盈率）、发行人的经营状况及其成长性等拟定发行市盈率；最后依发行市盈率与每股收益之乘积决定发行价格。

按市盈率法确定发行价格的计算公式为：

发行价格=每股盈利×发行市盈率

【例1】某公司预测2016—2018年公司的每股盈利（EPS）分别为0.39元、0.50元和0.61元，综合考虑公司未来的成长性及市场上可以参考对比的同行业公司市盈率为20～25倍进行估值，公司确定发行市盈率按照20倍计算，则该公司发行价格定为7.8元（0.39×20）。

确定每股盈利有两种方法：一种为完全摊薄法，即用发行当年预测的全部税后利润除以总股本，直接得出每股税后利润；另一种是加权平均法，计算公式为：

股票发行价格=发行当年预测利润÷发行当年普通股加权平均股本数×市盈率

发行当年普通股加权平均股本数的确定：年度中增加发行新股时，新股需要按照实际已发行时间占报告期时间之比率折合计算，已发行时间、报告期时间和已回购时间一般按照天数计算；在不影响计算结果合理性的前提下，也可以采用简化的计算方法。年度中如果发放股票股利或实施股票分割，不论在一年中何时发生，均应视为期初发生。计算公式如下：

发行当年普通股加权平均数=期初发行普通股股数+当期新发行普通股股数×已发行时间÷报告期时间-当期回购普通股股数×已回购时间÷报告期时间

【例2】某公司2018年全资改组为股份公司，总股本达242 187 500股，该公司于2018年11月1日向社会公开发行股票85 000 000股，发行当年预测利润76 012 284元，发行市盈率按照14.5倍计算，则发行价格定为4.30元。即：

$$\text{股票发行价格}=\frac{76\,012\,284}{242\,187\,500+85\,000\,000\times(2\div 12)}\times 14.5=4.30\text{（元/股）}$$

从该例题可以看出，因股票发行时间不同，资金实际到位的先后对企业效益影响较大；同时，投资者在购股后才能享受应有的权益。所以，采用加权平均法确定每股税后利润较为合理。

2.市净率法。

市净率法又称净资产倍率法（Price to Bookvalue Ratio，P/B），是首先通过资产评估（物业评估）和相关会计手段确定发行人拟募股资产的每股净资产值；然后根据证券市场的状况、发行人的经营情况等拟定发行市净率；最后将每股净资产值乘以市净率，以此确定股票发行价格的方法。其计算公式为：

市净率=股票市场价格÷每股净资产值

发行价格=每股净资产值×市净率

净资产倍率法在国外常用于房地产公司或资产现值重于商业利益的公司的股票发行。以此种方式确定每股发行价格不仅应考虑公平市值，还需考虑市场所能接受的溢价倍数。

3.现金流量折现法。

现金流量折现法通过预测公司未来的盈利能力，据此计算出公司净现值，并按一定的折扣率折算，从而确定股票的发行价格。该方法首先是用市场接受的会计方法预测公司每个项目未来若干年内每年的净现金流量，再按照市场公允的折现率，分别计算出每个项目未来的净现金流量的净现值。公司的净现值除以公司股份数，即每股净现值。由于未来收益存在不确定性，发行价格通常要对上述每股净现值折让20%～30%。

国际主要股票市场对新上市的公路、港口、桥梁、电厂等基建公司股票的估值和发行定价一般采用现金流量折现法。这类公司的特点是前期投资大，初期回报不高，上市时的利润一般偏低，如果采用市盈率法定价则会低估其真实价值，而对公司未来收益（现金流量）的分析和预测能比较准确地反映公司的整体和长远价值。用现金流量折现法定价的公司，其市盈率往往远高于市场平均水平，但这类公司发行上市时套算出来的市盈率与一般公司发行的市盈率之间不具可比性。

五、证券发行制度

世界各国的证券发行制度可以概括为注册制和核准制两类。

1.注册制（Registering System）。

它也称形式审查，遵循公开管理原则，要求发行人提供关于股票发行本身以及与发行有关的一切信息，证券监管机构只对发行人的信息材料作形式审查，而不对股票作价值判断；发行人只要充分披露了有关信息，在注册申报后的规定时间内证券监管机构未提出不同意见，即可发行股票，无须再经过批准。注册制是以《美国联邦证券法》为代表的一种股票发行审核方式，在注册制下，发行人的发行权无须国家授予，注册制为投资者创造了一个高度透明的市场和公平竞争的环境。但由于它的前提是发行人诚实守信、依法充分披露投资者作出价值判断和投资决策所必需的信息，因此，较适用于历史悠久、市场发育成熟的国家。

2.核准制（Authorizing System）。

它也称实质审查，要求股票发行人不仅要充分公开其真实状况，而且必须符合证券监管机构规定的若干关于股票发行的实质条件，证券监管机构有权否决不符合实质条件的股票发行申请。

核准制是以欧洲各国公司法为代表的一种股票发行审核方式，在核准制下，发行人的发行权由审核机构以法定方式授予。实行核准制的目的在于，尽管理部门所能保证发行的证券符合公共利益和社会安定的需要。

相比较而言，注册制适用于发达证券市场，而核准制较为适用于证券市场发展历史不长、投资者素质不高的国家和地区。注册制与核准制的比较参见表7-1。

表7-1 注册制与核准制的比较

项目	注册制	核准制
发行证券的权利的取得方式	由公司自主决定，自然取得，无须政府特别授权	证券监管机关批准
信息披露	完全信息披露，保证信息披露真实、准确、完整。这是注册制的核心	强调信息披露
证券监管机关的审查性质	形式审查	实质审查
控制方向	强调事后控制	事前控制与事后控制并举
监管部门	交易所	证监会

3.我国的证券发行制度。

在过去30余年里，我国股票市场为实体经济发展做出了重要贡献，股票发行融资制度也经历了从行政审批制、核准制到注册制的不同发展阶段。

（1）行政审批制。

从1990年到2000年，我国股票发行采取的是行政审批制，这期间大量国有企业通过改制实现了上市融资。

（2）核准制下的“通道制”。

2001年3月17日，我国启动证券发行核准制。公司上市由证券公司进行辅导，由证监会发行审核委员会审核。但是这一阶段，综合类券商只要具有主承销商资格就可以获得2～9个通道。主承销商的通道数也就是其可以在同一时点推荐申报的拟公开发行股票的企业数。通道制下股票发行名额有限的特点未变。公司上市后，负责推荐的券商不再负责，因此出现了不少公司通过各种形式的公关达到了上市的目的，上市后业绩马上“变脸”的情况。

（3）核准制下的“保荐人制”。

2004年2月1日，我国开始推行保荐人制度。其目的在于保证上市公司信息披露的质量，增强上市公司信用，保障市场稳健运行。

保荐人的责任被法定延续到公司上市当年剩余时间及其后两个完整会计年度，即上市以后，保荐机构和保荐人也要负持续督导责任，如果出现上市公司造假上市，或上市后就出现亏损等情况，保荐机构和保荐人根据规定，可能受到停办承销业务或被除名的处罚。

（4）注册制。

随着中国改革的深化和市场的发展，核准制的缺陷和不足逐步显现，因此必须推进股票发行注册制改革，以利于培育和形成市场自我约束机制，发挥市场配置资源的决定性作用，提高资本市场服务实体经济的效率，实现投融资功能平衡协调和资本市场长期稳定健康发展。

我国从2014年开始逐步推进注册制改革，这是中国资本市场改革发展又一个重要里程碑，注册制改革是一场触及监管底层逻辑的变革，为加快构建规范、透明、开放、有活力、有韧性的中国资本市场提供了更加坚实的制度支撑。

六、股票发行程序

世界各国对股票发行程序都有严格的法律规定。由于股票发行目的、发行方式不同，其发行程序也有所差异，一般可分为首次公开发行的程序和增发股票的程序。因教材篇幅所限，此处仅介绍首次公开发行（Initial Public Offering，IPO）的程序。

1.准备阶段。

发行公司董事会拟订了资金使用计划和新股发行计划后，需提请股东大会批准，然后聘请一家证券承销商负责本公司此次发行事宜，并由承销商负责组织一个包括律师、会计师、资产评估师等在内的专家小组，负责对发行公司进行尽职调查和发行前的准备工作。

准备工作主要包括：

①对发行公司进行改造，重组整合成适于公开发行股票及随后上市的公司；

②对发行公司进行财产重估和资信评审；

③编制招股说明书。

2.申请阶段。

主承销商会同发行公司将申请书、招股说明书、承销协议等申请文件送交证券管理机关，申请公开招股。

3.审批阶段。

有关证券管理部门接到发行人的申报后，即进入审查批复阶段。

核准制下，证监会正式受理申请文件后，形成反馈意见，发行人按要求回复后无异议再安排初审会，提交发审会审核，通过后核准发行。

注册制下，交易所受理申请文件后，发行上市审核机构进行审核问询，不需要进一步问询的提交上市委员会审议，交易所结合审议意见审核通过的，报送证监会，注册通过后启动发行工作。

4.预披露及推介（促销）阶段。

从发行人的申请文件被受理到发行申请被批准或注册生效期间，发行公司与主承销商可以推介或促销拟发行的证券，包括提前通知市场有关新股发行情况，大致确定目标投资群体，通过巡回展示或其他推介形式创造对新股的需求，引起投资者的购买兴趣。

5.发售阶段。

在注册期满或申请被批准后，发行公司须提交并公开招股说明书的最后文本，同时要与主承销商正式签署承销协议，并由主承销商负责组织承销团。

承销团成立后，便可以在公开发行日向投资者发售了。股票全部发售完毕后，主承销商负责公布认购结果并将所筹资金转交发行公司，办理股份登记。

如果发行公司想成为上市公司，主承销商还要负责上市事宜及上市后的市场维持。

在有关股票发行文件中，招股说明书是最重要的文件。

根据2016年1月发布的《上海市场首次公开发行股票网上发行实施细则》和《深圳市场首次公开发行股票网上发行实施细则》整理的中国股票二级市场配售和网上公开发行的流程，参见表7–2。

表7–2 **股票二级市场配售和网上公开发行的流程**

日期	向二级市场投资者配售	网上公开发行
T–2	T–1之前为初步询价阶段，初步询价开始日前两个交易日为基准日	刊登招股说明书概要、交易所计算市值
T–1	主承销商确定股票发行价格区间（或发行价格）、网下发行股票总量等申购参数，并在申购开始前完成相关参数确认	
T	网下投资者自主申购，无须缴款；主承销商确认有效申购	投资者申购，无须缴款
T+1	发行人与主承销商按照事先确定的配售原则，在有效申购的网下投资者中选择配售股票的对象。各配售对象可通过申购平台查询其网下获配应缴款情况	公布中签率，组织摇号抽签，上交所将于T+1日盘后向证券公司发送中签结果数据
T+2	主承销商向市场公告网下获配应缴款情况，16：00前，网下投资者应根据获配应缴款情况，为其获配的配售对象全额缴纳新股认购资金	各证券公司营业部应于T+2日向投资者发布中签结果。T+2日日终，中签的投资者应确保其资金账户有足额的新股认购资金，不足的视为放弃认购
T+3	向市场公告网下配售结果	15：00前，结算参与人将其放弃认购部分向中国结算上海分公司申报 15：00—16：00，中国结算上海分公司根据结算参与人申报的放弃认购数据，计算各结算参与人实际应缴纳的新股认购资金 16：00，中国结算上海分公司从结算参与人的资金交收账户中扣收实际应缴纳的新股认购资金，并于当日划至主承销商的资金交收账户
T+4	清算、登记、划款	向市场公告网上发行结果

股票发行程序中的路演与绿鞋期权。

（1）路演（Road Show）。

路演有时也被译做“路游”，是指股票承销商帮助发行人安排的发行前的调研活动。一般来说，承销商先选择一些可能销出股票的地点，并选择一些可能的投资者（主要是机构投资者），然后带领发行人逐个地点去召开会议，介绍发行人的情况，了解投资人的投资意向。大多数情况下，基金经理人会作为机构投资者参加这一活动。另外，会计师和投资顾问有时也参加这一活动。承销商和发行人通过路演，可以比较客观地决定发行量、发行价格以及发行时机等。

路演是决定股票首次公开发行成功与否的重要步骤，成功的路演可以达到三个目的：

①通过路演让投资者进一步了解发行人。

在大约两周的时间内，发行人、高层管理人员会同主承销商前往各金融中心城市，拜访潜在的投资者，使投资者有机会通过路演了解发行人的管理工作，并向发行人提出质询。

②增强投资者的信心，创造对新股的市场需求。

尽管多数国家的证券监管机构禁止发行人在路演时发送除初步招股说明书之外的任何书面材料和进行盈利预测，但是路演还是给发行人提供了一个展示公司管理层风貌、公司实力和陈述公司长期商业计划的机会。由于路演是发行人积极推销的唯一机会，很多机构投资者和个人投资者就会在路演演说中形成对发行公司管理层的看法，进而做出买或不买股票的决定，因此，成功的路演可以创造对新股的市场需求。

③从投资者的反应中获得有用的信息。

发行人可以从路演中了解到投资者对此次发行的反应，从而客观地决定发行量、发行价格及发行时机等。

（2）绿鞋期权（Green Shoe Option）。

它在我国又称超额配售选择权，是包销商在获得发行人许可的情况下，可以超额配售股份的一种发行方式。其意图在于增发股票满足更多需求，或购回股票稳定价格。当发行股票时，发行人与包销商达成协议，允许包销商在既定的股票发行规模的基础上，视市场具体情况，使用发行人所授予的股份超额配售权，一般为初始发行规模的5%～15%。

例如，中国工商银行2006年发行新股时规定A股的“绿鞋”规模为不超过初始发行规模的15%，即不超过19.5亿股。一般来说，超额配售所募集的资金不会马上转给发行公司，而是暂时存放在包销商的账户上。因为包销商一旦使用这种超额配售权，就处于卖空位置，一旦股票上市后股价跌破发行价，包销商就可以利用超额配售所得的这部分资金，以不高于发行价的价格在二级市场上收购被抛售的股票，从而达到稳定股价的目的。如果这种超额配售未得到发行人的许可，就被称为“光脚鞋”（Bare Shoe），如果股票上市后股价上涨，包销商就必须以高于发行价的价格，购回其所超额配售的股份，从而遭受经济损失。发行人的许可使得包销商超额配售的股份有了来源保证，不必花高价去市场购买，发行人按发行价多增发相应数量的股份给包销商即可，包销商还可为发行公司多募集一些资金。“光脚鞋”常被包销商与“绿鞋”合用，以增大卖空空间和增强市场支撑能力。

绿鞋期权的名称来源于最初采用这种发行方式的公司名称。

1963年，佩思·韦伯公司为波士顿绿鞋制造公司发行股票时第一次采用了这种期权。中国证监会于2001年9月3日发布了《超额配售选择权试点意见》，标志着绿鞋期权在我国开始试行。2006年9月17日中国证监会发布了《证券发行与承销管理办法》，其中规定，首次公开发行股票数量在4亿股以上的，发行人及其主承销商可以在发行方案中采用超额配售选择权。超额配售选择权的实施应当遵守中国证监会、证券交易所和证券登记结算机构的规定。

七、我国股票发行条件

（一）首次公开发行股票的发行人条件

首次公开发行股票的发行人，在我国主板市场、创业板及科创板市场的股票发行条件，参见表7-3。

表7-3 我国主板市场、创业板及科创板市场的股票发行条件

条件		主板、中小板市场	创业板市场	科创板市场（注册制）
主体资格	公司类型	依法设立且符合发行条件的股份有限公司		
	公司治理	同股同权	有条件接受同股不同权和红筹企业	
	经营年限（存续期）	持续经营时间应当在3年以上		
	高级管理人员、董事	最近3年内未发生重大变化	最近2年内未发生重大变化	
	实际控制人	最近3年内未发生变更	最近2年内未发生变更	
	主营业务	最近3年内未发生重大变化	最近2年内未发生重大变化	

续表

条　件		主板、中小板市场	创业板市场	科创板市场（注册制）
财务与会计	市值及财务指标	设置3套标准： （1）最近3年净利润均为正，且最近3年净利润累计不低于1.5亿元，最近一年净利润不低于6000万元，最近3年经营活动产生的现金流量净额累计不低于1亿元或营业收入累计不低于10亿元 （2）预计市值不低于50亿元，且最近一年净利润为正，最近一年营业收入不低于6亿元，最近3年经营活动产生的现金流量净额累计不低于1.5亿元 （3）预计市值不低于80亿元，且最近一年净利润为正，最近一年营业收入不低于8亿元	设置3套差异化上市条件： （1）一般盈利企业两套标准： ①最近两年均盈利，累计净利润不低于5 000万元 ②预计市值不低于10亿元，最近一年盈利且营业收入不低于1亿元 （2）未盈利企业一套标准：预计市值不低于50亿元，最近一年营业收入不低于3亿元。 （3）发行人尚未盈利的，应当充分披露尚未盈利的成因，以及对公司现金流、业务拓展、人才吸引、团队稳定性、研发投入、战略性投入、生产经营可持续性等方面的影响	设置5套差异化上市指标，允许存在未弥补亏损、未盈利企业上市： （1）市值≥10亿元，最近2年净利润均为正且累计净利润不低于5 000万元或最近1年净利润为正且营业收入不低于1亿元 （2）市值≥15亿元，最近1年营业收入不低于2亿元，且最近3年研发投入合计占营业收入的比例不低于15% （3）市值≥20亿元，最近1年营业收入不低于3亿元，且最近3年经营活动产生的现金流量净额累计不低于1亿元 （4）市值≥30亿元，最近1年营业收入不低于3亿元 （5）市值≥40亿元，主要业务或产品经国家有关部门批准，市场空间大，目前已取得阶段性成果，并获得知名投资机构一定金额投资，具备明显技术优势并满足相应条件

续表

条　件		主板、中小板市场	创业板市场	科创板市场（注册制）
财务与会计	资产要求	最近一期期末无形资产（扣除土地使用权、水面养殖权和采矿权等后）占净资产的比例不高于20%	最近一期期末净资产不少于2 000万元	
	股本要求	发行前股本总额不少于人民币3 000万元	发行后的股本总额不少于3 000万元	
成长性与创新能力			发行人具有较高的成长性和一定的自主创新能力，在科技创新、制度创新、管理创新等方面具有较强的竞争优势；符合“两高”“五新”标准，即高科技、高增长，新经济、新服务、新能源、新材料、新农业	

（备注：主板市场、创业板市场及科创板市场的含义将在第八章进行阐述）

（二）上市公司再融资发行证券的条件

1.增发股票的一般条件。

上市公司增发股票的一般条件是指上市公司采用不同方式增发股票时应当具备的条件，包括组织机构健全、运行良好；上市公司的盈利能力具有可持续性；上市公司的财务状况良好；上市公司财务会计文件无虚假记载、不存在重大违法行为；上市公司募集资金的数额和使用符合规定；上市公司不存在严重损害投资者合法权益和社会公共利益的违法行为。

2.向原股东配售股份的条件。

除一般性规定的条件以外，还应当符合以下条件：

（1）拟配售股份数量不超过本次配售股份前股本总额的30%。

（2）控股股东应当在股东大会召开前公开承诺认配股份的数量。

（3）采用代销方式发行。控股股东不履行认配股份的承诺，或者代销期限届满，原股东认购股票的数量未达到拟配售数量70%的，发行人应当按照发行价并加算银行同期存款利息返还给已经认购的股东。

3.向不特定对象公开募集股份（增发）的条件。

除一般性规定的条件以外，还应当符合以下条件：

（1）最近3个会计年度加权平均净资产收益率不低于6%，扣除非经常性损益后的净利润与扣除前的净利润相比以低者为计算依据。

（2）除金融类企业外，最近一期期末不存在持有金额较大的交易性金融资产和可供出售的金融资产、借予他人款项、委托理财等财务性投资的情形。

（3）发行价格应不低于公告招股意向书前20个交易日公司股票均价或前一个交易日的均价。

4.非公开发行股票的条件。

所谓非公开发行股票，是指上市公司采用非公开方式，向特定对象发行股票的行为，也称定向增发。2020年2月14日，证监会再融资新规落地，，显著放宽了对上市公司定向增发股票的监管要求，新规规定：非公开发行股票的特定对象应当符合股东大会决议规定的条件，其发行对象不超过35名。发行对象为境外战略投资者的，应当经国务院相关部门事先批准。上市公司非公开发行股票，除一般性规定的条件以外，还应当符合下列条件：

（1）发行价格不低于定价基准日前20个交易日公司股票均价的80%。

（2）本次发行的股份自发行结束之日起，6个月内不得转让；控股股东、实际控制人及其控制的企业认购的股份，18个月内不得转让。

（3）募集资金使用符合有关规定。

（4）本次发行将导致上市公司控制权发生变化的，还应当符合中国证监会的其他规定。

第二节 债券发行市场

一、债券的发行主体及目的

债券发行是将债券从发行者手中转移到投资者手中的过程。债券的发行主体包括政府、金融机构、股份公司、企业等。

1.政府。

政府为了达到特定的目的，根据信用原则，经常采取发行债券的形式筹措资金。政府又分为中央政府和地方政府，中央政府为了弥补国库暂时性资金不足，可发行短期国家债券，即国库券；为了某种特定目的也可发行中、长期国家债券，即公债券，其既可以在国内以本币发行，也可以在国外以外币币种发行。地方政府为了发展地区经济（如建设某个大型项目、修建基础设施等），也常采用举债的形式，发行地方政府债券，简称地方债券。

2.金融机构。

其主要包括银行及非银行性质的金融机构（如信托投资公司、证券公司等）。金融机构发行债券的目的主要是筹集信贷资金。在英、美等欧美国家，金融机构发行的债券被归类于公司债券；在我国及日本等国家，金融机构发行的债券称为金融债券。

3.股份公司。

股份公司为了筹措资金，经董事会决定后，可申请发行债券。这种方式不仅比增发新股简单，而且也比较灵活。

4.企业。

企业在具备发行资格的条件下，可以作为发行者，通过发行债券筹集资金。这是企业最直接、最有效的资金来源之一。

二、债券的发行条件

确定发行条件是发行债券过程中一项至关重要的工作。合理确定债券的发行条件，对发行者来说直接关系到筹资成本的高低，对投资者来说是做出投资判断的基本依据。只有制定出合理的发行条件，才能保证债券发行的成功。发行条件主要由发行额、票面金额、票面利率、债券的期限、发行价格、债券的偿还方式、债券的发行担保、债券的税收效应等内容构成。

（一）发行额

发行额是一次发行债券所筹集的资金总额。它是由发行者资金的数量、发行者的信誉、债券的种类以及市场的承受能力等因素决定的。

从发行者的角度看，在债券总金额相等的条件下，一次发行比分次发行节省时间和费用，但一次发行债券在一些国家受到法定最高限额的限制；并且发行额定得过高时，会造成销售困难，以致影响发行者的信誉，对债券发行后的转让价也会产生不良影响。一般来说，发行者首次发行债券，发行额可定得低一些，以保证发行成功，以后再根据需要发行债券时，便可参照首次发行的情况，确定出有把握的发行额。

（二）票面金额

票面金额是债券券面所表示的金额。票面金额的确定要考虑两个因素：

一是认购者的购买能力。以公募方式向社会公众发行债券时，若票面金额定得过高，就会把小投资者拒之门外；以私募方式向法人投资者发行债券时，则可考虑适当提高票面金额。

二是成本测算。如果票面金额定得过低，就会增加债券数量，不仅增加印刷成本，还会使发行工作复杂化。综合上述两个因素，一般采取多票面金额的方式比较理想。

（三）票面利率

票面利率又称名义利率，是债券票面所载明的利率。它反映的是债券券面上的固定利息和券面金额的比率，是固定不变的。例如，某种债券票面利率10%，即表示每认购100元债券，每年可得到10元利息。通常，在确定债券票面利率时，既要考虑到发行单位的承受能力，又要考虑到对投资者是否有吸引力，具体考虑因素包括以下三个方面：

1.银行同期存款利率水平和期限的长短。

银行存款和债券投资是资金运用的两种不同方式，投资者要对这两种方式的收益性和风险性进行比较，选择最佳的投资对象。通常来说，债券的风险略高于银行存款，票面利率也应略高于银行存款利率。同时，期限长的债券票面利率高些，期限短的债券票面利率则低些。

2.其他债券的利率水平。

债券的种类很多，各种债券由于信用程度不同，利率有一定差别。信用级别高的债券可以相应降低票面利率，信用级别低的债券则要相应提高票面利率。发行者应在考虑自己信用程度的基础上，确定相应的票面利率。

3.发行者的承受能力。

发行者应在正确估计自己的承受能力的基础上确定票面利率。否则，盲目地将票面利率定得过高，其结果轻者会给发行者带来沉重的利息负担，重者不能按期偿还本金，给以后的债券发行工作带来严重的不利影响。

（四）债券的期限

债券的期限是指从债券发行日起到偿清本息日止这段时间。它是由发行人使用资金的周转期、市场利率的发展趋势、流通市场的发达程度、发行者的信用度和投资人的投资意向等因素决定的。

发行人在确定债券的期限时，主要应考虑以下因素：

（1）要考虑自己使用资金的周转期，发行不同期的债券主要是为了满足不同的资金需求，使债券的期限与资金的周转期相适应。

（2）要考虑未来市场利率的发展趋势，以避免利率风险，减少市场利率上升所引起的筹资成本的上升。

（3）要考虑流通市场的发达程度，如果流通市场发达，投资人就敢于购买长期债券，因为债券可以随时变现；反之，投资者存在后顾之忧，长期债券就难以销售。

（4）要考虑发行者的信誉，一般来说，知名度高、信誉好的大企业，即使发行期限较长的债券，也容易推销；相反，信誉差的公司，要想将债券顺利推销出去，应尽量发行期限较短的债券。

另外，投资人的投资意向、心理状况以及市场上其他债券的期限构成，也是发行人确定债券期限要考虑的因素。

（五）发行价格

发行价格是债券从发行者手中转移到初始投资者手中的价格。债券的发行价格相对于券面金额而言有三种：第一种是以券面金额发行，称平价发行，一般是在债券票面利率与市场利率相同的情况下采用；第二种是以高于券面金额的价格发行，称溢价发行，一般是在债券票面利率高于市场利率的情况下采用；第三种是以低于券面金额的价格发行，称折价发行或贴水发行，一般是在债券票面利率低于市场利率的情况下采用。

一般来说，发行价格可以与利率相互配合来调整债券购买者的实际收益率，使之与实际利率保持一致。在市场利率水平有较大幅度的浮动时，既可以调整债券的票面利率，也可以微调发行价格与之相适应。

（六）债券的偿还方式

债券一般是按照发行时约定的期限到期偿还的，但也有部分债券在发行时就规定了偿还方式。偿还方式包括到期偿还、期中偿还和展期偿还，期中偿还又有全额偿还和部分偿还等方式。债券的偿还方式直接影响发行人的筹资成本和投资者的投资收益以及双方的风险，这也是发行人需要考虑的条件之一。

（七）债券的发行担保

有无发行担保是债券发行的条件之一。由信誉好的第三方担保或用发行人的财产作抵押担保，可提高债券的安全性，降低筹资成本。通常，政府和大金融机构发行的债券无须担保。

（八）债券的税收效应

债券的税收效应主要是指对债券的收益是否征税。涉及债券收益的税收有收入所得税和资本收益税。

收入所得税也称利息预扣税，在发行人向债券持有人支付利息时预先扣除债券持有人应向政府部门缴纳的税款并集中上缴当地税务部门。资本收益税是政府对证券投资的资本利得收入征收的税费。资本利得收入是指债券的卖出价与买入价之差额或债券到期的偿还金额与买入价的差额。针对债券投资所开征的税种及税率由各国的税务部门决定，但因投资者关注的是债券投资收益在扣除税款后的净额，所以税收效应也是债券发行人需要考虑的条件之一。

总之，在确定发行条件时，要将上述因素综合起来考虑，经多方面权衡后方可决定。通常先定利率和期限，因为它们反映了投资者的获利大小和贷出资金的时间长短，再根据市场利率确定发行价格。而投资者在进行债券投资时，除了看发行条件外，还要考虑发行者的信用度，所以一般都对发行者定有不同的发行等级，级别越低的发行者越需要以较高的发行条件来发行。

三、债券的发行方式

（一）定向发行

定向发行又称私募发行、私下发行，即面向少数特定投资者发行。一般由债券发行人与某些机构投资者，如商业银行、证券投资基金、保险公司、信托投资公司等金融机构，以及养老保险基金、各类社会保障基金、社会捐赠基金等特定机构直接洽谈发行条件和其他具体发行事务，属于直接发行。我国的国家重点建设债券、财政国债、特种国债等国债均采取定向发行方式。

（二）承购包销

承购包销是发行人与由商业银行、证券公司等金融机构组成的承销团通过协商条件签订承购包销合同，由承销团分销拟发行债券的发行方式。有的国家建立了国债一级自营商制度，具备一定的资格条件、经批准的国债一级自营商，有责任包销每次国债发行量的一定比例，再通过各自的市场销售网络开展分销与零售业务。以公募方式发行的公司债券，一般也采取承购包销方式。

对于事先已确定发行条件的国债，我国仍采用承购包销方式，目前主要用于不可上市流通的凭证式国债的发行，主要由商业银行承销并利用银行营业网点分销。

（三）招标发行

招标发行是通过招标方式确定债券承销商和发行条件的发行方式。通过投标人的直接竞价来确定发行价格（或利率）水平，发行人将投标人的标价，自高价向低价排列，或自低利率向高利率排列，发行人从高价（或低利率）选起，直到达到需要发行的数额为止。因此，所确定的价格恰好是供求决定的市场价格。

招标发行根据标的物的不同，可分为价格招标、收益率招标和缴款期招标三种形式。

1.价格招标。

它主要用于贴现债券的发行。根据中标规则的不同，又可分为荷兰式招标和美国式招标两种。荷兰式招标是指按投标人所报买价从高向低的顺序中标，直至满足预定发行额为止，中标人以所有中标价格中的最低价格认购中标的债券数额。美国式招标的过程与荷兰式相似，但是投标人在中标后，分别以各自出价来认购债券。

【例3】当面值为100元、总额为200亿元的贴现国债招标发行时，若有A、B、C三个投标人，他们的出价和申报额见表7-4，那么，A、B、C三者的中标额分别为90亿元、60亿元和50亿元。在荷兰式招标规则下，中标价都是75元；而在美国式招标规则下，中标价分别是自己的投标价85元、80元和75元。

由此可见，二者的区别是，荷兰式招标是所有中标人以“单一价格”认购，美国式招标是中标人以“多种价格”认购。我国目前短期贴现国债主要运用荷兰式价格招标方式予以发行。

表7-4 荷兰式招标与美国式招标中标价的比较

投标人	A	B	C
投标价（元）	85	80	75
投标额（亿元）	90	60	100
中标额（亿元）	90	60	50
荷兰式招标中标价（元）	75	75	75
美国式招标中标价（元）	85	80	75

2.收益率招标。

它主要用于附息债券的发行，同样可以分为荷兰式招标和美国式招标两种形式，原理与价格招标相似。债券的票面利率由投资者以招标方式进行竞争，按照投标人所报的收益率由低到高依次中标，直到满足预定发行额为止。荷兰式招标的中标人以所有中标收益率中的最高收益率认购中标额，美国式招标则以中标人各自报出的收益率认购中标额，并均以各中标人投标收益率的加权平均值作为债券的票面利率。

3.缴款期招标。

它是指在债券的票面利率和发行价格已经确定的条件下，按照承销机构向财政部门缴款的先后顺序获得中标权利，直至满足预定发行额为止。根据中标规则的不同，缴款期招标也可分为荷兰式招标和美国式招标，前者是各中标商均以单一的最迟缴款日期为中标缴款期，后者是各中标商以各自投标的缴款期为中标缴款期。这一招标形式是我国的创新，曾在国债发行中运用。

我国记账式国债的发行以招标方式为主，既有荷兰式招标，也有美国式招标，招标标的为利率、利差和价格，国债承购包销团成员有权参加国债的招投标。

（四）直接发售

直接发售是指发行人通过代销方式在证券公司或银行柜台向投资者直接销售。国外的储蓄债券常采用这种方式。

四、债券的信用评级

对发行证券的机构进行信用评级具有多重意义，对机构来说，进行信用评级是发行债券的必要前提，是取信投资者、降低发债成本的必要途径；对投资者来说，知道所买入债券的信用等级是其进行投资风险管理的重要环节。

（一）债券信用评级的概念

债券信用评级是指债券评级机构对债券发行者的信誉及其所发行的特定债券的质量进行评估。从本质上说，信用评级评估和计量了信用风险（即发生不利于债权事件的可能性)。它对于债券发行者、投资者和证券交易者都很重要，因为只有通过比较各种债券的级别，才能保证投资和交易的质量，降低投资风险。

世界上最早的债券评级制度诞生于美国，目前世界上最著名、最具权威性的评级机构是美国的穆迪投资者服务公司（简称“穆迪公司”）和标准普尔公司。此外，还有日本公社债研究所、日本投资家服务公司、日本格付研究所以及英国的艾克斯特尔统计服务公司等。它们大多是为社会公众所承认的、具有很高声誉的民间债券评级机构。

（二）债券信用级别的划分及含义

国外债券信用级别的划分，有的是“四类十级制”，即A、B、C各分三级，另加D级；有的是“三类九级制”，即A、B、C各分三级；还有的是“二类六级制”，即A、B各分三级。

一般采用“三类九级制”的比较多，我国目前的债券信用评级就采用这种等级划分方法，即将债券的等级划分为：AAA，AA，A，BBB，BB，B，CCC，CC，C。

关于债券信用级别的划分及含义，世界各国尚不完全统一。表7-5为债券级别划分表，以美国标准普尔公司和穆迪公司为例，说明其等级划分及含义。

表7-5　**债券级别划分表**

<table>
<tr><th>标准普尔公司</th><th>穆迪公司</th><th>性质</th><th>级别</th><th>说　明</th></tr>
<tr><td>AAA</td><td>Aaa</td><td rowspan="4">投资</td><td>最高</td><td>信誉最高，债券本息支付无问题</td></tr>
<tr><td>AA</td><td>Aa</td><td>高</td><td>信誉很高，有很强的支付本息的能力</td></tr>
<tr><td>A</td><td>A</td><td>中上</td><td>信誉较高，有较强的支付能力，但在经济形势发生逆转时，对市场较为敏感</td></tr>
<tr><td>BBB</td><td>Baa</td><td>中</td><td>有一定信誉，有一定支付能力，但在经济形势发生逆转时，较上述级别更易受影响</td></tr>
<tr><td>BB</td><td>Ba</td><td rowspan="5">投机</td><td>中下</td><td>有投机因素，但投机程度较低</td></tr>
<tr><td>B</td><td>B</td><td rowspan="4">投机</td><td>投机的</td></tr>
<tr><td>CCC、CC</td><td>Caa</td><td>可能不还</td></tr>
<tr><td>C</td><td>Ca</td><td>不还，但可以收回很少一点</td></tr>
<tr><td>DDD—D</td><td>C</td><td>不还，不履行债务，无收回的可能</td></tr>
</table>

【案例】 鑫龙电器（002298）新股分析询价报告[①]

报告一

报告标题：鑫龙电器（002298）电网建设与铁路电气化推动行业需求，建议询价区间6.79～8.15元

投资要点：

公司主营业务为高低压成套开关设备、元器件和自动化产品的生产和销售。主要产品包括40.5KV系列开关设备、12KV系列开关设备、12KV系列开关、12KV箱式变电站、低压开关设备、自动化产品、低压元器件等，其中高低压成套开关设备销售收入占公司总收入的近90%。

公司各产品毛利率较高，大部分产品毛利率均在35%以上，但是由于低压成套开关设备毛利率较高，且销售额占到公司总收入的40%左右，因而公司综合毛利率水平与可比行业上市公司龙头企业仍有一定的差距。

公司主要市场在电网和铁路电气化领域，未来仍有较大发展空间：

（1）高低压开关行业与配网建设投资相关度较高，而中国的城市配网改造和农村配网建设需求仍较大；

（2）2010年，全国铁路网营运里程由8.5万千米调增为9万千米以上，客运专线建设规模由5 000千米调增为7 000千米，复线率、电气化率均由41%调增到45%以上。铁路电气化进程的加快必将带动铁路相关开关及变压器等电气设备需求的增长。

本次公开发行募集的资金将投向3个项目，主要用于扩大生产能力。募投项目计划增加公司智能化箱式变电站产能1 000台，同时新增综合保护装置和永磁真空断路器两个新产品。3个项目合计投资1.65亿元，其中固定资产投资9 990万元。

我们预计，公司2009年、2010年、2011年完全摊薄EPS分别为0.32元、0.41元和0.56元，对照可比上市公司估值水平，给予公司2009年25～30倍的市盈率和15%的折价，建议询价区间为6.79～8.15元。

特别提示：本报告所预测的新股定价不是上市首日的价格表现，而是在现有市场环境基本保持不变的情况下的合理价格区间。

研究员：矫健　所属机构：申银万国

报告二

报告标题：鑫龙电器（002298），逐步成长的民营电力设备供应商

公司主要从事高低压成套开关设备、元器件和自动化产品的生产和销售。2009年上半年，高压成套设备、低压成套设备、元器件和自动化产品的毛利率分别为30%、25%、40%和40%，综合净利润水平约为7%，公司盈利能力良好。

公司控股股东、实际控制人为束龙胜先生，发行前持有公司54.53%的股权，发行后仍持有40.65%的股权。芜湖市建设投资公司、芜湖市鸠江建设投资公司、安徽国有资产运营公司具有国资背景，共持有22.05%的股权，公司股权结构多元化。

公司所处输配电行业环境超好，电力投资持续增长，行业长期景气；铁路、轨道交通投资的

① 申银万国证券和东方证券新股分析询价报告。作者对原文有所删节。

增加推动了输配电设备行业的发展，输配电设备迎来了千载难逢的发展机遇。在细分子行业上，开关行业快速增长，高压开关市场份额不断增长。公司过去3年营业收入及净利润复合增长率分别超过25%和40%。

尽管输配电行业集中度低，竞争非常激烈，但公司已经形成了独特的竞争优势。公司定位于高端市场，国家大型项目工程创造的销售收入超过80%；自主研发水平很高，拥有37项专利技术和多名杰出研发人才；在铁路和轨道交通招标中具有先发优势；产品结构趋于优化，高端产品占比稳步上升，持续提升公司盈利水平。

我们假设公司成功发行2 800万股，以发行后11 000万股本计算，2009年、2010年和2011年折合每股收益分别为0.31元、0.41元和0.57元。考虑到公司同行业估值水平以及公司所处行业地位，我们认为公司合理市盈率水平应为2009年25～30倍的市盈率，我们认为公司合理股价为7.75～9.3 元。

研究员：邹慧　所属机构：东方证券

案例思考：通过该案例说明你重点应看哪些方面的信息？并分析该公司的新股定价是否合理。

本章基本概念

发起设立　募集设立　增资发行　公开发行　内部发行　直接发行　间接发行　累计投标询价　注册制　核准制　价格招标　荷兰式招标　美国式招标　收益率招标　债券信用评级

复习思考题

1. 股票发行的目的是什么？
2. 股票增资发行的主要方式有哪些？
3. 什么是注册制、核准制？二者有什么区别？
4. 股票发行价格的确定要考虑哪些因素？
5. 债券招标发行有哪几种方式？
6. 价格招标和收益率招标有什么区别？
7. 荷兰式招标和美国式招标有何不同？
8. 为什么要进行债券评级？其作用是什么？
9. 阅读一家公司的招股说明书，通过该说明书你能获得哪些方面的信息，并分析该公司的新股定价是否合理。

学习资料推荐

■你可以登录中国证券监督管理委员会的官方网站了解首次公开发行、配股、非公开发行和增发等的相关规定。

■你可以登录中国证券监督管理委员会的官方网站了解公司债券、可转换债券、可分离债券发行的相关规定。

第八章

证券交易市场

本章提要

公开发行证券的公司必须达到证券交易所的标准才能申请证券上市，证券上市交易是按一定程序进行的，证券交易的方式也是多种多样的。本章重点阐述证券上市要求，证券交易所及创业板的功能、本质及交易规则，场外交易市场的发展现状、特点及第三市场和第四市场。通过本章的学习，学生应掌握证券交易所的交易规则与原理，理解交易所的功能与作用，明白设立证券上市标准的意义，知晓证券交易市场的发展趋势。

证券交易市场是买卖、转让已发行证券的场所，因此它又被称为证券流通市场，包括交易所（场内）市场和场外市场两部分。由于它是建立在发行市场基础上的，所以，又被称为二级市场。相比较而言，证券交易市场的结构和交易活动比发行市场复杂，其作用和影响也更大。在世界大多数国家，证券交易中股票交易量最大，成交份额也最多，所以，本章的证券交易内容主要以股票交易为主。

第一节　证券上市及交易场所

证券上市是指证券交易所根据一定的条件和标准，批准公司已经公开发行的证券在证券交易所作为买卖对象，自由地公开买卖。发行该证券的公司为上市公司。

一、上市证券与非上市证券

上市证券是指在证券交易所内采用集中竞价方式挂牌买卖的证券。一般来说，一个公司的证券要想在某一证券交易所公开上市买卖，首先必须向证券交易所提出上市申请。各个证券交易所对证券的上市都有一些要求，只有符合条件的证券才能在交易所公开上市。证券上市的条件在各国证券管理立法中都有一些原则性规定，但一般不作具体的强制性规定，而是主要由证券交易所自行决定。因此，各证券交易所证券上市的条件有严有松，然而其目标都是切实维护投资者的利益，维持证券市场的正常运行。无论不同国家、不同的证券交易所对证券上市做怎样的规定，总是那些信誉高、经济效益好、经营管理完善、经济实力雄厚的公司更为容易获准上市。

与上市证券相对应的是非上市证券。非上市证券是指那些不在证券交易所挂牌

本章建议阅读资料：

1.中国证券业协会．证券业从业资格考试统编教材——证券交易［M］．北京：中国财政经济出版社，2012.

2.赖利，埃德加，诺顿．投资学［M］．6版．李月平，译．北京：机械工业出版社，2005.

3.上海证券交易所交易规则（2021年修订）：http：//www.sse.com.cn/；深圳证券交易所交易规则（2021年修订）：http：//www.szse.cn/. 北京证券交易所交易规则 http://www.bse.cn/index.html

买卖的证券，其交易通常只能在场外进行。一般情况下，非上市证券比上市证券多，其中绝大多数是因为它们不符合证券上市条件，如那些较小公司的股票就往往只能在场外进行交易。

二、证券上市的利弊

对于证券的上市与否，人们历来有着不同的认识，有些公司热衷于自己的证券公开上市，有些公司则并不希望自己的证券公开上市，二者都有一些道理。

1.从有利的方面看。

（1）开辟多种直接融资渠道。

证券的公开上市有利于提高股票、债券的流动性，增强对投资者的吸引力。人们对股票、债券的关心将有利于上市公司继续向公众集资，当企业再次发行新的证券时使之能够选择有利的发售方式，降低发行成本。

（2）提高企业的知名度。

企业证券的公开上市可以说是企业发展史上的一个里程碑，它标志着企业的进步和发展水平的提高，说明该企业的生产力水平和经营管理水平已经达到相当高的程度，这样将会大大提高企业的社会知名度。此外，如果企业的证券公开上市，那么它的名字将经常出现在各种宣传媒介上，这本身就有一定的广告效应，对于提高企业的知名度也有相当大的作用。

（3）规范治理结构和内部管理。

企业证券的公开上市，提高了企业生产经营的透明度，而且社会上广大民众时刻都在注视着企业的生产与发展情况，并根据企业的生产与发展情况以及他们对企业发展前景的预测来决定证券的买入和抛出。社会民众对企业的普遍关注，必然形成对企业的巨大压力，促使企业不断加强经营管理，努力提高经济效益。

2.从不利的方面看。

（1）扭曲的证券市场行情会给企业带来负面影响。

证券公开上市后，其市场价格的频繁波动会给企业的经营带来消极影响。通常，人们总是认为，股市价格能够非常灵敏地反映企业的发展变化和经营水平，因而企业的经营者不得不为维持和提高本企业股票的市场价格而大伤脑筋。其实有些时候股市行情对企业经营状况的反映并不是非常真实的，而扭曲的证券市场行情会给企业带来诸多伤害。

（2）控制权分散会面临被收购的风险，也会影响决策效率。

证券公开上市后，企业控股权将会因此而更加分散，这样，一方面会因为股票经常易手、股东经常易人给企业的经营与发展带来一些影响；另一方面股权的极度分散和股东的经常变化也会给企业的经营决策带来诸多困难，影响企业决策的及时性与灵活性，这势必造成许多情况下非上市公司可以做到的事上市公司却不能做，或非上市公司很快能够做到的事而上市公司不能很快做到。

（3）强制性的约束、信息更加透明也会提高公司的经营成本。

证券公开上市后，企业要定期向大众公布企业的内部情况，这样一来，透明度的增加必然使企业的许多秘密被泄露出去，而在高度竞争的现代经济社会中，这不能不说对企业的发展和经营是非常不利的。

三、选择证券上市地点应考虑的因素

企业选择上市地的核心并不是选择交易所，而是选择企业自己的股东和市场，这样才能使企业发展与资本市场的发展相得益彰。企业选择在境内上市还是在境外上市，一般应考虑以下因素：

（1）是否符合公司未来发展战略的需要，包括产品市场、客户和国际化程度，企业与拟上市地国家（或地区）业务的关联度。

（2）拟上市地投资者对中国及中国企业的认同度。

（3）上市标准的差异，即是否足够了解拟上市地的股票交易规则并符合其要求（包括对公司治理的适应）。

（4）一级市场的筹资能力（市盈率水平）、二级市场的流通性（市场活跃状况）、后续融资能力。

（5）上市成本，包括初始上市成本与后续维护费用。

（6）上市时间。

（7）地理位置、文化背景、法律制度（如信息披露要求）等。

（8）政府的有关政策。

四、企业上市可供选择的目标市场

以中国企业发行的证券可供选择的上市及交易场所为例，企业上市可供选择的目标市场如图8-1所示。

1.主板市场。

主板市场（Main Board Market）是一个国家或地区证券发行、上市及交易的主要场所。一般而言，各国的证券交易所代表着国内主板市场。主板市场的功能定位主要是为国内乃至全球有影响力的处于成熟期的大公司提供融资渠道。在主板市场上市的条件较严格，一般要求企业已达到相当的规模，企业发展速度相对稳定；同时，要求企业在上市前若干年连续盈利，投资者进行投资判断时有往绩可循。相对于创业板市场而言，主板市场是资本市场中最重要的组成部分，很大程度上能够反映经济发展状况，有“宏观经济晴雨表”之称。上海、深圳证券交易所是我国证券市场的主板市场。

2.创业板市场。

创业板市场（Second Board Market），也称二板市场，其功能定位主要是为有潜

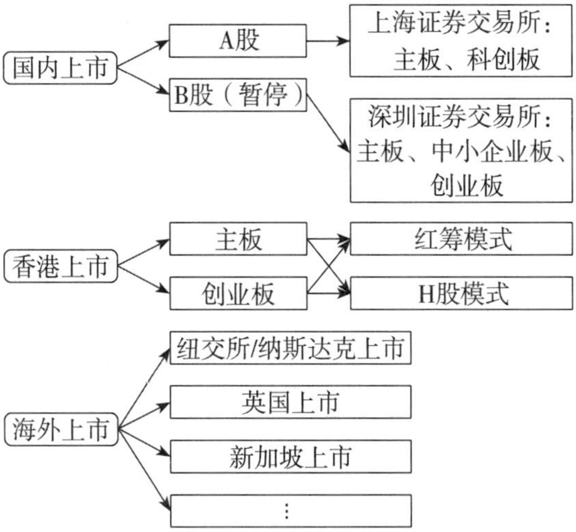

图8-1　中国企业上市可供选择的目标市场

质的发展中的新兴产业或新兴经济增长点企业服务。二板市场的上市条件比一板市场低，如香港创业板市场，一般仅要求有明确的主营业务和上市前有2年活跃记录。

美国的纳斯达克（NASDAQ）是全世界规模最大和最成功的创业板市场。

2009年3月31日，我国证监会正式发布了《首次公开发行股票并在创业板上市管理办法》，该办法自同年5月1日起实施。

2009年6月5日，深圳证券交易所正式发布了《深圳证券交易所创业板股票上市规则》，筹备10余年之久的创业板于2009年10月23日在深圳证券交易所正式启动。

深圳证券交易所2009年9月21日凌晨发布首批创业板上市公司公告，神州泰岳、乐普医疗、探路者及立思辰等10家拿到批文的创业板公司正式发布招股说明书。这10家公司在9月30日中华人民共和国成立60周年的前1天正式上市，从此，揭开了中国创业板的新篇章。

3. 科创板市场。

2019年6月13日，中国资本市场迎来历史性时刻！上海证券交易所科创板与注册制同步推出。

上海证券交易所科创板定位于坚持面向世界科技前沿、面向经济主战场、面向国家重大需求，主要服务于符合国家战略、突破关键核心技术、市场认可度高的科技创新企业。

科创板重点支持六大领域企业上市：新一代信息技术、高端装备、新材料、新能源、节能环保以及生物医药等高新技术产业和战略性新兴产业，推动互联网、大数据、云计算、人工智能和制造业深度融合，引领中高端消费，推动质量变革、效率变革、动力变革。2019年6月18日深夜，华兴源创率先披露上市发行安排及初步询价公告，摘得科创板001号代码，科创板第一股诞生。

4.新三板市场升级版——北京证券交易所。

虽然我们已经有了上交所、深交所，但很多中小企业并不符合上市标准，虽然有新三板市场（场外市场），但成交并不活跃，直接融资效果一般。中小企业对我国经济贡献非常大，2018年国务院的统计数据显示，中小企业贡献了50%以上的税收、60%以上的GDP、70%以上的技术创新、80%以上的城镇劳动就业、90%以上的企业数量。

为了“打造服务创新型中小企业阵地”，提升多层次资本市场发展普惠金融的能力，2021年9月3日我国成立了北京证券交易所（简称“北交所”），重点服务创新型中小企业。

北交所是中国第一家公司制运营的证券交易场所。北交所上市公司由新三板创新层公司产生。同时，将维持新三板基础层、创新层与北交所“层层递进”的市场结构，同步试点证券发行注册制。

2022年1月7日，证监会正式发布了《中国证监会关于北京证券交易所上市公司转板的指导意见》，明确规定在北交所连续上市一年以上且符合《中华人民共和国证券法》上市条件和交易所相关规定的企业可以直接转板到创业板和科创版上市。

新三板是全国中小企业股份转让系统（场外市场），包含创新型、创业型、成长型中小微企业。新三板曾在2017年划分了“基础层”和“创新层”，在此基础上，2019年在创新层中又划分了“精选层”。简单理解就是新三板市场里的上市公司按质量分了三个层次，实施分层管理，“创新层”的公司要好于“基础层”，在“创新层”挂牌满12个月，经验、能力都符合要求，就能升级到“精选层”。

简单来说，北交所就是一个升级款的新三板市场，制度总体平移新三板精选层各项基础制度。第一批上市公司是来自于新三板市场“精选层”挂牌的66家公司。

五、终止上市

证券上市后，上市公司应当一直遵守证券交易所的有关规定，符合上市的标准；否则，证券交易所可以根据有关法令和上市契约的规定，终止某种证券的上市交易，即摘牌取消上市资格。

例如，上海证券交易所规定，当上市公司触及上市规则规定的退市情形，导致其股票存在被终止上市风险的，本所对该公司股票启动退市程序。

退市包括强制终止上市和主动终止上市。

强制退市分为交易类强制退市、财务类强制退市、规范类强制退市和重大违法类强制退市四类情形（见表8-1）。

表8-1　**上海交易所上市规则规定的退市情形**

强制终止上市	交易类	（1）连续120个交易日累计股票成交量低于500万股 （2）连续20个交易日的每日股票收盘价均低于1元 （3）上市公司股东数量连续20个交易日（不含公司首次公开发行股票上市之日起20个交易日）每日均低于2 000人 （4）上市公司连续20个交易日每日股票收盘总市值均低于3亿元
	财务类	上市公司出现下列情形之一的，交易所对其股票实施退市风险警示： （1）最近一个会计年度经审计的净利润为负值且营业收入低于1亿元 （2）最近一个会计年度经审计的期末净资产为负值 （3）最近一个会计年度的财务报告被出具无法表示意见或者否定意见的审计报告 （4）中国证监会行政处罚决定书表明公司已披露的最近一个会计年度经审计的年度报告存在虚假记载、误导性陈述或者重大遗漏，导致该年度相关财务指标实际已触及第（1）项、第（2）项情形的 如果上市公司股票被实施退市风险警示后，出现下列情形之一的，上交所决定终止其股票上市： （1）公司披露的最近一个会计年度经审计的财务会计报告存在退市警示风险中第（1）项至第（3）项规定的任一情形或财务会计报告被出具保留意见审计报告 （2）公司未在法定期限内披露最近一年年度报告 （3）公司未在规定的期限内向上交所申请撤销退市风险警示 （4）半数以上董事无法保证公司所披露最近一年年度报告的真实性、准确性和完整性，且未在法定期限内改正 （5）公司撤销退市风险警示申请未被上交所同意
	规范类	（1）财务会计报告存在重大会计差错或者虚假记载，此后公司在股票停牌两个月内仍未改正 （2）未在法定期限内披露半年度报告或者经审计的年度报告，此后公司在股票停牌两个月内仍未披露 （3）无法保证公司所披露半年度报告或年度报告的真实性、准确性和完整性，且未在法定期限内改正 （4）信息披露或者规范运作等方面存在重大缺陷，未在规定期限内改正 （5）因公司股本总额、股权分布发生变化，导致连续20个交易日不再具备上市条件 （6）公司可能被依法强制解散 （7）法院依法受理公司重整、和解和破产清算申请

续表

强制终止上市	重大违法类	（1）上市公司存在欺诈发行、重大信息披露违法或者其他严重损害证券市场秩序的重大违法行为，且严重影响上市地位 （2）上市公司存在涉及国家安全、公共安全、生态安全、生产安全和公众健康安全等领域的违法行为，情节恶劣，严重损害国家利益、社会公共利益，或者严重影响上市地位
主动终止上市		（1）公司股东大会决议主动撤回其股票在本所的交易，并决定不再在本所交易 （2）公司股东大会决议主动撤回其股票在本所的交易，并转而申请在其他交易场所交易或转让 （3）公司向所有股东发出回购全部股份或部分股份的要约，导致公司股本总额、股权分布等发生变化不再具备上市条件 （4）公司股东向所有其他股东发出收购全部股份或部分股份的要约，导致公司股本总额、股权分布等发生变化不再具备上市条件 （5）除公司股东外的其他收购人向所有股东发出收购全部股份或部分股份的要约，导致公司股本总额、股权分布等发生变化不再具备上市条件 （6）公司因新设合并或者吸收合并，不再具有独立主体资格并被注销 （7）公司股东大会决议公司解散

第二节　证券交易所交易

证券交易市场按照组织形式，可分为证券交易所和场外交易市场两种类型。其中，证券交易所交易是证券市场集中交易的代表，是证券市场发展到一定阶段的产物。

一、证券交易所的概念及发展历程

证券交易所是证券交易市场中有组织、有固定地点，并能够使证券集中、公开、规范交易的场所。

证券交易所是商品经济发展的产物，早在资本原始积累时期就已出现。

据记载，比利时的安特卫普和法国的里昂是最早出现证券交易的地区，但真正较早地建立起比较正规的证券交易所的国家是荷兰。

荷兰的阿姆斯特丹有一座非常著名的桥——“新桥”，初建于1550年，是人类历史上第一个股票交易场所。当时，来自世界各地的从事证券买卖的商人汇聚于此，每天进行两到三个小时的交易。这些股票交易商在此一起谈论、传递和探询着各种有关股票的信息，相互讨价还价，寻找交易对手。但每逢恶劣天气，交易商们就要东躲西藏。于是，1611年，交易商们自行集资建造了阿姆斯特丹证券交易所大厦，专门用于股票交易，它就是世界上的第一个证券交易所。到了18世纪，海上贸易和国际金融中心逐渐向伦敦转移，英国逐渐取代荷兰拥有了海外霸权地位，伦敦的证券交易也活跃起来。英国最初的证券交易是在咖啡馆里进行的，英国的第一家证券交易所是1773年在伦敦的新乔纳森咖啡馆成立的。当时的证券交易对象主要是债券，股票交易数量较少。美国早期的证券交易是在马路边的梧桐树下进行的，直到1792年5月，24位经纪人签订了《梧桐树协议》，才算正式成立了证券交易所，即今天世界上最著名的纽约证券交易所的前身。

证券交易所产生初期采用的是投资者之间集市般的讨价还价制度，1612年，来自欧洲各国的投资者让新落成的阿姆斯特丹证券交易所显得越来越拥挤了。于是，一种新的交易方式随之诞生了。300名最具信誉的人被推举出来，他们作为投资者的代理人进到交易所里面进行交易，而这300位代理人也被称为经纪人。经纪人制度的出现，使市场信息集中到了经纪人身上，而每一位投资人又能通过经纪人了解到市场信息。这样就缩短了交易时间，提高了市场效率。

在交易所400多年的发展历程中，经历了若干次质的飞跃，从集市般的讨价还价到经纪人制度的出现，从电子化的改革到互联网的应用，但无论怎样变化，提高市场效率，降低交易成本，使参与者更加广泛、市场信息更加透明、竞争更加充分，使整个社会资源的配置更加迅捷、更加有效，都是证券交易所发展历史轨迹中永远不变的理念。

二、证券交易所的组织形式

证券交易所的组织形式一般分为公司制和会员制两种。

公司制证券交易所是按照股份制原则设立的，由股东出资组成的组织，是以营利为目的的法人团体。交易所的最高决策管理机构是董事会，董事和监事由股东大会选举产生。

会员制证券交易所是由会员自愿出资共同组成的、不以营利为目的的法人团体。会员制证券交易所由会员共同经营，会员与交易所不是合同关系，而是自治和自律关系，这是会员制证券交易所与公司制证券交易所最大的区别。会员制证券交易所的最高决策管理机构是理事会，理事会成员由会员选举产生。会员制证券交易所的会员必须是出资的证券经纪人或自营商，只有会员才有资格进场参与证券交易且要遵守交易所制定的规章制度，对于违反法令或内部规定者，交易所将给予严厉惩罚。

会员制证券交易所的优点是：不以营利为目的，收取的证券交易成交佣金一般都比较低；其缺点是：买卖双方须自负交易责任，不能取得交易所的赔偿，因而风险较大。

西方大多数国家都采用会员制建立证券交易所，如美国的纽约证券交易所。我国上海、深圳两家证券交易所也都是采用会员制形式建立的。

20世纪90年代以来，为了在激烈的市场竞争中取得领先地位，交易所改变自治，自律互助式会员制正成为一种现实选择。2006年3月8日，沿用了213年之久的会员制的纽约证券交易所也与Archipelago交易所合并，改制成纽约证券交易所集团公司，并首次在纽约证券交易所挂牌交易。交易所公司化改制成为一种新的浪潮。

2021年9月3日注册成立的北京证券交易所（简称北交所），是经国务院批准设立的我国第一家公司制证券交易所。

三、证券交易所的特点

证券交易所作为各种证券公开买卖的场所，作为有组织、有固定地点的证券交易市场，一般具有如下三个特点：

1.证券交易所本身既不持有证券，也不买卖证券，更不能决定各种证券的价格。

它只是为证券买卖双方的证券交易提供服务、创造条件，并对双方的交易行为进行监督。证券交易价格由证券买卖双方以公开竞价的方式决定。

2.证券交易所是证券买卖完全公开的市场。

它要求所有申请上市的证券发行者必须定期地、真实地公开其经营情况和财务情况。

其自身也定期公布各种证券的行情表和统计表，以便于投资者迅速选择投资目标、证券持有者决定保留还是转让证券。交易所还随时公布股票价格指数，投资者据此预测证券市场行情的发展趋势。

3.证券交易所具有严格的组织性，有专门的立法和规章制度。

各国都明确规定，只有证券经纪商才能代理买卖双方进入交易所参与交易，一般投资人不能直接进场交易。交易所对成交价格、成交单位、成交后的结算都有严格规定，并且对交易所内部的人员也严加约束，如遇有利用内部情报操纵价格和垄断等行为和事件发生，也有相应的规定予以严厉制裁。

四、证券交易所的经纪人

证券交易所进场交易的经纪人基本分为两种：一种是证券经纪商，另一种是自营商。主要从事代客买卖的证券商称为经纪商，而自行买卖证券的证券商称为自营商。

经纪商又可分为佣金经纪商、大厅经纪商和专家经纪商三种。

佣金经纪商是证券交易所会员公司派往交易大厅内专门为顾客代理买卖证券的

经纪商，交易完成后由他们收取佣金。这类经纪商在交易所内人数最多，证券交易所内的大部分证券交易都是通过他们成交的。他们就是通常所说的“证券商”。

大厅经纪商是以私人身份在证券交易所取得会员席位，不属于任何会员公司的经纪商。大厅经纪商在证券交易所大厅内专门接受其他经纪商的委托代为买卖，成交后收取佣金。这种现象的存在主要是因为佣金经纪商可能在业务繁忙时接受许多客户的委托，单靠自己工作无法完成委托交易，这样就必须将客户的委托指令再委托给大厅经纪商，求其代为执行。因此，从某种意义上讲，大厅经纪商是佣金经纪商的经纪商。

专家经纪商或称专门经纪商、特殊经纪商、做市商，他们的特殊之处主要表现为：他们专门从事某几种股票的买卖活动，专门长驻在某一交易台边，专门研究和等待所受委托的股票的行市涨落，以在适当时机买卖，所以他们可称得上某几种股票的研究专家。他们在证券交易所内的主要作用：一是对其专做的股票在每天营业开始时决定首次成交价格；二是设法保证证券交易的连续性，维护证券交易公平而有秩序地进行，当专做的某只股票暂时性地没有买方或者没有卖方的时候，他们就会站出来充当缺少的一方，使该股票能够连续不断地交易下去；三是在交易供求不平衡时以自己的财力买进或卖出以缩小供求差距。

五、证券交易所交易方式的分类

在世界各国的证券交易业务中，证券交易的分类方式多种多样。

（一）按照证券价格形成的方式划分

按照证券价格形成的方式划分，证券交易可分为相对买卖方式交易、拍卖标购方式交易和竞价买卖方式交易。

1.相对买卖方式交易。

相对买卖是一个买主面对一个卖主的交易方式。这种交易方式在商务交易中多被采用，是一种比较原始的交易方式。这种交易方式多被用到证券交易业务中，但是在证券交易所中运用较少，而是大量地被运用到场外交易市场中。由于采用这种交易方式进行证券买卖只是通过一对一的讨价还价来形成证券交易价格，因而这一价格很难说是公平、合理的市场价格，当然也无法形成市场的均衡价格。

2.拍卖标购方式交易。

拍卖标购是指一个买主对多个卖主或一个卖主对多个买主的交易方式。在一个卖主对多个买主的证券交易中，买主们为了实现自己的买入计划，必然竞相提出高于他人的价格，这样卖主就与出价最高的买主达成交易，这种交易方式也称作“拍卖”。在一个买主对多个卖主的证券交易中，卖主们为了实现自己的卖出计划，必然竞相报出低于他人的出售价格，这样买主就与出价最低的卖主达成交易，这种交易方式也称作“标购”。无论是拍卖还是标购，都是通过多个买主或卖主的竞争来形成证券的买卖价格，因此其对于证券价格的公平合理性具有一定的积极意义。

3.竞价买卖方式交易。

竞价买卖是指多个买主对多个卖主的交易方式。这是证券交易所中采用最为普遍的一种证券买卖方式。由于这种交易方式集中了多数的买主和多数的卖主，并以相互竞价的方式达成交易，因而它对于确定证券公平、合理的价格更有利。

（二）按照交易形式划分

按照交易形式划分，证券交易可分为现货交易、信用交易、远期交易和期货交易、期权交易、回购交易等。其中，现货交易是最基本的交易方式。信用交易是采用保证金方式的现货交易，而期货和期权交易则为衍生金融工具交易。

1.现货交易。

证券的现货交易是指证券买卖成交后即时履行合同的交易方式。也就是说，实行现货交易的买卖双方签订交易合同后，买方要立即向卖方支付价款，卖方要立即向买方交付证券。

现货交易原则上要求成交后立即办理清算交割手续，但是由于技术上的限制，实际上很难完全做到这样，因此许多证券交易所都根据不同情况采取了一些变通的做法，规定可以在一定的期限内办理交割。例如，美国纽约证券交易所规定在成交后的第五个营业日办理完交割；日本东京证券交易所规定在成交后的第四个营业日办理完交割。

2.信用交易。

它又称融资融券交易、垫头交易、保证金交易，是指证券买卖者通过交付一定数量的保证金得到经纪人的信用而进行证券买卖的行为。通常，保证金的比例大多在30%左右。证券的信用交易分为两种：一种是“融资”，也称“保证金买长”；另一种是“融券”，也称“保证金卖短”。

“融资”交易是指客户向经纪人（证券公司）借钱买进证券。客户要买进某种看涨证券而自己没有能力支付价款时，他可以向经纪人支付一部分保证金，由经纪人代为垫付购买证券所需的价款，使其能够如愿买进某种证券。经纪人垫付款项后，一方面要收取一定比例的垫款利息，另一方面要将客户购入的证券作为借款的抵押。等到一定时期以后，该种证券的价格上涨，客户再将该证券按当时的市价卖出，从中赚取价差，人们又将这种交易方式称为“多头”或“买空”。

“融券”交易是指客户向经纪人（证券公司）借入证券卖出。客户要卖出看跌证券，但自己手里并不拥有证券，这时他向经纪人交纳一定数额的保证金，然后从经纪人那里借入证券并按市场价格卖出，待日后该种证券价格下跌后，再按当时的市价买入同等数额的证券还给经纪人并支付利息，从而在这种交易中获利，人们将这种交易方式称作“空头”或“卖空”。

融资融券交易具有较强的杠杆作用，能使客户以较少的资本取得获取较大利润的机会。弊端主要是风险较大。尽管如此，信用交易仍是当今西方国家金融市场上最受客户欢迎、使用最广泛的交易方式之一。

3.远期交易和期货交易。

远期交易是双方约定在未来某一时刻（或时间段内）按照现在确定的价格进行交易。

期货交易是在交易所进行的标准化的远期交易，即交易双方在集中性的市场以公开竞价方式所进行的期货合约的交易。

4.期权交易。

证券的期权交易又称选择权交易，是指证券投资者事先支付一定的费用，取得一种可按既定价格买卖某种证券的权利。

证券的期权交易不同于期货交易，其交易对象不是证券本身，而是一种权利，购买期权者可以在期限内的任何时候行使这种权利，买进或卖出证券，也可以到期不执行这一权利，任其作废；而对出售期权的专门的证券商来说，则必须按规定出售或购进证券。

证券的期权交易因买卖关系不同又可分为“看涨期权”和“看跌期权”交易两种。

5.回购交易。

证券的回购交易是指交易双方进行的以债券为权利质押的短期资金融通业务，是指资金融入方（正回购方）在将债券出质给资金融出方（逆回购方）融入资金的同时，双方约定在将来某一日期由正回购方按约定回购利率计算的资金额向逆回购方返还资金，逆回购方向正回购方返还原出质债券的融资行为。回购交易具有短期融资属性，通常在债券交易中运用。

其具体交易流程如图8-2所示。

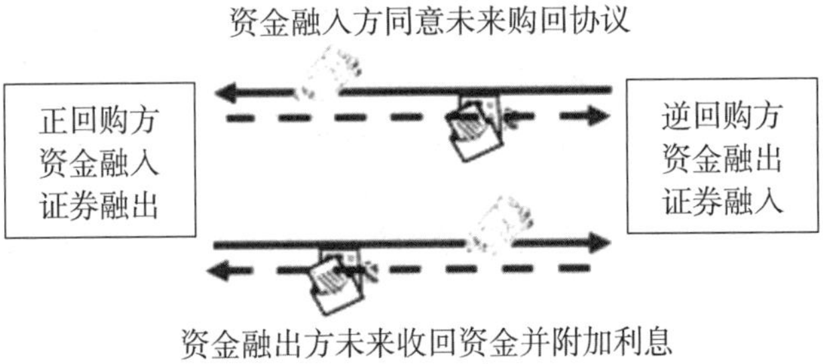

图8-2　回购交易流程

债券回购交易包括债券买断式回购交易和债券质押式回购交易两种类型。

（1）债券买断式回购交易是指债券持有人将债券卖给购买方的同时，交易双方约定在未来某一日期，卖方再以约定价格从买方购回相等数量同种债券的交易。

（2）债券质押式回购交易是指债券持有人在将债券质押的同时，将相应债券以标准券折算比率计算出的标准券数量为融资额度而进行的质押融资，交易双方约定在回购期满后返还资金和解除质押的交易。

两者的区别是：买断式回购交易债券所有权转移至逆回购方，质押式回购交易债券所有权不转移。

六、证券交易程序

证券交易程序包括选择经纪商并开户、证券买卖委托交易、证券买卖的竞价、证券的清算与交割、证券的过户等。

（一）选择经纪商并开户

1.选择证券公司为经纪商（也称经纪人）。

证券投资者在从事证券投资前必须选择自己的经纪商。对证券投资者来说，选择可靠的经纪商是非常重要的，这对于证券投资者的投资成功具有决定性意义。

2.签订“证券交易委托代理协议”。

证券投资者确定了经纪商后，就要与经纪商签订“证券交易委托代理协议”。“证券交易委托代理协议”是客户和证券经纪商之间在委托买卖过程中就有关权利、义务、业务规则和责任做出的基本约定，也是保障客户与证券经纪商双方权益的基本法律文书。如果采用网上委托的方式，还要签订网上委托协议书。

3.开户。

证券投资者一般要开立证券买卖的证券账户和存放所需资金的资金账户，以便简化证券买卖手续。

（1）证券账户。

证券投资者在证券登记结算有限公司开立证券账户，用于记载投资者持有的证券种类、名称、数量及相应权益和变动情况。

我国证券交易所按账户的用途分为股票账户、债券账户、基金账户。在实际运用中，股票账户是目前我国用途最多、数量最多的一种通用型证券账户。它既可以买卖人民币普通股，也可以买卖债券和证券投资基金。基金账户也可用于买卖上市的国债。

按账户可交易的币种，证券账户分为人民币普通股票账户和人民币特种股票账户。

目前，我国上海、深圳两家证券交易所实行不同的证券存管制度。

自1998年4月1日起，上海证券交易所对证券账户实行中国证券登记结算有限公司上海分公司统一托管和证券公司法人集中托管，即“投资者指定交易制度”。“投资者指定交易制度”是指投资者必须在某一证券营业部办理证券账户的指定交易后，方可进行证券买卖或查询。投资者转换证券营业部买卖证券时，须在原证券营业部申请办理撤销指定交易，然后再到转入证券营业部办理指定交易手续，即投资者只能在其指定交易的席位上进行交易。投资者也有权随时解除指定交易。投资者如不办理指定交易，上海证券交易所电脑系统将自动拒绝其账户的交易申报指令。

深圳证券交易所对证券账户实行中国证券登记结算有限公司深圳分公司统一托管和证券营业部分别托管的二级托管制度，又称“托管券商制度”。

所谓“托管券商制度”，即投资者可以利用同一证券账户在国内任一证券营业部买入证券，证券托管是自动实现的，投资者也可将其托管股份从一个证券经营机构处转移到另一个证券经营机构处，称为转托管。

投资者在原托管券商处递单报盘转托管，交易所当天（T 日）收市后即处理到账，同时将处理结果传送给转出转入证券商，投资者于第二个交易日（T+1 日）就可以在转入证券经营机构处卖出证券。

投资者可将其名下所有证券一次性全部转出，也可转出部分券种或某一证券的一部分。“托管券商制度”具体可概括为自动托管、随处通买、哪买哪卖、转托不限。

（2）资金账户。

投资者在证券公司进行登记，开立资金账户，办理证券交易卡。证券公司为投资者提供代理、托管、出纳服务。

（二）证券买卖委托交易

由于证券交易所实行会员制度，证券投资者在证券交易市场上买卖证券时，不能直接进入交易所内亲自从事买卖活动，因而必须委托交易所的经纪商来完成。在这种情况下，投资者向经纪商下达的买进或卖出证券的指令，称为委托。

1.委托形式。

（1）柜台委托。

它是指委托人亲自或由代理人到证券营业部的交易柜台采用书面的方式表达委托意向。

（2）非柜台委托。

它是指通过人工电话委托或传真委托、自助和电话自动委托、网上委托（包括需下载软件的客户端委托和直接利用证券公司网站的页面客户端委托）等表达委托意向。

2.委托数量。

证券买卖委托根据交易量大小的不同也可分为整数委托和零数委托两种。一般来说，每个证券交易所都约定一个证券交易单位，在交易所中只能按这一单位的倍数进行交易，人们将这一交易单位称为“手”。

证券投资者委托经纪商按整手买卖证券时，称为整数委托；如果证券投资者委托经纪商买卖不足一个交易单位的证券，则称为零数委托，如1～99股。

我国证券交易所股票的一个交易单位为100股/手，债券、基金为1 000元/手。我国证券交易所规定允许卖出零股委托，不允许买进零股委托。

具体买卖申报数量的规定，见表8-2。

表8-2　**沪、深证券交易所证券买卖申报数量的规定**

<table>
<tr><th>交易内容</th><th>上海证券交易所（主板）</th><th>深圳证券交易所（创业板）</th><th>上海证券交易所（科创板）</th></tr>
<tr><td>买入股票、基金、权证</td><td>100股（份）或其整倍数</td><td>100股（份）或其整倍数</td><td rowspan="2">申报数量应不小于200股，每笔申报可以1股为单位递增。市价订单单笔申报最大数量为5万股，限价订单单笔申报最大数量为10万股</td></tr>
<tr><td>卖出股票、基金、权证</td><td>余额不足100股（份）的部分应一次性申报卖出</td><td>余额不足100股（份）的部分应一次性申报卖出</td></tr>
<tr><td>买入债券</td><td>1手或其整倍数</td><td>10张或其整倍数</td><td></td></tr>
<tr><td>卖出债券</td><td>1手或其整倍数</td><td>余额不足10张的部分应一次性申报卖出</td><td></td></tr>
<tr><td>债券质押式回购交易</td><td>100手或其整倍数</td><td>10张或其整倍数</td><td></td></tr>
<tr><td>债券买断式回购交易</td><td>1 000手或其整倍数</td><td></td><td></td></tr>
</table>

注：上海证券交易所的债券交易和债券买断式回购交易以人民币1 000元面值债券为1手，债券质押式回购交易以人民币1 000元标准券为1手。深圳证券交易所的债券交易以人民币100元面值为1张，债券质押式回购交易以100元标准券为1张。

3.委托价格。

（1）市价委托（Market Order）。

它是指证券投资者委托经纪人买卖证券时，一般只规定委托买卖证券的种类和数量，而并不指定买卖价格。经纪人接受委托后应立即在市场上按最有利于委托人的价格实施交易。

市价委托便于迅速成交，尤其是在证券价格急剧波动、投资者急需卖出或买进证券时，为减少损失或增加收益，常以此方式报价成交。它的缺点是只有委托执行后才知道实际的执行价格。

（2）限价委托（Limit Order）。

它是指证券投资者委托经纪人买卖证券时，指定卖出证券的最低价或买入证券的最高价。

限价委托有可能按投资者希望的价格成交，但成交速度慢，可能错失良机。限价委托由于给出证券买卖的具体价格，因此委托人必须事先规定委托的有效期，或者当天有效，或者几日内有效，假如委托人未指出有效期，则可视为一直有效。

（3）停止损失委托（也称停止委托（Stop Order））。

证券投资者以停止损失委托方式委托经纪人买卖证券时，一般会指定一个证券价格的升降幅度，一旦证券市场价格的变动达到这一幅度，经纪人就立即进行交易。这种委托从某种意义上说是为了使证券投资者的利益不受损失，故称停止损失委托。

我国目前规定，证券交易所接受其会员的限价委托和市价委托，且委托期为当日有效。

4.委托撤销。

在委托成交之前，客户有权变更和撤销委托。证券营业部申报竞价成交后，买卖即告成立，成交部分不得撤销。

（三）证券买卖的竞价

在主板、创业板市场，证券交易方式主要是竞价交易和大宗交易；在科创板市场，证券交易方式除了竞价交易和大宗交易外，还有盘后固定价格交易。

1.竞价交易。

（1）竞价原则。

在证券交易所，证券买卖的价格是通过竞价方式确定的。在经纪人以竞价方式成交时，往往会出现多个买方（或卖方）经纪人同时叫价的情形。在这种情况下到底哪个经纪人有优先购买（或出卖）证券的权利呢？证券交易对此均按照以下优先原则执行：

第一，价格优先原则。

买进时，较高的价格优先于较低的价格；卖出时，较低的价格优先于较高的价格；市价优先于限价。

第二，时间优先原则。

同价位申报，依照申报时序决定优先顺序，即买卖方向、价格相同的，先申报者优先于后申报者。先后顺序按证券交易所交易电脑主机接受的申报时间来确定。

例如：有甲、乙、丙、丁投资者四人，均申报卖出某股票，按竞价原则四位交易者的优先顺序见表8-3。

表8-3 **竞价原则**

投资者	卖出申报价（元）	申报时间
甲	10.70	13：35
乙	10.40	13：40
丙	10.77	13：25
丁	10.40	13：38
四位投资者交易的优先顺序为丁、乙、甲、丙		

（2）竞价方式。

在证券交易所，目前的竞价方式有如下两种分类：

①按表现形式分：口头竞价（口头唱报）、书面竞价、电脑竞价。

口头竞价是指证券商在规定的交易台前或划定的区域内相互以口头喊价的方法讨价还价，直至达成交易。

书面竞价是证券买卖通过书面形式达成交易价格的一种方法。书面竞价要经过申报、撮合和最后成交等环节。

电脑竞价是证券商利用计算机联网系统进行证券交易达成交易价格的一种方法。它要经过申报输入、撮合成交和成交信息反馈等环节。

申报输入过程是指证券商将买卖证券的有关指令输入计算机终端，然后经计算机网络将申报指令传给交易所，交易所的计算机主机接到申报指令便发出已接受的通知，并由证券商打印“买卖申报回报单”。

撮合成交过程就是证券交易所计算机主机按各个证券商发来的指令进行自动搜寻，选择最佳匹配组合方案，从而撮合其成交。

成交信息反馈是指证券交易所计算机主机在撮合成交的同时向成交双方发出信息，通知它们成交的结果，最后由双方计算机的终端打印“成交回报单”。利用计算机联网系统进行证券交易，大大提高了证券交易的效率，促进了证券市场向现代化方向发展。

②按连续性分：集合竞价和连续竞价。

集合竞价（Call Auction），是指在规定时间内接受的买卖申报一次性集中撮合的竞价方式。

目前，我国上海证券交易所和深圳证券交易所在每日开盘和收盘时都采用集合竞价方式，我们以上海证券交易所为例说明集合竞价的过程。

上海证券交易所的开盘集合竞价规则规定：每个交易日的9：15—9：25为开盘集合竞价时间。在每个交易日9：25，证券交易所电脑主机对9：15—9：25接受的全部有效委托进行一次集中撮合处理，并在此基础上，找出一个基准价格。

集合竞价时，成交价格的确定原则为：

第一，可实现最大成交量的价格。

第二，高于该价格的买入申报与低于该价格的卖出申报全部成交的价格。

第三，与该价格相同的买方或卖方至少有一方全部成交的价格。

如果符合集合竞价确定原则的价格有两个，取使未成交量最小的申报价格为成交价格；仍有两个以上使未成交量最小的申报价格符合上述条件的，以其中间价为成交价格（深圳证券交易所则规定取离上日收市价最近的价格）。

集合竞价的所有交易以同一价格成交。同时规定，9：15—9：25只接受申报不进行撮合；9：15—9：20期间可以撤销申报（撤单），9：20之后不允许撤单；9：25—9：30既不可以报单也不可以撤单。集合竞价中未能成交的委托，自动进入连续竞价。收盘集合竞价时间为收盘前3分钟，从每个交易日14：57开始至15：00。收盘集合竞价期间交易主机不接受撤销申报。

ETF基金无尾盘集合竞价。

【例1】某只股票当日在集合竞价时买卖申报价格和数量情况见表8-4，该股票上日收盘价为10.13元。那么该股票在上海证券交易所当日开盘价及成交量分别是多少？如果是在深圳证券交易所，当日开盘价及成交量又分别是多少？

表8-4　**某只股票当日在集合竞价时买卖申报价格和数量情况**

买入数量（手）	价格（元）	卖出数量（手）
0	10.50	100
0	10.40	200
150	10.30	300
150	10.20	500
200	10.10	200
300	10.00	100
500	9.90	0
600	9.80	0
300	9.70	0

根据表8-4，各价位的累计买卖数量及最大可成交量见表8-5。

表8-5 **某只股票各价位的累计买卖数量及最大可成交量**

累计买入数量（手）	价格（元）	累计卖出数量（手）	最大可成交量（手）
0	10.50	1 400	0
0	10.40	1 300	0
150	10.30	1 100	150
300	10.20	800	300
500	10.10	300	300
800	10.00	100	100
1 300	9.90	0	0
1 900	9.80	0	0
2 200	9.70	0	0

根据表8-5，符合上述集合竞价确定成交价原则的价格有两个：10.20元和10.10元。那么，上海证券交易所的开盘价为：取这两个价格的中间价10.15元；深圳证券交易所的开盘价为：取离上日收市价（10.13元）最近的价位10.10元。两市的成交量均为300手。

连续竞价（Continuous Auction），是指对买卖申报逐笔连续撮合的竞价方式。连续竞价时，成交价格的确定原则为：

第一，最高买入申报价格与最低卖出申报价格相同，以该价格为成交价。

第二，买入申报价格高于即时揭示的最低卖出申报价格时，以即时揭示的最低卖出申报价格为成交价。

第三，卖出申报价格低于即时揭示的最高买入申报价格时，以即时揭示的最高买入申报价格为成交价。

连续竞价时间：上海证券交易所在证券交易时间即每周一至周五9：30—11：30、13：00—15：00采用连续竞价方式接受申报进行撮合。深圳证券交易所在证券交易时间即每周一至周五以9：30—11：30、13：00—14：57为连续竞价时间。

【例2】某股票即时揭示的买卖申报价格和数量见表8-6。若此时有一投资者申报买入该股票，价格为4.70元，数量为3 000手，则应以4.69元成交1 100手，以4.70元成交1 457手。

表8-6　某股票即时揭示的买卖申报价格和数量

	价　格（元）	数　量（手）
卖五	4.73	1 300
卖四	4.72	1 436
卖三	4.71	324
卖二	4.70	1 457
卖一	4.69	1 100
买一	4.68	140
买二	4.67	150
买三	4.66	48
买四	4.65	15
买五	4.63	44

（3）竞价结果。

竞价的结果有三种可能：全部成交、部分成交、不成交。

①全部成交。

委托买卖全部成交，证券公司应及时通知委托人按规定的时间办理交割手续。

②部分成交。

委托人的委托如果未能全部成交，证券公司在委托有效期内可继续执行，直到有效期结束。

③不成交。委托人的委托如果未能成交，证券公司在委托有效期内可继续执行，等待机会成交，直到有效期结束。对委托人失效的委托，证券公司需及时将冻结的资金或证券解冻。

2.大宗交易。

大宗交易是指单笔交易规模远大于市场平均单笔交易规模的交易；针对大宗交易建立的不同于正常规模交易的交易制度称为大宗交易制度。大宗交易制度一般是针对机构投资者占据主要位置的投资者结构做出的适应性安排。例如，上海证券交易所规定当A股单笔买卖申报数量不低于30万股，或者交易金额不低于200万元人民币时可以采用大宗交易方式进行交易。

大宗交易申报可以采用的方式为：意向申报；成交申报；固定价格申报。

大宗交易申报的时间分别为：

（1）9：30—11：30、13：00—15：30接受意向申报；

（2）9：30—11：30、13：00—15：30、16：00—17：00接受成交申报；

（3）15：00—15：30接受固定价格申报。

3.盘后固定价格交易。

盘后固定价格交易是指在收盘集合竞价结束后，交易系统按照时间优先顺序对收盘定价申报进行撮合，并以当日收盘价成交的交易方式。

例如，上海证券交易所规定：每个交易日的15：05—15：30为盘后固定价格交易时间，当日15：00仍处于停牌状态的股票不进行盘后固定价格交易。接受交易参与人收盘定价申报的时间为每个交易日9：30—11：30、13：00—15：30。接受申报的时间内，未成交的申报可以撤销。

（四）证券的清算与交割

证券买卖成交后，买卖双方之间要进行清算和交割。

证券的清算是指证券商在证券买卖成交后，对应收或应付的证券数量、价款分别同证券交易所按照一定的规则和惯例进行轧抵和计算的过程。通常，清算在证券买卖成交后立即进行。

证券的交割则是证券商在事先约定的时间内，按照证券清算单据上应收、应付的净差额集中同证券交易所办理转账和交付。交割一般在交割日进行。

目前，我国沪深两市不同的证券品种适用不同的清算、交割制度。

（1）A股、基金、企业债券适用“T+1”清算、交割制度。

“T+1”交收是指交易双方在完成交易的第二个工作日完成与交易有关的证券和资金的兑付工作，买方收到证券、卖方收到款项。

在操作上，投资者当天买入的股票将被暂时冻结，当日不能卖出，只有到下一个交易日方可卖出；当天卖出股票的投资者，其委托一旦成交，成交的资金将马上回到投资者的资金账户上，投资者即可再买入股票，而不用等到下一个交易日。但是，投资者想要从资金账户上提取当天卖出股票返回的资金，就必须等到下一个交易日才能办理。

（2）国债现货、可转债、权证适用“T+0”清算、交割制度。

完成交易的证券在交易日当天实际完成证券和资金的兑付，即当天买入的证券当天可以卖出，当天卖出证券所得资金当天可用于交易，亦可取现或转账。

（3）B股适用“T+3”清算、交割制度，并可实行“T+0”回转交易。

当天买入的证券最早可于下一交易日卖出，但实际对应的兑付在各交易日的第四个工作日完成；当天卖出证券所得资金当天可用于交易，最早可于交易日的第四个工作日划转。

从国际上看，各国及各地区均根据自身情况制定了相应的交收制度，如我国香港及台湾地区、韩国、巴西等实行“T+2”交收制度，美国、日本、加拿大等国实行“T+3”交收制度，英国、意大利、澳大利亚等国则实行“T+5”交收制度。

我国证券交易所的股票实行“无纸化”交易和集中托管制度，所以，在交割过程中，并没有实物股票的出现，证券账户的划转取代了实物交割，整个交割过程实际上只是价款的交割。

（五）证券的过户

证券的过户是指通过法定程序办理证券所有权变更登记手续。证券有记名与无记名之分。

一般来说，股票多为记名的，股票的过户就是股东姓名的变更。只有办理了证券过户手续，改变了户头，股票的持有人才能成为公司的新股东，享有该公司股东所应享有的各种合法权益。

一般来说，证券过户并不是在证券交易完成之后就马上进行的，大多数情况下是在公司派息分红之前集中办理。

在实际的证券交易过程中，证券市场上人们进行着频繁的交易，对某一证券而言，不知辗转交易多少回，也不知更换过多少主人，到最后临近股息分红时，它的主人才去履行过户手续。

由于我国证券交易所的股票实行“无纸化”交易和集中托管制度，所以，通过证券账户卡可实现电脑交易过户一体化，所有的过户手续都由交易所的电脑自动过户系统一次完成，无须投资者另外办理过户手续。由于上海证券交易所实行指定交易制度，对实现的交易活动，上交所按成交股数的1‰收取过户费。深圳证券交易所实行券商托管制度，对实现的交易活动不收取过户费。

在证券交易市场上进行证券交易，从委托开始到清算交割完毕，并履行了过户手续，才算最终完成了整个交易过程。

七、证券的交易费用

上海、深圳证券交易所对证券交易收取费用的规定见表8-7。

表8-7 **上海、深圳证券交易所对证券交易收取费用的规定**

A股交易	佣金	实行最高上限向下浮动制度，不得高于成交金额的0.3%，起点5元
	过户费	成交面额的0.1%，起点1元（双向）（深交所免收）
	印花税	成交金额的0.05（出让方）

续表

B股交易		佣金	实行最高上限向下浮动制度，不得高于成交金额的0.3%，起点1美元或5港元
		结算费	成交金额的0.05%（双向）
		印花税	成交金额的0.0.5%（出让方）
基金		佣金	实行最高上限向下浮动制度，不得高于成交金额的0.3%，起点5元
债券交易（国债、企业债券、可转换债券）		佣金	实行最高上限向下浮动制度，不得高于成交金额的0.1%，起点5元
查询	交易记录	查询费	20元/户
	账户余额		机构50元/户，个人20元/户

第三节　场外市场交易

场外交易（Over the Counter，OTC）市场，是证券交易所以外的证券交易市场的总称，是分散的、非组织化的市场。从广泛的含义上讲，场外交易市场又包括柜台（店头）市场、第三市场、第四市场。

不同的场外交易市场具有不同的特点和功能。场外交易市场的发达程度以美国最为典型。

一、场外交易市场的特征

1.场外交易市场是一个分散的无形市场。

它没有固定的、集中的交易场所，而是由许多各自独立的证券经营机构分别进行交易，并且主要是依靠电话、电报、传真和计算机网络联系成交的。

2.场外交易市场的组织形式采取做市商制。

场外交易市场与证券交易所的区别在于不采取经纪制，投资者直接与证券商进行交易。在场外证券交易中，证券经营机构先行垫付资金买进若干证券作为库存，然后开始挂牌对外进行交易。它们以较低的价格买进，再以略高的价格卖出，从中赚取差价，但其加价幅度一般受到限制。证券商既是交易的直接参加者，又是市场的组织者，它们制造出证券交易的机会并组织市场活动，因此被称为“做市商”。这里的做市商是场外交易市场的做市商，与场内交易中的做市商不完全相同。

3.场外交易市场是一个拥有众多证券种类和证券经营机构的市场，以未能在证券交易所上市的股票和债券为主。

由于证券种类繁多，每家证券经营机构只固定地经营若干种证券。

4.场外交易市场是一个以议价方式进行证券交易的市场。

在场外交易市场上，对同一种证券的买卖由于不能同时出现众多的买方和卖方，也就不存在公开的竞价机制，价格都是由买卖双方协商议定。

5.场外交易市场的管理比证券交易所宽松。

场外交易市场分散，缺乏统一的组织和章程，不易管理和监督，其交易效率也不及证券交易所。

但是，美国的NASDAQ市场借助计算机将分散于全国的场外交易市场连成网络，在管理和效率上都有很大提升。

二、场外交易市场的功能

1.为不能在证券交易所上市交易的证券提供流通转让的场所。

证券交易所上市交易的标准较高，大部分公司很难达到这一标准，场外交易市场为其提供了流通转让的场所，也为投资者提供了兑现及投资的机会。

2.提供风险分层的金融资产管理渠道。

资本市场是风险投资市场，不同投资人具有不同的风险偏好。建立多层次的资本市场体系、发展场外交易市场能够增加不同风险等级的产品供给、提供必要的风险管理工具以及风险的分层管理体系，为不同风险偏好的投资者提供了更多不同风险等级的产品，满足了投资者对金融资产管理渠道多样化的要求。

3.场外交易市场是一个“开放”的市场。

投资者可以与证券商当面直接成交，不仅交易时间灵活分散，而且交易手续简单方便，价格又可协商。这种交易方式可以满足部分投资者的需要，因而成为证券交易所的卫星市场。

三、场外交易市场的类型

1.柜台市场。

柜台市场即“证券商柜台买卖市场”，是证券市场的一个独特形式。其基本含义是证券经纪人或证券自营商不通过证券交易所把未上市的证券（有时也包括部分已上市证券）直接同顾客进行买卖的市场。

2.第三市场（Third Market）。

第三市场是指证券在交易所上市却在场外市场进行交易的市场。在20世纪70年代以前，证券交易所法令规定：凡是在交易所上市的证券交易都要在交易所进行，只有属于交易所组织成员的证券商、经纪人才能在交易所内代客或自行买卖证券，同时买卖这些证券还实行固定佣金制，不允许任意降低佣金标准。凡是在证券交易所挂牌上市的证券一般都是信誉好、收益高、畅销的证券，但由于最低佣金的限制，交易的费用就比较高，这对大量交易者来说很不利。在此情况下，就容易出现挂牌上市证券流出证券交易所，由非交易所成员的经纪人在场外进行交易，以减轻大额交易费用负担的情况。这样大额交易就形成了一个专门的市场，人们将其称为第三市场。

第三市场的出现和迅速发展，反映了20世纪70年代以来证券市场的三大变化：一是证券交易特别是股票交易日趋分散化、多样化和成交额不断扩大；二是机构投资者在证券市场上的投资比重明显上升，如各种投资公司、年金和基金会、保险公司、互助储蓄银行等机构大量购买和持有各种股票和债券，据统计，它们的持有量已占发行总额的半数；三是强化了证券业务的竞争性，其结果是促使交易所尤其是老资格的交易所进行改革。

3.第四市场（Fourth Market）。

它是指投资者之间直接交易在交易所上市的证券，无经纪人介入的证券交易市场，是不用支付佣金的市场。由于电子通信网络（Electronic Communication Network，ECN）的出现，投资者之间的直接交易量急剧增加。

第四市场的吸引力在于：

（1）交易成本低。

因为买卖双方直接交易，无经纪服务，其佣金比其他市场少得多。

（2）可以保守秘密。

因无须通过经纪人，有利于匿名进行交易，保持交易的秘密性。

（3）不冲击证券市场。

大宗交易如在交易所内进行，可能会给证券市场的价格造成较大影响。

（4）信息灵敏，成交迅速。

运用计算机网络技术，可以广泛收集和存储大量信息，通过自动报价系统，可以把分散的场外交易行情迅速地集中并反映出来，有利于投资者决策。

第四市场的发展一方面对证交所和其他形式的场外交易市场产生了巨大的压力，从而促使这些市场降低佣金、改进服务；另一方面也对证券市场的监管提出了挑战。

四、美国的场外交易市场

美国的场外交易市场包括四个层次：纳斯达克（NASDAQ）全国资本市场、纳斯达克（NASDAQ）小型资本市场、OTCBB市场和Pink Sheets市场。

1.纳斯达克市场。

NASDAQ是“全美证券商协会自动报价系统”的简称。纳斯达克市场设立于1971年2月8日，那一天纳斯达克系统为2 400只优质的场外交易（OTC）股票提供了实时的买卖报价。纳斯达克没有集中交易大厅，除了有一个大型行情显示屏外，交易数据都是通过电脑系统同步传送到全世界的电脑终端上，电脑撮合的速度，加上网络联系的不断发展，使投资者能够从四面八方迅速注入资金，也使纳斯达克的吸引力远远超过了像纽约股票交易所这样靠人工跑单的传统交易所。

目前，纳斯达克在全球55个国家和地区设有26万多个计算机销售终端，上市公司有5 200多家，已经成为全球最大的证券交易市场。在纳斯达克挂牌的股票大致可分为工业股、其他金融股、电脑股、银行股、通信股、生化股、保险股、运输股八大类。这八大类中有80%的公司与高科技产业相关，这就使纳斯达克指数代表了高科技的领先指标。

纳斯达克市场包括两个层次：

（1）纳斯达克全国资本市场。

纳斯达克市场的第一个层次是纳斯达克全国资本市场，它是最活跃、资本最雄厚的市场，在这里挂牌交易的要求也相对较高，包括要求在这个板块上市的公司要有一个独立的董事会，要按时召开股东大会，增发新股需要股东认可，并且不能剥夺股东的选举权。

（2）纳斯达克小型资本市场。

纳斯达克市场的第二个层次是纳斯达克小型资本市场。在此上市的公司，资本没有上一层次那么雄厚，并且资产和收益水平也相对较低。另外，这些公司的股票发行量较小，股价也较低。这个市场层次上的投机性也特别大。

2.OTCBB市场。

纳斯达克市场再下面的一个层次是场外柜台交易板（Over the Counter Bulletin Board，OTCBB）市场，又称布告栏市场。

OTCBB建立于1990年，是一套实时报价的场外电子交易系统，同样是在NASDAQ的监管之下。它主要为中小型企业提供有价证券交易服务，除股票外，这里还有认股权证、美国存托凭证的交易服务。OTCBB仅仅是一个报价公司，对挂牌公司的财务或其他部分并无任何规范与监控，仅要求挂牌公司每年提交财务报告。OTCBB市场是现货交易市场，不能融资。

3.Pink Sheets（粉红单）市场。

OTC市场最底层的一级报价系统是粉红单市场，在这个系统中，市场每周对交易公司进行纸上报价。

粉红单市场不隶属于NASDAQ，它由私营公司美国全国报价局（NQB）管理。NQB成立于1913年，除粉红单市场外，它还提供黄色单市场和股权单市场的报价。

黄色单市场是NQB专门为公司债提供柜台报价服务的系统，股权单市场是NQB为直接参股计划提供报价和交易信息的系统。

NQB于2000年6月更名为粉红单有限公司，新的报价系统涵盖原粉红单、黄色单和股权单市场。

1990年以前的粉红单市场，其流动性比OTCBB更差，原因是粉红单系统不是一个自动报价系统，而是经纪人通过电话询问至少三个做市商的报价之后，再与最佳报价的做市商成交。

1990年以后，NQB推出粉红单电子版，每日更新，并通过市场数据零售终端发布。

2000年6月后，报价信息可在其网站上实时查询。

五、我国的场外交易市场

（一）银行间债券市场

1.银行间债券市场的含义。

全国银行间债券市场是指依托于全国银行间同业拆借中心（简称“同业中心”）和中央国债登记结算有限责任公司（简称“中央登记公司”），以及商业银行、农村信用联社、保险公司、证券公司等金融机构进行债券买卖和回购的市场，成立于1997年6月6日。经过近些年的迅速发展，银行间债券市场已成为我国债券市场的主体部分。

记账式国债的大部分、政策性金融债券都在该市场发行并上市交易。

2.银行间债券市场的债券交易类型。

银行间债券市场的债券交易包括债券回购和现券买卖两种。

（1）债券回购。

债券回购是交易双方进行的以债券为权利质押的短期资金融通业务，是指资金融入方在将债券出质给资金融出方融入资金的同时，双方约定在将来某一日期由正回购方按约定回购利率计算的资金额向逆回购方返还资金，逆回购方向正回购方返还原出质债券的融资行为。

（2）现券买卖。

现券买卖是指交易双方以约定的价格转让债券所有权的交易行为。

3.银行间债券市场的债券交易方式和时间。

银行间债券市场的参与者以询价的方式与自己选定的交易对手逐笔达成交易，这与我国沪深交易所的交易方式不同。交易所进行的债券交易与股票交易一样，是由众多投资者共同竞价并经计算机撮合成交的。

银行间债券市场的交易时间是每周一至周五（节假日除外）的9：00—12：00、13：30—16：30。

4.银行间债券市场的中介机构。

中央登记公司为市场参与者提供债券托管、结算和信息服务；同业中心为市场参与者的报价、交易提供中介及信息服务。

经中国人民银行授权，同业中心和中央登记公司可披露市场有关信息。

（二）代办股份转让系统

1.代办股份转让系统的含义。

代办股份转让系统又称三板市场，是经中国证券业协会批准，由具有代办系统主办券商业务资格的证券公司以自有或租用的业务设施，采用电子交易方式，为非上市公司提供股份转让服务的市场。

2.代办股份转让系统的交易品种。

代办股份转让系统始建于2001年7月16日，目前，其挂牌的公司大致分为两类：

一类是1990年12月开始运行的STAQ系统（全国证券交易自动报价系统）、1993年4月开始运行的NET系统（全国电子交易系统）挂牌公司和上海、深圳证券交易所退市公司。股份转让以集合竞价的方式配对撮合，现股份转让价格不设指数，股份转让价格实行5%的涨跌幅限制。股份实行分类转让，公司股东权益为正值或净利润为正值的，股份每周转让5次，其他公司股份每周转让1次或3次。投资者在进行股份委托转让前，需要开立非上市股份有限公司股份转让账户。

另一类是非上市股份公司的股份报价转让，目前主要是中关村科技园区的高科技公司。其股票转让主要采取协商配对和定价委托的方式。

三板市场的主要功能是为非上市中小型高科技股份公司提供股份转让服务，同时也为退市后的上市公司股份提供继续流通的场所，并解决原STAQ、NET系统历史遗留的数家公司法人股流通的问题。但是，由于在三板中挂牌的股票品种少，且多数质量较低，要转到主板上市难度也很大，因此很难吸引投资者，三板柜台交易市场多年来一直被冷落。

（三）全国中小企业股份转让系统（新三板）

为了改变中国资本市场这种柜台交易过于落后的局面，同时也为给更多的高科技成长型企业提供股份流动的机会，经国务院批准，“全国中小企业股份转让系统有限责任公司”（以下简称“全国股转公司”，俗称“新三板”）于2012年9月20日注册成立，注册资本30亿元。上海证券交易所、深圳证券交易所、中国证券登记结算有限责任公司、上海期货交易所、中国金融期货交易所、郑州商品交易所、大连商品交易所为公司股东单位。注册地是北京市西城区金融大街丁26号。新三板的成立，将公司挂牌条件进一步放宽，为依托中关村试点探索建立统一监管下的非上市公司股份转让制度创造了条件，也是加快我国多层次资本市场建设发展的重要举措。新三板挂牌股票采取协议转让方式的，全国股转公司同时提供集合竞价转让安排。挂牌股票采取做市转让方式的，须有两家以上从事做市业务的主办券商（简称“做市商”）为其提供做市报价服务。

为了加快完善市场功能，降低投资人信息收集成本，提高风险控制能力，全国股转公司于2016年5月27日发布了《全国中小企业股份转让系统挂牌公司分层管理办法（试行）》并于2016年6月27日正式对挂牌公司实施分层管理——基础层和创新层。随着竞价交易机制、分层交易制度的推出，新三板迎来了新的爆发式增长。2016年12月19日，新三板挂牌公司数达到10 000家，其中基础层9 048家，创新层952家。与A股市场26年才上市3 000多家公司不同，新三板上市公司从5 000家到10 000家，只花了1年时间。

【案例】 渝钛白——从特别处理、暂停上市到恢复上市[①]

公司前身——重庆渝港钛白粉有限公司，成立于1990年9月4日。1992年5月始进行股份制改组，将原公司生产经营性资产净值折为3 728.26万股国家股和3 728.26万股外资法人股，于1992年6月1日至1992年7月31日发行3 600万股个人股。1992年9月11日，“重庆渝港钛白粉股份有限公司”宣告成立，1993年7月12日，“渝钛白A”在深圳证券交易所上市交易。

（一）特别处理期间

1998年4月28日，深圳证券交易所发布通知：根据《深圳证券交易所股票上市规则》的有关规定，重庆渝港钛白粉股份有限公司的股票应实行特别处理。根据该公司董事会的申请，并经交易所审定，将其原A股证券“渝钛白A”更改为“ST渝钛白”。4月29日，公司发布《关于股票交易实行特别处理的公告》，由于公司经审计连续2个会计年度的净利润均为负值，且其股东权益低于注册资本，按照《深圳证券交易所股票上市规则》的有关规定，该公司股票于1998年4月30日开始实行特别处理。

在特别处理期间要求：

（1）股票报价日涨跌幅限制为“5%”。

（2）股票简称由“渝钛白A”改为“ST渝钛白”（“ST”是“特别处理”的英文缩写），股票代码仍为“0515”。

（3）公司的中期报告必须审计。

为保护投资者的利益，公司分别于1999年1月9日、1月19日、1月30日、3月4日在《证券时报》上刊登可能连续亏损3年且已资不抵债的提示性公告，提醒投资者注意投资风险。

公司于1999年1月在《证券时报》上发布1998年预亏公告：由于公司钛白粉工程建设期长、负债巨大、未达经济规模等多种原因，公司财务状况恶化，经济效益极差，1996年已亏损1 318万元，1997年已亏损11 943万元，且重庆会计师事务所为公司出具的审计报告为否定意见的报告；1998年上半年重庆会计师事务所审计的中期报告已公告亏损10 341万元，且已资不抵债，预计1998年下半年将继续亏损。

公司在1999年4月29日公告：确定对公司的资产和债务进行全面清理。由于全面清理公司

① 关于暂停“ST渝钛白”股票上市的公告［C］. 深圳：深圳证券交易所，1999-07-03；邱贤成，赵凯，赵虎. 春风唤醒渝钛白［N］. 中国证券报，2001-11-19（10）.

资产和债务的工作量相当大，因此无法在报告会计年度结束后的120日内编制完成1998年年度报告并在指定报纸刊登年度报告摘要。经公司申请、有关部门批准，公司1998年年度报告摘要延期至1999年6月30日前在指定报纸上刊登，在此期间公司股票继续交易。

为保护广大投资者的利益，在1999年上半年间，该公司多次发布临时停牌公告，预报1998年度公司将继续亏损，可能导致公司连续亏损3年，且公司已资不抵债。根据《中华人民共和国公司法》第157条第四款的规定，上市公司“最近3年连续亏损”的，由国务院证券监管部门决定暂停其股票上市。

1999年6月16日，公司发布关于股份协议转让的董事会公告，主要内容为：

（1）香港中渝实业有限公司于1998年12月31日与重庆市国有资产管理局签订协议，将其持有的重庆渝港钛白粉股份有限公司外资法人股全部转让给重庆市国有资产管理局。

（2）根据转让协议，此次转让价格为每股0元/股，转让股份为3 728.26万股，转让股份占重庆渝港钛白粉股份有限公司总股本的28.68%，股权性质为外资法人股转变为国有股。

（3）此次转让后，重庆渝港钛白粉股份有限公司总股本未发生变化，但重庆渝港钛白粉股份有限公司原国有股由3 728.26万股变为7 456.52万股，占总股本的比例由28.68%变为57.36%。

（4）此次股权转让后，公司董事、监事及高级管理人员持股数量无变动。

该公司于1999年6月30日发布年报公告：公司1998年度亏损348 869 715.15元，按年末总股本13 000.52万股计，每股收益-2.68元，每股净资产为-2.46元。由于公司该年度出现亏损，故不进行利润分配，也不进行公积金转增股本。

本年度亏损34 887万元，加上年初未弥补亏损12 616万元，合计亏损47 503万元，留待以后年度由利润弥补。

至此，该公司已经连续3年亏损且资不抵债，根据有关规定，公司普通股股票暂停交易。

（二）暂停上市，实行特别转让

1999年7月3日，《证券时报》刊登暂停该公司股票上市的公告书及股票“特别转让”的公告。

鉴于公司已连续3年亏损，根据《中华人民共和国公司法》《深圳证券交易所股票上市规则》的规定，该公司股票自1999年7月5日起暂停上市。该公司亏损的原因有：渝钛白股份改制上市时，正值钛白粉工程在建，仅靠原重庆化工厂的硫酸等老产品微薄的利润难以使公司的效益提高，因而根本没有投资回报。更重要的是，钛白粉工程建设时贷款多、负债沉重，尽管钛白粉产品市场前景看好，但即使按现有规模满负荷生产和全部销售，也难以承担巨额贷款利息和折旧负担，致使公司财务状况逐年恶化，导致公司连续3年亏损。

暂停上市期间，公司非流通股的协议转让及流通股的定价收购，按照深圳证券交易所的有关规定办理，公司遵守有关信息披露规定。同时，股票暂停上市期间，公司仍履行上市公司的一切义务。

自1999年7月9日起，公司股票实行“特别转让”。实行特别转让期间，公司股票简称改为“PT渝钛白”，股票代码不变；投资者在每周五（法定节假日除外）开市时间内申报转让委托；申报价格不得超过上一次转让价格上下5%（上一次转让价格显示在行情系统中的昨日收盘价栏目中)；每周星期五收市后对有效申报按集合竞价的方法进行撮合成交，并向深交所会员发出成交回执。

在暂停上市期间，该公司股东大会通过了资产重组议案，将渝钛白截至1999年10月31日结欠中国长城资产管理公司的贷款本息计74 844.87万元和资产11 483.38万元（评估值16 768.94万元）转让给重庆化工厂，转让资产主要包括硫酸生产类固定资产、热电厂等公用工程、医院等非生产用固定资产。

2000年6月17日，董事会发布公告，主要内容为：

（1）重庆市国有资产管理局于1999年11月12日与中国长城资产管理公司签订协议，将其持有的国家股7 456.52万股无偿转让给中国长城资产管理公司。

（2）根据转让协议，本次转让价格为0元/股，转让股份为7 456.52万股，转让股份占公司总股本的57.36%，股权性质为国家股。

通过实行债转股，公司大大减轻了债务负担，从而为2000年度实现扭亏为盈创造了条件。

（三）恢复上市

在中国长城资产管理公司的参与下，渝钛白公司进行了重组，早在2000年年度财务报表中就实现了扭亏，并被会计师事务所审计出具了标准无保留意见的审计报告。因在宽限期内的会计年度盈利，公司根据《亏损上市公司暂停上市和终止上市实施办法》第12条的规定，“暂停上市的公司在宽限期内第一个会计年度盈利的，可以在年度报告公布后向中国证监会提出恢复上市的申请”，于2001年3月2日向中国证监会提出了恢复上市的申请并被受理。

2001年4月26日，该公司董事会发布公告：中国证监会正式受理了公司恢复上市的申请。根据《亏损上市公司暂停上市和终止上市实施办法》（修订前）的规定，自 2001年4月26日起至中国证监会做出核准或不核准本公司恢复上市的决定之日的期间内，公司股票停止特别转让服务。到11月19日，渝钛白等待批复的时间已超过半年。渝钛白2001年上半年实现销售收入10 458万元，为年计划的50.98%，比上年同期增长26.53%。

2001年7月20日，公司中期财务会计报告再度被同一家会计师事务所出具了标准无保留意见的审计报告。此外，公司自2001年中期开始进行利润分配，每10股派发现金红利0.10元（含税），用资本公积按10：2的比例转增股本。

2001年11月20日，该公司发布提示性公告，公司股票恢复上市，首日开盘参考价为11.89元，实行涨跌幅限制10%。

渝钛白从特别处理、暂停上市到恢复上市的过程，是中国证券市场退市制度逐渐完善的缩影。中国证券市场退市制度的逐渐完善，有助于鼓励理性投资和建立优胜劣汰机制。

案例提示：2009年5月6日，攀钢钢钒换股吸收合并攀渝钛业（渝钛白）、长城股份。因被攀钢钢钒吸收合并，曾引领无数重庆市民踏上股市征程的渝钛白，历经17年坎坷上市历程后，从此终止上市，淡出股民的视线——作者注。

案例思考：通过该案例谈谈你对证券交易所上市、退市等制度设立的认识。

本章基本概念

上市证券　非上市证券　投资者指定交易制度　托管券商制度　现货交易　融资融券交易　证券经纪商　自营商　集合竞价　连续竞价　大宗交易　盘后固定交易　证券交易所　场外交易市场　做市商　柜台市场　主板　创业板　科创板　三板市场　债券回购

复习思考题

1. 简述证券上市的含义并分析其利弊。
2. 试分别叙述证券交易所和场外交易市场的特点及主要功能。
3. 证券交易的优先原则是什么?
4. 目前我国深圳、上海两家证券交易所实行的证券存管制度有何区别?
5. 主板市场、创业板市场、科创板市场及北交所的功能定位有什么区别?
6. 试述在中国证券市场提高信息披露质量和完善退市制度的意义。
7. 什么是竞价? 竞价有哪些方式? 集合竞价如何产生开盘价?
8. 什么是融资融券交易? 我国开展融资融券交易会给市场带来哪些影响?

学习资料推荐

■你可以登录中国证券监督管理委员会的官方网站查阅证监会对《上海证券交易所会员管理规则》《深圳证券交易所会员管理规则》的批复，了解上海证券交易所和深圳证券交易所各自的会员管理规则及管理权限。

■你可以登录上海证券交易所、深圳证券交易所及北京证券交易所的官方网站进一步了解这三个证券交易所的具体交易规则。

■你可以登录全国中小企业股份转让系统的官方网站查看新三板挂牌公司交易等的情况。

第九章

证券价格与价格指数

本章提要

有价证券是一种虚拟资本，本身没有任何价值，可以在市场上进行买卖，形成市场价格。有价证券价格的高低是投资者最为关心的因素之一。本章重点阐述股票价格的本质及表现形式，分析股票除权后的基准价格，阐明代表股票市场一定标准的价格水平和变动情况的股票价格指数的编制原因及方法，介绍中外著名的股票价格指数。通过本章的学习，学生应理解股票价格的本质及各种表现形式，掌握股票除权后基准价格的计算方法，知晓股票价格指数的作用和计算方法，了解中外著名的股票价格指数。①

第一节　证券价格

一、证券价格的本质

有价证券是一种虚拟资本。所谓虚拟资本，是指以有价的证券形式存在，并能给持有人带来一定收益的资本。

首先，有价证券是独立于实际资本之外的一种资本存在形式，不是生产经营的物资，本身不能在生产过程中发挥作用，因而它不是真正的资本。而有价证券的代表——股票、债券，能够脱离它们原来代表的现实资本在证券市场上进行相对独立的运动，产生资本的二重化现象。因此，它们可视为虚拟资本的凭证，具有虚拟资本的性质。

其次，有价证券本身没有任何价值，仅仅是一种所有权或债权的法律证书，它代表一种经济权利。有了这个证书，在法律上，所有者就有权索取这个资本所实现的一部分利润，并可以在市场上进行买卖，形成市场价格。虚拟资本的市场价格高低是由其所代表的现实资本具有的收益大小和一般利息率水平决定的，因此，虚拟资本的运动反映了现实资本的运动。

一般情况下，虚拟资本的价格总额总是大于实际资本额，其变化并不反映实际资本额的变化。

二、股票价格的种类

股票代表一定的价值量，这是投资者最为关心的因素之一。投资者总是希望花

本章建议阅读资料：

1.中国证券业协会．证券业从业资格考试统编教材（2020）——金融市场基础知识［M］．北京：中国财政经济出版社，2020.

2.陈保华．证券投资原理［M］．上海：上海财经大学出版社，2003.

3.邢天才，王玉霞．证券投资学［M］．大连：东北财经大学出版社，2012.

4.刘德红．证券投资教程［M］．北京：经济管理出版社，2009.

费最少的钱买到价值最高的股票。股票价值的确定形式主要有以下几种：

1.股票的理论价格。

股票的理论价格是在某一时刻股票的真正价值，也是股票的内在投资价值。计算股票的内在投资价值一般需要采用折现法，即把股票未来的股利收益按一定的折现率折成现值。它取决于每股所取得的股息与当时的市场利率。它与预期股息收益的多少成正比，而与市场利率成反比。其公式为：

$$股票的理论价格=\frac{预期股息收益}{市场利率}$$

2.股票的票面价格。

股票的票面价格又称股票的面额，是股份公司在发行股票时所标明的每股股票的票面金额。它表明每股占公司总资本的比例，以及该股票持有者在股利分配时所应占有的份额。股票的票面价格是确定股票发行价格的重要参考依据。股票票面价格的高低主要取决于公司的筹资总额、公司发行股票的股数、原公司股票的票面价格等因素。

3.股票的发行价格。

股票的发行价格是指股份公司在发行股票时的出售价格。根据不同公司和发行市场的不同情况，股票的发行价格也各不相同，主要有面额发行、折价发行和溢价发行等。股票虽然有许多种发行价格，但在一般情况下，同一种股票只能有一种发行价格。股票发行过程中究竟采用哪一种价格，主要取决于股票的票面形式、法律的有关规定、公司状况及其他有关因素。

4.股票的账面价格。

股票的账面价格也称股票的净值，它的含义是指股东持有的每一股份在账面上所代表的公司财产价值。其公式为：

普通股账面价格=（公司资产净值−优先股总面值）÷普通股总股数

股票的账面价格与市场价格并不一致，一般来说，成长性股票的市场价格往往要高于其账面价格，但对于收益率取决于公司资产净值总额的股票，其账面价格和市场价格的变动却具有一致性。股票账面价格的变动主要取决于资产总额的数量、负债总额的数量以及股票股数等因素。

5.股票的清算价格。

股票的清算价格是指公司发生兼并、破产、分立等清算时，每股股票所代表的真实价格。从理论上讲，股票的清算价格是公司清算时的资产净值与公司股票股数的比值。但实际上由于清算费用、资产出售价格等原因，股票的清算价格不等于这一比值。通常，股票的清算价格主要取决于股票的账面价格、资产出售损益、清算费用的高低等因素。

6.股票的市场价格。

股票的市场价格即股票的交易价格，也称股票行市，是证券市场上买卖股票的价格。人们谈到的股票价格更多的是指股票的交易价格。股票是一种特殊商品，它的价格不是由人们的主观意志决定的，而是根据时常变动的市场供求关系形成的。当供不应求时，价格就上涨；当供过于求时，价格就下跌。影响股价的因素众多，从性质上讲，可归结为两大类：一是基本因素，二是技术因素。具体内容将在以后章节阐述。

三、股票除权及除权后价格

上市公司每年的税后盈利要按一定方式向股东进行分配，主要的分配方式有全部发放现金股息、全部派发股票股息、现金股息和股票股息搭配发放等。另外，公司为增资也会给老股东优先认股权，此时公司需要办理除息和除权手续。以上几种情况，都会使股票交易价格发生变动。

股票交易市场在技术上有一个对股票价格进行调整修正的过程。

在具体分析问题之前，先要明确下面的问题：

（一）相关概念

1.含权股。

当上市公司宣布上年度有利润可供分配或有公积金转增股本方案、配股方案并准备予以实施时，该股票就称为含权股，这意味着持有该股票就享有分红派息、股本增加的权利。

2.宣布日。

在股东大会审议通过后，董事会宣布在将来某个具体日期发放股息，同时向股东们宣布股权登记日。

3.股权登记日。

确认和登记交易中股票附有领取本次股息权利的截止日期。也就是说，在该日收市前持有该股票的股东才享有分红的权利。在以前的股票有纸交易中，并不是每次交易结束后，股票持有者都到上市公司办理过户登记，所以，为了证明对上市公司享有分红权，股票持有者要在公司宣布的股权登记日予以登记，且只有在该日被记录在公司股东名册上的股票持有者，才有资格领取到上市公司分派的股息红利，登记日之后登记在册的股东则无权领取本次股息。

实现股票的无纸化交易后，股权登记都通过计算机交易系统进行，投资者不必到上市公司或登记公司进行专门的登记，只要在登记日的收市时账户中还拥有该公司股票，股东就自动享有分红的权利。

4.派息日。

派息日是指股东领取股息的时间，一般有一个时限范围。

5.除息。

当上市公司向股东分派股息时，就要在股权登记日的收盘后对股票进行除息（Ex Dividend，XD）处理，也就是将股票中含有的分派股息权利予以解除。

6.除权。

当上市公司发放股票股利、公积金转增股份及对老股东按一定比例配股时，就要在股权登记日的收盘后对股票进行除权（Ex Right，XR）处理，也就是将股票中含有的送红股、转增股本及配股的权利予以解除，如图9-1所示。

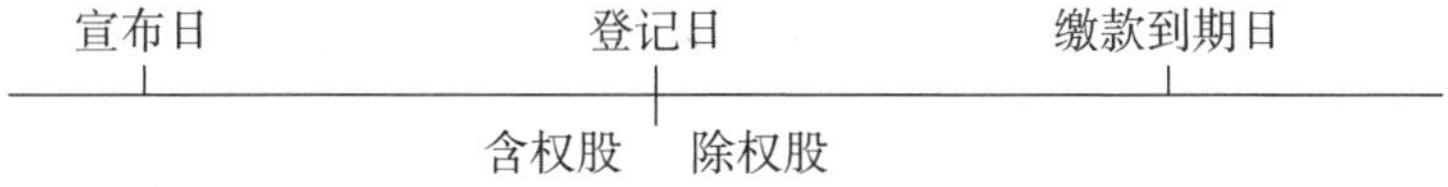

图9-1　股票除权时间示意图

7.除息日。

除息日也称除息基准日，是除去交易中的股票领取股息权利的日期。在除息日以前买入的股票是含息股票，且即使在除息日将股票售出也不会失去这一权利。

8.除权日。

除权日也称除权基准日，是除去交易中的股票领取本次送、配股权利的日期。在除权日以前买入的股票称为含权股票，在除权日以后买入的股票称为除权股票。

（二）除权后股票的基准价格

由于在登记日收盘前拥有的股票是含权的，而收盘后的次日其交易的股票将不再参加利润分配，即除权之后再购买股票的股东将不再享有分红派息的权利，所以，在股票的除权除息日，证券交易所都要计算出股票的除权除息基准价，以作为投资者在除权除息日开盘的参考。

所谓除权除息基准价，实际上是对股权登记日的收盘价予以变换。

1.除息基准价。

除息基准价就是登记日收盘价减去每股股票应分得的现金红利，其公式为：

$$除息基准价=股权登记日的收盘价-每股应分的现金红利$$

2.除权基准价。

除权基准价，就是股权登记日的收盘价除去所含有的股权。由于有送股、配股之分，以及送配股和股息时间的不同，除权基准价的公式也有以下几种：

（1）无偿送股条件下：

$$除权基准价=\frac{股权登记日的收盘价}{1+每股送股率} \tag{9.1}$$

（2）有偿配股条件下：

$$除权基准价=\frac{股权登记日的收盘价+配股价\times配股率}{1+每股配股率} \tag{9.2}$$

（3）送股、配股同时进行时：

$$除权基准价=\frac{股权登记日的收盘价+配股价\times配股率}{1+每股送股率+每股配股率} \tag{9.3}$$

（4）送股、配股与股息分配同时进行时：

$$除权基准价=\frac{股权登记日的收盘价+配股价\times配股率-每股应分的现金红利}{1+每股送股率+每股配股率} \tag{9.4}$$

除权日的开盘价不一定等于除权基准价，除权基准价是除权日开盘价的一个参考价格。当实际开盘价及以后走势高于这一理论价格时，就称为“填权”，在册的股东即可获利；反之，当实际开盘价及以后走势低于这一理论价格时，就称为“贴权”，在册的股东将遭受损失。填权与贴权是股票除权之后的两种可能，与整个市场的状况、上市公司的经营状况、送配股的比例等多种因素有关。

【例1】某上市公司发行在外的普通股为8 000万股，该公司股票股权登记日为5月7日（星期三），股权登记日的股票收盘价为25元，拟订的分配方案为每10股送5股，派2元现金；同时每10股配3股，配股价为5元/股。股票除权参考价是多少元？

根据公式（9.4）：

$$除权基准价=\frac{25+0.3\times5-0.2}{1+0.5+0.3}=14.61（元/股）$$

四、债券价格

债券价格是投资者为获得债券在未来一定时期内的利息收入而在理论上支付的价格。它受未来预期现金流、期限和利率水平的影响。

1.债券未来预期现金流。

它是指债券到期时的总价值，包括本金、利息两部分。

2.债券期限。

对投资者而言，债券期限包括两种：一是有效期限，指债券自发行日起到最终偿还日止这段时间；二是剩余期限（待偿期），指自购买日到最终偿还日止的时间。前者用于计算债券的发行价格，后者用于计算债券的交易价格。

3.利率水平。

它是指债券市场上为大多数买卖双方所能接受的债券收益水平。

第二节　股票价格指数

受经济、技术、市场、政治等种种因素的影响，股票价格经常处于变动之中。为了能够及时、准确地反映出这种变化趋势，世界各大金融市场都编制或参考编制股票价格指数，将某一时点上成千上万种股票的价格表现为一个综合指标，代表该股票市场一定标准的价格水平和变动情况。

一、股价平均数

股价平均数又称股价平均，反映了股票市场上多种股票价格的一般或平均水平。股价平均数均以具体金额表示，通过不同时期股价平均数的比较，可以发现股票价格在不同时期的涨跌状态。此外，股价平均数也是编制股票价格指数的依据。其基本计算方法包括：

（一）简单算术平均数

把采样股票的总价格平均分配到采样股票上，从市场上每种采样股票中拿出一股，将其收盘价格相加，再除以采样股数，得出的商便是股价平均数。其计算公式为：

$$\text{股价平均数}=\frac{\text{采样股票总价格}}{\text{采样股票数}}=\frac{P_1+P_2+P_3+\cdots+P_n}{n}=\frac{\sum_{i=1}^{n}P_i}{n} \tag{9.5}$$

【例2】假设某股市采样的股票为A、B、C、D四种，在某一交易日的收盘价分别为10元、15元、25元、30元，计算该市场股价平均数。

$$\text{股价平均数}=\frac{10+15+25+30}{4}=20\text{（元）}$$

股价平均数一般分为当日股价平均数、6日股价平均数和10日股价平均数。它们的具体计算公式是：

6日股价平均数=（当日股价平均数+前5日股价平均数之和）÷6

10日股价平均数=（当日股价平均数+前9日股价平均数之和）÷10

世界上第一个股票价格指数——道·琼斯股票平均价格指数在1928年10月1日以前就是使用简单算术平均数法计算的。

简单算术平均数法的优点是计算起来简单易懂。其不足之处有两个方面：

①计算时未考虑权数。例如，上述A、B、C、D四种股票的发行量或交易量各异，它们对股市的影响也不相同。

②当样本股票发生分割、派发红股、增资等情况时，股价平均数会发生不合理的下跌，使时间序列前后的比较遇到困难。比如，如果上述D股票发生1股拆为3股的情况，股价势必从30元下降为10元，这里的平均数就不是按上面计算得出的20元，而是15元（这里不考虑其他影响股价变动的因素），这显然不符合平均数作为反映股价变动指标的要求，因此，出现拆股等股权变动时，平均数必须作调整。

（二）调整平均数

为克服拆股后平均数发生不合理下降的弊端，要对原数值进行修正，一般采用两种方法：调整除数和调整股价。

1.调整除数。

调整除数，即把原来的除数调整为新除数。

在【例2】中，除数是4，经调整后的新除数应是：

新的除数=拆股后的总价格÷拆股前的平均数

=（10+15+25+10）÷20=3

将新的除数代入下式中，则：

股价平均数=拆股后的总股价÷新的除数

=（10+15+25+10）÷3=20（元）

这样得出的平均数与未拆股时计算的结果一样，股价水平也不会因拆股而变动，道·琼斯股价平均指数在发生拆股时就采用此法进行调整。

2.调整股价。

调整股价，即将拆股后的股价还原成拆股前的股价。

在【例2】中，其方法是：设D股股价拆股前是P_n，拆股后新增股份为R，股价为P'_n，则：

$$调整股价平均数=\frac{P_1+P_2+P_3+(1+R)P'_4}{n}=\frac{10+15+25+10\times(1+2)}{4}=20（元）$$

随着市场的不断发展完善，平均数的计算也有采用几何平均法和加权平均法的。

二、股票价格指数

由于股价平均数是以具体金额表示的，从中不能看出股票价格的波动幅度。为了弥补股价平均数的这个缺点，产生了股票价格指数。最早研究股票价格指数的人是美国道·琼斯公司的创始人之一查尔斯·亨利·道，至今已有100多年的历史。目前，很多国家都有专门的编制股票价格指数的机构，并形成了具有权威性的股票价格指数。

（一）股票价格指数的概念及基本公式

股票价格指数（Stock Price Index）是表明股票市场价格水平变动的相对数，以某个时期的价格水平与另一个时期的价格水平对比为前提。作为对比基础的价格时期叫做基期，与之进行对比的价格时期叫做报告期。通常是将报告期的股价与选定的基期价格相比，并将二者的比值再乘以基期的指数值，即为该报告期的股票价格指数。其基本公式是：

$$股票价格指数=\frac{报告期股价平均水平}{基期股价平均水平}\times100 \tag{9.6}$$

股票价格指数能及时、全面地反映市场上股票价格水平的变动，从它的上涨或下跌可以看出股票市场价格变化的趋势；同时，随着股票市场的发展，股票价格指数的作用更加突出。它不仅是反映股市动态情况的重要指标，也是股票投资者从事投资不可缺少的信息，而且还成为反映一个国家或地区政治、经济情况的“晴雨表”。因此，认真研究股票价格指数，对于投资者进行股票投资，对于政府官员、研究人员研究一个国家的经济发展现状和趋势，都具有很重要的意义。

（二）股票价格指数的编制方法

世界各地的股票市场都有自己独特的价格指数，尽管这些股票价格指数各有特点，但其编制原理大致相同，都要经过如下几个步骤：

1.选取样本股。

样本股选取没有统一的规定，可以选择全部上市公司股票，也可以选择部分上市公司股票。其主要有两个标准：一是具有代表性，能够代表整个市场或某一行业的股价水平；二是敏感性，根据样本股票编制出来的指数能够及时迅速地反映整个市场或某一行业的股价变动。

2.确定股价指数的基期和基期指数值。

选择某一有代表性且股价相对稳定的日期作为基期，然后计算这一天的样本平均股价或市价总值。基期只有定得合理才有可比性。例如，道·琼斯股票平均价格指数以1928年10月1日为基期，基期的股票价格指数为100。

3.采用一定的计算方法将选取的样本公司股票的市场价格加以平均化。

计算股价平均数的方法应具有高度的适应性，能对不断变化的股市行情做出相应的调整和修正，使股票价格平均数具有较好的敏感性。如经常会遇到样本公司拆股、除权等情况，为了保持计算的可靠性、连续性和可比性，需要对计算结果进行修正。

4.指数化。

运用科学的计算公式将以后每期的平均价格都与基期平均价格进行比较，并乘以某个固定乘数（通常为100或1 000等），就可求出股价指数。这样就把以货币单位表示的平均股价或市价总值化成以点为单位的股票价格指数。

（三）股票价格指数的计算

股票价格指数计算的方法主要有四种：相对法、综合法、加权综合法、几何加权法。

1.相对法。

它又称平均法，就是先计算各个采样股票的相对（股票）价格指数，再加总求算术平均数。其计算公式为：

$$\text{股票价格指数}=\frac{1}{n}\sum_{i=1}^{n}\frac{P_{1i}}{P_{0i}}\times 100 \tag{9.7}$$

【例3】现假定某股市采样股取4只，4只股票的交易资料见表9-1。

将表中数字代入式（9.7），得：

表9-1 **采样股交易资料表**

种类 项目	市价（元）		交易量（万股）		发行量（万股）	
	基期	报告期	基期	报告期	基期	报告期
A	5	8	1 000	1 500	3 000	5 000
B	8	12	500	900	6 000	6 000
C	10	14	1 200	700	5 000	6 000
D	15	18	600	800	7 000	10 000

$$报告期股票价格指数=\frac{1}{4}\times\left(\frac{8}{5}+\frac{12}{8}+\frac{14}{10}+\frac{18}{15}\right)\times100=\frac{5.7}{4}\times100=142.5$$

该计算结果说明报告期的股价比基期股价上升了42.5个百分点。

2.综合法。

综合法即分别将基期和报告期的股价加总后，再用报告期股价总额与基期股价总额相比较。其计算公式为：

$$报告期股票价格指数=\frac{\sum_{i=1}^{n}P_{1i}}{\sum_{i=1}^{n}P_{0i}}\times100 \tag{9.8}$$

代入表9-1中的数字得：

$$报告期股票价格指数=\frac{8+12+14+18}{5+8+10+15}\times100=\frac{52}{38}\times100=136.8$$

即报告期的股价比基期股价上升了36.8个百分点。

从平均法和综合法计算的股票价格指数来看，二者都未考虑到由于各种采样股票的发行量和交易量的不相同，而对整个股市股价的影响不一样等因素，因此，计算出来的指数亦不够准确。

3.加权综合法。

为了使股票价格指数的计算精确，需要对各个样本股票的相对重要性予以加权，这个权数可以是成交股数，也可以是股票发行量；按时间划分，权数可以是基期权数，也可以是报告期权数。

以基期成交股数（或发行股数）为权数的指数称为拉氏指数，即拉斯拜尔指数（Laspeyres Index）。拉氏指数采用基期固定权数加权，当权数决定后便无须变动，计算较为方便，一般经济价格指数多采用这种方法。但当样本股变更或数量变化后，就不再适用了。

拉氏指数的计算公式为：

$$报告期股票价格指数=\frac{\sum_{i=1}^{n}P_{1i}Q_{0i}}{\sum_{i=1}^{n}P_{0i}Q_{0i}}\times 100 \tag{9.9}$$

式中：Q_{0i}为基期第i只股票的发行量或交易量。

以报告期成交股数（或发行股数）为权数的指数称为派氏指数（Paasche Index）。这一方法计算复杂，但是适用性较强，特别是在以发行量为权数计算股票价格指数时。在发生股票分割、派送股票股息和增资配股时，一方面股价下降，另一方面股数增加，而计算期的股票市值并没有发生变化，所以不需要进行调整，虽然基期市值需要修正，但是计算相对简单。此外，派氏指数比较精确，具有很强的连续性。目前，世界上大多数股票指数，包括标准普尔指数、纽约证券交易所的综合股票价格指数等都是采用以发行量为权数的派氏指数。其计算公式为：

$$报告期股票价格指数=\frac{\sum_{i=1}^{n}P_{1i}Q_{1i}}{\sum_{i=1}^{n}P_{0i}Q_{1i}}\times 100 \tag{9.10}$$

式中：Q_{1i}为报告期第i只股票的发行量或交易量。

以报告期交易量为权数，将表9-1的有关数字代入公式中，则：

$$加权法指数=\frac{8\times 1500+12\times 900+14\times 700+18\times 800}{5\times 1500+8\times 900+10\times 700+15\times 800}\times 100=139.47$$

其表明报告期股票价格指数比基期股票价格指数上升了39.47个百分点。由于它是加权计算的，比平均法计算出来的指数更能准确地反映股票市场的价格变动情况。

4.几何加权法。

它也称费雪理想公式（Fisher’s Ideal Formula），是对上述两种指数的几何平均。此公式最大的缺点是样本股票增资除权（用除权数去除增资时的拆股认购权）时，修正起来很困难，也很麻烦，因而在实际中很少被采用。其计算公式为：

$$几何加权股票价格指数=\sqrt{\frac{\sum_{i=1}^{n}P_{1i}Q_{0i}}{\sum_{i=1}^{n}P_{0i}Q_{0i}}\times\frac{\sum_{i=1}^{n}P_{1i}Q_{1i}}{\sum_{i=1}^{n}P_{0i}Q_{1i}}}\times 100 \tag{9.11}$$

第三节　世界主要股票价格指数

一、道·琼斯股票平均价格指数

道·琼斯股票平均价格指数简称道·琼斯指数或称道·琼斯股票价格平均指数，是世界上影响最大的股票价格指数。它是在1884年7月3日由道·琼斯公司的创始人查尔斯·亨利·道编制的。

其最初的股票价格平均指数是根据11种具有代表性的铁路公司的股票，采用算术平均法编制而成的，发表在查尔斯·亨利·道自己编辑出版的《每日通讯》上。之后样本股数逐渐增加，而且扩大到其他行业。

目前，这个平均指数已经变动过四次：1897年股票由11种增至32种，1916年增至40种，1928年增至50种，1958年定为65种，直到今天。其所选用的代表性公司股票涉及工业、运输业、公用事业等所有重要行业。

道·琼斯股票平均价格指数共分为四组，即：

1.道·琼斯工业平均指数（Dow Jones Industrial Average，DJIA）。

这是由美国30家最有影响力的大工业公司的股票组成的股票价格指数，如埃克森美孚石油公司、通用汽车公司和美国钢铁公司等。这一价格指数基本上能反映股票市场的价格变动情况，因而常为世界各大报刊、电台、电视台所引用。

2.道·琼斯运输业平均指数。

计算这个平均指数选用了20种有代表性的运输公司的股票，涉及铁路、航空、轮船等各方面。这个平均指数大致上能客观地反映出运输业股票价格的变化情况。

3.道·琼斯公用事业平均指数。

计算这个平均指数选取了美国15家公用事业公司的上市股票，如美国电力公司等。

4.道·琼斯股票平均价格综合指数。

这是由前3组合计的65家公司的所有股票价格综合计算出来的，这个指数更能反映整个股票市场的变化情况。它以1928年10月1日为基期，并令基期的平均数为100，通过和基期平均数的比较，算出以后各期的平均数。

为了使道·琼斯股票价格平均指数能更好地反映出股票市场的实际情况，需要对组成平均指数的一些股票经常进行调整，选用一些更具活力、更有代表性的公司股票代替那些失去代表性的公司股票。1928年以来，几乎每两年就有一个新公司的股票代替老公司的股票。

二、标准普尔公司股票价格指数

标准普尔公司股票价格指数（Standard & Poors Composite Index）是美国最大的证券研究机构——标准普尔公司在1923年开始编制发布的股票价格指数。最初采样的股票有233种，到1957年扩大为500种。其包括85个工商行业的400种股票，商业银行、储蓄与贷款协会、保险公司和金融公司的40种股票，航空公司、铁路公司和公路货运公司的20种股票，以及公用事业的40种股票，将上述500种普通股票的价格加权平均编制成综合价格指数。

标准普尔公司股票价格指数以1941—1943年采样股票的平均市价作为基期，基期指数值为100，然后将所有采样股票以上市数量作权数加权平均计算。

其计算公式为：

$$股票价格指数=\frac{\sum_{i=1}^{n}P_{1i}Q_{1i}}{\sum_{i=1}^{n}P_{0i}Q_{0i}(3年的平均数)}\times 100 \tag{9.12}$$

道·琼斯股票平均价格指数仅仅代表最大的公司的股票价格，而市场上各种股票包括业绩优良股票、中等股票和较差的股票，股价变动并不一致，所以，道·琼斯股票平均价格指数不能充分反映股票价格变动的全貌。而标准普尔公司股票价格指数由于是根据纽约证券交易所中大约90%的普通股票价格计算出来的，具有更好的代表性，并且该指数采用加权平均法进行计算，精确度较高，具有较好的连续性，因此，比较准确地反映了股市的走势。

比较起来，道·琼斯工业平均指数对股价的短期走势具有一定的敏感性，而标准普尔公司股票价格指数用于分析股价的长期走势则较为可靠。从对股票市场价格分析研究的角度看，一些证券专家和经济学家偏向采用标准普尔指数；而从实用的角度看，大多数证券公司和投资者喜欢采用道·琼斯指数。

三、美国纳斯达克指数

纳斯达克指数（NASDAQ Index）是反映纳斯达克证券市场行情变化的股票价格指数。它是所有在纳斯达克交易的股票的资产加权指数，以1971年2月8日第一个交易日为基准日，最初的基本指数值设为100。

四、富时100指数（FTSE）

富时100指数（FTSE），是由英国著名报纸《金融时报》编制并公布的，是伦敦股票市场最具权威性的股票价格指数。它采用100家有代表性的工业和商业大公司股票做样本编制而成，以灵敏反映英国股市动向而著称。该指数于1984年1月3日对外发布，以1983年12月30日作为基期，基期指数值定为1 000。

五、日经股票价格指数（N225）

日经股票价格指数又称日经道·琼斯平均股票价格指数（Nikkei 225 Index），是日本经济新闻社股票平均价格指数的简称。

它是由日本经济新闻社编制发布的，是日本股票市场上最具有代表性的股票价格指数。该指数开始发布于1950年9月，计算方法采用的是美国道·琼斯指数所用的修正法，当时被称为"东证修正平均股价"，基期为1950年9月7日，选用在东京证券交易第一市场上市的225种股票作样本，算出修正平均股价，这些采样股票原则上是固定不变的。1975年5月1日，日本经济新闻社根据与道·琼斯公司的合同，买进道氏商标，公布日经道·琼斯平均股价。10年后合同到期，经日本经济新闻社与道·琼斯公司协商，从1985年5月1日起，日经道·琼斯平均股票价格指数改为“日经股价”或“日经平均股价”，该指数每天刊登在《日本经济新闻》上。由于该指数是从1950年开始编制并一直延续下来的，具有可比性和连续性，因此成为分析、考察日本股票市场股价变动及其趋势最常用、最可靠的指标。

六、恒生指数（HSI）

恒生指数（Hang Seng Index，HSI）是由香港恒生银行全资子公司——恒生指数服务有限公司编制并于1969年11月24日对外发布的反映香港证券市场行情变化的股票价格指数。恒生指数从香港股票市场中选出有代表性的33家公司作为成分股样本，以1964年7月31日为基期，基期指数值为100，计算方法为修正加权综合法，即以其发行量为权数按其每天的收市价算出当天这些上市公司的总市值，再与基期的资本总市值相比，乘以100就得出当天的指数。后由于技术原因改为以1984年1月3日为基期，基期指数值为975.47。

恒生指数是香港股票市场上历史最悠久的股票价格指数，也是反映香港政治、经济和社会状况最重要的指数。

恒生指数的计算公式为：

$$\text{现时指数}=\frac{\text{现时成分股总市值}}{\text{上日收市时成分股总市值}}\times\text{上日收市指数} \tag{9.13}$$

七、MSCI指数

MSCI是美国著名的指数编制公司——摩根士丹利资本国际公司的英文首字母简写（Morgan Stanley Capital International，又译明晟）。MSCI是一家股权、固定资产、对冲基金、股票市场指数的供应商，其编制了多种指数。

MSCI指数涵盖不同的行业、国家以及区域。1968年MSCI首推资本国际指数（Capital International Indexes），第一次设立不含美国市场的全球股票市场指数。从那时开始，MSCI在五十几年的发展历程中，不断拓展其指数国际化范围及影响，至今已形成了一整套“全球指数”体系，MSCI指数也已经成为投资界最为广泛使用的用以代表各国家、地区资本市场表现的参考指数，是全球投资组合经理最多采用的投资标的。

第四节　中国主要股票价格指数

一、上证综合指数

上海证券交易所股价综合指数简称“上证综指”，由上海证券交易所编制，是反映上海证券市场总体走势的最常用的指数。

该指数的前身是上海静安指数。1990年上海证券交易所建立后，在上海静安指数的基础上开始编制上海证券交易所股票价格综合指数。它以1990年12月19日为基期，基期指数为100。该股票指数的样本为所有在上海证券交易所挂牌上市的股票（包括A股、B股），其中新股在上市后的第11个交易日被纳入股票指数的计算范围，以股票发行量为权数编制。其公式为：

$$上海证券交易所股票价格综合指数=\frac{本日市价总值}{基期市价总值}\times 100 \tag{9.14}$$

$$市价总值=\sum_{i=1}^{n}(P_i \times Q_i) \tag{9.15}$$

式中：P_i为股票收盘价；Q_i为股票发行量。

如遇股票扩股或新增，作相应调整。其计算公式调整为：

$$报告期股价指数=\frac{本日现时市价总值}{新基准市价总值}\times 100 \tag{9.16}$$

$$新基准市价总值=修正前基日市价总值\times\frac{修正前市值+市价变动额}{修正前市值} \tag{9.17}$$

为提升指数编制的科学性，增强指数的表征功能，上海证券交易所和中证指数有限公司于2020年6月19日宣布，将于该年7月22日修订上证综合指数的编制方案。这是“上证综指30年来首次大改”，共有三方面的修订内容：

第一，指数样本被实施风险警示的，从被实施风险警示措施次月的第二个星期五的下一交易日起将其从指数样本中剔除。被撤销风险警示措施的证券，从被撤销风险警示措施次月的第二个星期五的下一交易日起将其计入指数。

第二，日均总市值排名在沪市前10位的新上市证券，于上市满三个月后计入指数，其他新上市证券于上市满一年后计入指数。

第三，上交所上市的红筹企业发行的存托凭证（CDR）、科创板上市证券将依据修订后的编制方案计入上证综合指数。

此举可以降低股指失真程度，减少新股上市初期价格波动，有利于市场优胜劣汰，并且可以真实地反映沪市行业结构变化。

二、深证成分股指数

深圳证券交易所成分股指数简称“深成指”，由深圳证券交易所编制，反映深圳证券市场个体走势，是最常用的指数，始发布于1995年1月23日。该指数共分3组：深证成分股指数、深证A股成分指数和深证B股成分指数。深证成分指数以1994年7月20日为基期，基期指数值定为1 000点，从上市的股票中选取40只A股和6只B股作为成分股，以成分股的可流通股数为权数，利用派氏加权法进行计算，自1995年1月23日起正式发布。其公式为：

$$深证成分股指数=\frac{报告期成分股流通市价总值}{基期成分股流通市价总值}\times 1\,000 \tag{9.18}$$

成分股中所有A股用于计算深证A股成分指数，所有B股用于计算深证B股成分指数。

三、沪深300指数

沪深300指数（Shanghai and Shenzhen 300 Index），简称沪深300（SHSE-SZSE300），由上海和深圳证券交易所（简称“沪深交易所”）设计，并于2005年4月8日正式对外发布，上海行情使用代码000300，深圳行情使用代码399300。沪深300指数是从沪深交易所上市的A股中选取规模大、流动性好、最具代表性的300只股票（沪市179只，深市121只）做样本，采用较为普遍的自由流通市值加权法编制而成的成分股指数。该指数以2004年12月31日为基日，基期指数值定为1 000点。

沪深300指数是沪深交易所联合发布的第一只跨市场指数，是反映中国A股市场整体走势的指数。沪深300指数的推出，有利于投资者全面把握中国证券市场的运行状况，并能作为投资业绩的评价标准，为指数化投资及指数衍生产品创新提供了基础条件。

四、中证100、中证500和中证1 000

2005年9月，一家专门构建各类指数，为投资者提供新的分析工具和投资标的的服务公司——中证指数公司成立。中证指数公司成立后，沪深交易所将其设计编制的指数移交中证指数公司进行管理运行。

中证指数公司按市场规模、投资标的（行业、风格、主题、策略）等编制了各类指数。其中最有代表性的有中证100、中证500、中证1 000。这三个指数编制方法与沪深300指数编制方法相同。

1.中证100。

中证100指数由沪深300指数成分股中规模最大的100只股票组成，综合反映中国A股市场中最具市场影响力的一批超大市值公司的股票价格表现。

2.中证500。

中证500指数由全部A股中剔除沪深300指数成分股及总市值排名前300名的股票后，总市值排名靠前的500只股票组成，综合反映中国A股市场中一批中小市值公司的股票价格表现。

3.中证1 000。

中证1 000指数由全部A股中剔除沪深300、中证500成分股后，规模偏小且流动性好的1 000只股票组成，综合反映中国A股市场中一批小市值公司的股票价格表现。

中证1 000与沪深300和中证500等指数形成互补，见图9-2所示。

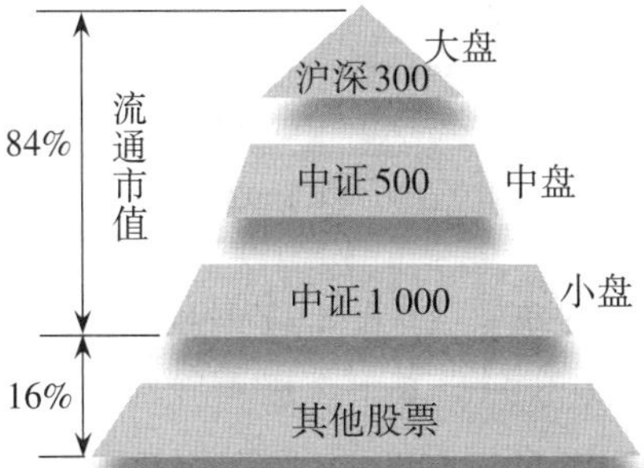

图9-2 中证1 000与沪深300和中证500等指数形成互补关系

五、其他

在中国证券市场的发展过程中，为了全面反映沪深交易所主板、中小板、创业板等市场价格的总体及分类变动情况，沪深交易所、中证指数公司以及一些科研院所、咨询机构、中央电视台等都编制了各类股价指数，建立了多层次指数体系，由于篇幅所限，具体编制规则就不一一详细介绍了，在此将中国证券市场主要指数体系以列表的方式呈现给读者，见表9-2。

表9-2 中国证券市场主要指数体系

指数名称	指数代码	基日	基点	发布日	样本股数量
上证综指	000001	1990-12-19	100	1991-07-15	全部上市股票（包含B股）
上证180	000010	2002-06-28	3 299.06	2002-07-01	180
上证50	000016	2003-12-31	1 000	2004-01-02	50
深成指	399001	1994-07-20	1 000	1995-01-23	40
创业板指	399006	2010-05-31	1 000	2010-06-01	100
沪深300	000300	2004-12-31	1 000	2005-04-08	300
科创50	000688	2019-12-31	1 000	2020-07-23	50
北证50	899050	2022-4-29	1000	2022-11-21	50
中证100	000903	2005-12-30	1 000	2006-05-29	100
中证500	000905	2004-12-31	1 000	2006-12-26	500
中证800	000906	2004-12-31	1 000	2007-01-15	800
中证1 000	000852	2004-12-31	1 000	2014-10-17	1 000
央视50	399550	2010-06-30	2 563.07	2012-06-06	50

续表

指数名称	指数代码	基日	基点	发布日	样本股数量
B股指数	000003	1990-12-19	100	1992-02-21	上海证券交易所全部上市B股
基金指数	000011	2000-05-08	1 000	2000-06-09	上海证券交易所全部上市基金单位总份额
国债指数	000012	2002-12-31	100	2003-01-02	上海证券交易所所有固定利率国债
企业债指数	000013	2002-12-31	100	2003-06-09	在上海证券交易所、深圳证券交易所上市的非股权连接类企业债。剩余期限在一年以上；信用评级在BBB以上

资料来源：根据上海证券交易所、深圳证券交易所、北京证券交易所网站及中证指数公司网站相关资料统计整理.

【案例】 4家QFII 2013年12月20日调仓致个股跌停①

2013年12月20日14：57—15：00，建设银行、交通银行等权重股出现异动，其中建设银行、中信银行、长城汽车、三一重工、包钢稀土和中海油服6只个股盘中一度跌停。

经过调查，12月27日，证监会通过官方微博回应称，4家QFII调仓致上述个股尾盘异动，而调仓又与富时A50成分股及其权重比例调整密切相关。

富时A50成分股包含了沪、深两市上市的股票中市值最大的50家A股公司，每个季度调整一次。

富时A50作为一只重要的跟踪A股指数，被诸多基金产品所追踪。例如，iShares安硕富时A50中国指数ETF，当时净值规模高达500亿港元。此外，还有南方A50、博时A50ETF等。

事件发生经过：富时公司2013年12月3日发布公告称，将对富时A50成分股进行季度调整，调整将在12月20日收盘后生效。

其中，调出中煤能源、包钢稀土、三一重工、洋河股份，降低中国平安的权重；调入上港集团、伊利股份、苏宁云商、美的集团，增加中信证券和海康威视的权重；降低建设银行、中信银行和交通银行等个股的权重。

12月底上交所核查发现，12月20日为富时A50指数成分股及权重调整生效前的最后一个交易日，瑞银集团、香港上海汇丰银行、花旗环球金融亚洲有限公司和马丁可利投资管理有限公司4家QFII进行了相应调仓，12月20日收盘前2分钟内，为保证未执行完毕的指令能全部成交，瑞银证券交易员直接采用跌停价申报方式卖出建设银行、中信银行、交通银行等个股，其他

① 王一鸣.富时A50指数调整成分股 纳入南车删除保利地产［N］.每日经济新闻，2012-03-06.经删节整理.

3家证券公司的交易员跟随以跌停价卖出，导致相关个股股价大幅下跌。相关机构操作不当才造成尾市的“诡异3分钟”异动。

上交所在核查后认为，上述4家境内交易代理证券公司在执行QFII相关交易指令时应该就交易指令对证券交易价格造成的影响进行专业判断，并对指令的合规性进行审查，但上述4家交易代理证券公司未尽到专业责任，违反了相关规定，上交所将采取相应的自律监管措施。

本章基本概念

股价平均数　股票价格指数　市价总值　道·琼斯股票平均价格指数　上证综指　深成指　沪深300指数　含权股　股权登记日　除权　除权基准价　填权　贴权

复习思考题

1.为什么说有价证券是一种虚拟资本？

2.什么是股票价格指数？简述股票价格指数的作用及意义。

3.股价平均数与股票价格指数有何区别？

4.国外具有代表性的股票价格指数有哪些？

5.请列出目前中国证券市场上至少5种主要股票价格指数，并对其功能特征做简单评价。

6.在我国的指数种类中，上证50指数、沪深300、中证500指数在编制上有何特色？其编制的主要目的是什么？

7.上海证券交易所某上市公司以10：3的比例向其股东增发新股，已知该公司股票的增发价格为5.78元，同时该公司还向股东以10：2的比例送出红股，如果股权登记日股票的收盘价为33.80元，该股票的除权价格应该为多少？

学习资料推荐

■你可以登录中证指数有限公司的官方网站了解更多股票价格指数的编制情况。

■你可以登录巨潮指数网和易方达指数基金网了解更多中国指数编制机构、指数行业发展现状及指数化投资的发展情况。

第三篇 投资分析篇

第十章

证券投资收益与风险

本章提要

收益与风险是证券投资的核心问题，通常总是收益越高风险越大，收益越低风险越小。因此，对不同证券、证券组合的收益率及风险的度量就成了证券投资必不可少的环节。本章重点阐述证券投资收益的概念及各种计量方法，分析股票投资收益的来源、债券投资的收益构成及影响债券收益的因素，阐述在对收益和风险进行权衡时，由于不同投资者的风险偏好不同，选择也会有不同的理念。通过本章的学习，使学生理解收益和风险的关系，掌握收益率及风险度量的方法，明白无差异曲线的含义。

投资者放弃即时的消费（或牺牲目前的消费），牺牲货币的流动性而投资于股票、债券，或其他可供投资的资产，归根到底，就是为了获得投资收益，以增加将来的财富。证券投资的收益可以分为两部分：一是当期收入，即在投资存续期获得股票的股息收入和债券的利息收入；二是资本利得，即由于证券市场上价格变动而获得的买卖证券的价差收入。

投资收益是未来的，而且一般情况下难以确定，很多预料不到的事件或信息都会影响证券价格，因而购买证券，尤其是购买股票，并不像银行存款那样能获得稳定的收益，即未来的收益是不确定的，这样就产生了证券投资的风险。风险产生的因素是多种多样的，有投资者自身的因素，也有外界客观条件的因素。有的风险是短期内可预测的，有的风险是突发的、不可预测的；有的风险是可以回避或降低的，有的则不能。

人们在进行证券投资的时候总希望能获得最大的投资收益同时承担最小的投资风险，但事实上收益与风险是并存的，高收益必然伴随着高风险。因此，在西方经济学“理性人”的假设前提下，投资者总会在收益相同的证券投资中选择风险最低的品种，而在风险相同的证券投资中选择收益最高的品种。为了合理运用投资资金，达到风险小、收益高的投资目的，投资者必须充分了解各种证券的收益和风险情况及其度量方法。

本章建议阅读资料：

1.朱宝宪．投资学［M］．北京：清华大学出版社，2002.
2.陈保华．证券投资原理［M］．上海：上海财经大学出版社，2003.
3.陈松南．投资学［M］．上海：复旦大学出版社，2002.
4.BODIE Z，KANE A，ALAN J.Investments ［M］．5th ed.NewYork：McGraw-Hill Companies Inc.，2002.
5.利弗莫尔．股票作手回忆录［M］．马晓佳，译．北京：中国青年出版社，2012.

第一节　证券投资收益

一、投资收益的概念及计量方法

（一）投资收益的概念

投资者因出让资本的使用权或所有权可能得到的货币收益有：利息、股利以及通过资产交易获得的价差收益；此外，投资者还可能得到一些资产类的收益，如红股或配股权等。总之，投资收益是因投资而获得的价值增加（Value Added）。

在实际生活中，经常要使用几个不同的投资收益的概念，如预期收益、实际收益、货币收益、资产收益等。

（1）预期收益（Expected Return）。由于通常是投资在前，获得收益在后，因此投资者在进行投资决策时并没有实际拿到收益，而只能是对今后可能得到的收益进行估计，这种收益的概念通常被称为"预期收益"。

（2）实际收益，也称持有期收益。实际收益是指投资者事后实际得到的投资回报，而不是可能得到的收益。由于大部分的投资收益带有不确定性，因此预期收益在数量上一般不等于实际收益。

从投资收益的表现形式来看，有时表现为货币形式，故称为货币收益；而有时表现为非货币收益，如资产数量的增加（红股等）或资产的升值等，这种资产类收益通常要经过市场交易转换为货币收益。

（二）预期投资收益的计量方法

1.单一证券的预期收益率

通常情况下，投资的未来收益率是不确定的，因为未来收益受许多不确定因素的影响，因而是一个随机变量。为了对这种不确定的收益进行度量，我们假定收益率服从某种概率分布，把所有可能出现的投资收益率按其可能发生的概率进行加权平均计算，我们就对这一投资未来可能出现的收益率有一个综合估计，这就是预期（期望）收益率。数学中求预期（期望）收益率或收益率平均数的公式如下：

$$E(r)=\sum_{i=1}^{n}p_i r_i \tag{10.1}$$

式中：E（r）为期望收益率；p_i为情况i出现的概率；r_i为情况i出现时的收益率。

【例1】表10-1是一个计算数学期望值的例子。计算结果表明，证券A的预期收益率为10%的可能性最大，证券B的预期收益率为20%的可能性最大。

具体计算过程如下：

$$E(r_A)=0.1\times0.5+0.2\times0.3+0.4\times0.1+0.2\times(-0.1)+0.1\times(-0.3)=10\%$$

$$E(r_B)=0.1\times0.4+0.2\times0.5+0.4\times0.2+0.2\times0+0.1\times(-0.2)=20\%$$

表10-1　**证券A、B预期收益率的估算**

经济状况（i）	不同经济环境的概率（%）	A可能的收益率（%）	B可能的收益率（%）
1	10	50	40
2	20	30	50
3	40	10	20
4	20	-10	0
5	10	-30	-20
合计	100	10	20

在实际分析中，我们经常使用历史数据来估计期望收益率：假设证券的月或年实际收益率为r_i（i=1，2，…，n），那么，估计期望收益率的公式为：

$$\text{期望收益率}\ \bar{r}=\frac{1}{n}\sum_{i=1}^{n}r_i \tag{10.2}$$

2. 证券组合的预期收益率

如果投资者不是买一种证券，而是持有多种金融资产，即形成一个资产组合（Portfolio），资产组合的收益率就等于组成资产组合的各单个证券的收益率的加权平均，其权数是各种金融资产的投资价值占资产组合总价值的比例。即：设A_i的收益率为r_i（i=1，2，3，…，n），则投资组合P=（w_1，w_2，w_3，…，w_n）的收益率为：

$$r_p=w_1r_1+w_2r_2+\cdots+w_nr_n=\sum_{i=1}^{n}w_ir_i$$

推导可得投资组合P的期望收益率为：

$$E(r_p)=\sum_{i=1}^{n}w_iE(r_i) \tag{10.3}$$

式中：$E(r_p)$为组合期望收益率；w_i为各证券投资价值占总投资价值的比例；$E(r_i)$为证券i的收益率。

【例2】假设某投资者将资金投资在上例的两个证券上，二者各占投资总额的一半，证券A的预期收益率为10%，证券B的预期收益率为20%，该投资组合的预期收益计算如下：

$$E(r_p)=0.5\times10\%+0.5\times20\%=15\%$$

如果投资者调整投资比例，证券A的投资比例为30%，证券B的投资比例为70%，则该投资组合的预期收益为：

$$E(r_p)=0.3\times10\%+0.7\times20\%=17\%$$

从例题我们发现，若想改变组合的收益率，可调整组合内的证券品种的种类，也可调整其比例，但是，也要意识到在收益发生变化的同时，组合的风险也将同时发生改变。

（三）实际收益率的计量方法

我们可以用两种方法来计算平均事后收益率：算术平均法和几何平均法。

1.算术平均收益率。这是指将各历史时期已经实现了的收益率相加，然后再除以时期数。用HPR_j表示，计算公式如下：

$$HPR_j = \frac{\sum_{j=1}^{n} HPR_j}{n}$$

【例3】某投资者过去3年投资某公司股票获得的收益率分别是5.5%、6%和6.25%。那么，投资期3年的年均收益率就是：

（5.5%+6%+6.25%）÷3=5.917%

算术平均法适用于各期收益率差别不大的情况，如果各期收益率差别很大的话，这样计算出来的收益率会歪曲投资的结果。

【例4】某投资者初始投资额是10 000元，第一年年末，该投资市值是20 000元，则第一年年末的投资收益率是（20 000−10 000）÷10 000×100%=100%；第二年年末投资市值只有10 000元，则第二年年末的投资收益率是（10 000−20 000）÷20 000×100%=−50%；按照算术平均法，该投资者这两年的平均投资收益率是（100%−50%）÷2=25%。而我们明眼可见，该投资者尽管进行了两年的股票投资，但他的实际财富情况并未发生任何变化，其投资收益率是0。

尽管该例子有些极端，但是在一个较长的投资期内，特别是各期收益率有较大差异时，使用算术平均数将会得到错误的结论。

2.几何平均收益率。几何平均收益率是将各个单个期间的收益率的乘积开n次方，使用了复利的思想，即考虑了资金的时间价值。几何平均收益率用HPR表示，其计算公式为：

$$HPR_j = \sqrt[n]{\prod (1 + HPR)} - 1$$

式中：$\prod$表示连乘，n表示投资期内的期数（各期时间长度应相等）。

仍以【例4】中的投资为例，HPR计算结果如下：

$$HPR_j = \sqrt[2]{(1 + 100\%)(1 - 50\%)} - 1 = 1 - 1 = 0$$

几何平均法算出来的平均收益率是0，符合实际情况。

从例子可以看出，有些基金公司对外宣称的平均收益率，都是算数平均收益率，这是不符合行业规范的，因为，采用算数平均收益率计算方法，如果第一年行情火爆，基金收益翻了好几倍，即使后面几年亏损，计算出来的也依然是正的收益率。按照规定，基金公司对外宣称的平均收益率应该是采用几何平均法算出来的收益率。

二、股票的投资收益

（一）股票投资收益的来源

股票的投资收益是指投资者从购入股票开始到卖出股票为止，整个持有期间内的收入，由股利收入、资本利得和公积金转增股本组成。

1.股利收入

股利收入包括股息和红利两部分。股息是指股票持有者依据股票从股份有限公司分取的盈利，红利则是在上市公司分派股息之后按持股比例向股东分配的剩余利润。但在概念的使用上，人们对股息和红利并不严格加以区分，只是笼统地称为股利。

根据我国上市公司的信息披露管理条例，我国的上市公司必须在每个会计年度结束的120天内公布年度财务报告，且在年度财务报告中要公布利润分配预案，所以，上市公司的分红派息工作一般都集中在次年的二三季度进行。从国际市场上来看，上市公司实施具体股利分派时，其形式可以有五种：现金股利、股票股利、财产股利、负债股利和建业股利。

（1）现金股利。这是指上市公司以货币形式支付给股东的股息红利，也是最普通、最常见的股利形式，如每股派息多少元，就是现金股利。通常说来，现金股利分派的多少，取决于董事会对影响公司发展的诸因素的权衡，并要兼顾股东和公司二者的利益。

（2）股票股利。这是指上市公司用股票的形式向股东分派的股利，通常是公司以新增发的股票或一部分库存股票作为股息，代替现金分派给股东，也就是通常所说的送红股。

（3）财产股利。这是指上市公司用现金以外的其他资产向股东分派的股息和红利。它可以是上市公司持有的其他公司的有价证券，也可以是实物。当公司现金不足时，分派财产股利，可以减少公司现金支出，满足公司对现金的需要，有利于公司的发展。

（4）负债股利。这是指上市公司通过建立一种负债，用债券或应付票据作为股利分派给股东。这些债券或应付票据既是公司支付的股利，又确定了股东对上市公司享有的独立债权。负债股利通常是在公司已宣布发放股利，但公司又面临现金不足、难以支付的情况下采取的权宜之计。董事会往往更愿意推迟股利发放日期。

（5）建业股利。这又称建设股息，是一种比较特别的股息形式，是指经营铁路、港口、水电、机场等业务的股份有限公司，由于建设周期长，不可能在短期内开展业务并获得盈利，为了筹集所需的资金，在公司章程中明确规定并获得批准后，公司可以将一部分股本作为股息返还给股东。建业股利不同于其他股息，它不是来自公司的盈利，而是对公司未来盈利预期的分配，实质上是一种负债分配，同时，它也是无盈利无股息分配原则的一个例外。建业股利的发放有严格的法律限制，在公司开业后，必须在分配盈余前扣抵或逐年扣抵冲销。

2.资本利得

资本利得（Capital Gain），或称资本损益，是指投资者利用股票价格的波动，在股票市场上低买高卖赚取的差价收入。当卖出价大于买入价时为资本收益，当卖出价小于买入价时为资本损失。虽然我国股票市场当前对资本利得不纳入征税范围，但在很多发达市场国家，买卖股票所实现的资本利得则要纳入征税收入。

3.公积金转增股本

公积金转增股本是指上市公司以将公司的公积金转化为股本的形式赠送给股东的一种分配方式。但是，送股的资金不是来自公司当年未分配的利润，而是公司提取的公积金。公司的公积金主要来源于：①股票发行的溢价收入；②按照公司法的规定，每年从税后利润中按10%比例提取的法定公积金；③股东大会决议后提取的任意盈余公积金；④接受的赠与；⑤公司经过若干年经营后的资产重估增值；⑥因合并而接受的其他公司资产净额等。其中，股票发行溢价收入是上市公司最常见、最主要的资本公积金来源。股份有限公司经股东大会决议将公积金转为资本时，按股东原有股份比例派送新股或者增加每股面值。但法定公积金转为资本时，所留存的该项公积金不得少于注册资本的25%。

（二）股票收益指标

衡量股票投资收益水平的指标主要有股利收益率、持有期收益率和拆股后持有期收益率等。

1.股利收益率

股利收益率又称获利率，是指股份有限公司以现金的形式派发给股东的股息和红利与股票市场价格的比率。其公式为：

$$股利收益率=\frac{D}{P_0}\times100\% \tag{10.4}$$

式中：D为年现金股利；P_0为本期买入股票价格。

【例5】某投资者以15元一股的价格买入A公司股票，持有一年分得现金股息2元，则：

$$股利收益率=\frac{2}{15}\times100\%=13.33\%$$

如果投资者打算投资某种股票并长期持有，可用该股票上期实际派发的现金股利或预期本期的现金股利与当前股票价格计算，可得出预期的股利收益率，该指标对做出投资决策有一定帮助。

2.持有期收益率

持有期收益率是指投资者持有股票期间的股利收入与买卖差价占股票买入价格的比率，它反映投资者在一定的持有期内的全部股息收入和资本利得占资本金的比率。其公式为：

$$持有期收益率=\frac{D+(P_1-P_0)}{P_0}\times100\% \tag{10.5}$$

式中：D为年现金股利；P_0为股票买入价格；P_1为股票卖出价格。

【例6】如果【例5】中投资者在分得现金股息后，将股票以16元的价格卖出，则：

$$持有期收益率=\frac{2+(16-15)}{15}\times100\%=20\%$$

3.拆股后持有期收益率

投资者在买入股票后，有时会发生该股份有限公司进行股票分割（即拆股）的情况，拆股会影响股票的市场价格和投资者的持股数量，因此，有必要在拆股后做相应的调整，以计算拆股后的持有期收益率。

$$拆股后持有期收益率=\frac{调整后的资本利得或损失+调整后的现金股息}{调整后的价格}\times100\% \tag{10.6}$$

【例7】如果【例5】中的投资者在分得现金股利后A公司以1：2的比例拆股。拆股后A公司股票的价格涨至18元一股，拆股后的每股市场价格为9元一股，若投资者以市场价格出售，则拆股后持有期收益率为：

$$拆股后持有期收益率=\frac{(9-7.5)+1}{7.5}\times100\%=33.33\%$$

三、债券的投资收益

（一）债券投资收益的构成

一般情况下，债券投资的收益由三部分组成：利息收入、买卖差价以及利息再投资收益。这三部分收益在债券投资收益率分析中具有很重要的作用。

1.利息收入，是指按照债券的票面利率计算而来的收益。

2.买卖差价，也被称做“资本利得（Capital Gain）”，是指债券投资者购买证券时所投入资金与债券偿还时（或者是未到期前卖出时）所获资金的差额。零息债券（贴现债券），其收益由买卖差价构成。

3.利息再投资收益，是指在附息票债券情况下，投资者将每年定期收到的利息收入再进行投资所能够获得的收益。显然，利息再投资收入具有两个特征：首先，只有附息票债券才会产生利息再投资收入，而贴现债券（零息债券）不具有到期前的利息收入，也就不会有利息再投资收益。其次，利息再投资收益具有很大的不确定性。由于利息是投资者定期收到的，而各期的市场利率是处于变化之中而各不相同的，因此，在不同时期收到的利息的再投资收益可能是各不相同的，因而利息再投资收益具有很大的不确定性。此外，越是息票利率高的债券、越是期限长的债券，利息再投资收益在总收益中所占的比例越大，因而对总收益的影响程度也越大。

（二）影响债券收益率的因素

影响债券收益率的因素有很多，可把它们分为内部因素和外部因素。内部因素主要有债券的票面利率、价格、期限和信用级别等；外部因素主要有基础利率、市场利率和通货膨胀等。在其他因素不变的情况下，只要上述其中一个因素发生了变化，债券的收益率就会发生变化。

1.内部因素

（1）债券的票面利率。债券的票面利率是债券发行的重要条件之一，其高低主要取决于两个因素：一是债券发行人的资信情况。一般来说，在其他因素相同的情况下，发行人的资信水平越高，债券的利率越低；资信水平越低，债券的利率越高。二是发行时市场利率的高低。一般来说，在不考虑发行折价策略的情况下，发行时的市场利率越高，则债券的票面利率越高；发行时的市场利率越低，则债券的票面利率越低。

（2）债券的价格。债券的价格可分为发行价格和交易价格。由于债券票面利率和实际利率有差别，所以它的发行价格往往高于或低于面值。债券价格若高于面值，则它的实际收益率将低于票面利率；反之，实际收益率则高于票面利率。债券的交易价格是投资者从二级市场上买卖债券的价格，其价差将直接影响到债券收益率的高低。

（3）债券的期限。在其他因素相同的情况下，债券期限越长，票面利率越高；反之，票面利率越低。除此之外，当债券价格与票面金额不一致时，期限越长，债券价格与面额的差额对收益率的影响越小。当债券以复利方式计息时，由于复利计息实际上是考虑了债券利息收入再投资所得的收益，所以债券期限越长，其收益率越高。

（4）债券的信用级别。发行债券主体的信用级别是指债券发行人按期履行合约规定的义务，足额支付利息和本金的可靠程度。一般来说，除政府发行的债券之外，其他债券都存在违约风险或信用风险。但不同的债券其信用风险不同，这种不同主要从债券的信用级别体现出来。信用级别越低的债券，其隐含的违约风险越高，因而其票面利率相对较高。

（5）提前赎回条款。提前赎回条款是债券发行人所拥有的一种选择权，它允许债券发行人在债券到期前按约定的赎回价格部分或全部偿还债务。这种规定在财务上对发行人是有利的，因为发行人可以在市场利率降低时发行较低利率的债券，取代原先发行的利率较高的债券，从而降低融资成本。但对投资者来说，其再投资机会受到限制，再投资利率也较低，这种风险要从价格上得到补偿。因此，具有较高提前赎回可能性的债券应具有较高的票面利率，其内在价值相对较低。

（6）税收待遇。一般来说，免税债券和税收推迟的债券具有一定的优势，其价格相应较高。因为，免税债券的到期收益率比类似的应纳税债券的到期收益率低。此外，税收还以其他方式影响着债券的价格和收益率。例如，任何一种以折扣方式出售的低利率附息债券提供的收益都有两种形式：息票利息和资本收益。在美国，这两种收入都被当做普通收入进行征税，但是对于后者的征税可以等到债券出售或到期时才进行。这种推迟就表明大额折价债券具有一定的税收利益。在其他条件相同的情况下，这种债券的税前收益率必然略低于高利附息债券。也就是说，低利附息债券比高利附息债券的内在价值要高。

（7）流动性。流动性是指债券可以随时变现的性质。这一性质使债券具有可规避由市场价格波动而导致实际价格损失的能力。如果某种债券按市价卖出很困难，持有者会因该债券的流动性差而遭受损失，这种损失包括较高的交易成本以及资本损失，这种风险必须在债券的定价中得到补偿。因此，流动性好的债券与流动性差的债券相比，具有较高的内在价值。

2.外部因素

（1）基础利率。基础利率一般指无风险利率。政府债券的利率可以近似看做是无风险利率，其风险最低，因而票面利率也较低。基础利率的高低是决定债券票面利率的重要因素。其他债券在发行的时候，总要在无风险利率的基础上增加风险溢价以弥补投资者所额外承担的风险。因此，基础利率越高，债券的票面利率也会越高。

（2）市场利率。市场利率属于债券投资的机会成本。在市场利率上升时，新发行的债券其收益率也会上升，但已发行债券的市场价格会下跌，因而持有债券的投资者就会遭受损失。相反，市场利率下降时，已发行债券的市场价格就会上升，持有者会因此受益，但新发行的债券其收益率会下降。

（3）通货膨胀。通货膨胀通常是指一般物价水平的持续上升。通货膨胀的存在可能使得投资者从债券投资中所实现的收益不能弥补由于通货膨胀而造成的购买力损失。

（三）债券收益率指标

债券投资虽然事先确定了票面利率，但债券的票面利率只是投资者名义上得到的收益率，它是指利息收入与债券面额的比例。显然，票面收益率假设债券的购买价值等同于面额，它没有考虑到买入价格可能与票面金额不一致，也没有考虑到将债券中途卖出的可能。因此，票面收益率并不能真实地反映债券投资的收益。因此，要精确地表示债券的投资收益，必须使用债券收益率指标。

1.直接收益率

直接收益率也称当期收益率，是对票面收益率的缺陷做了部分改进而得到的，它是指利息收入与购买价格的比例。显然该收益率考虑到债券投资者的资本金可能并不等同于面额，因而用真实的购买价格取代了债券面额。直接收益率的计算公式为：

$$直接收益率=\frac{C}{P_0}\times 100\% \tag{10.7}$$

式中：C为年利息；P_0为债券市场价格。

【例8】一张面额为1 000元的债券，票面年利率为10%，发行价格为1 200元，期限5年，则其当期收益率为：

$$当期收益率=\frac{100}{1\,200}\times 100\%=8.33\%$$

直接收益率由于容易解释和计算而受到欢迎，它反映了投资者的投资成本带来的收益。在【例8】中，投资者以溢价购买债券，所以收益率低于票面利率。直接收益率对那些每年从债券投资中获得一定利息收入的投资者来说很有意义。

但是，直接收益率也有不足之处，直接收益率仅仅考虑了利息收入这一部分，它没有考虑到资本利得，即没有计算投资者买入价格与持有债券到期、按照面额偿还本金之间的差额，也没有考虑买入价格与中途卖出价格之间的差额。显然，下面两个收益率——到期收益率和持有期收益率就能够做到这两点。它们的不同之处在于，到期收益率衡量了债券持有到期（还本付息）时所能获得的收益率，而持有期收益率衡量了债券持有期内（尚未到期，投资者就将其卖出）所能够得到的收益率。虽然这二者在本质上是相同的，但在计算方法上稍有差别。

2.到期收益率

到期收益率（Yield to Maturity）是指债券投资者从购买日起到债券到期日止，最后实际得到的年收益率。也可以说，到期收益率就是使债券的剩余现金流（如果持有至到期日）的总现值等于债券当前市场价格（买入价）的贴现率。它同项目评估中的内部收益率（IRR）是一个含义。计算到期收益率的意义在于，如果投资者准备以目前市价买入某种债券，并且计划持有至该债券期满，则到期收益率可作为预期收益率，并可将它与其他投资对象的收益率加以比较。

到期收益率又可以分为单利到期收益率和复利到期收益率。

（1）单利到期收益率适用于一次还本付息债券。对于分次付息债券，如果不考虑利息再投资因素也可以运用此收益率。它是从债券买入日到偿还日期间内所能得到的利息同偿还差异之和与投资本金的比率。其计算公式如下：

$$单利到期收益率=\frac{年利息+\frac{面额-购入价格}{偿还年限}}{购入价格}\times 100\% \tag{10.8}$$

【例9】某息票累计债券，票面金额为1 000元，发行价格为980元，票面利率为8%，偿还期限为5年，则该种债券的到期收益率为：

$$到期收益率=\frac{80+\frac{1\,000-980}{5}}{980}\times 100\%=8.57\%$$

由【例9】可以看出，由于发行价格低于票面值，二者之差形成债券资本偿还增益，是利息以外的收益，使得认购者预期收益率高于票面利率，即8.57%>8%。

【例10】某息票累计债券，票面金额为1 000元，发行价格为1 040元，票面利率为8%，偿还期限为5年，则该种债券的到期收益率为：

$$到期收益率=\frac{80+\frac{1000-1\,040}{5}}{1\,040}\times 100\%=6.92\%$$

由【例10】可以看出，由于发行价格高于票面值，二者之差形成债券资本偿还亏损，它抵消部分债券收入，使得认购者预期收益率低于票面利率，即6.92%<8%。

（2）复利到期收益率是假设每期的利息收益都可以按照到期收益率进行再投资，即假设市场利率不变，到期收益率可以根据债券的不同特点，用不同的债券定价模型公式去计算。但是，计算那些有固定期限，并定期支付利息的附息票债券的到期收益率是极其烦琐的，这是因为用公式计算到期收益率时要解高阶多项式，而这相当困难。计算复利到期收益率通常采用试错法。

所谓试错法，即首先选择一个你认为最有可能的贴现率Y，代入债券内在价值公式，然后与债券价格进行比较：如果与债券价格相等则通过，如果比债券价格大，则选择一个较高的贴现率再进行计算；如果比债券价格小，则选择一个较低的贴现率再进行计算。最后，用内插法找到一个使内在价值与债券价格相等（约等）的贴现率。

对于一年付息一次的债券来说，可用下列公式得出到期收益率：

$$P=\frac{C}{1+Y}+\frac{C}{(1+Y)^2}+\cdots+\frac{C}{(1+Y)^n}+\frac{F}{(1+Y)^n} \tag{10.9}$$

式中：P为债券价格；C为年利息；F为到期价值；n为时期数（年数）；Y为到期收益率。

当已知P、C、F和n值时，代入式（10.9），在计算机上用试错法便可算出Y的数值。

对半年付息一次的债券来说，其计算公式如下：

$$P=\frac{C/2}{1+Y/2}+\frac{C/2}{(1+Y/2)^2}+\cdots+\frac{C/2}{(1+Y/2)^{2n}}+\frac{F}{(1+Y/2)^{2n}} \tag{10.10}$$

【例11】某公司债券面值为1 000元，债券期限为5年，利息率为12%，半年支付一次利息，债券发行价格为1 100元。

要计算该债券到期收益率，先假设Y=10%÷2=5%，利用公式（10.10）解得：P =1 077.32≠1 100。

由于1 100>1 077.32，说明到期收益率不是10%，而是稍低于10%。

令Y=8%÷2=4%，继续进行试算，结果为：P=1 162.66≠1 100。

由于1 100<1 162.66，说明到期收益率不是8%，而是稍高于8%。

这一试算结果表明，该种债券的到期收益率介于8%与10%之间。于是，再利用内插法就可以计算出正确的到期收益率Y。其计算过程如下：

先建立一个等式反映出等比关系：

$$\frac{Y-8\%}{10\%-8\%}=\frac{1\,100-1\,162.66}{1\,077.32-1\,162.66}$$

求解得：Y=9.47%

这样就求出该债券的到期收益率为9.47%。

3.准到期收益率

事实上，采用试错法计算附息票债券的到期收益率是比较复杂的，这一点也可以从【例11】中看出。因此，在实践中，往往采用准到期收益率即按近似法来计算附息票债券的到期收益率。虽然这种计算方法并不十分精确，但却十分简便，因而也具有较大的适用性。最常见的近似公式是：

$$Y_A=\frac{C+\frac{M-P_0}{N}}{\frac{P_0+M}{2}}\times 100\% \tag{10.11}$$

式中：Y_A为准到期收益率；P_0为债券的购买价格（可以小于、大于或等于债券票面额）；C为年利息；M为债券面额；N为年限。

公式（10.11）实际上是在债券持有期内的平均收益水平，即收益利息与年平均资本利得的和除以债券的平均投资。所以，平均收益没有考虑时间价值。我们仍然采用前面计算到期收益率的例子计算准到期收益率：

$$Y_A=\frac{120+\frac{1\,000-1\,100}{5}}{\frac{1\,100+1\,000}{2}}\times 100\%=9.52\%$$

很显然，准到期收益率与到期收益率之间有相当的差距。

4.持有期收益率

持有期收益率（Holding Period Return，HPR）是指在某一特定持有期内的债券收益率，是投资者最关心的收益率。因为，在实际生活中，许多的投资者并不是在购买债券之后一定要持有至到期时兑付，往往有可能中途就卖出。如果中途将债券卖出，那么这时投资者得到的收益率就不是到期收益率，而是持有期收益率，即从购入到卖出这段持有期间所能得到的收益率。持有期收益率和到期收益率的差别在于将来值的不同。其公式为：

$$P_{t+1}+C_{t+1}=P_t（1+HPR_t）$$

$$\frac{P_{t+1}+C_{t+1}}{P_t}=1+HPR_t$$

$$HPR_t=\frac{P_{t+1}-P_t+C_{t+1}}{P_t}\times 100\% \tag{10.12}$$

式中：HPR_t为t期持有收益率；P_t为债券发行或购买价格；P_{t+1}为债券到期日或出卖时的价格；C_{t+1}为t期获得的利息。

【例12】假设某人于1月1日购买了一种债券，面值1 000元，30年到期，利息率为8%，一年付息一次，现价为1 000元，到期收益率为8%。第二年的1月1日，即一年后，债券价格涨为1 050元，该人将债券售出。则：

$$HPR=\frac{1\,050-1\,000+80}{1\,000}\times 100\%=13\%$$

该持有期正好是一整年，若持有期较长或现金流量的形式与上面不同，如附息票债券持有期超过一年，那么，公式（10.11）也要做相应的调整。当以复利方式计算债券持有期收益率时，如同计算到期收益率一样要用试错法来解决。

对同一种债券而言，使用不同的计算方法，可以得出不同而又非常相近的到期收益率或持有期收益率。在上面介绍的几种方法中试错法最精确但计算最复杂，近似法次之，而直接收益率法的计算法精确度最低，但使用最方便。

5.赎回收益率

赎回是指债券的发行者在债券到期之前提前偿还本金的行为，是债券发行人的一种权利。因为对投资者不利，所以很多债券都附有赎回保护条款，如果债券被赎回，发行者必须支付高于债券面额的溢价作为对投资者的补偿。赎回时溢价的多少视赎回的时间而定，一般来说赎回时间越早，赎回溢价越高。其计算公式如下：

$$P_0=\frac{C}{1+Y_{call}}+\frac{C}{(1+Y_{call})^2}+\cdots+\frac{C}{(1+Y_{call})^n}+\frac{P_{call}}{(1+Y_{call})^n} \tag{10.13}$$

或：

$$P_0=C\left[\frac{1-\frac{1}{(1+Y_{call})^n}}{Y_{call}}\right]+\frac{P_{call}}{(1+Y_{call})^n}$$

式中：Y_{call}为赎回收益率；P_{call}为赎回时投资者得到的金额；P_0为债券买入价；n为赎回年限；C为债券年利息。

这里，同计算到期收益率一样，也需要用试错法求解。其与计算到期收益率的不同之处在于：必须用回购价格取代到期日价格，用第一次回购的年限代替n。

【例13】有一张30年期、票面利率为8%、半年付息一次的债券，市场售价为1 150美元。在第10年可以赎回，赎回价格为1 100美元。则它的可赎回收益率和到期收益率计算资料如表10-2所示。

表10-2 **可赎回收益率和到期收益率的计算**

项目	可赎回收益率（%）	到期收益率（%）
利息	40	40
期数	20	60
最终支付	1 100	1 100
市场价格	1 150	1 150

根据公式（10.13）和（10.10）解得：可赎回收益率为6.64%，到期收益率为6.82%。

第二节 证券投资风险

一、投资风险的含义

前面章节我们已经论述了证券的本质是虚拟资本，虚拟资本的性质本身就决定了证券价格具有不确定性。投资者投资在先，而实际收益在后，实际收益与预期收益的偏离或者说预期收益的不确定性就是投资者面临的风险。投资收益的可能分布发散性越强，证券投资的风险越大。证券投资的风险是普遍存在的。

与证券投资相关的所有风险统称为总风险（Total Risk），总风险按照能否将其分散而分为系统风险（Systematic Risk）与非系统风险（Nonsystematic Risk）两大类。

（一）系统风险

系统风险是指由社会、政治、经济等某种全局性的因素使整个证券市场发生价格波动而造成的风险。这种风险是在公司外部发生的，是公司自身无法控制和回避的，又称不可分散风险。这类风险的主要特点：一是都由共同的因素所引起；二是影响所有证券的收益；三是不可能通过证券投资的多样化来回避或消除。系统风险的表现形式主要有宏观经济风险、购买力风险、市场风险、利率风险和汇率风险等。席卷全世界各个股市的“黑色星期一”就是一种系统风险，它曾使无数投资者蒙受了巨大损失，甚至破产。

1.宏观经济风险。宏观经济风险是由于宏观经济因素变化、政府经济政策变化、经济的周期性波动以及国际经济因素的变化给证券投资者可能带来的损失。

2.通货膨胀风险（购买力风险）。当通货膨胀发生时，全部证券的真实收益也会发生变化，因此，通货膨胀风险属于系统风险。通货膨胀初期，公司的固定资产账面价值升高，存货高价售出，名义资产与名义利率上升，自然能够使公司股票的市场价格上升，同时预感到通胀压力的人们为了保值也纷纷购买股票，促使股价短暂上扬。当通胀持续一段时间后，新的生产资料价格上升，促使生产成本上升，企业利润减少，分配降低，投资者开始抛售股票，导致股票价格下降。

3.市场风险。市场风险是指由于证券市场行情变动而引起的风险。这些行情变动可以通过股票价格指数来分析。证券市场行情变动是指由于投资者对证券看法（主要是对证券收益的预期）的变化所引起的大多数证券的价格波动。政治、经济事件会引起人们的恐慌，几只股票的下跌或上升会引起其他股票的效仿，从而影响整个股市。某个具体事件也会引起人们的关注，动摇或树立投资者的信心。显然，市场风险属于系统风险。

4.利率风险。当利率调整后，全部证券的价格都会有所变化，因此，利率风险属于系统风险。一般来说，利率上升，股价下跌；利率降低，股价上升。

5.汇率风险。汇率风险是指汇率波动带来的损失。本国货币升值有利于以进口原材料为主从事生产的企业，不利于产品出口企业，从而引发这类企业的股价下跌；反之亦然。货币可自由兑换的国家会影响资本的输出入，进而影响资金的供求，影响证券价格。

（二）非系统风险

非系统风险又称公司个别风险（Firm-Specific Risk），是因个别公司、行业及特殊状况引发的风险，属可分散风险。这种类型风险的主要特点：一是由特殊因素所引起；二是仅影响某种证券的收益；三是可以通过证券投资多样化来消除或回避。非系统风险的表现形式主要有公司财务风险、经营风险、信用风险等。

1.财务风险（融资风险、筹资风险）。它是由于公司的财务结构不合理、筹资方式不当而导致的预期收益下降带来的风险。资本结构中贷款和债券的比重小，则股票的财务风险低，因为公司只有偿还债务利息后才能分配股利，公司支付较少利息或不支付利息，股东的风险就小；反之则大。但举债少的公司在扩张时不如以债务为后盾的公司，毕竟自己积累资本的时间长、数量少。

2.经营风险（营业风险）。它是由于公司的决策人员与管理人员在经营管理过程中出现失误导致公司盈利水平变化而使投资者预期收益下降的风险，即与企业经营相关的风险，如外部环境、内部条件等造成公司收入变动而引起的证券收益的不确定性。

3.信用风险（违约风险）。它是证券发行人在证券到期时无法还本付息而使证券投资者遭受损失的风险。它实际揭示了当公司财务状况不佳时出现违约和破产的可能，主要受发行人经营能力、盈利水平、事业稳定性、规模大小的影响。信用风险是债券的主要风险。

总之，系统风险强调的是对整个证券市场的影响，而非系统风险强调的是对个别证券品种的影响，二者既有区别又有联系。系统风险是由共同因素引起的，它影响所有证券的收益，无法通过证券投资多样化来消除和回避。而非系统风险是由特殊因素引起的，它影响的是某种证券的收益，可以通过证券投资的多样化来消除和回避。

二、风险的度量

（一）单一证券风险的度量

如果投资者以期望收益率为依据进行决策，那么他必须意识到他正冒着得不到期望收益率的风险，实际收益率与期望收益率会有偏差，期望收益率是使可能的实际值与预测值的平均偏差达到最小（最优）的点的估计值。可能的收益率越分散，它们与期望收益率的偏离程度就越大，投资者承担的风险也就越大，因而风险的大小由未来可能收益率与期望收益率的偏离程度来反映。在数学上，随机变量取值区间的大小，即概率分布的离散程度，用随机变量的方差或标准差表示。方差或标准差越小，说明其离散程度越小、风险越小；反之，风险越大。

方差的公式为：

$$\sigma^2=\sum_{i=1}^{n}[r_i - E(r)]^2 p_i \tag{10.14}$$

式中：σ^2为方差；E（r）为期望收益率；p_i为情况i出现的概率；r_i为情况i出现时的收益率；n为可能发生的情况数；σ为σ^2的平方根，称为标准差。

【例14】根据表10-1中的数据计算，证券A的方差为0.048，标准差为0.2191。具体计算如下：

$$\sigma_A{}^2=\sum_{i=1}^{n}[r_i - E(r)]^2 p_i$$

$$=10\%（50\%-10\%）^2+20\%（30\%-10\%）^2+40\%（10\%-10\%）^2+20\%（-10\%-10\%）^2+10\%（-30\%-10\%）^2$$

$$=0.048$$

$$\sigma_A=\sqrt{\sigma^2}=0.2121$$

证券B的方差为0.046，标准差为0.2144。

同样，在实际投资中我们也可使用历史数据来估计方差。

（二）证券组合风险的度量

对于多个证券的组合来说，计算方差的一般化公式是：

$$\sigma_p^2=\sum_{i=1}^{n}\sum_{\substack{j=1\\ j\neq i}}^{n}w_i w_j cov_{i,j} \tag{10.15}$$

式中：σ_p^2为组合的方差；w_i，w_j为证券i、j的投资比例；$cov_{i,j}$为证券i、j的协方差，反映证券i、j的收益率变化间的相互影响程度。

由于当i=j时cov（r_i，r_j）=σ_i^2，证券组合方差的一般公式也可表示为：

$$\sigma_p^2=\sum_{i=1}^{n}w_i^2\sigma_i^2+\sum_{i=1}^{n}\sum_{j\neq 1}^{n}w_i w_j cov_{i,j} \tag{10.16}$$

组合的风险公式表明，证券组合的方差是各证券自身方差与它们之间协方差的加权平均，也即表明投资组合的风险取决于三个因素：①各种证券所占的比例；②各种证券的风险；③各种证券收益之间的相互关系。投资者无法改变证券自身的风险σ_i^2，但是，投资者可以通过调整不同的投资比例w_i^2和选定具有不同的相互关系程度的证券$cov_{i,j}$来降低投资风险。

【例15】某一证券组合由15%的A股票和85%的B股票组成，A、B股票的标准差分别是10%和30%，相关系数是0.3，那么组合以后风险为：

$$\sigma_p^2=w_A^2\sigma_A^2+2w_A w_B cov_{AB}+w_B^2\sigma_B^2$$

$$\sigma_p^2=0.15^2\times0.1^2+2\times0.15\times0.85\times0.3\times0.1\times0.3+0.85^2\times0.3^2=0.067545$$

$$=6.7545\%$$

由例题可以看出，组合的风险已经降到很低水平，比两只证券中任何一个风险都低。可见分散化的组合投资可以降低风险。

（二）系统性风险的度量

系统性风险可用β系数来衡量。β系数是用来测定一种证券的收益随整个证券市场收益变化程度的指标，也可用来解释一种证券的收益对市场平均收益敏感性的程度。β系数的计算公式为：

$$\beta_i=\frac{cov(r_i,r_m)}{\sigma_m^2}=\frac{\sigma_{im}}{\sigma_m^2} \tag{10.17}$$

式中：r_i为证券i的收益率；r_m为整个市场（市场组合）m的收益率；σ_{im}为第i种证券收益率与市场组合m收益率之间的协方差。

一般来说，我们可以用股票价格指数收益率代表整个市场收益率。因为股票价格指数本身就是一种分散良好的资产组合，甚至包括了所有的上市股票，其非系统风险趋向于0，只存在系统性风险。因此，根据股票价格指数收益率计算出来的某一证券的β系数的大小可以作为衡量该证券系统风险的指标。

由于系统性风险无法通过分散化投资来抵消，因而一个证券组合的β系数等于该证券组合中各证券β系数的加权平均数，权重为各证券市场价值在证券组合市价总值中所占的比重。用公式表示为：

$$\beta_p=\sum_{i=1}^{n}w_i\beta_i \tag{10.18}$$

式中：w_i为证券i在证券组合中所占的比重；β_i为证券i的β值；β_p为证券组合的β值。

利用上述公式计算出来的β值反映了单只证券或单个证券组合的收益率随整个市场收益率变动而变动的程度，从而也成为衡量证券或证券组合承担的系统性风险大小的一个标准。一般来说，β值越大，系统性风险也越大。如果β值大于1，则说明单个证券或单个证券组合的系统风险大于市场证券组合；如果β值小于1，则说明单个证券或单个证券组合的系统风险小于市场证券组合；如果β值等于0，则说明单个证券或单个证券组合的系统风险为0。此外，来自国外的实证研究结果表明，β值的大小并不是稳定的，而是不断向1调整。也就是说β值大于1的股票，其β值会不断降低，直到接近于1，β值小于1的股票，其β值会不断上升，直到接近于1。

第三节　投资收益与风险

一、投资收益与风险的关系

收益和风险是证券投资的核心问题，投资者的投资目的是获得收益，但与此同时又不可避免地面临着风险，证券投资的理论和分析始终都是围绕着如何处理这二者的关系而展开的。一般来说，风险较大的证券，收益率相对较高；反之，收益率较低的投资对象，风险相对也较小。但是，绝不能认为风险越大收益率就一定越高，因为我们以上分析的风险是客观存在的风险，不包括投资者主观上的风险。如果投资者对证券投资缺乏正确的认识，盲目入市，轻信传言，追涨杀跌，操作不当等，只能得到高风险、低收益的结果。

由于投资者投资在前，获得收益在后，因此其在进行投资决策时只能对今后可能得到的收益进行估计，即投资者一般根据各种资产的盈利能力、资产价格的变化等有关信息进行分析，以确定对该资产投资可能产生的收益。由于风险是收益的代价，收益是风险的补偿，因此，投资者希望得到的必要收益率应是建立在无风险利率和风险补偿基础上的，用公式表示即为：

预期收益率=无风险利率+风险补偿

这里，“无风险利率”是指把资金投资于某一没有任何风险的投资对象而能得到的利息率，这是由于放弃即期消费而应得到的时间补偿。我们把这种收益率作为一种基本收益率，再考虑各种可能出现的风险，使投资者得到应有的风险补偿

(Risk Premium)。现实生活中不可能存在没有任何风险的理想证券，但可以找到某种收益变动小的证券来代替。美国短期国库券由政府发行，联邦政府有征税权和货币发行权，债券的还本付息有可靠保障，因此没有信用风险和财务风险。短期国库券期限很短，以3个月（91天）和6个月（182天）为代表，几乎没有利率风险，只要在其发行期间没有严重的通货膨胀，可以视为不附任何风险的证券。因此，在美国，一般把联邦政府发行的短期国库券当做无风险证券，把短期国库券利率当做无风险利率。

在短期国库券无风险利率的基础上，我们可以发现：

（1）同一种类型的债券，期限不同则利率水平不同，这是对利率风险的补偿。例如，同是政府债券，它们都没有信用风险和财务风险，但长期债券的利率要高于短期债券，这是因为短期债券几乎没有利率风险，而长期债券却可能遭受市场利率变动的影响，二者之间利率的差额就是对利率风险的补偿。

（2）不同类型的债券，种类不同则利率水平也不同，这是对信用风险的补偿。通常政府债券的利率最低，地方政府债券利率稍高，其他依次是金融债券、企业债券。在企业债券中，信用级别高的债券利率较低，信用级别低的债券利率较高。

（3）在通货膨胀严重的情况下，会发行浮动利率债券。我国政府曾对3年期以上国库券进行利率的保值贴补，就是对购买力风险的补偿。

（4）不同种类的证券，收益率不同，如股票的收益率一般高于债券，这是因为股票永远不还本，投资风险大，因此必须给投资者相应的风险补偿。同时，不同的股票面临的经营风险、财务风险及市场风险各不相同，因此，才会出现股票价格的升跌，股票价格的升跌是对股票投资风险的补偿。

当然，风险与收益的关系并非如此简单。证券投资除了以上几种主要的风险之外，还有其他次要风险，引起风险的因素以及风险的大小程度也在不断变化之中。

二、证券收益和风险的权衡——无差异曲线

【例16】如果有两个证券，A股票收益率为9.99%，风险为4.5%；B股票收益率为17.7%，风险为8.63%。如果让投资者在这两个股票当中进行选择，不同的投资者会有不同的选择结果，这完全取决于投资者的个人偏好。

我们用无差异曲线（Indifference Curve）来表达如何选择最合乎投资者需要的证券。所谓无差异曲线是指在一定的风险收益水平下投资者对不同证券（或组合）投资的满足程度（效用）是没有区别的。无差异曲线可画在二维坐标图上，将能产生相同效用期望值的各证券（或组合）对应的收益率期望值和标准差列出，在（E(R)，σ）坐标系中描出它们对应的点，并用平滑的曲线将这些点连接起来，就得到效用期望无差异曲线，也称风险收益无差异曲线。显然，在这条曲线上任意一点所对应的证券组合都能产生相等的效用期望值，亦即，对于具有相应偏好的投资者

而言，这条曲线上任意一点所代表的证券组合都是没有差异的，因为它们都能产生相等的效用期望值。图10-1就是无差异曲线的一般形式。

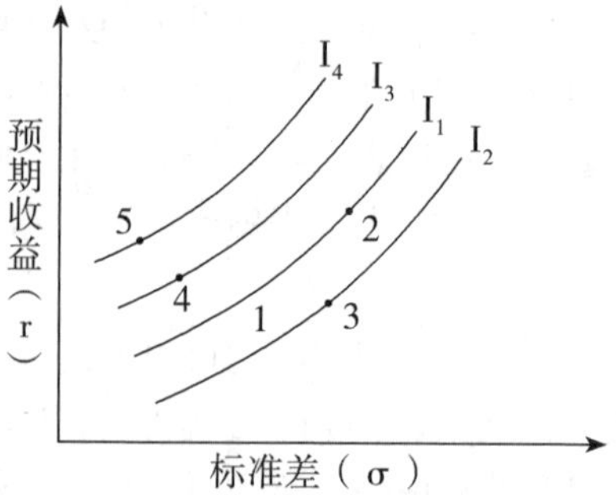

图10-1 无差异曲线的一般形式

易于理解，既然某些证券组合能产生相同的某一效用期望值，那么也会有另一些证券组合能产生相同的另一效用期望值，即某一效用期望值对应着一些证券组合，另一效用期望值也对应着另一些证券组合。由于效用期望值可以有许多个，因此，投资者的无差异曲线也有许多条。当然，投资者会选择能提供最大效用期望值的无差异曲线，作为投资的证券组合目标，因为在风险一定的条件下，这条曲线上的证券组合可产生最大的收益期望值。

不同的投资者有不同类型的无差异曲线。愿冒风险的投资者的无差异曲线平坦，而害怕风险的投资者的无差异曲线陡峭，这是因为对愿冒风险的投资者来说，只要收益有少量的提高就能弥补可能的风险损失；而对害怕风险的投资者来说，必须有收益的较大幅度提高才能促使他愿意承担较大的风险。图10-2、图10-3和图10-4分别代表风险回避者、中等风险承受者和风险偏好者的不同无差异曲线。

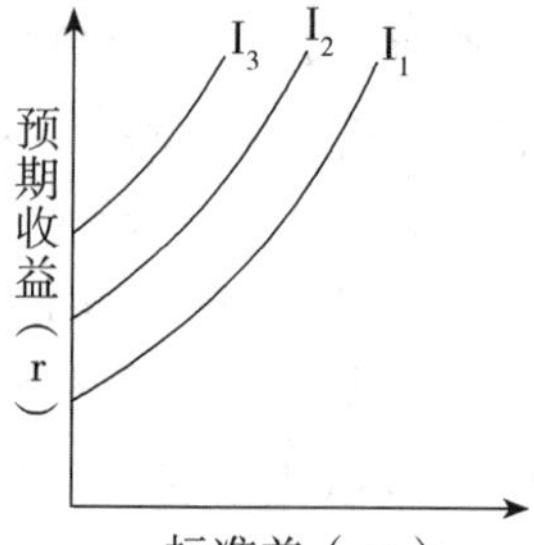

图10-2 风险回避者无差异曲线

现在我们运用无差异曲线来分析【例16】中投资者对A股票和B股票的选择。现假设有X、Y、Z三位投资者，由于三人对风险的态度不同，无差异曲线斜率不同，对两种股票的选择也有所不同。投资者X是最不愿意冒险的人，他认为B股票的收益不足以弥补它高于A股票的风险，他选择A股票作为投资对象。投资者Y是

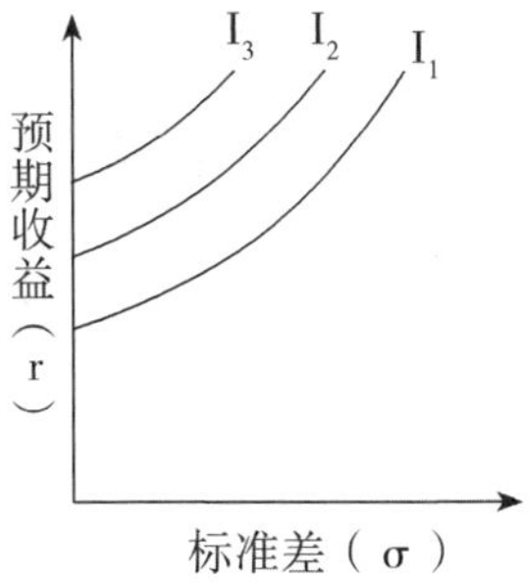

图10-3　中等风险承受者无差异曲线

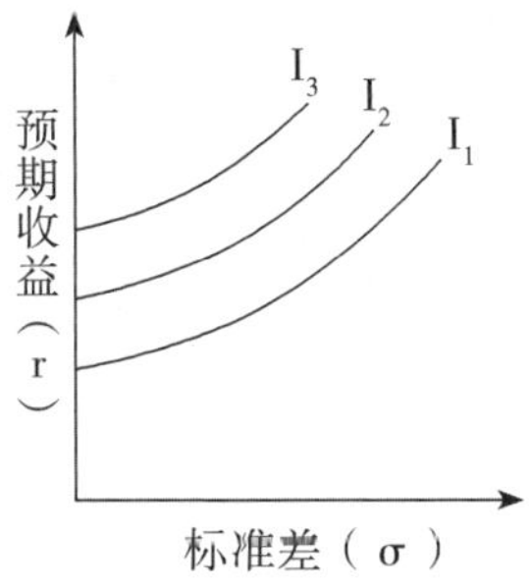

图10-4　风险偏好者无差异曲线

不愿冒较大风险的人，他认为B股票较高的收益正好抵补了其较高的风险，在他看来B股票与A股票没有差别。投资者Z是极愿冒风险的人，他愿意为B股票的较高收益去承担它较高的风险，所以他选择B股票。

总之，不同投资者对风险的态度不同，对收益与风险之间替代关系的权衡结果不同，对投资对象的偏好选择也会不同。

【案例】　乐视网的至暗时刻①

2020年4月26日，乐视网（300104.SZ）的至暗时刻降临。公司公布2019年年报，年报显示经审计后归属于上市公司股东的净利润约为-112.8亿元，较上年同期减少175.46%。乐视网在2017年和2018年，已经分别亏损138.78亿元与40.96亿元，3年合计亏损高达292.54亿元，堪称A股罕见。按照《创业板股票上市规则》，乐视网2019年已被深交所暂停上市，被暂停上市后公司仍有机会申请重新上市，但公司的业绩不仅2019年没有好转，2020年第一季度继续亏损1.5亿元。

作为乐视网的大股东，贾跃亭在2017年前往美国后便基本放弃了对乐视网的挽救，而接盘的融创也在2019年乐视网被暂停上市后陆续撤换主要成员。但乐视网并未走出困局。公司将主要原因归咎于违规担保导致的巨额亏损，以及大股东贾跃亭及其关联方应收款项未能回收。

① 作者根据相关资料整理。

根据《创业板股票上市规则》，被暂停上市的创业板公司有15种情况可能被深交所终止上市，而乐视网公布的2019年年报触发了其中3项：（1）上年归属于上市公司股东的净资产约为-143.29亿元；（2）净利润约为-112.8亿元；（3）大华会计师事务所为公司出具的《2019年审计报告》为保留意见。因此公司股票在年报披露后15个交易日内将被深交所终止上市。2020年6月5日公司股票被深圳证券交易所决定终止上市，进入退市整理期，在退市整理期30个交易日后公司股票将被摘牌。

乐视网成立于2004年11月10日，在贾跃亭的带领下，乐视网于2010年8月12日在深圳创业板挂牌上市，成为行业内全球IPO上市公司。乐视网最辉煌时股价曾高达179.05元，成为家喻户晓的以家庭互联网为平台的消费升级大潮的引领者。然而，2020年4月26日年报公布前一天，乐视网股价收盘仅为1.65元。乐视网2020年一季报显示，截至2020年3月31普通股股东总数达28.0767万人，这28万名股东中还有4家基金公司的身影，毋庸置疑，这28万名股东投资者都损失惨重，有些上市公司或投资基金因为重仓持有该股票而使自身股价大幅下跌。截至2020年6月8日，乐视网行情走势如图10-5所示。

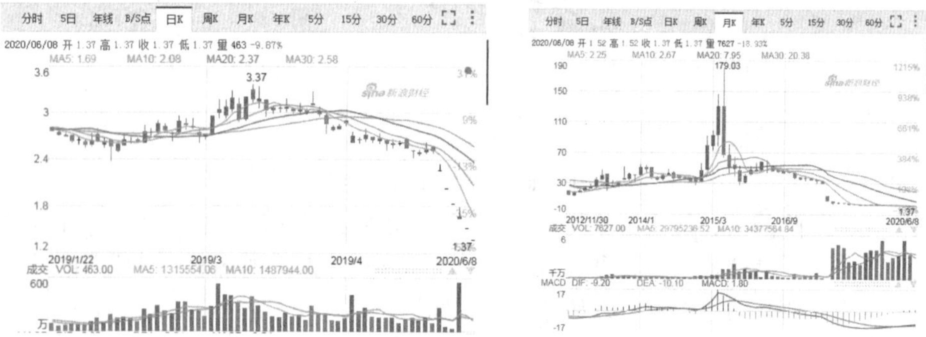

图10-5 乐视网日K线（左图）和月K线（右图）行情走势图

“乐视网”是投资收益不确定性的一个典型案例之一。

案例思考：结合该案例谈谈你对非系统风险的认识。

本章基本概念

直接收益率　到期收益率　系统风险　非系统风险　市场风险　利率风险　信用风险　无风险利率　无差异曲线

复习思考题

1.简要分析投资收益与风险的关系。

2.证券投资的风险有哪几种？如何避免风险？

3.股票投资收益由几部分构成？股票收益率如何计算？

4.债券的收益包括哪些内容？影响债券收益率的主要因素是什么？

5.债券投资收益率如何计算？

6.单一证券风险如何衡量？

7.组合证券风险如何衡量？

8．什么是β系数？它衡量证券投资的什么风险？它与标准差有什么区别？

9．什么是投资者的无差异曲线？它有什么特点？

10．计算题：

不同经济状况下的估计如下表所示：

不同经济状况下的估计

经济环境	概率	收益率
经济繁荣	0.15	0.20
经济衰退	0.15	-0.20
经济平稳	0.70	0.10

请计算：预期收益率、方差、标准差分别是多少？

学习资料推荐

■你可以登录中国证监会官网/投资者保护/风险揭示/案例警示，了解典型风险案例。

第十一章

证券内在价值分析

本章提要

证券投资分析的目的是找出具有投资潜力的证券即未来价格会上升的证券。本章主要阐述证券估值的各种模型，目的是寻找内在价值高于市场价格、未来价格会上升的证券。通过本章的学习，使学生掌握股票估值原理及常用模型、债券定价原理及模型、投资基金价格决定以及衍生工具的内在价值分析模型。

一般来说，投资者在购买证券之前，都要评估一下证券的内在价值，然后，同市场价格相比分析其是否具有投资价值。如果证券内在价值大于市场价格，就说明该证券市场价格被低估，具有很大的上涨潜力，可以考虑买进；如果证券内在价值小于市场价格，就说明该证券市场价格被高估，具有下跌的可能性，可以考虑卖出。证券价值评估的一般过程如图11-1所示。

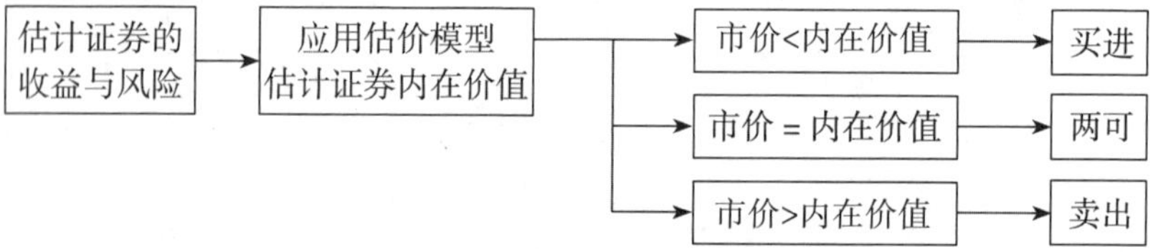

图11-1　证券价值评估的一般过程

证券价值评估的核心环节是估计证券的内在价值，也就是说，必须把考虑了所有收益与风险情况下某证券的内在价值具体化、数量化。关于收益和风险的度量我们已在前面章节阐述，本章将具体介绍各种证券内在价值的估价模型。

第一节　股票内在价值分析

股票投资不同于有固定利息和期限的债券投资，对于股票投资者而言，持有股票便具有了在未来的一定时期内获得收入的权利，所以股票的内在价值取决于它未来能带来的货币收入流量。持有证券所获得的货币收入流量越大，证券内在价值就越高；反之，证券内在价值就越低。由于证券的货币收入流量是将来发生的，现在

本章建议阅读资料：

1. 格雷厄姆．聪明的投资者［M］王中华，等译．4版．北京：人民邮电出版社，2011.
2. 列维．投资学［M］．任淮秀，等译．北京：北京大学出版社，2000.
3. 路透．金融衍生工具导论［M］．北京：北京大学出版社，2001.
4 中国证券业协会．证券业从业资格考试统编教材——金融市场基础知识［M］．北京：中国财政经济出版社，2020.
5. 中国证券业协会．证券业从业资格考试统编教材——证券投资基金［M］．北京：中国财政经济出版社，2020.

尚未实现，所以投资者在投资某种股票时，只能根据该公司过去的财务状况和盈利水平及未来的成长性进行分析，并同证券市场上其他投资机会的收益水平进行比较，在充分估计股票投资可能给投资者带来的各种收益和必须承担的各种风险的基础上，利用各种估价模型把股票的投资价值具体化、数量化，以便分析比较目前股票的市场价格是否合理。常见的股票估值方法有定性分析和定量分析两大类，定性分析是指对影响股票价格的内外因素进行分析（见本书第十二章），定量分析是利用各种模型工具对股票价格进行分析，又分为绝对估值法、相对估值法两大类，如图11-2所示，此处选择常用的几种进行介绍。

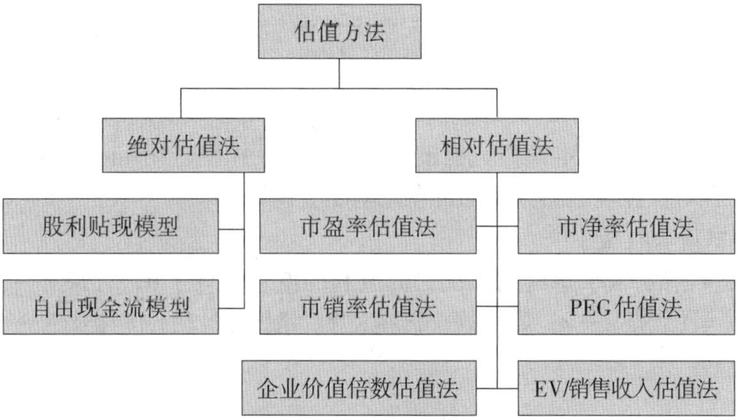

图11-2　常用的股票估值模型

一、绝对估值法中的贴现模型——贴现现金流估值法

贴现现金流估值模型（Discounted Cash Flow，DCF）是指运用收入的资本化定价方法来确定普通股票的内在价值的。按照收入的资本化定价方法，任何资产的内在价值都是由拥有这种资产的投资者在未来时期中所接受的现金流决定的。持有证券所获得的未来现金流越大，证券内在价值就越高；反之，证券内在价值就越低。由于现金流是未来时期收益的预期值，因此必须按照一定的贴现率返为现值，对于股票来说，这种预期的现金流即在未来时期预期支付的股利（股利贴现模型）。也就是说，一种资产的内在价值等于预期现金流的贴现值。从理论上来说，投资者期望报酬率即贴现率可通过证券市场线求得。该证券市场线显示了个别证券或投资组合的期望报酬与其风险的关系（见本书第十四章）。显然，某种股票的投资风险越大，贴现率就应越高；反之，就应越小。由于企业价值的真髓是它未来盈利的能力，只有当企业具备这种能力，它的价值才会被市场认同，因此理论界通常把贴现现金流估值法作为企业价值评估的首选方法。遵循由简单到复杂的逻辑规律，我们先设定一系列的假设条件，从最简单的估值模型开始讨论。

（一）贴现现金流基本模型（无限期持有）

一种资产的内在价值等于预期现金流的贴现值。对于股票而言，假设投资者无限期持有股票，那么，股利就是投资者所能获取的唯一现金流量，预期现金流即预期未来各期所能获得的股息。因此，贴现现金流模型的一般公式如下：

$$V=\frac{D_1}{1+k}+\frac{D_2}{(1+k)^2}+\frac{D_3}{(1+k)^3}+\cdots+\frac{D_\infty}{(1+k)^\infty}$$

$$V=\sum_{t=1}^{\infty}\frac{D_t}{(1+k)^t} \tag{11.1}$$

式中：D_t为在未来时期以现金形式表示的每股股利；k为在一定风险程度下投资者的期望报酬率（即必要收益率或现金流的合适的贴现率）；V为股票的内在价值。

式（11.1）说明股票的价格应该等于所有各期的预期红利的折现值的加总。这是一个具有一般性的基本模型，也被称为红利折现模型（Dividend Discount Model，DDM），之后对各种模型的分析都是在此基础上进行的。

（二）零增长模型

现在我们假定未来每期期末支付的股利的增长率等于0，且持有时间无限长，即$D_1=D_2=\cdots=D_n$，且$n\to\infty$。则由现金流模型的一般公式（11.1）推导得：

$$V=\sum_{t=1}^{\infty}\frac{D_t}{(1+k)^t}$$

$$=1-\frac{D_1}{(1+k)}\cdot\frac{1-\frac{1}{(1+k)^\infty}}{1-\frac{1}{(1+k)}}$$

$$=\frac{D_1}{k}\left[1-\frac{1}{(1+k)^\infty}\right]$$

又因$\frac{1}{(1+k)^\infty}\to 0$，所以，上述公式可归结为：

$$V=\frac{D_1}{k} \tag{11.2}$$

可见，股票的理论价格为每股股息除以市场利率。

【例1】某证券投资者在年初预测东方公司股票每年年末的股息均为2元，而折现率为11%，则该年年初股票投资价值为：

$$V=\frac{2}{11\%}=18.18\text{（元）}$$

如果该公司股票在市场上的交易价格为16元，可认为该公司股票价格被低估，低估值为2.18元，因此，可以考虑买入此股票。

现在如果我们将折现率改为8%，年股息收益不变，则该股票的投资价值为：

$$V=\frac{2}{8\%}=25（元）$$

这说明市场利率下降，致使该股票内在价值上升。

由于普通股的股利不可能一直不变，因此，这一模型的应用并不广泛，只是在股利政策比较稳定的普通股估价和优先股分析中采用。

（三）固定增长模型

如果我们假设公司每年分发红利，且股息永远按一固定不变的比率增长，就可以建立固定增长模型，也称永续增长模型。现在我们假设股息每年的增长率为g，则：时期t的股息为$D_t=D_{t-1}（1+g）=D_0（1+g）^t$。

将$D_t=D_0（1+g）^t$代入贴现现金流模型（11.1）式中，可得：

$$V=\sum_{t=1}^{\infty}D_0\frac{(1+g)^t}{(1+k)^t}=D_0\sum_{t=1}^{\infty}\frac{(1+g)^t}{(1+k)^t}$$

运用数学中无穷级数的性质，如果g<k，可得：

$$\sum_{t=1}^{\infty}\frac{(1+g)^t}{(1+k)^t}=\frac{1+g}{k-g}$$

从而，得出固定增长模型：

$$V=\frac{D_0(1+g)}{k-g}$$

又因为$D_1=D_0（1+g）$，所以，

$$V=\frac{D_1}{k-g} \tag{11.3}$$

（11.3）式就是被广泛运用的股利估值模型，又称高登（Gorden）模型。

【例2】东方公司支付每股股息为2元，预计在未来的日子里该公司股票的股息按每年5%的速率增长，假定必要收益率是11%，根据固定增长模型（11.3）式可知，该公司股票的价值为：

$$V=\frac{2(1+5\%)}{11\%-5\%}=\frac{2.1}{6\%}=35（元）$$

如果当前每股股票价格是32元，因此股票被低估3元，投资者可以考虑买入该股票。

（四）可变增长模型

零增长模型和固定增长模型都对股息的增长率进行了一定的假设。事实上，股息的增长率是变化不定的。因此，零增长模型和固定增长模型并不能很好地在现实中对股票的价值进行评估。下面，我们释放假设条件，主要对可变增长模型（Multiple Growth Model）中的二元增长模型进行介绍。

在可变增长模型中，股利在某一特定时期内（从现在到T的时期内）没有特定的模式可以测算，或者说其变动比率是需要逐年预测的，并不遵循严格的等比关

系。过了这一特定时期后，股利的变动将遵循不变增长原则。这样，股利现金流量就被分为两部分：

第一部分是从t=0到t=T时间内的所有预期股利流量现值（用V_{T-}表示）。

$$V_{T-}=\sum_{t=1}^{T}\frac{D_t}{(1+k)^t}$$

第二部分是T时期以后所有股利流量的现值，因为设定这部分股利变动遵循不变增长原则，用D_T代替D_0代入公式（11.3），得：

$$V_T=\frac{D_{T+1}}{k-g}$$

需注意的是，V_T得到的现值仅是t=T时点上的现值，要得到t=0时点的现值，还需要对V_T进一步贴现，用V_{T+}表示：

$$V_{T+}=\frac{D_{T+1}}{k-g}\times\frac{1}{(1+k)^T}$$

将两部分现金流现值加总，即为股票的内在价值：

$$V=V_{T-}+V_{T+}=\sum_{t=1}^{T}\frac{D_t}{(1+k)^t}+\frac{D_{T+1}}{k-g}\times\frac{1}{(1+k)^T} \tag{11.4}$$

公式（11.4）要比前几个模型更接近现实。

从本质上来说，零增长模型和固定增长模型都可以看做固定增长模型的特例。例如，在二元增长模型中，当两个阶段的股息增长率都为零时，二元增长模型就是零增长模型；当两个阶段的股息增长率相等但不为零时，二元增长模型就是固定增长模型。

相对于零增长模型和固定增长模型，二元增长模型较为接近实际情况。然而，对于股票的增长形态，我们可以根据企业生命周期理论给予更细的分析，以更贴近实际情况。我们还可以建立三元等多元增长模型，其原理、方法和应用方式与二元增长模型差不多，证券分析者可以根据自己的实际需要加以考虑。

【例3】东方公司上一年支付每股股息为0.45元，本年预期每股支付0.1元股息，第2年每股支付0.9元股息，第3年每股支付0.6元股息，从第4年以后预计在未来的日子里该公司股票的股息按每年8%的速率增长，假定必要收益率是11%。

要求：给该公司估值；如果该公司股票市场价格为18元，是否值得投资？

根据可变增长模型（11.4）式可知，该公司股票的内在价值为：

$$V=V_{T-}+V_{T+}$$

$$=\left[\frac{0.1}{(1+11\%)^1}+\frac{0.9}{(1+11\%)^2}+\frac{0.6}{(1+11\%)^3}\right]+\left[\frac{0.6}{11\%-8\%}\times\frac{1}{(1+11\%)^3}\right]$$

=1.259+15.794

=17.053（元）

分析：该股票市价为18元，高于内在价值17.053元，所以，不值得投资。

（五）有限期持有股价评估模型

在现实环境下，股票往往不是永久持有，而是有限期持有，因此，在有限期持有情况下，股票内在价值可以在公式（11.1）基础上进行修正，评估模型为：

$$V=\frac{D_1}{1+k}+\frac{D_2}{(1+k)^2}+\cdots+\frac{D_n}{(1+k)^n}+\frac{P}{(1+k)^n}$$

$$=\sum_{t=1}^{T}\frac{D_t}{(1+k)^t}+\frac{P}{(1+k)^n} \tag{11.5}$$

贴现现金流模型只考虑了股息收入，实际上股票投资与债券投资不同，股票投资意味着对公司的所有权，没有分红的收益仍然属于股东所有，所以，贴现现金流模型有缺点，另外该模型也没有考虑资本利得给投资者带来的收益。

贴现现金流法适用于前期投资大，初期回报不高，上市时的利润一般偏低的公司估值，比如新上市的公路、港口、桥梁、电厂等基建公司。

贴现现金流模型还有因由未分配盈余产生股利，配股增资后股利实质增加等几种情况发生的模型变形，但它的基本原理不变，理解也不困难，因篇幅所限，就不在此介绍了。

二、相对估值法

相对估值法（Relative Valuation）也称市场估值法、乘数估值法，是指选取有代表性的某一个估值指标，如市盈率（PE）、市净率（PB）、市销率（PS）、企业价值倍数（EV/EBITDA）等，利用可比公司估值指标的市场倍数对目标公司进行估值的方法。

可比公司的选取一定是同行业的公司，否则就没有可比性，具体来说可比公司的选择要综合考虑如下因素（如图11-3所示）。

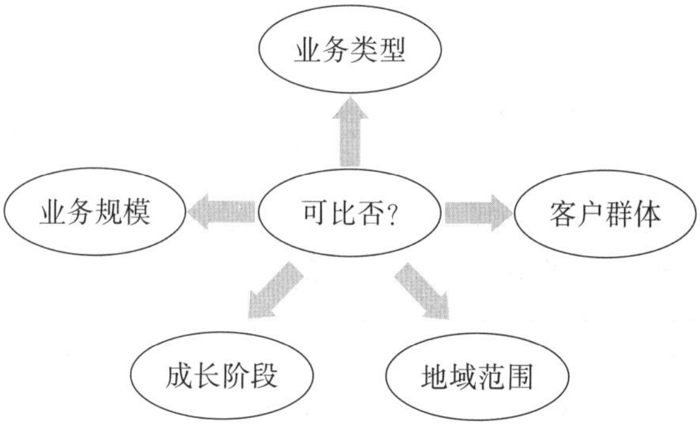

图11-3　选取可比公司需综合考虑的因素

（一）市盈率（PE）估值法

市盈率（Price to Earnings Ratio，PE）的概念已经在本书第七章股票发行定价方法一节中做了阐述。我们知道，市盈率是投资者衡量股票的投资报酬率和风险进行投资判断最常用的选股指标。市盈率估值法的公式为：

每股价格=市盈率×每股收益 (11.6)

式中：市盈率为可比市盈率或基准市盈率；每股收益为被评估公司预期下一年度可维持的每股收益。

对于可比市盈率，可以选择市场平均市盈率、行业平均市盈率或同类公司平均市盈率等。

如果我们能分别估计出股票的市盈率和每股收益，那么我们就能间接地由（11.6）公式估计出股票价格。这种评价股票价格的方法，就是“市盈率估值法”。

市盈率估值法计算简单，并且把价格和收益结合起来，能非常直观地反映投入和产出关系。但是，如果收益是负值，市盈率就失去了估值的意义。另外，市盈率是按照一年的净利润来估值的，而利润表反映一段时期企业的经营情况，是动态报表，所以对每股利润的确定方法不同，会导致出现不同的市盈率。

比如，在2023年12月1日，2023年的利润表数据还未出来，那么以2022年年报利润计算的市盈率就是静态市盈率（LYR市盈率），以预测的2023年年报利润估算的市盈率就是动态市盈率。以2023年前三季度利润加上2022年第四季度利润计算的市盈率就是滚动市盈率（TTM市盈率）。显而易见，用市盈率估算也有明显的漏洞。总之，市盈率指标的应用要具体情况具体分析，市盈率要在比较中才有意义，绝对值无意义。市盈率估值法在比较时要注意两点：其一，企业估值与自身历史估值的对比，从历史对比中看企业当下估值的水平。其二，与同行业其他企业估值水平对比，最好是同一个细分领域对比，即应用仅限于行业内部的横向比较，不同行业的公司之间缺乏可比性。

市盈率估值法更适用于盈利相对稳定、周期性较弱企业的估值。

（二）市净率（PB）估值法

市净率的概念已经在本书第七章股票发行定价方法一节做了阐述。我们知道公司净资产的多少是由股份公司经营状况决定的，股份公司的经营业绩越好，其资产增值越快，股票净值就越高，因此股东所拥有的权益也越多。

市净率（Price-to-Book Ratio，PB）估值法的估值公式为：

每股价格=股价市净率×每股净资产 (11.7)

式中：市净率为市场可比公司市净率或基准市净率；每股净资产为被评估公司的每股净资产。

如果说，贴现现金流估值法是通过预测公司未来业绩来估算目前的股票买入价，因为未来难以预测，所以这种估值法可操作性不高，那么市净率估值法就是以当下的账面价值即净资产来估算股票买入价，因为净资产可见，不用预测，所以可操作性比较好，是一种比较有把握的估值法。当然，账面价值也有瑕疵，比如几年前买进的资产，像彩电现在已不值那个钱了，但名人字画更值钱了。更进一步的是，账面价值没有充分地反映企业的无形资产和商誉，所以用市净率估值法时对企业的净资产要做剔除处理，以反映企业真实的经营性资产结构。投资者要找出企业至少3年以上时间段的历史最低、最高和平均三档市净率区间，再找出同行业具有较长交易历史的企业做对比，明确三档市净率区间，以判断现今股票价格是处于较高还是较低水平。市净率要在比较中才有意义，绝对值无意义。

市净率估值法被认为是最适合为拥有大量重资产且净资产为正的公司如银行、保险、房地产等类公司估值的方法。

（三）市销率（PS）估值法

市销率（Price-to-sales ratio，PS或PSR）也译作股价营收比（收入乘数）、市值营收比，是指股票价格与每股销售额的比率，或者公司市值与公司主营业务收入的比率。用公式表示为：

PS=总市值÷主营业务收入=（股价×总股数）÷主营业务收入

或：

PS=每股股价÷每股销售收入 （11.8）

市销率越小（比如小于1），通常被认为投资价值越高，这是因为投资者可以付出比单位营利收入更少的钱购买股票。

收入分析是评估企业经营前景至关重要的一步，没有销售，就不可能有收益。该项指标是最近几年在国际资本市场新兴起的，主要用于创业板的企业或高科技企业的市场估值方法。市销率估值法的优点主要有：

（1）它不会出现负值，对于亏损企业和资不抵债的企业，也可以计算出一个有意义的价值乘数。

（2）它比较稳定、可靠，不容易被操纵。

（3）收入乘数对价格政策和企业战略变化敏感，可以反映这种变化的后果。

（四）PEG估值法

PEG估值法也称市盈率增长因子估值法，是指市盈率相对盈利增长率的比率，是由上市公司的市盈率除以盈利增长速度得到的数值。用公式表示为：

PEG=PE/G （11.9）

式中：PE为被评估公司的市盈率，G为被评估公司预测的盈利增长率，一般是指公司未来3～5年的净利润复合增长率。

该指标最先由英国投资大师史莱特提出，是在PE（市盈率）估值法基础上发展起来的，它弥补了PE对企业动态成长性估计的不足。该估值方法后来由美国投资大师彼得·林奇发扬光大。

【例4】假设市盈率：A公司20倍，B公司30倍，C公司50倍；未来3年复合增长率：A公司10%，B公司30%，C公司100%。分析：单纯从市盈率估值分析，A公司估值最低，C公司估值最高。那么是否A公司就一定比C公司估值低？A公司更有投资价值呢？

我们通过PEG估值法计算的结果是：A公司PEG=20÷10=2，B公司PEG=30÷3=1，C公司PEG=50÷100=0.5，从计算结果可以看出，结论是相反的，A公司PEG是2，估值最高，B公司PEG是1，估值合理，C公司PEG是0.5，估值最低，可以买入建仓。

可见，PEG值越低，说明该股的市盈率越低，或者盈利增长率越高，从而越具有投资价值。PEG估值法特别适合成长型公司的价值评估。

该指标既可以通过市盈率考察公司目前的财务状况，又可以通过盈利增长速度考察未来一段时期内公司的增长预期，因此是一个相对比较完美的选股参考指标。

（五）企业价值倍数（EV/EBITDA）

企业价值倍数（EV/EBITDA）是一种被广泛使用的公司估值指标，用公式表示为：

企业价值倍数EV/EBITDA=EV÷EBITDA （11.10）

式中：EV为公司经济价值（Economic Value），EV=市值+总负债-总现金=市值+净负债。EBITDA为税息折旧及摊销前利润（Earnings before interest，tax，depreciation and amortization，利息、所得税、折旧、摊销前盈余，简称EBITDA）。

EBITDA=税息前利润EBIT（Earnings before interest，tax）+折旧费用+摊销费用

其中，EBIT=经营利润+投资收益+营业外收入-营业外支出+以前年度损益调整

或：

EBIT=净利润+所得税+利息

EV/EBITDA和市盈率（PE）等相对估值法指标的用法一样，其倍数相对于行业平均水平或历史水平较高通常说明高估，较低则说明低估。

该估值方法比较适合于充分竞争行业的公司，没有巨额商誉的公司，净利润显示亏损，但从毛利、营业利润上看并不亏损的公司。

除此之外，还有很多估值方法，本书就不一一介绍了。

第二节 债券内在价值分析

一、债券的内在价值评估

（一）假设条件

债券投资是投资人以某种价格买入一定数量的债券，所获得的是债券发行人对未来特定时期内向投资人支付一定数量的现金流的承诺。然而，由于影响债券价格的各种因素的存在，特别是信用风险和通货膨胀的存在，债券合约当中事先约定的

本息支付及约定支付金额的购买力，存在着某种程度的不确定性，这给债券估值带来了一定的难度。

为简化评估工作，在评估债券基本价值之前，我们先假定各种债券的名义和实际支付金额都是确定的，尤其是假定通货膨胀的幅度可以精确地预测出来，从而使我们对债券的估值工作可以集中于时间的影响因素上。在这一假定的基础上，再考虑债券估值的其他因素。下面我们就来分析债券估值的时间因素。

（二）债券内在价值评估模型

债券的价格等于来自债券的预期货币收入的现值。

1.一年付息一次附息债券的估值公式

附息债券是市场上最典型的债券，即固定利率、每年计算并支付利息、到期归还本金。对于按期付息的附息债券来说，其预期货币收入有两个来源：到期日前定期支付的息票利息和票面额。其必要收益率也可参照可比债券确定。其价值决定公式为：

$$V=\frac{C}{1+r}+\frac{C}{(1+r)^2}+\cdots+\frac{C}{(1+r)^n}+\frac{M}{(1+r)^n}$$

$$=\sum_{t=1}^{n}\frac{C}{(1+r)^t}+\frac{M}{(1+r)^n} \qquad (11.11)$$

式中：M为债券面值；C为年利息；r为贴现率；n为持有年限。

【例5】有一张票面价值为1 000元、10年期10%息票的债券，每年付息一次，假设其必要收益率为12%。

问：它的价值应为多少？

解：

$$V=\sum_{t=1}^{10}\frac{100}{(1+12\%)^t}+\frac{1\,000}{(1+12\%)^{10}}$$

$$=100\times5.6502+1\,000\times0.322$$

$$=887.02\text{（元）}$$

当每期利息收入相同时，公式可以转化为如下形式：

$$V=C\left[\frac{1-\frac{1}{(1+r)^n}}{r}\right]+\frac{M}{(1+r)^n} \qquad (11.12)$$

2.半年付息一次附息债券的估值公式

对于半年付息一次的债券来说，由于每年会有两次利息支付，因此，在计算其价值时，要对公式（11.12）进行修改。第一，年利率要被每年利息支付的次数除，即由于每半年收到一次利息，年利率要除以2。第二，时期数要乘以每年支付利息的次数。用公式表示如下：

$$V=\sum_{t=1}^{2n}\frac{C/2}{(1+r/2)^{t}}+\frac{M}{(1+r/2)^{2n}} \tag{11.13}$$

或改写为：

$$V=\frac{C}{2}\left[\frac{1-\frac{1}{(1+r/2)^{2n}}}{r/2}\right]+\frac{M}{(1+r/2)^{2n}} \tag{11.14}$$

以【例5】为例，若一年支付两次利息，则债券价值为：

$$V=\frac{100}{2}\left[\frac{1-\frac{1}{(1+12\%/2)^{2\times 10}}}{12\%/2}\right]+\frac{1\,000}{(1+12\%/2)^{2\times 10}}$$

=885.30（元）

可见，一年支付一次利息，债券价值为887.02元；一年支付两次利息，债券价值为885.30元。由此可以看出，债券价值大小受两个因素影响：

第一，利息支付的频率。每半年支付一次利息要比一次付息更有价值，因为现金流量发生的时间提前了。

第二，年折现率的大小。一年支付两次利息、年折现率的一半如本例中的折现率为0.12÷2=0.06，作为每半年现金流量的折现率会使年折现率增大。因为有效年利率为：

$$\left(1+\frac{0.12}{2}\right)^{1\times 2}-1=0.1236$$

3.零息债券

零息债券也称贴现债券，也属于息票累计债券，只不过付息是在债券发行的时候，还本是在债券到期之时按面值偿还，所以可把面值视为零息债券到期的本息和。参照上述息票累计债券的估值公式可计算出零息债券的价值。

$$V=\frac{M}{(1+r)^{n}} \tag{11.15}$$

【例6】零息债券在到期日的价值为1 000元，偿还期为10年。如果投资者要求得到15%的收益率，那么零息债券价值为：

$$V=\frac{1\,000}{(1+0.15)^{10}}=\frac{1\,000}{32.919}=247.18\text{（元）}$$

4.永久性债券或优先股

永久性债券或优先股的价值计算公式相对简单：

$$V=\frac{C}{r} \tag{11.16}$$

【例7】某政府发行永久性公债，票面价值为1 000元，票面利率为6%，折现率为9%，则该债券的价值为：

$$V=\frac{C}{r}=\frac{60}{9\%}=666.67（元）$$

从以上分析可以看出，对债券进行内在价值评估时关键在于给定合理的折现率，即投资者要求的必要收益率。折现率合理才能为债券公平定价。

合理的折现率是由市场唯一确定的，它反映了投资者所要求得到的最小年收益率，投资者要求的收益率包括无风险利率、通货膨胀率和风险溢价（Yield Spread）。

二、债券的定价原理

从债券定价模型我们知道，引起债券市场价格不断波动的主要原因是市场利率的变动。但是，当市场利率发生变动时，不同债券对市场利率变化的反应程度不尽相同。马奇尔（Burfan G.Malkiel）在研究了债券价格与息票利率、到期期限和到期收益率之间的关系后，得出了债券价格波动的五条规律，即马奇尔的债券价格五大定理。其内容为：

1.如果一种债券的市场价格上涨，则其到期收益率必然下降；反之，如果债券的市场价格下降，则其到期收益率必然提高。

【例8】一张债券面值为1 000元，年利息为80元，期限为5年。根据公式（11.12），当市场价格为1 000元时，债券到期收益率为8%，当市场价格上涨到1 100元时，则到期收益率为5.65%；当市场价格下降到900元时，则到期收益率为10.68%。

2.如果债券的收益率在整个期限内没有发生变化，则价格折扣或升水会随着到期日的接近而减少，或说其价格日益接近面值。

【例9】一张债券面值为1 000元，年利息为60元，期限为5年，到期收益率为9%。如果债券的到期收益率在整个期限内没有变化，则其价格折扣或升水随着到期日的接近而以一个不断增加的比率（与面值之比）减少。参见表11-1中第（2）列。

表11-1　**债券的到期时间、市场价格、价格折扣、价格变化比较表**　单位：元

（1）到期时间 n	（2）市场价格 P	（3）价格折扣 M−P	（4）价格变化 $P_{n-1}-P_n$
5	883.31	116.69	
4	902.81	97.19	19.5
3	924.06	75.94	21.25
2	947.23	52.77	23.17
1	972.48	27.52	25.25

3. 如果一种债券的收益率在整个期限内没有变化，则其价格折扣或升水会随着债券期限的缩短而以一个不断增加的比率减少。参见表11-1中第（3）列。

4. 债券收益率的下降会引起债券价格的上升，且上升幅度要超过债券收益率以相同幅度上升时所引起的债券价格下跌的幅度。

【例10】一张债券面值为1 000元，年利息为70元，期限为5年。根据公式（11.12），当到期收益率下降为6%时，市场价格上升为1 042.12元，上升了4.212%，当债券到期收益率上升为8%时，市场价格下降为960.07元，下降了3.993%。

5. 如果债券的息票利率越高，则因其收益率变动而引起的债券价格变动的百分比就会越小。

【例11】市场上有两个债券A、B，到期收益率相同，都是r =7%。A债券面值为1 000元，年利息为90元，期限为5年，市场价格为P=1 082元；B债券面值为1 000元，年利息为70元，期限为5年，市场价格为P=1 000元。当两个债券的到期收益率上升到r=8%时，根据公式（11.12），它们的价格都下降了，A为1 039.93元，B为960.07元，分别下降了42.07元和39.93元，为原价格的3.889%和3.993%。

第三节　投资基金内在价值分析

一、封闭式基金的价格决定

封闭式基金最为显著的特点是发行后基金份额不再发生变化，投资者如果想增加或减少持有的基金份额，只能从其他投资者手中买入或卖出。因此，封闭式基金的价格决定可以利用普通股票的价格决定公式进行计算。封闭式基金的交易价格主要受到六个方面的影响：基金资产净值、市场供求关系、宏观经济状况、证券市场状况、基金管理人的管理水平以及政府有关基金的政策。

二、开放式基金的价格决定

开放式基金最显著的特点是基金的发行总额是变动的，投资者如果想增加或减少持有的基金份额可以随时向发行人申请认购、申购或赎回。

认购是指在开放式基金募集期内，投资者向基金管理人购买基金份额的行为。

申购是指在开放式基金开放日，投资者向基金管理人购买基金份额的行为。

赎回是指在开放式基金开放日，投资者向基金管理人卖出基金份额收回投资的行为。

开放式基金管理公司与基金投资者之间是直接买卖关系，基金价格形成原理不同于股票，不存在供求关系的影响，开放式基金的价格主要由单位净资产值加上购买或赎回手续费形成。

开放式基金认购份额用公式表示为：

$$认购份额=\frac{认购金额}{基金单位面值\times(1+认购费率)} \quad (11.17)$$

【例12】某投资者在某开放式基金募集期认购1 000元基金，该基金面值1元，认购费率1.2%，则认购份额为：

认购份额=1 000÷（1+1.2%）=988.14（份）

开放式基金申购份额用公式表示为：

申购价格=基金单位资产净值×（1+申购费率）

申购份额=申购金额÷申购价格　(11.18)

赎回价格 =基金单位资产净值×（1–赎回费率）

赎回金额=赎回单位数×赎回价格　(11.19)

【例13】根据德盛小盘精选证券投资基金的资料，进行相关计算，见表11–2。

表11–2　**德盛小盘精选证券投资基金资料**

基金名称	德盛小盘精选证券投资基金	
基金类型	契约型开放式	
基金风格	积极成长型	
基金管理人	国联安基金管理有限公司	
基金托管人	中国工商银行	
投资对象	重点投资于具备良好未来成长性的小盘股	
业绩基准	（天相小盘股指数×60%+天相中盘股指数×40%）×60%+上证国债指数×40%	
资产配置	在正常市场情况下，本基金投资组合的基本范围为股票20%～75%，债券20%～65%，现金5%～15%	
认购费率	认购金额（M）	认购费率（%）
	M<100万元	1.2
	100万元≤M<1 000万元	1.0
	1 000万元≤M<1亿元	0.8
	M≥1亿元	0.3
申购费率	申购金额（M）	申购费率（%）
	M<100万元	1.5
	100万元≤M<1 000万元	1.2
	1 000万元≤M<1亿元	1.0
	M≥1亿元	0.4

续表

管理费率	1.5%。当基金累计净值的30日平均值低于0.90元时，停止收取管理费
赎回费率	按持有期递减，最高不超过赎回总额的0.5%。持有期满两年以上为零；一年以上两年以下为0.25%
首次最低认购金额（含认购费）	5 000元
追加最低认购金额（含认购费）	1 000元
单笔最低申购金额（含申购费）	5 000元
追加最低申购金额（含申购费）	1 000元
单笔最低赎回份额	100份

一位投资者以100万元用来申购德盛小盘精选证券投资基金，申购日单位基金净值为1.25元。则：

申购价格=1.25×（1+1.2%）=1.265（元）

申购单位数=1 000 000÷1.265=790 513（基金单位）（非整数份额取整数）

同样，假如当天有一位投资者在持有基金半年后要赎回100万份基金单位，那么：

赎回价格=1.25×（1–0.5%）=1.24375（元）

赎回金额=1 000 000×1.24375=1 243 750（元）

三、投资基金的资产估值

（一）基金资产净值

基金资产净值是指基金资产总值减去负债后的价值。基金单位资产净值（Net Asset Value，简称Net）是指某一时点上某一投资基金每一基金份额（每一股份）实际代表的价值。

基金单位资产净值=基金总资产–基金总负债　　(11.20)

基金单位资产净值是衡量一个基金经营好坏的主要指标，由于投资基金是分散投资于金融市场上的各种有价证券的，而有价证券的价格时刻都在发生变化，又如何计算确定基金的资产净值？一般通行的方法有两种：

1.已知价（Known Price），或称事前价（Historic Price）计算法，是指基金管理公司根据上一个交易日的证券市场（或交易所）的收市价格计算其基金的金融资产总值。如果采用已知价交易，开放式基金投资者当天就可以知道基金的买入价或赎回价。

2.未知价（Unknown Price），或称事后价（Forward Price）计算法，是指基金管理公司根据当天的证券市场（或交易所）的收市价格计算其基金的金融资产总值。如果采用未知价交易，开放式基金投资者在交易结束后的第二天才能知道基金的买入价或赎回价。

（二）基金资产估值

基金管理人必须按规定在每个交易日当天对基金净资产进行估值。目前中国投资基金法规规定，基金资产的估值要采用如下方法：

上市流通的有价证券：开放式基金是以估值日证券交易所挂牌的该证券收盘价估值；封闭式基金是以估值日证券交易所挂牌的该证券平均价估值。估值日无交易的，取最近一日的价格估值。

未上市的股票分两种情况处理：其一，送股、转增股、配股和增发新股，按估值日在证券交易所挂牌的同一股票的收盘价（开放式基金）或市场平均价（封闭式基金）估值；其二，首次公开发行的股票，按成本价估值。

配股权证：从配股除权日起到配股确认日止，如果收盘价高于配股价，按收盘价高于配股价的差额估值；如果收盘价低于配股价，则估值增值额为零。

在银行间同业市场交易的债券按不含息成本与市价孰低法估值。不含息成本是指取得的债券成本（不含应计利息），市价是指银行间同业市场公布的加权平均净价，如果该日没有交易的品种，以最近一日的市场平均价为基准。

如有确凿证据表明按上述方法对基金资产进行估值不能客观反映其公允价值，基金管理人可根据具体情况，并与基金托管人商定后，按最能反映公允价值的价格估值。

虽然基金管理人必须按规定对基金净资产进行估值，但遇到下列特殊情况，有权暂停估值：第一，基金投资所涉及的证券交易场所遇法定节假日或因故暂停营业；第二，开放式基金出现巨额赎回；第三，因不可抗力或其他情形致使基金管理人、基金托管人无法准确评估基金资产价值。

第四节　其他投资工具的投资价值分析

一、可转换证券

（一）可转换证券的价值

1.理论价值（纯债券价值）。可转换证券的理论价值是指当它作为不具有转换选择权的一种证券的价值。

【例14】某种可转换证券面值为1 000元，利息率为4%，期限为5年，转换价格为40元，市价为1 200元，到期时间、信用等级等都与之相同的非转换证券的市价仅为900元。因此，该可转换证券的价值1 200元可分为两部分：一部分是作为债务手段的债券的内在价值，即纯债券价值，为900元；另一部分为可转换性价值，为300元。可转换性价值其实代表了暗含的普通股买入期权的权价。

2.转换价值。转换价值是指转换证券所能得到的转换成普通股后的市场价格，即它可转换的普通股票的市场价值与转换比率的乘积便是转换价值。其计算公式为：

$$CV=CR\times P_0 \tag{11.21}$$

式中：CV为转换价值；CR为转换比率；P_0为当前每股普通股的市场价格。

【例15】如【例14】中该公司股票市场价格为45元，那么转换价值为：

先计算转换比率：CR=1 000÷40=25

转换价值为：$CV = CR \times P_0$=25×45=1 125（元）

（二）可转换证券的市场价格

由于可转换证券具有期权性质，因此，可转换证券的市场价格通常情况下会高于它的理论价值和转换价值。

1.转换底价。可转换证券的转换价值和纯债券价值中较高者为可转换证券的转换底价。可用如下公式表示：

$$MV=\max(CV,\ P_b) \tag{11.22}$$

式中：MV为转换底价；CV为转换价值；P_b为纯债券价值。

转换底价是可转换证券市场价格的下限，可转换证券的价值不可能降到底价以下。如果转换价格高于股票市价，即投资者不会做出转换选择，该可转换证券不具有任何可转换价值，其转换底价即为其纯债券价值。如果转换价格低于股票市价，则投资者将其转换为股票将会得到一笔收益，此时转换价值高于纯债券价值，即为可转换证券的底价。

【例16】仍引用【例14】的数据，如果股票市场价格下跌为30元，转换价值CV=25×30=750元，纯债券价值P_b=900元，则这一可转换债券的底价即为其纯债券价值900元。

如果股票市场价格上涨为45元，转换价值CV=25×45=1 125元，纯债券价值P_b=900元，则这一可转换债券的底价即为其转换价值1 125元。

2.转换平价。转换平价是可转换证券持有人在转换期限内将债券转换成公司普通股票的每股价格。其计算公式为：

$$转换平价=\frac{可转换证券的市场价格}{转换比率} \tag{11.23}$$

如【例16】中：

$转换平价=\frac{1\,200}{25}=48$（元/股）

一旦股票市场价格上升到转换平价水平，任何进一步的股票价格上升肯定会使可转换证券的价值增加。因此，转换平价可视为一个盈亏平衡点。

3.转换升（贴）水。可转换证券目前市场价格大于其转换价值为转换升水；反之，则为转换贴水。用公式表示为：

$$C_p=P_o-CV>0 \quad (11.24)$$

$$C_p=P_o-CV<0 \quad (11.25)$$

式中：C_p为转换升（贴）水；P_o为可转换证券当前市价；CV为转换价值。

为了比较不同的可转换证券，一般用百分比表示升（贴）水，称为升（贴）水率。用公式表示为：

$$C_r=\frac{C_p}{CV}\times100\% \quad (11.26)$$

式中：C_r为升（贴）水率。

一般来说，可转换证券的市价高于其转换价值，即投资者愿意为可转换证券支付升水，其原因是，如果股票市价下降，该债券价格不会跌到其底价以下，因而使其投资者所受损失有一个下限保护，而普通股持有人是不受这种保护的。

【例17】仍以【例14】数据为例：

$C_p=P_o-CV=1\,200-1\,125=75$（元）>0，升水75元。

同理，每股转换升（贴）水=每股转换平价-正股股价

仍以上例为例：每股转换升水=48-45=3（元）

4. 转换升（贴）水率。为了比较不同的可转换证券投资价值，一般用百分比表示转换升（贴）水率。计算结果如果大于零称为升水率（溢价率），反之，小于零则称为贴水率（折价率）。用公式表示为：

$$C_r=\frac{C_p}{CV}\times100\%$$

式中：C_r为升（贴）水率。

仍以上例为例：

$C_r=\frac{C_p}{CV}\times100\%=\frac{75}{1\,125}\times100\%=6.67\%>0$，升水率为6.67%。

同理，每股转换升（贴）水率=每股转换升（贴）水/转换平价

仍以上例为例：

每股转换升水率=3/48×100%=6.67%

上述投资价值分析对可转债投资者来说是非常重要的，在市场低迷时，选择处于贴水状态的可转换债券做长线投资大概率会带来比较稳定的回报。

二、权证

（一）影响权证价值的因素

认购（沽）权证使持有人具有在约定时间内以事先约定的价格认购或沽出一定数量的标的证券的权利。权证票面本身是没有价格的，但它在市场上却有价格，作为一种衍生产品，权证的价值主要受其标的证券的影响。具体说来，认购（沽）权证的价格走势主要受以下几个因素的影响，见表11-3。这些因素不但分别影响着权证价值，而且它们之间也相互关联，形成综合效应。除这几个主要因素之外，可能存在的每股盈利的“稀释”、权证的发行数量、权证是否在交易所上市等因素也会影响权证的价值。

表11-3 各项因素对认购和认沽权证的影响

因素	认购权证价值	认沽权证价值
标的证券价格越高	越高	越低
行权价格越高	越低	越高
标的证券价格波动性越高	越高	越高
距离权证到期日时间越长	越高	越高
现金红利派发越多	越低	越高

（二）权证的理论价值及时间价值

一般说来，权证的价值可分为内在价值和时间价值两部分。权证的理论价值即内在价值就是股票的市场价格与权证的行权价格之间的差额。内在价值是权证的底价，由下面的公式决定：

$$V=(P-EP)\times N \tag{11.27}$$

式中：V为权证内在价值；P为标的证券现价；EP为施权价；N为一份权证可认购（沽）的标的证券份数。

权证的市价不会低于内在价值（底价），否则，市场上就会出现无风险套利。

权证的市场价格和内在价值之差为时间价值。

【例18】A公司发行的权证是一种股本认购权证，权证的行权价20元，行权比例为1：1，权证的市场价格为3元，如果A公司股票市场价格为20元，则权证的内在价值为零，而市场上权证的价格为3元，高于内在价值部分就是时间价值的体现。如果A公司股票市场价格为22元，则权证的内在价值为2元，如果A公司股票市场价格为18元，投资者是不会行权的，权证的内在价值还为零，不会出现负数。

（三）权证的杠杆作用

【例19】假设股票A的市场价格为20元，认股权证市场价格为3元，权证行权价为20元，这时认股权证的内在价值为零，假设投资者购买了公司股票，而股票价格升至30元，那么投资者的收益率为50%。但是如果投资者购买的是认股权证，成本是3元，股票升至30元时的最低收益是7元，其收益率可高达233%，即购买认股权证的最大损失为3元，而购买股票的最大可能损失为20元。

从此例可以看出，权证具有有限的损失和可能出现高收益的特点，使权证充满了吸引力，也增加了其时间价值。

【案例】　到底听谁的？中信证券下调贵州茅台目标价 直降近800元！招商证券却强推：可涨至2 800元①

2022年4月，中信证券发布了一篇题为《贵州茅台：逆境求变，顺境不惰》的研报，报告给予贵州茅台（以下简称“茅台”）目标价为2 246元，评级为买入。茅台股票走势图及研究报告如图11-4、图11-5所示。

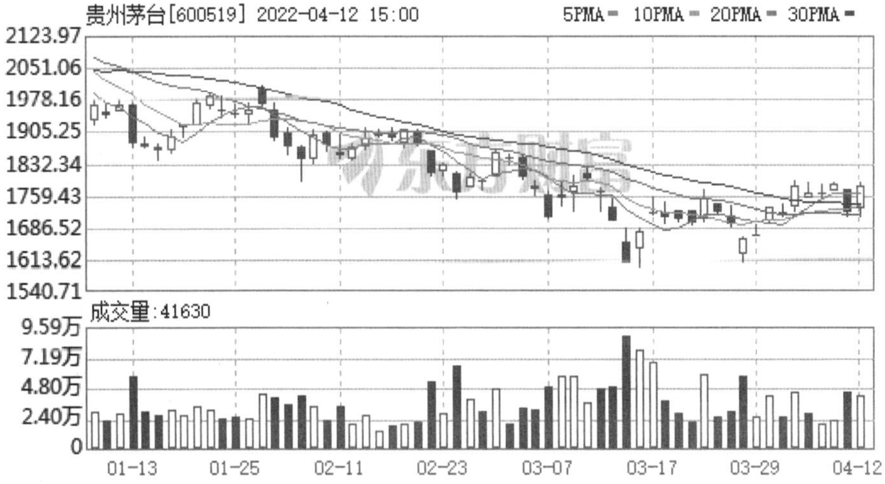

图11-4　茅台2022年1—4月走势

而在2021年的2月份，同样是中信证券，在其发布的《贵州茅台：三万亿从头越，长坡厚雪春风来》报告中，茅台目标价为3 000元。一年多一点时间，中信将茅台的目标价从3 000元调整到了不足2 300元。

中信证券称，公司核心单品普飞批发价中长期上行趋势具备良好供需逻辑支撑，渠道结构持续调整接近均衡状态，引导出厂价合理稳步上行。在量方面，“十四五”期间茅台酒理论可供销量可实现中高个位数增长；在价方面，提价万事俱备、只欠东风。“十四五”末集团2 000亿收入的经营目标实现起来游刃有余，普飞提价及茅台1935放量将带来较大超预期空间。

① 佚名. 到底听谁的？中信证券下调贵州茅台目标价 直降近800元！招商证券却强推：可涨至2 800元［EB/OL］.［2022-04-13］. https://finance.eastmoney.com/a/202204132341010043.html. 作者做了部分删减整理.

中信证券 CITIC SECURITIES

贵州茅台（600519.SH）深

贵州茅台	600519
评级	买入（维持）
当前价	1,780.01 元
目标价	2,246.00 元
总股本	1,256 百万股
流通股本	1,256 百万股
总市值	22,360 亿元
近三月日均成交额	6,689 百万元
52 周最高/最低价	2,271.0/1,548.0 元
近 1 月绝对涨幅	-4.22%
近 6 月绝对涨幅	-2.73%
近 12 月绝对涨幅	-12.12%

项目/年度	2020	2021	2022E
营业收入(百万元)	97,993	109,464	125,909
营业收入增长率 YoY	10.3%	11.7%	15.0%
净利润(百万元)	46,697	52,460	61,090
净利润增长率 YoY	13.3%	12.3%	16.4%
每股收益 EPS(基本)(元)	37.17	41.76	48.63
毛利率	91.7%	91.8%	91.9%
净资产收益率 ROE	28.9%	27.7%	27.0%
每股净资产（元）	128.42	150.88	180.22
PE	46.2	41.2	35.3
PB	13.4	11.4	9.5
PS	22.0	19.7	17.2
EV/EBITDA	33.5	30.1	26.0

资料来源：Wind，中信证券研究部预测　　注：股价为 2022 年 4 月 1 日

图 11-5　茅台股票研究报告

考虑到茅台2022年收入增长15%的目标，中信上调茅台业绩预测。从长期看，茅台酒产量仍具有提升空间但天花板较低，后续系列酒产能扩张叠加品牌升级有望抬升公司成长曲线和成长空间。

参考可比公司估值水平及公司2017年以来估值中枢，考虑到公司提价能力强、价格改革红利大、开瓶需求有支撑，普飞提价及茅台1935放量带来业绩超预期空间大，中信认为公司合理估值约2.8万亿元，对应2024年约36倍市盈率，建议在动态估值中枢以下超配。维持买入评级。

2020年2月底，招商证券在其报告《贵州茅台：品质成为信仰，品牌彰显价值》中，将茅台的目标价定为2 800元，评级是强烈推荐。

招商证券表示，随着海内外长线资金占比提升，白酒估值体系重构。高端白酒兼具成长性与确定性，估值对标海外高端消费品牌，仍具备提升空间。同时，结合相关测算，从现金流、成长性、生命周期、稳定性来讲，茅台内在合理价值下限应当在2 171元左右，当前估值已经具备充分安全边际。

招商证券认为，茅台作为稀缺资产，需求具备超强韧性，短期视角下动销和业绩的正面反馈都是大概率事件。中长期视角下，公司改革攻坚决心较强，价格体系有望不断向市场化回归，系列酒在品牌力辐射和产能支撑下，进入快速发展期。随着品牌优势的不断扩大，茅台的估值扩张速度也可能快于其他品种，业绩增长中枢的加速有望带来戴维斯双击。给予2023年目标价2 500~2 800元，对应2023年45~50倍市盈率，2年复合收益率17.6%~24.5%。进可攻，退可守，当下茅台值得加大布局。

同期，部分券商对茅台的估值见表11-4。

表11-4　**部分券商对茅台的评级情况**

机构名称	研究日期	最新评级	目标价位（元）	最新收盘价（元）	股价上涨空间（%）
中信证券	2022-04-05	1_买入	2 246.00	1 782.00	26.04
华泰金控	2022-04-04	1_买入	2 348.64	1 782.00	31.80
招商证券	2022-03-31	1_强烈推荐	2 500.00~2 800.00	1 782.00	48.71
东方证券	2022-03-31	1_买入	2 247.75	1 782.00	26.14
安信证券	2022-03-31	1_买入	2 400.00	1 782.00	34.68
广发证券	2022-03-31	1_买入	1 988.92	1 782.00	11.61
华创证券	2022-03-31	1_强烈推荐	2 600.00	1 782.00	45.90
华泰证券	2022-03-31	1_买入	2 354.88	1 782.00	32.15
华福证券	2022-03-31	1_买入	2 235.00	1 782.00	25.42
海通证券	2022-03-31	2_优于大市	1 969.75~2 462.18	1 782.00	24.35
国联证券	2022-01-04	1_买入	2 216.00	1 782.00	24.35
太平洋证券	2022-01-03	1_买入	2 500.00	1 782.00	40.29

案例思考：根据此案例谈谈你对公司估值的认识。

本章基本概念

内在价值　市盈率　市净率　市销率　企业价值倍数　申购价格　赎回价格　已知价　未知价　可转换证券的理论价值　转换底价　转换价值　转换平价　转换升（贴）水　转换升（贴）水率　时间价值

复习思考题

1. 说明贴现现金流模型原理。

2. 为什么持股时间长短不会影响股票的价值评估结果？

3. 什么是市盈率、市净率、市销率、企业价值倍数估价方法？为什么说不同行业公司适用不同的估值方法？

4. 说明债券价格变动的五大定理。

5. 某一股票的上年度每股红利为0.5元，如果预期该股票以后年度的收益维持在该水平，该股票的价格应定在什么价位较为合理？如果预期该股票以后年度的收益增长率为4%，该股票的价格又该定在什么价位？假设目前市场无风险收益率为2.5%，风险溢价为2.5%。

6. 东方公司支付每股股息为2.0元，预计在未来该公司股票的股息按每年5%的速率增长，假定必要收益率是11%，该公司股票的价值应为多少？当前每股股票价格是31元，是否值得投资？

7．某公司于2021年7月10日发行期限为8年的公司债券，其面值为100元，票面利率为6%。如果以2023年7月11日市场平均收益率3%作为贴现率，则该债券的内在价值是多少？如果当时该债券的市场价格是115元，该债券是否值得投资？

8．某可转换债券的面值为100元，转换价格为9.43元，如果该债券的市场价格是143.00元，公司股票的市场价格为13.51元，则其转换价值、转换平价和转换升贴水分别是多少？

学习资料推荐

■你可以到中证指数有限公司网站了解债券收益率曲线和债券估值。

■你可以登录中证指数有限公司官网，了解A股全市场行业市盈率（以中国证监会《上市公司行业分类指引》为行业划分标准）。

■你可以登录金融界、东方财富网等财经门户网站的相关页面，参看机构对全部个股的评级及最新研究报告。

第十二章

证券投资的基本分析

本章提要

基本分析侧重于长期分析，是股票投资分析的基础和重要组成部分，对于选择具体的投资对象、预测整个证券市场的发展前景是比较有效的分析方法。本章分别阐述了宏观经济状况、行业状况、公司状况等因素影响证券价格的基本原理和方法。通过本章的学习，能使学生知晓基本分析的内涵，掌握基本分析的方法，提高学生的综合分析和判断能力。

股票市场是一个充满机会和风险的地方，也是一个现代文明的竞技场所。每个投资者都必须有备而去，掌握最基本的投资分析方法。证券投资分析的方法，按照前提假设与引用资料的不同，主要有基本分析（Fundamental Analysis）和技术分析（Technical Analysis）两种。

基本分析的理论依据是证券价格由证券内在价值决定，这个内在价值的高低主要取决于发行公司的获利能力等基本因素。市场上的股价与这个内在价值经常不相符，但迟早会向它的内在价值靠拢。因此，基本分析较多地从影响股价变动的基本因素角度出发，来评价证券的内在品质，选择合适的投资对象，预测证券市场的发展趋势。

技术分析是一种根据证券市场价格及交易量的变动情况及二者关系，对证券走势进行预测，以期在合适的时机买进或卖出证券，获得投资收益的方法。技术分析注重市场本身的活动，技术分析的资料主要是成交量和成交价。其基本假设是股价由市场上股票的供给与需求关系决定，供求关系又受许多理性和非理性的因素影响，不管影响股票供求关系变动的原因是什么，迟早都可从表示市场活动的图形中察觉出来，因此，技术分析也称图表分析。基本分析与技术分析在理论与分析方式上，属于完全不同的分析方法，在运用方面意义也不一样。一般来说，基本分析对选择具体的投资对象特别重要，对预期整个证券市场的中长期前景很有帮助，但对把握近期股市的具体变化作用不是很大，对选择买卖证券的时机不能提供明确的提示。技术分析主要用于分析证券市场的短期波动，帮助投资者选择投资的时机，但

本章建议阅读资料：

1. 中国证券业协会．证券业从业资格考试统编教材——证券投资分析［M］．北京：中国金融出版社，2012.
2. 霍文文．证券投资学［M］．4版．北京：高等教育出版社，2013.
3. BODIE Z，KANE A，ALAN J .Investments［M］．5th ed.NewYork：McGraw-Hill Companies Inc.，2002.
4. 巴菲特，克拉克．巴菲特教你读财报［M］．李凤，译．北京：中信出版社，2015.
5. 格雷厄姆．证券分析［M］．6版．巴曙松，陈剑，等译．北京：中国人民大学出版社，2013.

技术分析本身也有不足，图表有时会出现一些误导信号，也不能预示突发事件，当市场走势瞬息万变时，技术分析发出的信号又具有时滞性。因而，投资者应该将基本分析与技术分析结合起来综合运用。本章主要讲解基本分析。

第一节　宏观因素分析

一、宏观经济分析

宏观经济分析是指对一个开放的经济体的各总量经济变量之间的相互作用关系及其运动规律的分析，具体到股市，就是指通过对影响股市运行的各主要宏观变量的分析研究，对股市运行的趋势进行预测。

宏观经济因素对证券市场的影响不仅是根本性的，而且是全局性的。同样，作为经济因素，产业或区域因素一般只会影响某个板块即某个产业或区域的证券价格，公司因素则一般只会影响本公司上市证券的价格，它们一般不会对整个证券市场构成影响。而宏观经济因素则几乎对每只上市证券均构成影响，因而必然影响证券市场全局的走向。从各国证券市场发展史来看，除处于极不规范时期的新兴证券市场外，证券市场的每一次牛市均是以宏观经济向好为背景的，而证券市场的每一次熊市的形成均是因为宏观经济发展趋缓或衰退。

例如，从2006年春季逐步显现，2007年8月开始席卷美国、欧盟和日本等世界主要金融市场并且影响至今的次贷危机（Subprime Lending Crisis），致使全球主要金融市场都出现流动性不足危机，将全球经济发展拖入了一个整体的慢节奏里，对世界金融系统造成了极大的震荡，使世界金融格局发生了改变。

综上所述，宏观经济因素对证券市场的影响是根本性的，也是全局性和长期性的。因此，要成功地进行证券投资，首先必须认真研究宏观经济状况及其走向，市场上常有“顺势者生”“选股不如选时，选时不如选势”等格言，其中的“势”就是宏观经济形势。只有充分把握了宏观经济形势，投资者才可能有效地把握证券市场中的投资机会。

宏观经济分析的主要内容包括：（1）评价宏观经济形势的主要参考变量指标，如国内生产总值（GDP）、采购经理人指数（PMI）等。（2）评价宏观经济环境，如国际经济形势和金融市场情况等。（3）评价宏观经济政策，诸如财政政策、货币政策、汇率政策等宏观政策变量及其变化趋势对证券市场的影响

（一）宏观经济分析常用的经济指标

宏观经济分析主要是对经济指标来进行考察。这些经济指标包括先行指标、同步指标以及滞后指标。

先行指标是指能对将来的经济状况提供预示性的信息，比如货币供应量、股票价格指数等都是先行指标。

同步指标能计算出国民经济转折点，大致与总的经济活动的转变时间同时发生，比如失业率、国内生产总值（GDP）、采购经理人指数（PMI）等。

滞后指标反映出的国民经济的转折点一般比实际经济活动要晚一段时间，比如银行短期商业贷款利率、工商业未还贷款等。

同时，我们还可以用一些参考变量来评价宏观经济形势，如经济增长率、失业率、通货膨胀率、利率、汇率、财政收支、国际收支等。

投资最关注的10个指标，如表12-1所示

表12-1　**投资最关注的10个指标**

	指标名称	用途	说明
判断经济景气程度	GDP（国内生产总值）	衡量一个国家一定时期内全部生产活动的总产出	一般通过同比增长来判断经济总体增长情况
	PMI（中国制造业采购经理人指数）	经济景气度的领先指标	PMI 值 >50% 说明经济景气
判断是否通胀	CPI（消费者物价指数）	衡量日常消费的一篮子商品和服务的价格变化（统计不含房价）	数字越大，表示通货膨胀压力越大；一般以不超过3%为宜
	PPI（工业生产者出厂价格指数）	衡量工业产品出厂价格的总水平变动程度	数字越大，表示工业产出产品价格增长越大
判断货币供应松紧	M2	总货币供应量统计口径 M2-M1（流通中的现金M0+机构活期存款）+企业定期存款和居民的储蓄存款以及其他存款	反映整个经济活动中货币和衍生货币（信贷）的总量
	存贷款基准利率	银行存贷款利率的制定基准	数字越小，代表货币政策越宽松，国家抑制存款，鼓励贷款
	存款准备金率	规定各大商业银行在中央银行存放的准备金比例，直接制约银行的放贷能力	存款准备金率高低和商业银行放贷能力成反比关系。准备金率越低，越鼓励宽松信贷
经济引擎，三驾马车	固定资产投资增速（投资）	固定资产总投资量的变化	数字越大，说明固定资产投资增长越快
	社会消费品零售总额同比增速（消费）	衡量消费品（含商品和服务）销售总额的增长	数字越大，说明社会总消费对应的总额增长越快
	出口增速（出口）	出口量的月度变化	数字越大，说明出口量增长越多

（二）宏观经济环境

GDP增长、经济周期和就业、利率水平、通货膨胀、货币供应量、国际经济和金融市场情况等，诸如财政政策、货币政策、汇率政策等宏观政策变量及其变化趋势，也属于宏观分析的范畴。

1.GDP增长、经济周期和就业情况

在影响股价变动的市场因素中，GDP增长、经济周期的变动或称景气的变动，是最主要、最重要的因素，它对企业营运及股价的影响极大。由于经济周期和GDP增长情况、就业情况呈完全一致的变化趋势，而且由于经济周期这个概念在解释经济现象时更加具有说服力，因此，下面我们只对经济周期与股市变动的关系进行分析。

经济周期包括衰退、危机、复苏和繁荣四个阶段。一般说来，在经济衰退时期，股票价格会逐渐下跌；到危机时期，股价跌至最低点；而经济复苏开始时，股价又会逐步上升；到繁荣时，股价则上涨至最高点。这种变动的具体原因是：当经济开始衰退之后，企业的产品滞销，利润相应减少，促使企业减少产量，从而导致股息、红利也随之不断减少，持股的股东因股票收益不佳而纷纷抛售，使股票价格下跌；当经济衰退已经达到经济危机时，整个经济生活处于非常低迷的状态，大量的企业倒闭，股票持有者由于对形势持悲观态度而纷纷卖出手中的股票，从而使整个股市价格趋跌，市场处于萧条和混乱之中；经济周期经过最低谷之后又出现缓慢复苏的势头，企业又能开始给股东分发一些股息红利，股东慢慢觉得持股有利可图，于是纷纷购买，使股价缓缓回升；当经济由复苏达到繁荣阶段时，企业的商品生产能力与产量大增，商品销售状况良好，企业开始大量盈利，股息、红利相应增多，股票价格上涨至最高点。应当看到，经济周期影响股价变动，但二者的变动周期又不是完全同步的。通常的情况是，不管在经济周期的哪一阶段，股价变动总是比实际的经济周期变动要领先一步，即在衰退以前，股价已开始下跌，而在复苏之前，股价已经回升；经济周期未步入高峰阶段时，股价已经见顶；经济仍处于衰退期间，股市已开始从谷底回升。这是因为股市股价的涨落包含着投资者对经济走势变动的预期和投资者的心理反应等因素。

从美国的经验来看，经济周期与股市变动之间有着密切的关系，但也不是完全同步的，股市大势表现都存在一些提前量。根据对第二次世界大战后美国股市和经济周期的研究，股市高峰与经济高峰的时差平均为3.5个月，而股市低谷与经济低谷的时差平均为5.25个月。

根据经济周期进行股票投资的策略主要是，衰退期的投资策略以保本为主，投资者在此阶段多采取持有现金（储蓄存款）和短期存款证券等形式，避免衰退期的投资损失，以待经济复苏时再适时进入股市，或者选择那些对经济周期不敏感行业的公司进行投资；而在经济繁荣期，大部分产业及公司经营状况改善和盈利增加时，即使是不懂股市分析而盲目跟进的散户，往往也能从股票投资中赚钱。当然也有例外的现象，如一般情况是企业收益有希望增加或由于企业扩大规模而希望增资的景气的时期，资金会大量流入股市，但有时却出现萧条时期资金不是从股市流走，而是流进股市的现象，究其原因，政府在此期间为了促进经济景气而扩大了财政支出，公司则因为设备过剩，不会进行新的投资，因而拥有大量的闲置货币资本，一旦这些资本流入股市，则股市的买卖和价格上升就与企业效益无关，而是带有一定的投机性。

2.通货膨胀或物价水平

所谓通货膨胀，简单说就是指一般物价水平的持续上涨。它也是影响股票市场以及股票价格的一个重要的宏观经济因素，但它对大势的影响比较复杂，不能一概而论。它既有刺激股票市场的作用，又有抑制股票市场的作用。在经济处于低迷状态时，中央银行为了保证经济发展、降低失业率而采取扩大货币发行量和降低利率的政策，其基本过程是货币供应量增大使包括股票在内的所有商品的价格上升，同时由于货币供应量扩大导致上市公司利润（至少是账面利润）增加，从而导致股市大势的向好；但是，当通货膨胀加剧时，人们开始寻找保值手段，比如购买金银首饰、房地产以及股票等；当通货膨胀已经危害经济的健康发展时，中央银行往往采取紧缩的货币政策（如提高利率水平），抑制通货膨胀，从而导致股市大势的走软。

3.利率水平

利率是顺周期的，它通常与经济周期同向波动。理论上，当利率上升时，投资者要求证券的预期投资报酬率上升，证券价格就下跌；当利率下降时，投资者要求证券的预期投资报酬率下降，证券价格就上升。

一般而言，利率水平通过两个途径影响股市：其一是金融市场替代效应，即利率水平的高低及其变化趋势将引起资金在不同的金融市场间流动，直到达到某种均衡。例如，如果市场利率高企，且有进一步升高的趋势，则资金有流向银行存款或者借贷出去以获取更高的利息收益的趋势，因此股市将受到不利影响；反之则相反。其二是上市公司经营效应，即利率水平的高低及其变化趋势将使得企业的盈利水平受到影响，从而进一步影响股市表现。例如，如果市场利率水平高企且有进一步升高的趋势，则企业投资的成本也会加大，影响了其投资积极性，其盈利能力势必受到负面影响。

“看利率水平及其变化趋势行事”，是美国等发达国家中股票交易的最简单有效的“法则”，投资者只要能正确分析、预测中央银行的利率政策，那么投资股票就可以胜券在握了，其原因正在于此。这里其实是政府的经济政策（货币政策）对股市产生了影响。

4.汇率水平

外汇行情与证券价格尤其是股票价格，有着密切的联系。一般来说，如果一国的货币升值，股价便会上涨；一旦其货币贬值，股价即随之下跌。

在当代经济全球化的基础上，汇率对一国经济的影响越来越大，而且影响程度的高低取决于该国的对外开放度。其中受影响最直接的就是进出口贸易，如果本国货币升值，那么受益的多半是本国的一些进口企业，亦即依赖海外供给原料的企业；相反，出口企业由于本币升值，竞争力就会降低。当本国货币贬值时，情形恰恰相反。但不论是本币升值还是贬值，对公司业绩以及经济形势的影响都各有利弊，所以，投资者不能单凭汇率升值就买进股票，贬值则卖出，要区别对待货币升贬值对不同企业的影响。具体来说，汇率变动对那些从事进出口贸易的股份公司影响较大，它通过影响公司的进出口额及利润，从而影响股价。

5. 宏观经济政策

20世纪50年代以后，由于凯恩斯在二三十年代资本主义经济危机（大萧条）背景下提出的政府积极干预经济政策收到了良好的效果，各国政府纷纷逐渐地摒弃了传统的“新古典主义经济理论”（该理论认为市场可以将经济自动引导至均衡状态，因而主张政府对市场采取不干预的政策，“管得越少的政府越是好政府”），转而求助于凯恩斯的积极干预政策。凯恩斯理论简单说来主要包含两点：一是经济本身存在不确定性，经济运行内在地具有不稳定的特性，时常表现出“有效需求不足”；二是投资者（资本家）的“动物精神”，即在市场的“自动”引导下并不能保证总供给与总需求的均衡，因此通过政府的适时、适当干预可以熨平经济波动，达到解决失业问题、使经济平稳运行的目的。

由此，货币政策、财政政策、汇率政策等就成了调控宏观经济运行的主要政策工具。当然，产业政策、贸易政策和人力资源政策等也属于宏观经济政策的范畴，由于字数所限，我们主要讨论货币政策与财政政策对证券市场的影响，其他政策这里不进行详述。

（1）货币政策。中央银行贯彻货币政策、调整信贷与货币供应量的手段主要有三个：调整法定存款准备金率、再贴现政策、公开市场业务。当国家为了防止经济衰退、刺激经济发展而实行扩张性的货币政策时，就会通过降低法定存款准备金率、降低中央银行再贴现率或在公开市场买入国债的方式来增加货币供应量，扩大社会需求。当经济持续高涨、通货膨胀压力较重时，国家往往采用适当紧缩的货币政策。此时，中央银行通过提高法定存款准备金率、提高再贴现率或在公开市场上卖出国债以减少货币供应量等方法，紧缩信用，实现社会总需求与总供给的大体平衡。货币政策的调整直接、迅速地影响证券市场。因此，我们可以得到启示：既然中央银行根据一定的经济指标做出相应的货币政策决定，那么作为投资者完全可以根据自己对经济形势的分析，对中央银行可能采取的货币政策进行预测，这就是所谓的股市中的“博弈”。因而，具体到我们讨论的证券投资分析问题，我们需要关注的就是两个方面的问题，一是中央银行将采取哪种货币政策，二是这种货币政策将引起股市怎样的反应。

货币政策对证券市场的影响，主要是通过投资者和上市公司来实现的。对投资者来说，当国家实行的是宽松的货币政策时，货币供应量会增加，一方面导致证券市场的资金增多，另一方面通货膨胀也促使人们为了保值而购买证券，从而推动证券价格上涨。

对于上市公司来说，宽松的货币政策为企业发展提供了较为充裕的资金供给，刺激企业扩大再生产，扩大了社会总需求，提高了上市公司的业绩。投资者和上市公司两者都会推动市场价格的提高，从而使证券市场走势上扬。

例如，2008年年底，一方面，我国政府采取紧缩的货币政策抑制国内的通货膨胀，另一方面，由于欧美国家的金融危机导致我国经济下滑，在经济下滑形势较为严峻的情况下，政府不得不启动了相对宽松的货币政策，投资者和上市公司迅速对市场做出了反应，股票市场在该政策宣布的第二天就开始上涨，转入牛市。而国家实行紧缩的货币政策时，则正好与之相反。

（2）财政政策。财政政策主要是政府采取诸如国家投资、税收、转移支付等政策对经济实施干预的政策。其特点是见效快，即很快可以使表现疲软的GDP增长率、失业率等获得明显改观，而且政府的主动性、选择性都很强，尤其对于维护社会稳定、公平的作用较大。

政府通过改变政府的购买水平、转移支付水平来影响财政支出，通过改变税率来影响财政收入从而对经济实施干预。如果采取扩张型的财政政策，增加财政支出，减少财政收入，这样可以增加总需求，使公司业绩上升，经营风险下降，居民收入增加，投资保值的需求也有所增加，从而使证券市场价格上涨。反之，如果采取紧缩型的财政政策，减少财政支出，增加财政收入，这样可以减少社会总需求，使过热的经济受到抑制，使得公司业绩下滑，经营风险上升，居民收入下降，投资保值的需求也有所下降，从而使证券市场价格下跌。

以财政政策中的税收政策为例。2001年8月18日《经济日报》报道：国家税务总局宣布，粮食白酒和薯类白酒维持现行25%和15%的税率，另对每斤白酒按0.5元从量新征一道消费税，并取消以外购酒勾兑生产企业可以扣除购进酒已纳消费税的抵扣政策。以2000年白酒行业产量500多万吨计算，仅从量征收一项，白酒行业每年就需多缴税5亿元。白酒行业上市公司2000年销售总量为4.9万吨，净利润16.3亿元，新政策造成的增缴消费税额近5亿元，占净利润的30%。这项税收政策导致白酒行业利润下降，分配减少，使这类证券的投资吸引力降低，价格下跌。

从此案例可以看出，国家对公司税率的调整会对公司的利润水平产生影响，进一步影响企业扩大再生产的能力和积极性，从而影响公司未来的成长潜力。所以，一般来说，税率的提高会抑制证券价格上扬，而税率的降低或免税会促进证券价格上升。

从传导机制上讲，财政政策是以实体经济为媒介，通过控制财政收入和支出，经过企业的投入和产出来影响总需求的，与货币政策有明显的区别。因此，财政政策的传导过程比较长，不像货币政策那样立竿见影，但比较持久。

（3）对经济政策的总体把握。通常在经济过热时，采用紧缩的财政政策和货币政策；在经济不景气时，采用扩张的财政政策和货币政策。经济政策通常有一定的连续性，这对预测经济政策取向有指导意义。对投资者来说，最重要的是把握政策转变中的拐点，如降息，我国从1996年开始连续降息。另外还有取消保值贴补、恢复对利息的征税等。另外，还需要注意政策的作用效果和作用时滞问题。

二、国内国际政治因素

在当今世界，政治与经济已经密不可分，政治上的变化会引起经济变化，自然也将波及股市。影响证券价格变动的政治因素是指国内外政治活动、政府的政策与措施、政权更替、战争爆发，罢工、经济制裁、战略性物资的囤积以及国际政治格局的重大变化等。例如，自1968年以来，总统竞选年股票价格平均上涨13.7%，而正常年份股票价格平均上涨只有4.2%，美国4年一次的总统选举，显示出证券市场每4年一次循环的投资机会，这是人们考虑到总统上任后可能会出台有利于经济发展的政策，对股市未来的预期使得选举年股价大幅波动。这一循环周期也被历史其他时期的股价走势所证实。又如，2001年美国“9·11”事件发生之后，美国股市和美元汇率双双走低，在美国股市停市4天重新开市后，开市第一天（9月17日）就下挫近700点。“9·11”事件后一周股市主要指数下跌逾11%，为自20世纪30年代大萧条后的最大跌幅。甚至在“9·11”事件一周年纪念日，美国股市主要股指收盘也微幅下跌，交投十分清淡。再如，2019年5月5日，美方宣布将对2 000亿美元中国输美商品加征的关税从10%上调至25%，消息一出导致全世界股市大跌。2022年2月24日凌晨，俄乌发生地缘冲突，导致全球股市狂跌。

我国的股市行情与政治的相关性也特别强，政府主要官员有关股市的一言一行，都可能导致股市行情突变，甚至猛升或狂跌，成为影响股价变动的因素。

第二节　行业因素分析

从证券投资分析的角度看，进行宏观经济分析是为了掌握证券投资的宏观环境，把握证券市场的总体趋势。但宏观经济分析并不能提供对具体的投资领域和投资对象的建议，面对众多的上市公司，投资者除了要分析宏观经济环境和政策外，更需要进行深入的行业分析和公司分析。

行业是指从事国民经济活动中相同性质的生产或具有相同工艺过程或提供同类劳动服务的经营单位和个体等构成的组织结构体系，如农、林、牧、渔业，以及房地产业、汽车制造业、医药制造业、餐饮业、金融业、互联网和相关服务业、软件和信息技术服务业等。

由于个别企业的命运总是和它所在的行业命运息息相关，因此，深入的行业分析是证券分析取得成功的先决条件。了解行业的过去、分析行业的现状以及对行业未来发展趋势加以判断，将有助于对目标公司的股票估值。一般来说，我们要从以下几个方面对行业进行分析：

一、行业概况

行业概况包括行业名称（母行业名称）、规模、发展速度、平均利润水平、主要厂商、发展环境、基本特征、地域分布、上下游产业发展情况、企业数量、从业人数、进出口状况、存在的问题、发展限制、发展趋势等。

二、行业市场竞争程度分析

现实社会中各行业的市场都是不同的，在最基本的条件下，一个行业的利润是由消费者愿意向该行业的产品或服务支付的最高价格所决定的。决定价格的最主要的一个因素是提供相同或相似产品的供应商之间的竞争程度。根据各行业中企业的数量、产品的性质、价格的控制程度等因素，可将行业分为以下四种市场类型：

1.完全竞争的市场（Perfect Competition）。它是指许多企业生产同质产品的市场情形，如初级产品市场。这种市场中生产者众多，生产的产品基本无差别，价格由市场需求决定，生产者和消费者对市场均非常了解并可自由进退市场。

2.不完全竞争或垄断竞争市场（Imperfect Competition）。它是指许多生产者生产同种但不同质的产品市场，如零售业、服装业等制成品市场。这种市场中的生产者众多，产品之间存在差异，因此生产者可以借以树立自己产品的信誉，从而对其产品的价格有一定的控制能力。

3.寡头垄断市场（Oligopoly）。这是指少量生产者在某种产品的生产中占很大市场份额的情形。资本密集、技术密集型产业，如汽车制造、飞机制造、钢铁冶炼、石油开采与炼制等多属这种市场。

4.完全垄断市场（Monopoly）。独家生产某种特质产品的市场就是完全垄断市场，如公用事业。这种市场分为政府垄断和私人垄断两种。由于市场被垄断，产品又没有合适的替代品，因此垄断者可以制定理想的价格和产量，以获取最大利润。但垄断者也受到反垄断法律和政府管制的约束。

实际情况是，大多数行业处于完全竞争和完全垄断这两种极端情况之间。往往既有不完全竞争的特征又有寡头垄断的特征，而且很多行业的产品都有替代品，当一种商品的价格过高时，消费者就会转向价格较低的商品。通常，用行业集中度指标分析行业的垄断和竞争程度。行业集中度表示某行业的相关市场内前N家的企业所占市场份额（产值、产量、销售额、销售量、职工人数、资产总额等）的总和，是对整个行业的市场结构集中程度的测量指标，用来衡量企业的数目和相对规模的差异，是市场势力的重要量化指标。行业集中度越高，则垄断程度越高，竞争程度越低。竞争程度越高的行业，其商品价格和企业利润受供求关系影响越大，因此，该行业的证券投资风险越大；垄断程度越高的行业，其商品价格和企业利润受控制程度越大，证券投资风险越小。

一个行业的竞争结构环境主要受五种力量的影响：新入侵者的威胁；替代产品或服务的威胁；买方讨价还价能力；供应方讨价还价能力；现有竞争者的竞争能力。具体分析如图12-1所示。

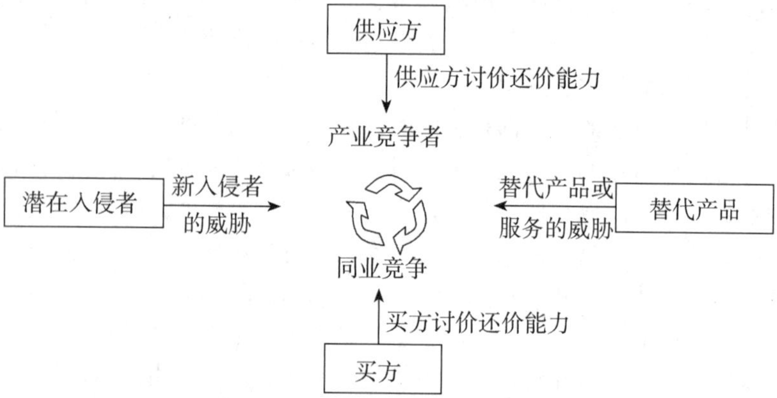

图12-1 行业竞争结构分析示意图

三、行业对经济周期的敏感度分析

各行业变动时，往往呈现出明显的、可测的增长或衰退的格局。这些变动与国民经济总体的周期变动是有关系的，但关系密切的程度又不一样。据此，可以将行业分为以下几类：

（一）增长型行业

增长型行业（Growth Industry）是指发展速度经常快于社会经济平均发展速度的行业。增长型行业的发展一般与经济周期的变动没有必然的联系，因为它们主要依靠技术的进步、新产品的推出及更优质的服务，从而使其经常呈现出增长形态。

在过去的几十年内，网络、计算机和复印机行业表现出了这种形态。投资者对高增长的行业十分感兴趣，主要是因为这些行业对于经济周期性波动来说，提供了一种财富“套期保值”的手段。然而，这种行业增长的形态却也使得投资者难以把握精确的购买时机，因为这些行业的股票价格不会随着经济周期的变化而变化。

（二）周期型行业

周期型行业（Cyclical Industry）的运动状态与经济周期紧密相关。当经济处于上升时期，这些行业会紧随其扩张；当经济衰退时，这些行业也相应衰落。

产生这种现象的原因是，当经济上升时，对这些行业相关产品的购买相应增加。例如，房地产业、建材业、高档消费品业、耐用品制造业、旅游业及其他需求的收入弹性较高的行业，就属于典型的周期型行业。

（三）防守型行业

除上述行业之外，还有一些行业被称为防守型行业（Defensive Industry）。这类行业运动形态的存在是因为行业的产品需求相对稳定，需求弹性小，经济周期处于衰退阶段对这种行业的影响也比较小。甚至有些防守型行业在经济衰退时期还会有一定的实际增长。例如，生活必需品行业和必要的公共服务业就属于防守型行业。正是因为这个原因，投资于防守型行业一般属于收入型投资，而非资本利得型投资。

了解了经济周期和行业的关系，投资者在经济周期处于不同阶段的情形下就应顺势选择不同行业进行投资。当经济处于上升、繁荣阶段时，可选择周期性行业和增长型行业进行投资，以获得丰厚的资本利得；当经济处于衰退阶段时，可选择防守型行业进行投资，可规避风险，获得稳定的收益。

四、行业的生命周期分析

通常，每个行业都要经历一个由成长到衰退的发展演变过程。这个过程便称为行业的生命周期。一般地，我们把一个行业经历的由成长到衰退的发展演变过程分为初创期、成长期、成熟期和衰退期四个阶段。行业生命周期如图 12-2 所示。

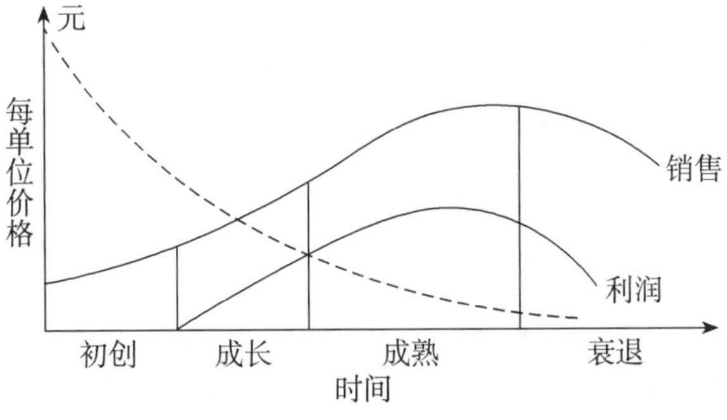

图 12-2　行业生命周期示意图

（一）初创期

在这一阶段，由于新行业刚刚诞生或初建不久，只有为数不多的投资公司投资于这个新兴的行业。另外，创业公司的研究和开发费用较高，而大众对其产品尚缺乏全面了解，致使产品市场需求狭小，市场规模小制约了销售收入的增长，市场认同度低封杀了产品价格的上扬空间，成本较高使业绩不佳。这一时期是风险大、收益小的时期，其主要风险为技术风险和市场风险，如目前的基因工程。初创期由于收益少甚至亏损，但人们的预期较高，股价也有可能会很高。由于这种价格的大幅上升没有业绩基础，而初创期的风险较大，因而必然是投机性的，所以价格波动不可避免。

（二）成长期

成长期是行业发展的黄金时期，产品受到普遍认同，技术成熟化、产品多元化和标准化，使成本降低，销售收入增加，行业业绩优良，高速增长。这一时期的主要风险是管理和市场风险。这些企业的投资者往往获得极高的投资回报，所以成长期阶段有时被称为投资机会时期。网络服务、软件、计算机硬件、新型材料、精细化工等行业都处于成长期。以比尔·盖茨为代表的美国新型亿万富翁大都是通过持有这些行业股票而致富的。在成长期后期，由于前期加速成长的示范效应，众多企业纷纷加入，投资于新行业的厂商大量增加，产品也逐步从单一、低质、高价向多样、优质和低价方向发展，出现了生产厂商之间和产品之间相互竞争的局面，超额利润会减少，但仍然能在一定程度上超过宏观经济的发展。这种状况会持续数年、十数年或数十年，这种行业仍然是较好的投资对象，如中国的电子、通信、电力、旅游、交通等行业。当市场需求趋向饱和，产品的销售增长率减慢时，整个行业便开始进入成熟期。在成长期产业利润快速增长，股价呈上涨趋势，由于有业绩基础，所以上涨具有长期性。

（三）成熟期

行业的成熟期是一个相对较长的时期。其特点是市场规模增速减弱，产品价格、业绩、利润稳定，风险较小，收益较高，分红派息较多。当然，由于技术创新、产业政策、经济全球化等各种原因，某些行业可能会在进入成熟期之后迎来新的增长。目前我国的家电、钢铁、一般化工、建材等行业都处于这个时期。成熟期是蓝筹股的集中地，行业快速增长可能性较小，但利润稳定，股价一般不会大幅度升降，但会稳步攀升。

（四）衰退期

行业衰退是客观必然，是行业经济新陈代谢的表现。衰退期出现在较长的稳定期之后。由于大量替代品的出现，原行业产品的市场需求开始逐渐减少，产品的销售量也开始下降，某些厂商开始向其他更有利可图的行业转移资金，因而原行业出现了厂商数目减少、利润水平停滞不前或不断下降的萧条景象。至此，整个行业便进入了衰退期。此时的风险主要是生存风险。但在很多情况下，行业的衰退期往往比行业生命周期的其他三个阶段的总和还要长，大量的行业都是衰而不亡，甚至会与人类社会长期共存。例如，纺织业在衰退，但是人们却看不到它的消亡；烟草业更是如此，难有终期。

由于这些行业已丧失发展空间，所以在市场上已无优势，股价呈下跌趋势，但有重组题材或借壳上市等，股价却会大幅度上涨，如许多ST股票的价格超过蓝筹股，即“乌鸡变凤凰”。

总之，投资者应当仔细研究公司所处的行业生命周期阶段，跟踪考察该行业的发展趋势，分析行业的投资价值和投资风险。

五、影响行业兴衰的主要因素

一个行业的实际生命周期会受到以下因素的影响：

（一）技术进步

技术进步对行业的影响是巨大的，它往往催生了一个新的行业，同时迫使一个旧的行业加速进入衰退期。例如，电灯的出现极大地削减了对煤气灯的需求，蒸汽动力行业则被电力行业逐渐取代，喷气式飞机代替了螺旋桨飞机，大规模集成电路计算机则取代了一般的电子计算机等。这些新产品在定型和大批量生产后，市场价格大幅度下降，从而很快就能被消费者所使用。上述这些特点使得新兴行业能够很快地超过并代替旧行业，或严重地威胁原有行业的生存。未来优势行业将伴随新的技术创新而到来，处于技术尖端的基因技术、纳米技术等将催生新的优势行业。

当然，新旧行业并存是未来全球行业发展的基本规律和特点，大部分行业都是国民经济不可缺少的。多数行业都会在竞争中发生变化，以新的增长方式为自己找到生存的空间。例如，传统农业已经遍布全世界，未来农业还会靠技术创新来获得深度增长。传统工业在通过技术创新获得深度增长的同时，还可以通过行业的国家间转移，在其他相对落后的国家获得广度增长的机会。

（二）产业政策

任何一个政府对经济发展都有长远规划，会采用不同的产业政策。在一定时期内重点发展某些行业，限制发展另一些行业。政府实施政策的措施可以包括政府直接投资、制定差别税率、实行折旧和成本控制等。政府想重点发展某些行业就可以通过补贴、优惠税、保护性关税和保护某一行业的附加法规等措施来实现。因为这些措施有利于降低该行业的成本，并刺激和扩大其投资规模。政府支持往往成为优势产业成长的重要条件，这会连带地刺激该行业股票价格上涨；反之，则会使股票价格下跌。某些时候，政府可能会直接干预企业行为，如美国政府历史上屡次以违反反垄断法状告一些大公司就是明显的例子。

此外，由于股市中心理预期的作用，通常在政府部门着手制定或酝酿有关法规和政策时，股价就会开始涨跌变动，到正式实施时，变动幅度更大。

(三) 人们生活习惯的改变

随着人们生活水平和受教育程度的提高，消费心理、消费习惯、文明程度和社会责任感会逐渐改变，从而引起对某些商品的需求变化并进一步影响行业的兴衰。在收入相对比较低的时候，由于恩格尔定律的作用，人们对生活用品有较大需求，提供生活消费品的可口可乐、宝洁、强生公司和满足这些需求的销售渠道诸如沃尔玛公司，均在不断满足这些消费需求的过程中发展起来。随着收入水平的提高，生活消费品支出占消费总支出的比例逐渐下降，人们更多地需要服务消费和金融投资，金融、旅游、教育、医疗、保险、体育、文化等行业从中获得了快速增长的动力。

(四) 相关行业变动因素

相关行业变动对股价的影响一般表现在三个方面：

1. 如果相关行业的产品是该行业生产的投入品，那么相关产品价格上升，就会造成该行业的生产成本提高，利润下降，从而股价会出现下降趋势；反之也成立，例如，钢铁材料价格上涨，可能会使生产汽车的公司股票价格下跌。

2. 如果相关行业的产品是该行业产品的替代品，那么若相关行业产品价格上涨，就会提高对该行业产品的市场需求，从而使市场销售量增加，公司盈利也因此提高，股价上升；反之也成立。例如，茶叶价格上升，可能对经营咖啡制品的公司股票价格产生利好消息。相关的替代产品不一定是形式相同的，而是那些具有同样效用的产品。例如，对于短距离旅行来说，火车与出租客车服务可以互相替代；饮料业中作为包装物的塑料瓶和金属罐可以相互替代。

3. 如果相关行业产品与该行业产品是互补关系，那么相关行业产品价格上升，对该行业内部的公司股票价格将产生利淡影响。例如，1973年石油危机爆发后，美国消费者开始偏好省油的小汽车，结果对美国汽车制造业造成相当大的打击，其股价大幅下跌。

六、行业的投资选择

1. 顺应趋势地进行投资选择。投资者应选择增长型的行业进行长期投资。

2. 在经济周期的不同阶段，选择不同行业进行投资。在经济周期繁荣阶段选择收入弹性较高的周期型行业进行投资，如房地产、建材、高档消费品、旅游业等；在经济周期危机和萧条阶段选择收入弹性较低的防守型行业进行投资，如大消费行业中的食品、调味品、白酒啤酒饮品、医药医疗等子行业等。

3. 正确理解国家的行业政策，把握投资机会。国家对某一行业的扶持或限制，往往意味着这一行业会有更大的发展空间，或者被封杀发展空间，因而国家的行业政策具有导向作用，在把握行业结构演进趋势的基础上正确理解国家的行业政策，能更好地实现投资效益。

七、案例：个人电脑——IBM兼容机行业盈利分析

当1981年IBM公司宣布其个人电脑与英特尔公司的微处理器和微软公司的DOS操作系统兼容时，个人电脑行业就产生了。截至1998年，全球该产业已发展成为超过1 500亿美元的产业。尽管有如此神奇的增长历史，但长期以来该产业的特点却是利润水平极低，包括像行业内著名的康柏以及国内的联想这类企业。怎么解释这种低利润率呢？该产业未来的盈利潜力如何呢？下面就国内个人电脑行业做一提要性分析：

1.个人电脑行业由于以下多方面的原因导致了竞争激烈：

（1）该行业市场高度细分，行业集中度很低，即使国内最大企业——联想公司，也只占有近18%的市场份额。最大的8家企业共占有35%的市场份额。

（2）零部件成本占个人电脑总成本的80%～90%，而且零部件的批量购买可以降低成本。因此，电脑生产商为争夺市场份额展开了激烈的竞争。

（3）不同的企业生产的产品实际上是一样的，几乎无法区别。在该行业发展早期，品牌和服务是消费者对电脑估价的标准。当个人电脑的买主对电脑技术比较了解后，品牌和服务变得越来越不重要了。

（4）不同品牌的个人电脑之间的替代成本相对较低，因为它们都可以与系统兼容。

（5）分销途径不是主要的障碍。各类电子市场及电脑超市减轻了这种限制，因为这些商店愿意同时经营几种不同的品牌。戴尔的直销方式更使得分销途径不成为障碍。

（6）既然实际上生产一台个人电脑的所有零部件都可以买到，那就几乎没有什么能够阻碍企业进入该行业。Michael Dell在20世纪80年代初创办戴尔公司时，就是从在大学宿舍里组装电脑开始的。

（7）苹果公司的Macintosh电脑、Sun公司的工作站HPC新型掌上电脑等产品都是基于Windows操作系统的个人电脑的替代品或潜在替代品。

2.供应商和买方的议价能力。供应商和买方对该行业的企业具有很强的议价能力，原因如下：

（1）个人电脑所用关键硬件和软件事实上都由垄断公司控制。英特尔公司控制着CPU，微软公司控制着Windows操作系统。

（2）作为消费群主要部分的公司买主对个人电脑的价格高度敏感，这是因为个人电脑支出占其经营成本的很大比重。而且，当个人消费者对电脑技术越来越了解时，电脑的品牌已经很少影响他们的购买决策了。买主日益把电脑视为一种商品，购买时主要考虑的是价格因素。买方因此具有很强的议价能力。

综上所述，由于个人电脑行业进入门槛比较低，不同生产商之间展开了激烈的

价格竞争。对企业来说，迅速宣传新产品、保持高质量以及提供出色的售后服务是必需的，这些都要花费一大笔钱，从而导致行业的利润率较低；而供应商和买方很强的议价能力又进一步降低了利润潜力。这样，尽管个人电脑代表了一个高技术和高成长的新兴行业，但其利润潜力却很低。

由于个人电脑行业基本结构没有多大变化，在投入产出市场上还没有出现可能向微软和英特尔公司的统治地位发起挑战的企业，而来自个人电脑的各类替代品的威胁也在增加，这导致个人电脑行业的盈利能力至少在近期内不可能有大的提高。

第三节　公司因素分析

上市公司股票价格的变化，除了受宏观经济形势和公司所处行业的发展趋势影响之外，还受到公司内在因素的影响。投资者通过对影响公司股价变动的公司内部因素、公司经营策略、公司历史业绩和公司前景的分析，可以判断出某个公司投资价值的高低以及股价的可能变动趋势。

一、影响公司股价变动的内部因素

（一）盈利能力

公司盈利能力大小，是一个公司是否值得投资的关键因素。理论上，公司的盈利能力强，公司的盈余就会增加，可供派发的股息就多，公司的股价就会上涨；反之，股价可能下跌。据相关统计，公司股票价格的变化往往发生在公司盈利水平变动之前，变动的幅度显著超出公司盈利的变动幅度。所以，投资者要对盈利能力事先做出预测。

（二）股利派发政策

公司的股利派发政策直接影响股票价格。一般来说，股利是股价的基础，也是投资者选择股票的标准。股利高，股价上涨；股利低，股价下降。公司盈利的增加并不意味着股利也能增加，盈利的增加只不过为增加股票股利提供了可能性。公司盈利增加后，可以不增加股利而是扩大投资，也可能是增加股利的派发。如果公司宣布增加股利，则股票价格上升；如果减少股利，则股票价格下降。

公司发放股利的形式有许多种，除了现金股利外，还有股票股利、财产股利等，公司有时还会对公司股票进行分割，或者在市场上收购公司股票，抬高股价，从而使股东获得资本利得。股份分割后，虽然持有人的股份并没有改变，但它能给股票持有人带来更高的希望，往往比公司宣布增加股利更富吸引力，因而会刺激股价上升。同样，股票分红也比增加现金股利更受投资者欢迎，亦成为影响股价的因素。因此，投资者在分析股利多寡时，要从不同角度综合考虑，要计算以其他方式流入股东手中的股利是多少。

（三）资产账面价值

每股账面价值又称每股净资产。这里所说的账面净资产是指公司账面上的公司总资产减去负债后的余额，即股东权益总额。每股净资产指标反映了在会计期末每一股份在公司账面上到底值多少钱，它与股票面值、发行价值、市场价值乃至清算价值等往往有较大差距。它反映公司的含金量是多少，是投资者衡量上市公司股票投资价值的指标。在公司性质相同、股票市价相近的条件下，某一公司股票的每股净资产越高，则公司发展潜力与其股票的投资价值越大，投资者所承担的投资风险越小，就越容易受到人们的追捧。但是，也不能一概而论，在市场投机气氛较浓的情况下，每股净资产指标往往不太受重视。投资者，特别是短线投资者注重股票市价的变动，有的公司的股票市价低于其账面价值，投资者会认为这个公司没有前景，从而失去对该公司股票的兴趣；如果市价高于其账面价值，而且差距较大，投资者会认为公司前景良好，有潜力，因而甘愿承担较大的风险购进该公司股票。

（四）股份变动

当公司有新股发行和上市，公司有收购兼并事件发生时，对股票价格影响极大，而且这种影响是多方面的。

（五）管理层变动

根据公司章程，股份公司要定期进行董监事改选。每逢此时，有意控制上市公司管理权的实力大户会逐步买进该公司的股票。市场上的股价受其影响就会节节上升，敏锐的投资者可以从股市行情的波动中判断出来，积极参与购进，以待价格高位时抛出，获取资本利得。因此，每一次管理层变动前后都会引起股价的涨落。

（六）公司的竞争能力

公司竞争能力的强弱，会引起公司股价的涨跌。公司的竞争能力强弱主要看公司是否是市场的领导者。在一个行业中，上市公司在行业中的地位，将决定该公司竞争能力的强弱。如果某公司为该行业的领头羊，其产品在市场上占主导地位，其他同行业的企业都无法与其抗衡，则该公司的竞争能力就较强，在行业中有较强的号召力，因而该公司的股价将相对稳定或稳步上扬。公司的竞争能力主要用三个指标来衡量——年销售额、销售额的年增长率、销售额的稳定性。因为，效益好并能长期存在的公司，其市场占有率必须是长期稳定并呈增长趋势的。比如，可口可乐公司的产品遍及世界各国，在每个销售区其市场占有率均是当地饮料的三强之一，如此巨大而稳定的市场份额是公司的立身之本，也是公司的利润之源。

（七）管理人员的素质和管理才能

一个企业的兴衰与企业管理层的能力、素质和开拓精神有密切的联系，很多时候对企业的投资实际上是对管理层的认同。一个有能力的企业家可以挽救一个经营陷于困境的企业，优秀的企业家总有胜人一筹的长远决策能力。上市公司管理层的素质和管理才能，对于公司的发展是非常重要的，投资者也会以此为依据评价公司的成长性。

除了以上因素以外，公司股票流通盘大小、流通市值高低、成长性的好坏、行业前景好坏、政策性扶持程度、上市时间的长短、机构平均成本的高低、往年送配的情况等都是影响公司市场价格的主要因素，只有通过对这些因素的充分挖掘，在充分认知其公司价值的基础上，才能充分了解该公司的市场价值。

二、公司财务状况分析

财务状况分析就是通过一定方法根据企业一定时期连续的财务报表，比较各期有关项目的变化情况，以反映企业的财务状况变化及其基本趋势。

（一）财务报表

财务状况分析的主要对象是财务报表，企业的财务报表包括资产负债表、利润表、现金流量表和所有者（或股东）权益变动表。财务报表分析是以企业基本活动为对象，以财务报表为主要信息来源，以分析和综合为主要方法的系统认识企业的过程，其目的是了解过去、评价现在和预测未来，以帮助报表使用人做出投资决策。

1.资产负债表

资产负债表（Balance Sheet）是反映企业在某一特定日期财务状况的报表。资产负债表是静态报表，表明在某一特定日期企业所拥有的经济资源、所承担的债务和所有者拥有的权益。合并资产负债表见表12-2。

表12-2 **合并资产负债表**

202×年12月31日

编制单位：××××实业（集团）股份有限公司 单位：元 币种：人民币

项 目	期末余额	年初余额
流动资产：		
货币资金	1 176 683 931.49	941 576 087.21
交易性金融资产	28 387 335.00	66 487 025.00
应收票据	2 621 860.00	3 354 900.00
应收账款	28 705 964.94	36 509 707.68
预付款项	20 227 996.71	21 778 504.77
应收利息		
应收股利		1 295 059.08

续表

项　目	期末余额	年初余额
其他应收款	28 323 620.82	118 649 190.85
存货	1 030 418 859.38	611 122 041.94
一年内到期的非流动资产		
其他流动资产		
流动资产合计	2 315 369 568.34	1 800 772 516.53
非流动资产：		
发放贷款及垫款		
可供出售金融资产	43 282 024.71	105 008 933.17
持有至到期投资		
长期应收款		
长期股权投资	392 060 143.62	253 344 579.23
投资性房地产	148 342 809.88	149 267 499.01
固定资产	49 021 230.50	50 275 906.29
在建工程	12 320 273.00	24 306 847.93
工程物资		
固定资产清理		
生产性生物资产		
油气资产		
无形资产		
开发支出		
商誉		
长期待摊费用	235 616.60	317 516.60
递延所得税资产	27 414 071.30	11 285 178.06
其他非流动资产		
非流动资产合计	672 676 169.61	593 806 460.29

续表

项　目	期末余额	年初余额
资产总计	2 988 045 737.95	2 394 578 976.82
流动负债：		
短期借款	138 000 000.00	158 000 000.00
交易性金融负债		
应付票据		
应付账款	60 805 950.48	54 566 834.43
预收款项	804 246 302.76	449 807 566.90
应付职工薪酬	55 290 225.14	48 723 838.77
应交税费	−35 132 152.74	14 572 290.96
应付利息	283 883.18	257 670.00
应付股利	5 888 596.07	5 955 988.07
其他应付款	369 312 206.82	96 397 262.07
一年内到期的非流动负债		
其他流动负债		
流动负债合计	1 398 695 011.71	828 281 451.20
非流动负债：		
长期借款	20 000 000.00	75 000 000.00
应付债券		
长期应付款		
专项应付款		
预计负债	248 957.62	202 841.20
递延所得税负债	7 907 565.62	29 663 745.58
其他非流动负债		
非流动负债合计	28 156 523.24	104 866 586.78
负债合计	1 426 851 534.95	933 148 037.98

续表

项　目	期末余额	年初余额
股东权益：		
股本	514 303 802.00	395 618 309.00
资本公积	671 421 579.85	715 003 437.97
减：库存股		
盈余公积	67 658 808.44	46 350 507.88
一般风险准备		
未分配利润	256 419 347.25	249 868 734.20
外币报表折算差额		
归属于母公司所有者权益合计	1 509 803 537.54	1 406 840 989.05
少数股东权益	51 390 665.46	54 589 949.79
股东权益合计	1 561 194 203.00	1 461 430 938.84
负债和股东权益合计	2 988 045 737.95	2 394 578 976.82

公司法定代表人：钱×　　　　　　　　主管会计工作负责人：阎××

从表12-2可知，资产负债表反映了企业在期末结余的全部资产、负债和所有者权益的存量情况，利用该表可以了解企业的变现能力和偿债能力，与其他报表结合还可以了解企业的盈利能力。

2.利润表

利润表（Income Statement）是反映企业一定会计期间经营成果的报表。利润表是动态报表。利润表编制的要素是收入、费用和利润。

利润表的格式有单步式和多步式两种。我国企业会计制度规定利润表的格式为多步式。多步式利润表的编制方法是自上而下分层次列出各项收入与费用（成本）的累计金额，二者相减得出盈亏额。合并利润表见表12-3。

从表12-3可知，利润表可以体现企业的实际绩效，如与资产负债表结合起来可以全面反映企业的盈利能力。由于多步式利润表注意收入与费用配比的层次，因此便于投资者对企业生产经营情况进行分析，有利于不同企业间进行比较。更重要的是，通过利润表提供的不同时期的比较数字，可以分析预测企业今后利润的发展趋势。

表12-3

合并利润表

202×年12月31日

编制单位：××××实业（集团）股份有限公司 单位：元 币种：人民币

项 目	本期金额	上期金额
一、营业总收入	881 951 804.73	839 252 652.71
其中：营业收入	881 951 804.73	839 252 652.71
二、营业总成本	857 145 094.87	753 687 541.37
其中：营业成本	758 084 295.36	616 723 036.94
税金及附加	27 529 669.95	46 755 715.05
销售费用	19 764 761.08	15 101 976.61
管理费用	52 500 856.65	74 057 271.73
财务费用	−1 839 014.69	−699 803.44
资产减值损失	1 104 526.52	1 749 344.48
加：公允价值变动收益（损失以“−”号填列）	−48 443 495.00	27 412 513.98
投资收益（损失以“−”号填列）	156 695 839.29	90 307 377.10
其中：对联营企业和合营企业的投资收益	136 303 871.10	61 232 750.51
三、营业利润（亏损以“−”号填列）	133 059 054.15	203 285 002.42
加：营业外收入	33 788 308.09	5 438 239.00
减：营业外支出	8 641 676.95	974 748.43
其中：非流动资产处置净损失	6 600 009.80	393 798.92
四、利润总额（亏损总额以“−”号填列）	158 205 685.29	207 748 492.99
减：所得税费用	−12 336 989.33	44 973 700.79
五、净利润（净亏损以“−”号填列）	170 542 674.62	162 774 792.20
归属于母公司所有者的净利润	166 383 113.13	152 203 427.91
少数股东损益	4 159 561.49	10 571 364.29
六、每股收益：		
（一）基本每股收益	0.324	0.346
（二）稀释每股收益	0.324	0.346

公司法定代表人：钱× 主管会计工作负责人：阎×× 会计机构负责人：林××

3.现金流量表

现金流量表（Cash Flow Statement）是反映企业在一定期间内现金和现金等价物流入流出过程的信息报表，从一个侧面展现出企业资产负债表和利润表信息的质量。合并现金流量表见表12-4。

表12-4 合并现金流量表

202×年12月31日

编制单位：××××实业（集团）股份有限公司　　单位：元　币种：人民币

项　目	本期金额	上期金额
一、经营活动产生的现金流量：		
销售商品、提供劳务收到的现金	1 268 148 407.75	775 430 312.82
收到的税费返还	32 570 411.85	2 051 078.97
收到其他与经营活动有关的现金	469 455 639.98	225 748 064.05
经营活动现金流入小计	1 770 174 459.58	1 003 229 455.84
购买商品、接受劳务支付的现金	1 180 850 243.93	726 073 113.84
支付给职工以及为职工支付的现金	40 882 890.45	44 735 585.14
支付的各项税费	95 032 512.01	60 456 544.69
支付其他与经营活动有关的现金	109 714 222.62	141 220 158.09
经营活动现金流出小计	1 426 479 869.01	972 485 401.76
经营活动产生的现金流量净额	343 694 590.57	30 744 054.08
二、投资活动产生的现金流量：		
收回投资收到的现金	27 220 638.75	44 308 352.03
取得投资收益收到的现金	22 282 990.08	33 301 126.20
处置固定资产、无形资产和其他长期资产收回的现金净额	10 393 105.71	233 660.00
处置子公司及其他营业单位收到的现金净额		11 393 374.15
收到其他与投资活动有关的现金		60 546.50
投资活动现金流入小计	59 896 734.54	89 297 058.88
购建固定资产、无形资产和其他长期资产支付的现金	13 760 088.65	11 455 482.71

续表

项　目	本期金额	上期金额
投资支付的现金	36 937 188.61	96 753 960.05
质押贷款净增加额		
取得子公司及其他营业单位支付的现金净额		
支付其他与投资活动有关的现金		
投资活动现金流出小计	50 697 277.26	108 209 442.76
投资活动产生的现金流量净额	9 199 457.28	−18 912 383.88
三、筹资活动产生的现金流量：		
吸收投资收到的现金		579 938 400.00
其中：子公司吸收少数股东投资收到的现金		
取得借款收到的现金	168 000 000.00	253 000 000.00
发行债券收到的现金		
收到其他与筹资活动有关的现金		
筹资活动现金流入小计	168 000 000.00	832 938 400.00
偿还债务支付的现金	243 000 000.00	188 000 000.00
分配股利、利润或偿付利息支付的现金	42 587 418.44	9 326 870.51
其中：子公司支付给少数股东的股利、利润	7 425 907.62	4 851 017.18
支付其他与筹资活动有关的现金		16 718 998.99
筹资活动现金流出小计	285 587 418.44	214 045 869.50
筹资活动产生的现金流量净额	−117 587 418.44	618 892 530.50
四、汇率变动对现金及现金等价物的影响	−198 785.13	82 913.56
五、现金及现金等价物净增加额	235 107 844.28	630 807 114.26
加：期初现金及现金等价物余额	941 576 087.21	310 768 972.95
六、期末现金及现金等价物余额	1 176 683 931.49	941 576 087.21

公司法定代表人：钱×　　主管会计工作负责人：阎××　　会计机构负责人：林××

从表12-4可知，现金流量表是按收付实现制原则编制的，因此不受会计核算方法的影响。企业全部现金流量由经营活动、投资活动、筹资活动产生的现金流量组成。相比利润指标，现金流量可以更准确地揭示企业是否有能力偿还债务、支付利息和分配股利以及是否具有持续性等，投资者可以据此做出投资决策。

因为企业的现金状况是企业生存和发展的基础，因此现金流量比利润更重要。现金犹如企业日常运作的“血液”，对现金流量表进行分析，可初步得出企业日常运作的好坏情况。获得足够的现金是企业创建优良经营业绩的有力支撑。一个企业的账面利润再高，如果没有相应的现金流量，依然无法进行正常的经营活动，甚至会使财务状况恶化，最终导致破产。在1997年的亚洲金融危机中，最令人震惊的恐怕就是香港“百富勤”的被迫清盘了。“百富勤”因无法及时筹集6 000万美元以偿还到期债务，最终导致崩溃。事实上“百富勤”只是定息市场业务在亚洲金融危机中蒙受了巨大损失，但集团整体仍在盈利，也远未达到资不抵债的地步，但终因现金不足无法清偿到期债务，被迫清盘。所以说，只有现金流量与利润同步增长才能说明企业增长具有可信度。分析现金流量为评判企业价值提供了一种比考察利润更为客观的方法，它剔除了利润在各年的分布受折旧方法等人为因素的影响。对现金流量的分析表明，一个企业的价值应等于其在企业生命周期内可产生的净现金流量的现值，这与巴菲特的现金决定企业价值的投资理念不谋而合。

从以上的简单讨论可见，现金流量要比利润指标更能反映企业的经营质量和企业的价值。

4.所有者权益变动表

所有者（股东）权益变动表（Retained Earnings Statement，Owner’s Equity Statement）是反映企业在一定会计期间所有者（股东）权益变动情况的报表。所有者（股东）权益变动表是动态报表，该表是根据所有者（股东）权益的增减变动来展示的。合并所有者（股东）权益变动表见表12-5。

从表12-5可知，所有者权益变动表是根据当期净利润、直接计入所有者权益的利得和损失项目、所有者投入资本和向所有者权益分配利润、提取盈余公积等情况分析填列的，反映企业年末所有者权益变动情况。投资者利用所有者（股东）权益变动表可以了解企业所有者（股东）权益变动情况及结果，通过所有者（股东）权益变动表提供的不同时期的比较数字，可以分析企业资金结构及发展趋势，了解投资者投入资本的完整性。

（二）财务分析

企业财务分析的方法主要有比较分析法、因素分析法、比率分析法。

对上市公司财务指标进行比较分析的方法主要包括：

1.将分析期的财务实际数据与计划数据进行对比，以分析实际与计划的差异，比较计划的实际完成情况。

表 12-5

合并所有者（股东）权益变动表

202×年 1—12 月

编制单位：××××实业（集团）股份有限公司　　　　单位：元　币种：人民币

项目	本年金额								
	归属于母公司所有者权益							少数股东权益	所有者权益合计
	股本	资本公积	减：库存股	盈余公积	一般风险准备	未分配利润	其他		
一、上年年末余额	395 618 309.00	715 003 437.97		46 350 507.88		249 868 734.20		54 589 949.79	1 461 430 938.84
加：同一控制下企业合并产生的追溯调整									
会计政策变更									
前期差错更正									
其他									
二、本年年初余额	395 618 309.00	715 003 437.97		46 350 507.88		249 868 734.20		54 589 949.79	1 461 430 938.84
三、本年增减变动金额（减少以“-”号填列）	118 685 493.00	-43 581 858.12		21 308 300.56		6 550 613.05		-3 199 284.33	99 763 264.16
（一）净利润						166 383 113.13		4 159 561.49	170 542 674.62
（二）直接计入所有者权益的利得和损失		-43 581 858.12							-43 581 858.12
1.可供出售金融资产公允价值变动净额		-58 109 144.16							-58 109 144.16
2.权益法下被投资单位其他所有者权益变动的影响									
3.与计入所有者权益项目相关的所得税影响		14 527 286.04							14 527 286.04
4.其他									

续表

项　目	本年金额								
	归属于母公司所有者权益							少数股东权益	所有者权益合计
	股　本	资本公积	减：库存股	盈余公积	一般风险准备	未分配利润	其他		
上述（一）和（二）小计		-43 581 858.12				166 383 113.13		4 159 561.49	126 960 816.50
（三）所有者投入和减少资本									
1.所有者投入资本									
2.股份支付计入所有者权益的金额									
3.其他									
（四）利润分配				21 308 300.56		-41 147 007.08		-7 358 845.82	-27 197 552.34
1.提取盈余公积				21 308 300.56		-21 308 300.55			
2.提取一般风险准备									
3.对所有者（或股东）的分配						-19 780 932.94		-7 332 731.52	-27 113 664.46
4.其他						-57 773.58		-26 114.30	-83 887.88
（五）所有者权益内部结转	118 685 493.00					-118 685 493.00			
1.资本公积转增资本（或股本）									
2.盈余公积转增资本（或股本）									
3.盈余公积弥补亏损									
4.其他	118 685 493.00					-118 685 493.00			
四、本期期末余额	514 303 802.00	571 421 579.35		67 658 808.44		256 419 347.25		51 390 665.46	1 561 194 203.00

2.将分析期的实际数据与过去连续几年的财务报表的有关数据进行对比，以比较分析期实际数据与过去不同时期实际数据的差异，从而能对公司持续经营能力、财务状况变动趋势、盈利能力做出分析，并预测公司未来的发展趋势。

3.把公司的实际数据与同行业的平均或先进水平的数据进行比较，从而确定公司财务状况与本行业平均或先进水平的财务状况的差异，通过比较得出公司在行业中的地位，认清优势与不足，正确确定公司的价值。

因素分析法又称连环替代法，是指在财务指标对比分析确定差异的基础上，利用各种因素的顺序替代，从数值上测定各个相关因素对有关财务指标差异的影响程度的一种方法。这种分析方法首先确定某个指标的影响因素及各因素的相互关系，然后依次把其中一个当作可变因素进行替换，最后再分别找出每个因素对差异的影响程度。一般地，因素的排列顺序为：先数量指标，后价值指标；先外延，后内涵。

比率分析法是指在同一期财务报表的若干不同项目或类别之间，用相对数揭示它们之间的相互关系，以分析和评价公司财务状况和经营成果的一种方法。

本教材重点介绍比率分析法。财务比率可分为以下五类：

1.公司偿债能力分析

公司偿债能力是指公司偿还各种到期债务的能力。如果公司债务结构不合理，短期内到期的债务比较多，而公司又没有那么多的现金偿还债务的话，公司就会陷入债务危机之中；如果公司又不能融通到足够的资金归还到期债务，则该公司可能会破产。公司没有足够的清偿能力，即使盈利能力再高，也是一个危险的企业。所以，公司偿债能力是测试公司的经营基础是否稳固、企业财务结构是否合理的指标。公司偿债能力的大小是任何与公司有关联的人员所关心的重要问题之一。

偿债能力分析包括短期偿债能力分析、长期偿债能力分析以及偿债能力保障程度分析等，这里只介绍前面两种分析。

（1）短期偿债能力分析。短期偿债能力是指公司以流动资产偿还流动负债的能力。反映公司短期偿债能力的财务比率主要有流动比率、速动比率。

①流动比率。它是指全部流动资产除以全部流动负债的比率，流动比率可以反映公司的短期偿债能力的高低。用公式表示为：

$$流动比率=\frac{流动资产}{流动负债}\times100\%$$

一般而言，生产类上市公司最佳流动比率应该是2。这是由于在流动资产中，变现能力最差的存货金额约占流动资产总额的一半，剩下的流动性较大的各类流动资产总额至少要等于流动负债，公司的短期偿债能力才会有保证。但是，这样计算出来的流动比率，只有与同行业平均流动比率、本公司历史的流动比率进行比较，才能知道这个比率是高还是低。

需要注意的是，流动比率并非越高越好。流动比率过高表示公司可能没有充分有效地运用资金，或者是存货的超储、积压过多。因此，流动比率过高并不一定表示公司财务状况良好。

②速动比率。流动比率越高，公司的偿债能力也就越强，但是流动比率没有考虑公司流动资产中个别资产项目的流动性。流动性即在不需要进行大幅度价格让步的情况下，公司资产转换成现金的能力。所以要用速动比率来测试公司资产的流动性。

速动比率也称酸性测试比率，是指从流动资产中扣除存货部分，再除以流动负债所得的比率。其计算公式为：

$$速动比率=\frac{流动资产-存货}{流动负债}\times 100\%$$

一般正常的速动比率为1，低于1的速动比率被认为短期偿债能力偏低。在不同的行业中，速动比率会有很大的不同。如采用大量收取现金销售的商业公司，应收账款很少，速动比率大大低于1是很正常的；而一些应收账款较多的工业公司，速动比率可能大于1。

在计算速动比率时，要把存货从流动资产中减去，这主要是因为：其一，在流动资产中，存货的流动性最差；其二，部分存货可能已经损失但还没有处理；其三，部分存货可能已抵押给债权人；其四，存货估价存在成本价与合理市价的差异。

应收账款的变现能力是影响速动比率真实性的一个重要因素。公司会计账面上的应收账款不一定都能变成现金，因此，实际的坏账可能比计提的坏账准备要多。而且，公司业务随季节变化，可能使公司财务报表中的应收账款数额无法反映平均水平。

（2）长期偿债能力分析。长期偿债能力可以从公司资本结构中反映出来。对于公司的投资者及长期债权人而言，他们不仅关心公司的短期偿债能力，更关心公司的长期偿债能力。反映公司长期偿债能力的财务比率有资产负债率、产权比率等。

①资产负债率。资产负债率是公司的负债总额与资产总额的比率。资产负债率反映在总资产中有多大比率是通过借债来筹集的，同时也可以衡量公司在资产清算时债权人有多少权益。资产负债率的计算公式为：

$$资产负债率=\frac{负债总额}{资产总额}\times 100\%$$

上述公式中的负债总额不仅包括长期负债，也包括短期负债。因为短期负债作为一个整体，公司总是长期占用着的，所以可以看成是长期性资本来源的一部分。

资产负债率说明在公司每100元资产中，有多少是由负债构成的。通常，公司的资产负债率控制在50%左右为宜，由此看来，从公司债权人的立场来讲，债权人最关心借给公司的款项的安全性。因此，债权人希望公司的资产负债率越低越好，这样，公司的偿债能力有保证，借款的安全系数就高。从公司投资者的角度来看，如果公司全部资本利润率高于借款利息率，则资产负债率越高越好；反之，则越低越好。而从公司经营者角度来看，如果资产负债率很高，超出债权人的心理承受程度，公司就借不到钱。如果公司资产负债率很低，则说明公司在经营过程中比较谨慎，不轻易借款进行投资；或者是自有资金比较充足，暂时还不需要大规模地举债。

②产权比率。公司产权比率也称债务股权比，它是衡量公司长期偿债能力的一个指标。产权比率的计算公式为：

$$产权比率=\frac{负债总额}{股东权益总额}\times 100\%$$

产权比率反映由债权人提供的资本与股东提供的资本的相对关系，反映公司基本财务结构是否稳定。一般而言，股本大于借入资本较好。从投资者的角度来分析，产权比率高，是高风险、高报酬的财务结构；产权比率低，是低风险、低报酬的财务结构。

2.资本结构分析

资本结构分析主要是分析企业资产与负债、股东权益之间的相互关系，反映企业使用财务杠杆的程度及财务杠杆的作用。

①股东权益比率。它是股东权益与总资产的比率，简称权益比率。其公式为：

$$股东权益比率=\frac{股东权益}{资产总额}\times 100\%$$

股东权益包括普通股票股本、优先股票股本、资本公积金以及保留盈余等。对股东来说，股东权益比率过高，意味着企业不敢负债经营，没有积极地利用财务杠杆作用。在企业的资本利润率高于融资的固定利率或费用时，财务杠杆发挥积极有效的作用，股东权益比率偏低些较好。但是，如果企业的资本利润率低于融资成本，股东权益比率过低意味着利息负担过重，财务杠杆发挥消极的负面作用。对债权人来说，股东权益比率高意味着企业资金来源中股东投资的比率大，举债融资的比率小，债权人的权益受到保护的程度大。

②负债比率。负债比率（Debt Ratio）即资产负债比率，已在长期偿债能力分析中论述。

股东权益比率与负债比率二者相加应该等于100%。这两个比率结合起来分析，可反映公司的资本结构、两种资本在公司总资本中的比例关系以及各自的作用。

3.公司营运能力分析

营运能力比率也称资产管理比率，是用来衡量公司资产管理方面效率的财务比率。它主要取决于公司资产与权益周转的速度。公司资产与权益的周转速度越快，公司资金的使用效率就越高，公司的营运能力就越强；反之，公司的营运能力就越差。

①应收账款周转率。公司的应收账款在流动资产中具有举足轻重的地位。公司应收账款如能及时收回，公司的资金使用效率便能大幅提高，应收账款周转率是评估企业应收账款的变现速度和企业流动资产周转状况的重要指标。其计算公式为：

$$应收账款周转率=\frac{赊销净额}{平均应收账款净额}（次/年）$$

式中：

$$平均应收账款净额=\frac{年初应收账款余额+年末应收账款余额}{2}$$

$$应收账款周转天数=\frac{360}{应收账款周转率}=\frac{平均应收账款净额\times 360}{销售收入}$$

一般而言，公司的应收账款周转率越高，平均收账期越短，说明公司的应收账款回收越快；反之，则公司的营运资金过多地呆滞在应收账款上，会严重影响公司资金的正常周转。

同时，也有一些因素会影响应收账款周转率和周转天数的计算。首先，由于公司生产经营的季节性，应收账款周转率不能正确反映公司销售的实际情况。其次，有些公司在产品销售过程中大量使用分期付款的方式。再次，有些公司采取大量收取现金方式进行销售。最后，有些公司年末销售量大增或年末销售量大幅度下降。这些因素都会对应收账款周转率或周转天数造成很大的影响。财务报表的分析者应将公司的应收账款周转率与周转天数与公司前期指标、行业平均水平和其他类似公司相比较，才能分析、判断公司该指标的水平。

②存货周转率。存货周转率是衡量和评价公司购入存货、投入生产、销售收入等各环节管理状况的综合性指标。存货周转率是销售成本与平均存货的比率。用时间表示的存货周转率就是存货周转天数。其计算公式为：

$$存货周转率=\frac{销售成本}{平均存货}\times 100\%$$

式中：

$$平均存货=\frac{期初存货+期末存货}{2}$$

或

$$=\frac{\sum_{1}^{12}年度内每月末存货余额}{12}$$

$$存货周转天数=\frac{360}{存货周转率}$$

公司存货的流动性如何，将直接影响公司的流动比率。一般而言，公司存货的周转速度越快，存货的占用水平就越低，流动性越强，存货的变现速度越快。所以，提高存货周转率可以提高存货的变现能力。

进行存货周转率和存货周转天数分析的目的是找出公司存货管理中存在的问题，从而提高存货管理的水平，使存货管理在保证公司生产经营连续性的同时，尽可能少占用公司的经营资金，提高公司资金的使用效率，促进公司管理水平的提高。

③总资产周转率。总资产周转率是公司销售收入与平均资产总额的比率。其计算公式为：

$$总资产周转率=\frac{销售收入}{平均资产总额}$$

式中：

$$平均资产总额=\frac{年初资产总额+年末资产总额}{2}$$

总资产周转次数越多，周转天数越少，则表明一家公司全部资产的利用效率越高，公司的获利能力就越强。

4.公司盈利能力分析

企业盈利能力分析主要反映资产利用的结果，即企业利用资产实现利润的状况，通过对盈利能力指标的长期趋势分析，可判断公司的投资价值。

①销售毛利率。销售毛利率是指企业的销售收入与销售成本的差额（或营业收入与营业成本的差额）占销售收入的百分比。其计算公式为：

$$销售毛利率=\frac{利润总额}{销售收入}\times100\%$$

销售毛利率表示每1元销售收入扣除销售成本后，用于期间费用和形成利润的部分。这是考核公司经营状况和财务成果的重要指标。一般来说，毛利率指标越高越好，但不同行业间的毛利率相差很大，而在同一行业中，各企业的毛利率差距不大，如果某企业在本行业中拥有高毛利率，往往说明该企业具有低成本优势，即企业一般具有定价权，这是一种强势竞争力的体现。所以，通过行业内的横向比较还是可以发现企业在定价、销售及成本控制等方面存在的问题及差距。

②销售净利率。企业销售净利率是指公司净利润占销售收入的百分比。其计算公式为：

$$销售净利率=\frac{净利润}{销售收入}\times100\%$$

销售净利率与净利润成正比，与销售收入成反比。销售净利率反映每1元的销售收入带来的净利润的多少，表示销售收入的最终收益水平，所以，销售净利率指标越高越好。通过分析销售净利率升降变动，可以促使企业在扩大销售的同时，改进经营管理，提高盈利水平。

③总资产报酬率。总资产报酬率（Return On Assets，ROA）又称总资产收益率，是指公司在一定时期内的净利润与资产总额的百分比。其公式为：

$$总资产报酬率=\frac{净利润}{平均资产总额}$$

式中：

$$平均资产总额=\frac{年初总资产+年末总资产}{2}$$

总资产报酬率指标用来衡量公司利用全部资产实现利润的情况，即每1元钱的资产能获取多少净利润。该指标最能显示出公司的经营绩效。该比率越高表示公司运用经济资源的获利能力越强。

5.投资者获利能力分析

①每股收益。每股收益是衡量公司每一股普通股所能获得的纯收益多少的一个指标。其计算公式为：

$$每股收益=\frac{净利润-优先股的股利}{发行在外的加权平均普通股股数}（元/股）$$

每股收益的计算关键在于普通股股数的确定。一般来说，年度中股数未发生变化时，以年终股数计算；年度中增加发行新股时，新股需按实际流通期间占全年时间之比率做权数加权计算。

每股收益是投资者评估股票内在价值的最重要的财务指标，它直接影响着普通股股东可获股息的多少和普通股的投资价值，该指标应该是越高越好。在分析每股收益指标时，应注意公司利用回购库存股的方式减少发行在外的普通股股数而使每股收益简单增加的问题。另外，如果公司将盈利用于派发股票股利或配售股票，就会使公司流通在外的股票数量增加，这样将会大量稀释每股收益。在分析上市公司公布的信息时，投资者应注意区分公布的每股收益是按原始股股数还是按完全稀释后的股份计算规则计算的，以免受到误导。

②股利支付率。股利支付率又称股息支付率、派息率，这一指标表明公司派发的普通股票股息在其税后净收益中所占的比率。其公式为：

$$股利支付率=\frac{每股股利}{每股净收益}\times 100\%$$

股利支付率反映了上市公司的股利分配政策和支付股利的能力，也是投资者非常关心的一个指标。股利支付率与行业特点有关，收入较稳定、处于稳定发展阶段的行业，往往股利支付率较高，而新兴的行业、成长性公司的股息支付率却很低。

③每股股利。每股股利是指公司股利总额与公司股数的比值。其计算公式为：

$$每股股利=\frac{股利总额}{股本总数}$$

每股股利反映的是上市公司每一普通股获取股利的大小。每股股利越大，则公司股本获利能力就越强。

影响上市公司每股股利发放多少的因素，除了上市公司获利能力强弱以外，还取决于公司的股利发放政策。如果公司为了今后的扩大再生产，现在多留公积金，以增强公司发展的后劲，则当前的每股股利必然会减少；反之，则当前的每股股利会增加。

④每股净资产。每股净资产即每股净值，也称每股账面价值（Book Value）或每股权益，是指企业期末净资产（即股东权益）与期末发行在外的普通股股份总额的比值。其计算公式为：

$$每股净资产=\frac{净资产}{发行在外的普通股股数}$$

每股净资产的多少是由股份公司经营状况决定的，股份公司的经营业绩越好，其资产增值越快，每股净值就越高，表明公司的积累越丰厚，分红派息和持续经营的能力越强，股东所拥有的权益也越多。所以，每股净资产值是决定股票市场价格走向的主要根据。

⑤净资产收益率。净资产收益率又称股东权益报酬率（Return on Equity，ROE），是指公司一定时期的税后净利润与净资产的比率。其计算公式为：

$$净资产收益率=\frac{净利润}{净资产}\times 100\%$$

该指标是反映企业所有股东，包括普通股股东和优先股股东投入资本所获取收益的能力。净资产收益率与股东们的经济利益密切相关，税后净利润是股东收益的基本来源，而净资产则是股东对企业的总投资金额。净资产收益率越高，说明公司投资者投入资本的获利能力越强，这一比率越高越好。证券市场的有关法规一般以净资产收益率作为上市公司取得增发或配股的必要条件。

⑥普通股净资产收益率。如果公司既发行普通股票，又发行优先股票，则还可以计算普通股净资产收益率，也称普通股股东权益报酬率，是指普通股股东的投资回报率。投资者最关心的就是自己每1元钱的投资，经过公司经营之后，每年能够带来多少收益。其计算公式为：

$$普通股股东权益报酬率=\frac{税后净利润-优先股的股利}{平均普通股股东权益}\times 100\%$$

投资者还可以结合市盈率、市净率、市销率、市现率等相对估值指标分析公司的投资价值。具体分析参见第十一章中相对估值法。

投资者在使用财务比率分析公司财务状况时，要注意以下三点：

第一，财务比率分析所采用的公司财务报表的财务数据都属于历史数据，对于未来公司财务变动的预测有一定的参考价值。

第二，计算财务比率所使用的财务报表数据不一定反映公司财务的真实情况。这是因为公司财务报表是按会计准则编制的，所以公司财务报表上的财务数据符合企业会计准则的要求，但不一定完全反映公司财务的客观实际。例如：①财务报表数据未按通货膨胀或物价水平进行调整；②非流动资产的余额是按历史成本减折旧或摊销计算的，不代表现行成本或变现价值；③有许多项目，如科研开发支出和广告支出，从理论上讲是资本支出，但费用发生时已立即列作了当期费用；④有些项目是估计的，如无形资产摊销和公司开办费摊销，但这种估计未必正确；⑤公司发生了非常的或偶然的事项，如财产盘盈或坏账损失，可能歪曲本期的净收益，使之不反映盈利的正常水平。

第三，个别公司可能选择不同的会计程序，使它们的财务比率失去可比性。对同一会计事项的账务处理，会计准则允许使用几种不同的规则或程序，公司可以自行选择。如：①存货成本和销货成本的计价，可以使用先进先出法、后进先出法、加权平均法、分批实际法等；②折旧的提取，可以使用加速折旧法和直接折旧法等；③对外投资的收益，可以使用成本法或权益法；④所得税费用的确认，可以使用应付税款法或所得税影响法。虽然在公司财务报表的附注说明文字中，对公司的主要会计政策有一定的说明，但财务报表分析不一定能完成各公司财务比率可比性的调整工作。

因此，基于以上几方面的原因，投资者只能在有限的范围内使用财务比率，并且不能将其绝对化。

【案例】 爱尔眼科（300015）2021年年报&2022年一季报点评：疫情反复业绩短期承压 高质布局推动长久发展[①]

事件：公司发布2021年年报：实现营业收入150.01亿元，同比增长25.93%；归母净利润23.23亿元，同比增长34.78%；扣非归母净利润为27.83亿元，同比增长30.59%。2022年一季报：实现营业收入41.69亿元，同比增长18.72%，实现归母净利润6.11亿元，同比增长26.15%，扣非归母净利润6.23亿元，同比增长22.49%。业绩符合市场预期。同时拟每股派现1.2元（含税）及转增0.3股。

点评：

公司受疫情影响短期业绩波动，仍看好公司长期发展：2021年四季度单季度归母净利润增

① 林小伟. 爱尔眼科（300015）2021年年报&2022年一季报点评：疫情反复业绩短期承压 高质布局推动长久发展［EB/OL］.［2022-04-26］. http://stock.finance.sina.com.cn/stock/go.php/vReport_Show/kind/search/rptid/704323797248/index.phtml.

速79.92%，在经历因疫情影响的三季度之后业绩迅速回升。2022年一季度，受2月以来深圳、上海、湖南等地的疫情反复的影响，所在地的医院就诊量及业务开展均受到影响，公司营收及利润端增速相较上年同期有所放缓。我们认为受疫情影响的需求积压会在此轮疫情结束之后逐步释放，受疫情影响的业绩波动具有偶然性，看好在此轮疫情结束之后，公司的持续稳定发展。

屈光视光高速发展，带动利润率水平提升：2021年公司门诊量1 019.61万人次，同比增长35.07%；手术量81.73万例，同比增长17.64%。作为公司的核心业务，屈光和视光业务持续高速发展。2021年屈光业务营收达55.20亿元，同比增长26.92%，毛利率58.95%，较2020年上升0.83%。2021年公司视光业务营收33.78亿元，同比增长37.68%，毛利率为58.04%，相较2020年提升1.11%。高毛利的屈光与视光业务的快速增长，也带动了公司的盈利水平，2021年公司毛利率51.92%，相较2020年提升0.89%。除屈光与视光业务之外，眼前段项目实现收入14.56亿元，同比增长21.29%，毛利率为47.95%，较2020年提升2.85%，眼后段项目实现收入9.95亿元，同比增长21.69%，毛利率34.52%，较2020年下降0.88%。其他项目获营收14.33亿元，同比增长28.14%，主要因干眼症、老花等新项目的快速发展。

公司持续“分级连锁”发展模式，强化国内龙头优势：公司继续提升全国医疗网络的广度、深度、密度以及高度，已在湖南、湖北、四川、辽宁、广东等公司重点布局省份逐步实现以省会城市一城多院、眼视光门诊部以及爱眼e站的横向同城分级诊疗网络建设。截至2021年年底，公司体内+集团内部共有医院加门诊部超过600家，其中公司体内在境内共有医院174家，门诊部118家，稳居国内行业龙头位置。随着公司体内旗舰老院的稳定增长，次新院的业绩爬坡，集团内部孵化的优质医院不断整合，公司可持续稳步增长，稳定国内龙头地位。

政策支持未变，民营眼科未来仍可期：国家对眼科行业和社会办医的支持与重视未变，如2022年1月国家卫健委颁布的《“十四五”全国眼健康规划（2021—2025年）》以及《医疗机构设置规划指导原则（2021—2025年）》等，与之前发布的相关政策文件保持了一贯性。随着居民眼健康意识逐步加强，医疗消费稳步升级，国家近视防控战略、防盲治盲等政策的推进实施，公司品牌影响力持续增强，经营规模和人才队伍不断扩大；同时随着国内疫情整体得到有效控制，公司各项业务快速恢复，共同促进了业绩的增长。

高管增持注入信心，医教研平台助力长久发展：2022年一季度，公司高管李力先生、刘多元先生、吴士君先生、唐仕波先生、王丽华女士、冯珺女士等共已增持及计划增持公司股份约620万股，彰显管理层对公司未来发展的信心。公司进一步完善医教研平台建设，分别与天津大学、四川大学、天津职业大学以及深圳职业技术学院签署了战略合作协议，新增了湖南省眼视光工程技术研究中心、湖南省眼视光国际科技合作基地两个省级创新平台，坚定公司人才培养和技术研发路线，为长久发展打下坚实基础。

盈利预测、估值与评级：公司作为眼科专科医院的龙头，屈光、视光及多项业务均处在高速增长期，且在疫情压力下依旧保持业绩高增长。考虑疫情影响，小幅下调2022年归母净利润至30.01亿元（原预测值30.14亿元，下调幅度0.43%）。因看好疫情影响逐渐消退叠加干眼症和老花业务的高速增长，小幅上调2023年归母净利润至39.90亿元（原预测为38.72亿元，上调幅度3.04%）。新增2024年归母净利润预测为50.63亿元。现价对应2022—2024年PE为64/48/38倍。维持“买入”评级。

风险提示：疫情反复的风险；并购项目整合不达预期；白内障筛查政策继续收严的风险；医保政策风险。

爱尔眼科2022年4月28日走势图如图12-3所示：

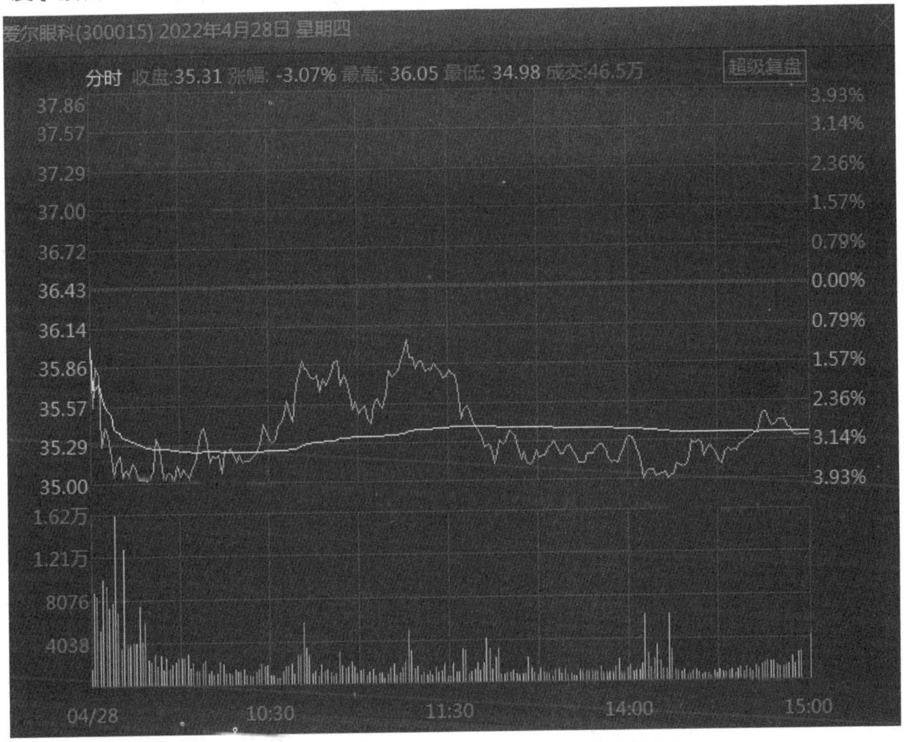

图12-3 爱尔眼科2022年4月28日走势图

案例思考：请到深交所网站或巨潮资讯网站下载并阅读爱尔眼科2021年年报和2022年一季报，试对该公司做出自己的投资价值判断。

本章基本概念

流动比率 速动比率 资产负债率 应收账款周转率 存货周转率 每股收益 每股净资产 每股公积金 每股未分配利润 每股经营现金流 销售毛利率 销售净利率 净资产收益率 总资产收益率 总资产周转率

复习思考题

1. 简述基本分析的主要内容。
2. 为什么说宏观经济因素是影响证券市场价格变动最重要的因素？
3. 行业生命周期各阶段的特征主要有哪些？
4. 货币政策的变动对证券价格有何影响？
5. 利率变化如何影响股市行情？

6. 试述股市周期与经济周期的关系。

7. 试述影响行业兴衰的因素。

8. 如何通过财务报表对公司投资价值进行分析?

9. 根据书中XXXX实业股份公司财务报表计算有关指标，对公司的偿债能力、营运能力、盈利能力及投资者获利能力进行分析。

学习资料推荐

■你可登录中国货币网查看货币净投放和净回笼情况、央票发行情况、公开市场操作情况。

■你可登录中商情报网了解产业圈和各产业研究报告。

■你可登录中国证监会网站了解上市公司行业分类结果。

■你可登录Wind资讯网站，利用Wind资讯开发的一系列专业分析软件与应用工具，可以获取及时、准确、完整的财经数据、信息和各种分析结果。

第十三章
证券投资的技术分析

本章提要

技术分析是100多年前一些精明的投资者以市场行为为研究对象，对股价变化进行长期观察逐步归纳总结出来的有关股市波动的若干所谓的“规律”，经过长期发展和演变，技术分析形成了众多的门类。本章主要是对常用的技术分析方法进行简要介绍。使学生了解技术分析的三大假设及分析要素，技术分析的主要理论，主要技术指标，以及我国沪、深交易所实时行情盘口语言指标等。

证券投资可以给投资者带来收益，这些收益主要来自两个渠道：一个是从证券投资中获得股息或利息，这份收益的多少主要依赖于公司经营的好坏；另一个是证券价格的涨落给证券投资者带来的资本利得收益。比较这两个渠道的收益，更富有戏剧性、刺激性、冒险性，更变幻莫测，因而也更引人注目的是第二个渠道的收益。证券投资的技术分析，就是通过对证券市场过去已经存在的各种证券价格变化的方向、幅度进行记录、统计、分析，并据此对证券市场上各证券的价格变化趋势进行预测，从而使投资者能够做出买卖时点的投资判断。

第一节　技术分析概述

技术分析的理论基础是基于三项合理的市场假设：①市场行为包容消化一切信息；②价格以趋势方式波动；③历史会重演。

第一条假设是进行技术分析的基础。其主要的思想是认为任何一个因素对证券市场的影响最终必然体现在股票价格的变动上，对价格的分析即对市场全部的分析，即外在的、内在的、基础的、政策的和心理的因素，以及其他影响股票价格的所有因素，都已经在市场的行为中得到了反映，技术分析人员只需关心这些因素对市场行为的影响效果，而不必对影响股票价格的具体因素是什么过多地关注。

第二条假设是进行技术分析最根本、最核心的因素。其主要思想是股票价格的变动是按一定规律进行的，股票价格有保持原来方向运动的惯性。一般说来，一段时间内股票价格一直是持续上涨或下跌，那么，今后一段时间，如果股价没有受调

本章建议阅读资料：

1.爱德华兹，迈吉．股市趋势技术分析［M］．郑学勤，等译．北京：机械工业出版社，2010.

2.中国证券业协会．证券业从业资格考试统编教材——证券投资分析［M］．北京：中国金融出版社，2012.

3.利弗莫尔．股票作手回忆录［M］．马晓佳，译．北京：中国青年出版社，2012.

4.曹雪峰．证券技术指标精解［M］．上海：上海财经大学出版社，2001.

头的内部和外部因素影响，股票价格也会按这一方向继续上涨或下跌，没有理由改变这一既定的运动方向。因此，技术分析人员应试图找出股票价格变动的规律，以此指导今后的股票买卖活动。否认了这条假设，即认为即使没有外部因素影响，股票价格也可以改变原来的运动方向，技术分析就没有了立足之本。

第三条假设是从人的心理因素方面考虑的。在市场中进行具体买卖的是人，是由人决定最终的操作行为，这一行为受人类心理学中某些规律的制约。在证券市场中，一个人在某种情况下按一种方法进行操作取得了成功，那么以后遇到相同或相似的情况，他就会按同一方法进行操作。如果前一次失败了，后面这一次就不会按前一次的方法操作。证券市场的某个市场行为给投资者留下的阴影或尝到的甜头会长期存在。在进行技术分析时，一旦遇到与过去某一时期相同或相似的情况，投资者应该与过去的结果比较。过去的结果是已知的，这个已知的结果会作为现在预测未来的参考。

技术分析要素是：价、量、时、空。

市场行为中最基本的表现是成交价和成交量。技术分析就是利用这些资料，以图表分析和指标分析工具来解释、预测未来的市场走势。时间对行情的判断也有重要作用，在某一时点上的价和量反映的是买卖双方在这一点上共同的市场行为，是双方暂时的均衡点，随着时间的变化，均衡点会发生变化，这就是价量关系的变化。已形成的趋势短时间内不会发生根本变化，但经过一段时间趋势会改变。空间在一定意义上可以认为是价格的一个方面，它指的是价格波动能够达到的从空间上考虑的限度，即价格的波动幅度。

第二节　技术分析理论

一、道氏理论

道氏理论是股市技术分析的鼻祖，是各种技术分析方法的理论基础。著名的道·琼斯工业平均指数反映了市场的总体趋势，并认为市场价格指数可以解释和反映市场的大部分行为。

道氏理论认为，股价变动趋势有三种，即长期趋势、中期趋势和短期趋势，三种趋势同时存在、相辅相成。

（一）长期趋势分析

证券市场的长期趋势也称主要趋势（Primary Trend），是指连续一年或一年以上的证券价格的变化趋势，是市场价格运动的主要方向。长期趋势包括两个相反趋势，一个是上升趋势，另一个是下降趋势。

1. 上升趋势，它通常包括三个阶段。

第一阶段：进货阶段，市场表现为价升量增。买方对发行证券的企业盈利情形看好，开始买进被悲观的卖方卖出的股票和债券，或者卖方由于种种原因减少卖出量，这一切导致了证券市场价格的徐徐上升。在这一阶段，企业公布的财务报表显示的企业财务状况尚属一般，投资者对证券买卖尚存戒心，证券市场交易不是很活跃，但交易量开始增加。

第二阶段：上升阶段，投资者入市，价格上升较快。证券市场价格已经上升，企业盈余的增加导致了证券市场交易量的增加；企业收益情况的好转已引起投资者的注意，敏感的投资者在这一阶段可能获利颇丰。

第三阶段：沸腾阶段，价格迅速上扬，成交量激增。证券市场上各种证券的价格已经升至一个高峰，投资者争先恐后购买证券，股市一片沸腾，交易量很大；企业收益情况渐入佳境的事实已为投资者熟悉与知晓；企业趁此机会大量发行新的股票和债券。

2. 下降趋势，它通常也包括三个阶段。

第一阶段：出货阶段。由于先入市的投资者获利丰厚，不断平仓了结，股价见顶回落，上述的上升趋势已经结束。交易额虽然并未下降，反而略有增加，但已有减少的趋势；投资者参与交易仍然很活跃，但获得的差价利益已经大大减少，整个购买气氛已经冷却下来；敏感的投资者预感到企业的收益达到高峰，于是提前将其所持有的证券卖出以获取差价利益。

第二阶段：恐慌阶段。此时，股价呈垂直下跌状，成交量的比例差距达到最大。这时，买方数量减少而卖方数量增多，证券价格急剧下跌，交易量大幅度减少，投资者参与交易的活跃程度已大幅度降低。这一阶段过后，一般都必须经过较长时间的喘息或停滞才进入第三阶段。

第三阶段：结束阶段。此时，下跌趋势并没有加速，低价股可能在第一或第二阶段就跌掉了前面多头市场所涨升的部分。业绩较为优良的股票持续下跌，因为这种股票的持有者是最后动摇信心的。各种坏消息弥漫整个证券市场，只有在这些坏消息消失之后，这一阶段才告结束。

（二）中期趋势分析

证券市场的中期趋势也称次要趋势（Secondary Trend），是指连续3周以上1年以下（我国一般在3个月）证券价格的变化趋势。它是主要趋势进行过程中的调整。证券市场的中期趋势与其长期趋势有密切的关联，这主要表现为：

第一，中期趋势的证券价格波动幅度约为长期趋势的升降幅度的1/3左右。

第二，当中期趋势下跌时，若其谷底较上期谷底为高，就表明长期趋势上升；反之，当中期趋势上升时，若其波峰较上期波峰为低，就表示长期趋势下降。证券市场的中期趋势如图13-1所示。

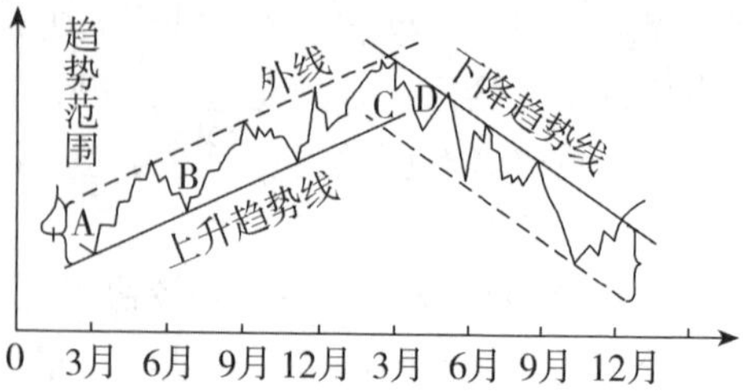

图13-1 证券市场的中期趋势

图13-1中左半部所表示的情形是：中期趋势不断地上升或下降，但其下降时的谷底却总是较上期的谷底为高，则意味着长期趋势上升。图中右半部所表示的情形是：中期趋势不断地上升或下降，但其上升时的波峰却总是较上期的波峰为低，则意味着长期趋势下降。而对于投资者来说，至关重要的是寻找长期趋势从上升转为下降或从下降转为上升的转折点。

道氏理论认为，长期趋势上升与下降的转折点应根据道·琼斯工业股指数及铁路股指数的运动方向互证来判断确定。

（三）短期趋势分析

证券市场的短期趋势也称短暂趋势（Near Term Trend），是指连续6天以内的证券交易价格的变化趋势。它是次要趋势中的调整。短期趋势可能是人为操纵而形成的，这与客观反映经济动态的中长期趋势有本质的不同。鉴于此，证券市场的短期趋势一般不被人们作为重要趋势分析的对象。当然也应该承认，证券市场的短期波动也是形成中期趋势和长期趋势的基础。证券市场的长期趋势运动犹如海潮，中期趋势好比海浪，而短期趋势就像微波。海潮既有涨潮也有退潮；海浪寄于海潮之中，虽排空大浪也不能抗逆海潮；微波寄于海浪之中，几股微波连接在一起就可形成海浪。

对于投资者来说，证券市场趋势分析的重要意义在于把握时机，通过适时地买卖证券来获取利益。这里重要的问题有两点：一是要弄准证券市场的趋势是上升还是下降；二是要认识清楚投资者自己目前所处的位置。如果长期趋势处于上升阶段，则在中期趋势上升到一个顶峰时不要急于将证券脱手，因为更好的卖出机会在后面。此时如能清楚自己的位置，静下心来等等看，证券在手中多放一段时间会卖出更好的价钱。同样道理，当证券市场的长期趋势处于上升而中期趋势处于下跌之势时，也不必为自己手中证券贬值而恐慌，因为不久证券市场的价格总要涨起来的。如果证券市场的长期趋势处于下跌阶段，即使中期趋势处于上升状态，甚至达到较高的顶峰，也不要盲目乐观。应抓紧时间将证券赶快出手，否则将失去一次机会，而且近期恐怕再难等到比现在更好的机会了。

道氏理论适于判断大势，做长期趋势分析，对每日每时都发生的小波动无能为力，对选股作用不大，且由于理论的结论迟于价格变化，信号太迟，所以短线操作性较差。

二、K线理论

（一）K线的含义

K线又称日本线，起源于日本。当时日本还没有股票市场，K线只是用于米市交易，经过上百年的运用和变更，目前已经形成了一整套K线分析理论。

K线是将某一种股票一天的价格变动情况用蜡烛形连接起来的图形。价格的变动主要体现在四个价格上，即开盘价、最高价、最低价和收盘价。K线由影线和实体组成。影线在实体上方的部分叫上影线，在实体下方的部分叫下影线。实体分阳线和阴线两种，又称红（阳）线和黑（阴）线。如果收盘价比开盘价高，则实体为阳线或红线；如果收盘价比开盘价低，则实体为阴线或黑线。K线的两种常见形态如图13-2所示。

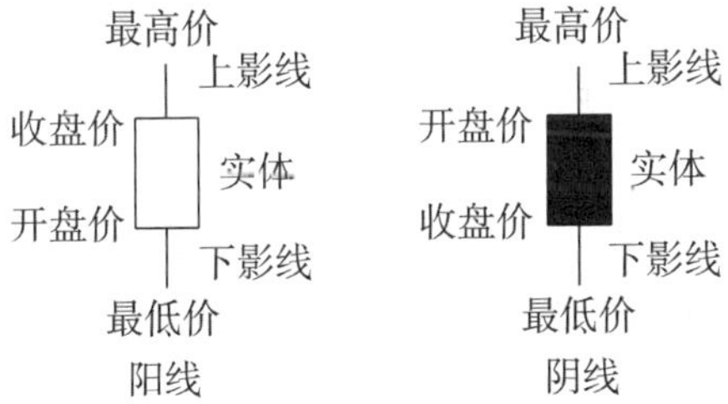

图13-2　K线的两种常见形态

一条K线记录的是某一种股票一天的价格变动情况。将每天的K线按时间顺序排列在一起，就组成该股票自上市以来每天的价格变动情况，这就叫日K线图。

（二）K线的主要形状

除了图13-2所画的K线形状外，由于四个价格的不同取值，还会产生其他形状的K线。概括起来，常见的K线有如图13-3所示的几种。

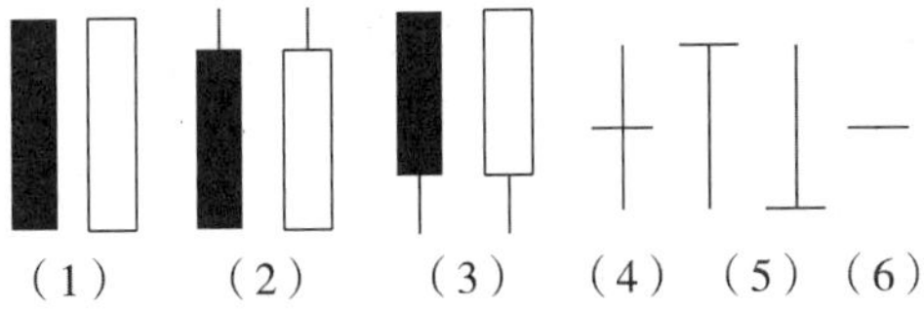

图13-3　K线常见的几种形状

（1）光头光脚的阴线和阳线。这种K线既没有上影线又没有下影线。当收盘价和开盘价分别与最高价和最低价中的一个相等时，就会出现这种K线。

（2）光脚阴线和光脚阳线。这是没有下影线的K线。当开盘价或收盘价正好与最低价相等时，就会出现这种K线。

（3）光头阴线和光头阳线。这是没有上影线的K线。当收盘价或开盘价正好与最高价相等时，就会出现这种K线。

（4）十字形。当收盘价与开盘价相同时，就会出现这种K线，它的特点是没有实体。

（5）T字形和倒T字形。在十字形的基础上，如果再加上光头和光脚的条件，就会出现这两种K线。它们没有实体，而且没有上影线或者没有下影线，形状像正和倒的英文字母T。

（6）一字形。这是一种非常特别的形状，同十字形和T字形K线一样，没有实体，并且它的四个价格相等。这种情况在国外非常罕见，往往是在发行一个事先定好价格的股票时，会遇到这种情况。在中国由于实行涨跌停板制度，经常可以看到此图形。

除了日K线外，我们还可以画周K线、月K线和年K线。其画法与日K线几乎完全一样，区别只在四个价格时间参数的选择上。周K线是指这一周的开盘价、这一周之内的最高价和最低价，以及这一周的收盘价。月K线则是这一个月之内的四个价格。周K线和月K线的优点是反映趋势和周期比较清晰。

（三）K线的应用

K线图其实是将买卖双方一段时间以来实际“战斗”的结果用图形表示出来的方法之一。从中能够看到买卖双方在争斗中力量的增加和减少、风向的转变，以及买卖双方对争斗结果的认同情况。

K线的应用有单独一根K线的应用和两根K线、三根K线乃至多根K线组合的应用，一般来说，取得根数多，获得的信息就多些，得出的结论相对要准确些，可信度也更大些。

无论是两根K线、三根K线还是多根K线，都是以各根K线的相对位置的高低和阴阳来推测行情的。将前一天的K线画出，然后，将这根K线按数字划分成五个区域，如图13-4所示。之后，看第二天K线相对于第一天K线的位置，第二天多空双方争斗的区域越高，越有利于上涨；越低，越有利于下跌，也就是从区域1到区域5是多方力量减少、空方力量增加的过程。

例如，如果出现连续两阴两阳线的情况（如图13-5所示），是多空双方的一方已经取得决定性胜利，今后将以取胜的一方为主要运动方向。左图是空方获胜，右图是多方获胜。第二根K线实体越长，超出前一根K线越多，则取胜的一方优势越大。

总之，无论K线的组合多么复杂，考虑问题的方式是相同的，都是由最后一根K线相对于前面K线的位置来判断多空双方的实力大小。

（四）应用K线组合应注意的问题

无论是一根K线，还是两根、三根K线乃至多根K线，都是对多空双方的争斗

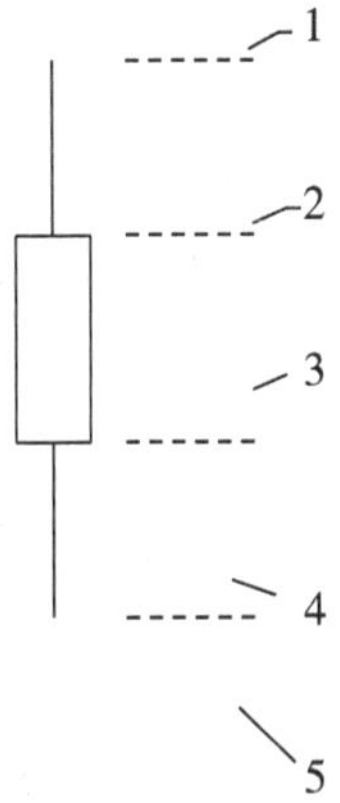

图13-4 K线区域划分

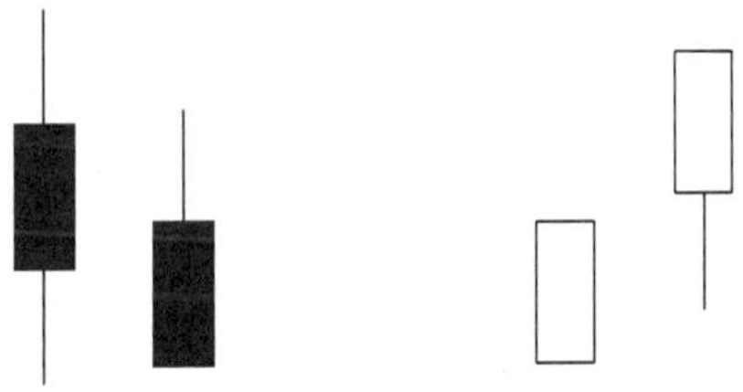

图13-5 连续两阴、两阳

做出的一个描述，由它们的组合得到的结论都是相对的，不是绝对的。对具体进行股票买卖的投资者而言，结论只是起一种建议作用。

在应用时，有时会发现运用不同种类的组合会得到不同的结论。有时应用一种组合会得到次日下跌的结论，但是次日股价并没有下跌，而是出现了相反的结果。这个时候的一个重要原则是尽量使用根数多的K线组合的结论，将新的K线加进来重新进行分析判断。一般说来，多根K线组合得到的结果不大容易与事实相反。

三、切线理论

前面的道氏理论已经告诉我们，证券投资一定要弄准证券市场的趋势是上升还是下降，是暂时的还是长久的，然后再认识清楚投资者自己目前所处的位置。也就是说要"顺势而为"，不要"逆势而动"。要认清趋势，就需要切线理论和方法，它是一种帮助人们识别大势是继续维持原方向还是将要掉头反向的较为实用的方法。

（一）趋势线

1.趋势的定义

趋势就是股票价格市场运动的方向。技术分析的三大假设中的第二条明确说明价格的变化是有趋势的，没有特别的理由，价格将沿着这个趋势继续运动。这一点就说明"趋势"这个概念在技术分析中占有很重要的地位。

一般说来，市场变动不是朝一个方向直来直去，中间肯定要有曲折，从图形上看就是一条曲折蜿蜒的折线，每个折点处就形成一个峰或谷。由这些峰和谷的相对高度，我们可以看出趋势的方向。

2.趋势的方向

趋势的方向有三种：上升方向；下降方向；水平方向，也就是无趋势方向。

如果图形中每个后面的峰和谷都高于前面的峰和谷，则趋势就是上升方向。这就是常说的，一底比一底高或底部抬高。

如果图形中每个后面的峰和谷都低于前面的峰和谷，则趋势就是下降方向。这就是常说的，一顶比一顶低或顶部降低。

如果图形中后面的峰和谷与前面的峰和谷相比，没有明显的高低之分，几乎呈水平延伸，这时的趋势就是水平方向。水平方向趋势是被大多数人忽视的一种方向，这种方向在市场上出现的机会是相当多的。就水平方向本身而言，也是极为重要的。大多数的技术分析方法，在对处于水平方向的市场进行分析时，都容易出错，或者说作用不大。这是因为这时的市场正处在供需平衡的状态，股价下一步朝哪个方向走是没有规律可循的，可以向上也可以向下，而此时去预测它朝何方运动是极为困难的，也是不明智的。图13-6是三种趋势方向的最简单的图形表示。

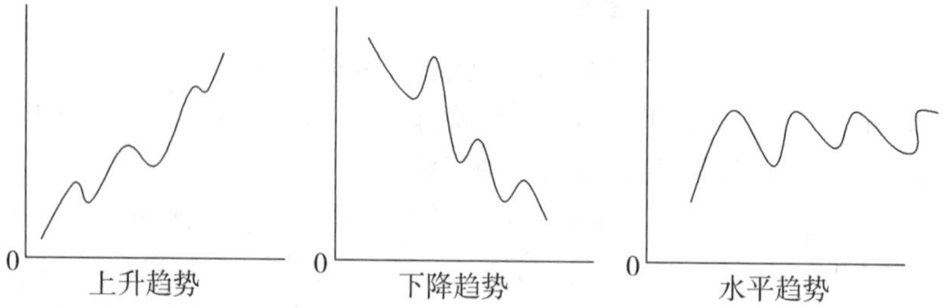

图13-6 三种趋势方向

（二）支撑线和压力线

趋势确认以后，就有了选择入市时机的问题。我们总是希望在涨势中途回落的低点买入，在跌势中途反弹的高点卖出。这个点怎么判断？支撑线和压力线会给人们一定的帮助。

1.支撑线和压力线的含义

支撑线（Support Line）又称抵抗线。当股价跌到某个价位附近时，股价停止下跌，甚至有可能还有回升，这是因为多方在此买入造成的。支撑线起阻止股价继续下跌的作用。这个阻止股价继续下跌的价格就是支撑线所在的位置。

压力线（Resistance Line）又称阻力线。当股价上涨到某价位附近时，股价会停止上涨，甚至回落，这是因为空方在此抛出造成的。压力线起阻止股价继续上升的作用。这个阻止股价继续上升的价位就是压力线所在的位置。

有些人往往会产生这样的误解，认为只有在下跌行情中才有支撑线，只有在上升行情中才有压力线。其实，在下跌行情中也有压力线，在上升行情中也有支撑线。但是由于在下跌行情中人们最注重的是跌到什么地方，这样关心支撑线就多一些；在上升行情中人们更注重涨到什么地方，所以关心压力线多一些。

2. 支撑线和压力线的作用

如前所述，支撑线和压力线的作用是阻止或暂时阻止股价朝一个方向继续运动。我们知道股价的变动是有趋势的，要维持这种趋势，保持原来的变动方向，就必须冲破阻止其继续向前的障碍。比如说，要维持下跌行情，就必须突破支撑线的阻力和干扰，创造出新的低点；要维持上升行情，就必须突破上升压力线的阻力和干扰，创造出新的高点。由此可见，支撑线和压力线有被突破的可能，它们不足以长久地阻止股价保持原来的变动方向，只不过是使它暂时停顿而已（如图 13-7 所示）。同时，支撑线和压力线又有彻底阻止股价按原方向变动的可能。当一个趋势终结了，它就不可能创出新的低价或新的高价，这时的支撑线和压力线就显得异常重要。

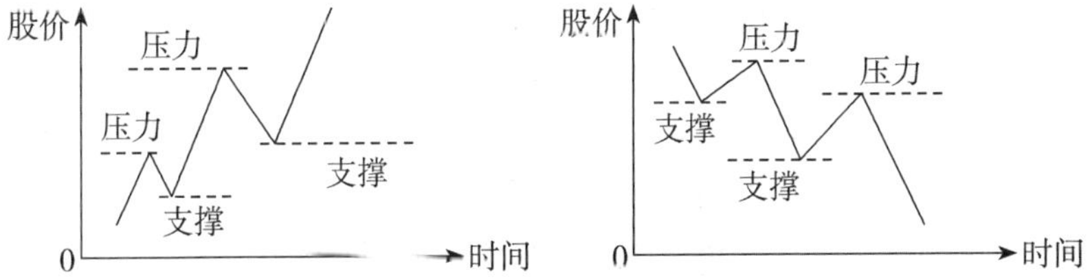

图 13-7　支撑线和压力线

在上升趋势中，如果下一次未创新高，即未突破压力线，这个上升趋势就已经处在很关键的位置了，如果往后的股价又向下突破了这个上升趋势的支撑线，这就产生了一个趋势有变的很强烈的警告信号。通常这意味着这一轮上升趋势已经结束，下一步的走向是下跌的过程。同理，下降趋势分析正好相反，如图 13-8 所示。

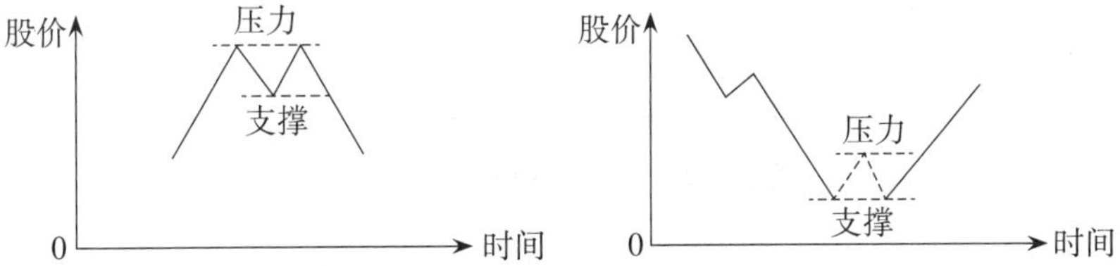

图 13-8　支撑线和压力线的突破

3. 支撑线和压力线的相互转化

支撑线和压力线之所以能起支撑和压力作用，很大程度上是基于心理因素方面的原因，两者的相互转化也是如此，这就是支撑线和压力线理论上的依据。

证券市场中主要有三种人：多头者、空头者和旁观者。旁观者又可分为持股的和持币的。假设股价在一个区域停留了一段时间后开始向上移动，在此区域买入股票的多头者肯定认为自己买对了，并对自己没有多买入些而感到后悔。在该区域卖出股票的空头者这时也认识到自己错了，他们希望股价再跌回他们卖出的区域，将他们原来卖出的股票补回来。而旁观者中的持股者的心情和多头相似，持币者的心情同空头相似。无论是这四种人中的哪一种，都有买入股票成为多头的愿望。

正是由于这四种人决定要在下一个买入的时机买入，所以股价稍一回落就会受到大家的关心，他们会或早或晚地进入股市买入股票，这就使股票价格根本还未下降到原来的位置，上述四个新的买进大军自然又会把价格推上去，使该区域成为支撑区。在该支撑区发生的交易越多，就说明很多的股票投资者在这个支撑区有切身利益，这个支撑区就越重要。

我们再假设股价在一个支撑位置获得支撑后，停留了一段时间开始向下移动，而不是像前面假设的那样是向上移动。对于上升，由于每次回落都有更多的买入，因而产生新的支撑；而对于下降，跌破了该支撑区域，情况就截然相反。在该支撑区买入的多头都意识到自己错了，而没有买入的或卖出的空头都意识到自己对了。买入股票的多头都有抛出股票逃离目前市场的想法，而卖空的空头则想进一步抛空，待股价下跌时伺机补回。一旦股价有些回升，尚未到达原来的支撑位，就会有一批股票抛压出来，再次将股价压低。这样，原来的支撑线就转化为压力线。

以上的分析过程对于压力线也同样适用，只不过结论正好相反。

这些分析的附带结果是支撑线和压力线地位的相互转化。如前所述，一条支撑线如果被跌破，那么这一支撑线将成为压力线；同理，一条压力线被突破，这个压力线将成为支撑线。这说明支撑线和压力线的地位不是一成不变的，而是可以互相转化的，条件是它被有效的、足够强大的股价变动突破，如图13-9所示。

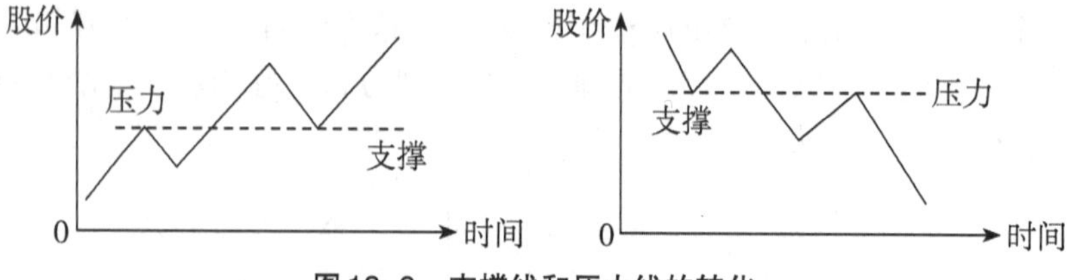

图13-9 支撑线和压力线的转化

4. 支撑线和压力线的确认和修正

如前所述，每一条支撑线和压力线的确认都是人为进行的，主要是根据股价变动所画出的图表，这里面有很大的人为因素。

一般来说，一条支撑线或压力线对当前影响的重要性有三个方面的考虑：一是股价在这个区域停留时间的长短；二是股价在这个区域伴随的成交量大小；三是这个支撑区域或压力区域发生的时间距离当前这个时期的远近。很显然，股价停留的时间越长，伴随的成交量越大，离现在越近，则这个支撑或压力区域对当前的影响就越大，反之就越小。

上述三个方面是确认一条支撑线或压力线的重要识别手段。有时，由于股价的变动，会发现原来确认的支撑线或压力线可能并不真正具有支撑或压力的作用，比如说，不完全符合上面所述的三个条件。这时，就有一个对支撑线和压力线进行调整的问题，这就是支撑线和压力线的修正。

对支撑线和压力线的修正过程其实是对现有各个支撑线和压力线的重要性的确认。每条支撑线和压力线在人们心目中的地位是不同的。股价到了这个区域，投资者心里清楚，它很有可能被突破，而到了另一个区域，投资者心里明白，它就不容易被突破。这为进行买卖提供了一些依据，不至于仅凭直觉进行买卖决策。

切线为我们提供了很多价格移动可能存在的支撑线和压力线，这些直线有很重要的作用。但是，支撑线、压力线有被突破的可能，它们的价位只是一种参考，不能把它们当成万能的工具。

（三）黄金分割线和百分比线

1.黄金分割线

黄金分割是一个古老的数学方法，源自弗波纳奇神奇数字，即大自然数字，0.6180339……是众所周知的黄金分割比率，反映了大自然的静态美与动态美，对它的各种神奇的作用和魔力，数学上至今还没有明确的解释，只是发现它屡屡在实际中发挥我们意想不到的作用。在股市行情分析实际操作中，人们主要依据0.618黄金分割率原理计算得出点位，这些点位在证券价格上涨行情或下跌行情中表现出较强的支撑和压力作用，是股市中最常见、最受欢迎的切线分析工具之一。

运用黄金分割线的第一步是记住若干个特殊的数字：

0.191，0.382，0.618，0.809

1.191，1.382，1.618，1.809

2.191，2.382，2.618，2.809

在这些数字中0.382、0.618、1.382、1.618最为重要，股票价格极为容易在这四个数字处产生支撑和压力。

第二步是找到一个基点。这个点是上升行情结束调头向下的最高点，或者是下降行情结束调头向上的最低点。当然，我们知道这里的高点和低点都是指一定的范围，是相对的和局部的。只要我们能够确认一个趋势（无论是上升还是下降）已经结束或暂时结束，则这个趋势的转折点就可以作为进行黄金分割的起点，这个点一经选定，我们就可以画出黄金分割线。

例如，用一个基点确定上升或下降行情。

在上升行情时，我们关心上涨到什么位置将遇到压力。黄金分割线提供的位置是基点价位乘上特殊数字。假设基点价格为10元，则：

$10.00=10\times1.000$

$13.82=10\times1.382$

$15=10\times1.500$

$16.18=10\times1.618$

$20.00=10\times2.000$

$26.18=10\times2.618$

这几个价位极有可能成为未来的压力位。其中16.18元和26.18元成为压力线的可能性最大。

同理，在下降行情时，我们关心下落将在什么位置获得支撑。黄金分割线提供的位置是由这次上涨的最高价位分别乘上特殊数字中的几个。假设基点是10元，则：

$8.09=10\times0.809$

$6.18=10\times0.618$

$5=10\times0.5$

$3.82=10\times0.382$

$1.91=10\times0.191$

这几个价位极有可能成为未来的支撑位，其中6.18元和3.82元成为支撑位的可能性最大。

在实际操作中需注意：黄金分割线中最重要的两条线为0.382、0.618。在反弹中0.382为弱势反弹位，0.618为强势反弹位；在回调中0.382为强势回调位，0.618为弱势回调位。

不过，黄金分割线没有考虑到时间变化对股价的影响，所揭示出来的支撑位与压力位较为固定，投资者不知道什么时候会到达支撑位与压力位。因此，如果指数或股价在顶部或底部横盘运行的时间过长，则其参考作用就要打一定的折扣。另外，如果股市处在活跃程度很高、股价上下波动较为剧烈的市场，这个方法容易出现错误。

2. 百分比线

百分比线考虑问题的出发点是人们的心理因素和一些整数的分界点。

当价格持续向上，涨到一定程度，肯定会遇到压力，遇到压力后，就要向下回撤，回撤的位置很重要。黄金分割提供了几个价位，百分比线也提供了几个价位。

以这次上涨开始的最低点和开始向下回撤的最高点两者之间的差，分别乘上几个特别的百分比数，就可以得到未来支撑位可能出现的位置。

设低点是10元，高点是22元。这些百分比数一共9个，它们是：1/8、1/4、3/8、1/2、5/8、3/4、7/8、1/3、2/3。按上面所述方法我们将得到如图13-10所示的

9个价位。

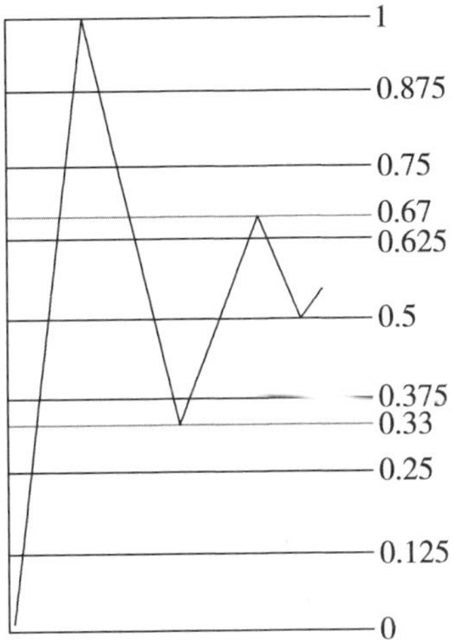

图13-10　百分比线

百分比线中，1/2、1/3、2/3这三条线最为重要，往往起到重要的支撑与压力作用。在很大程度上，回撤到1/2、1/3、2/3是人们的一种心理倾向。如果没有回落到1/2、1/3、2/3，就好像没有回落够似的；如果已经回落到了1/2、1/3、2/3，人们自然会认为回落的深度已经够了。

上面所列的9个特殊的数字都可以用百分比表示，1/8=12.5%，1/4=25%，3/8=37.5%，1/2=50%，5/8=62.5%，3/4=75%，7/8=87.5%，1/3=33.33%，2/3=66.67%。之所以用上面的分数表示，是为了突出整数的习惯。这9个数字中有些很接近，如1/3和3/8，2/3和5/8。在应用时，以1/3和2/3为主。

对于下降行情中的向上反弹，百分比线同样也适用。其方法与上升情况完全相同。

如果百分比数字取为61.8%、50%和38.2%，就得到另一种黄金分割线——两个点黄金分割线。在实践中，两个点黄金分割线使用得很频繁，差不多已经取代了百分比线，但它只是百分比线的一种特殊情况。

（四）甘氏线

甘氏线（Gann Line）分上升甘氏线和下降甘氏线两种，是由William D.Gann创立的一套独特的技术分析方法，是将百分比原理和几何角度原理结合起来的产物。甘氏线是从一个点出发，依一定的角度，向后画出的多条直线，所以又称角度线。甘氏线如图13-11所示。

图13-11中的每条直线都有一定的角度，这些角度的得到都与百分比线中的那些数字有关。每个角度的正切或余切分别等于百分比数中的某个分数（或者说是百分数）。

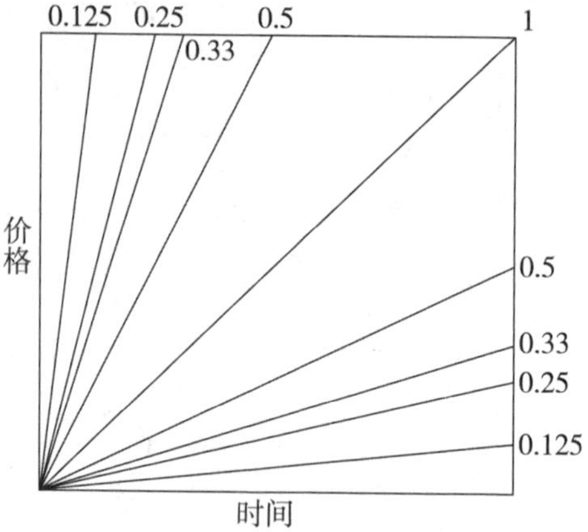

图13-11 甘氏线

甘氏线中的每条直线都有支撑和压力的功能，但这里面最重要的是45度线、63.75度线和26.25度线。这三条直线分别对应百分比线中的50%、62.5%和37.5%百分比线。其余的角度虽然在价格的波动中也能起一些支撑和压力作用，但重要性都不大，也都很容易被突破。

具体应用：

第一步：确定起始点，被选择的点同大多数切线的选点方法一样，一定是显著的高点和低点，如果刚被选中的点马上被创新的高点和低点取代，则甘氏线的选择也随之变更。第二步：确定起始点后，再找角度（即45度线），如果起始点是高点，则应画下降甘氏线；反之，如果起始点是低点，则应画上升甘氏线。这些线将在未来起支撑和压力作用。

四、形态理论

前面的K线理论已经告诉我们一些对今后股价运动方向行情判断的方法。只不过K线理论更注重短线的操作，它的预测结果只适用于很短的时期，有时仅仅是一两天。为了弥补这种不足，我们将K线按时间序列组成一条上下波动的曲线。这条曲线就是股价在一段时间移动的轨迹，这条曲线的上下波动实际上表明的仍然是多空双方进行争斗的结果。一个时期内，多方处于优势，力量增强，股价将向上移动；如果空方处于优势，则股价将向下移动；如果双方力量均衡，则股价横盘整理。可以用下面的表示方法具体描述股价移动的规律：

暂时平衡—打破平衡—新的平衡—再打破平衡—再寻找新的平衡……

股价的移动就是按这一规律循环往复、不断运行的。因此，股价的移动曲线的形态分成两大类型：反转突破形态（Reversal Patterns）和整理形态（Continuation Patterns）。

（一）反转突破形态

反转突破形态的出现表示股价运动将出现方向性转折，即由原来的上升行情转变为下跌行情，或由原来的下跌行情转变为上升行情。反转形态主要有双重顶和双重底、头肩顶和头肩底、三重顶和三重底、圆形顶和圆形底、V形等。

1.双重顶和双重底（Double Tops and Bottoms）形态

双重顶和双重底也称M头和W底，这种形态在实际中出现得非常频繁。图13-12是这种形态的简单形状。

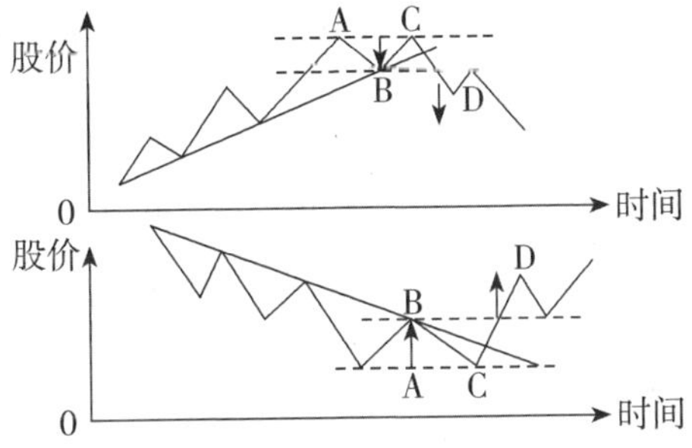

图13-12　双重顶和双重底

从图13-12中可以看出，双重顶（底）一共出现两个顶（底），也就是两个相同高度的高点和低点。下面以M头为例说明双重顶形成的过程。

在上升趋势过程的末期，股价在第一个高点A建立了新高点之后进行正常的回落，受上升趋势线的支撑，这次回落将在B点附近停止。之后就应继续上升，但是力量不够，上升高度不足，在C点（与A点几乎等高）遇到压力，股价向下，这样就形成A和C两个顶的形状。

M头形成以后，有两种可能的前途：一是未突破B点的支撑位置，股价在A、B、C三点形成的狭窄范围内上下波动，演变成后面要介绍的矩形。二是突破B点的支撑位置继续向下，这种情况才是双重顶反转突破形态的真正出现。前一种情况只能说是一个潜在的双重顶反转突破形态出现了。

以B点作平行于A、C连线的平行线（图13-12中的中间一条虚线），就得到一条非常重要的直线——颈线（Neck Line）。A、C连线是趋势线，颈线是与这条趋势线对应的轨道线，这些轨道线在这里起的是支撑作用。

一个真正的双重顶反转突破形态的出现，除了必要的两个相同高度的高点以外，还应该向下突破B点支撑。

突破颈线就是突破轨道线、突破支撑线，所以也有突破是否被认可的问题。前面介绍的有关支撑压力线被突破的确认原则在这里都适用，主要是百分比原则和时间原则。前者要求突破到一定的百分比数，后者要求突破后至少是两日。

双重顶反转突破形态一旦得到确认，就可以用它进行对后市的预测了。它的主要功能是测算功能，叙述如下：

从突破点算起，股价将至少要跌到与形态高度相等的距离。

所谓的形态高度，就是从A或C到B的垂直距离，亦即从顶点到颈线的垂直距离。图13-12中右边箭头所指的将是股价至少要跌到的位置，换句话说，股价必须在这条线之下才能找到像样的支撑，它之前的支撑都不足取。

以上是以双重顶为例，对于双重底，有完全相似或者说完全相同的结果，只要将对双重顶的介绍反过来叙述就可以了。比如，向下说成向上，高点说成低点，支撑说成压力。

2.头肩顶和头肩底形态

头肩顶和头肩底（Head and Shoulders Tops and Bottoms Pattern）是实际股价形态中出现最多的形态，是最著名和最可靠的反转突破形态。图13-13是这种形态的简单形式。

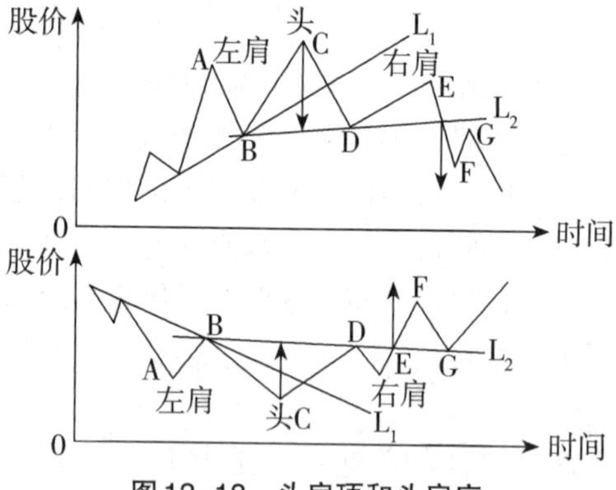

图13-13　头肩顶和头肩底

从图13-13中可以看出，这种形态一共出现三个顶和底，也就是要出现三个局部的高点和局部低点。中间的高点（低点）比另外两个都高（低），称为头，左右两个相对较低（高）的高点（低点）称为肩，这就是头肩形名称的由来。以下以头肩顶为例对头肩形进行介绍。

在上升趋势中，不断升高的各个局部的高点和低点保持着上升的趋势，然后在某一个地方，趋势的上涨势头将放慢。

图13-13中A点和B点还没有放慢的迹象，但在C点和D点已经有了势头受阻的信号，这说明这一轮上涨趋势可能已经出了问题。最后，股价走到了E点和F点，这时反转向下的趋势已势不可当。

在图13-13中的直线L_1和直线L_2是两条明显的支撑线。在C点到D点突破直线L_1说明上升趋势的势头已经遇到了阻力，E点和F点之间的突破则是趋势的转向。

另外E点的反弹高度没有超过C点，也是上升趋势出了问题的信号。

图中的直线L_2其实就是头肩顶形态中极为重要的直线——颈线。在头肩顶形态中，它是支撑线，起支撑作用。

头肩顶形态走到了E点并调头向下，只能说是原有的上升趋势已经转化成了横向延伸，还不能说已经反转向下了。只有当图形走到了F点，即股价向下突破了颈线，才能说头肩顶反转形态已经形成。

同大多数的突破一样，这里颈线的被突破也有一个是否被认可的问题。百分比原则和时间原则在这里都适用。

颈线被突破，反转确认之后，我们就知道股价下一步的大方向是下跌，而不是上涨或横盘。下跌的深度，可以借助头肩顶形态的测算功能进行。

从突破点算起，股价将至少要跌到与形态高度相等的距离。

形态高度的测算方法是这样的：量出从"头"到颈线的距离（图13-13中从C点向下的箭头长度），这个长度就是头肩顶形态的形态高度。上述原则是股价下落最起码的深度，是最近的目标，价格的实际下落的位置要根据很多别的因素来确定。上述原则只是给出了一个范围，只对我们有一定的指导作用。预计股价今后将跌到什么位置能止住或将要涨到什么位置而调头，永远是进行股票买卖的人最关心的问题，也是最不易回答的问题。对头肩底而言，除了在成交量方面与头肩顶有所区别外，其余可以说与头肩顶一样，只是方向正好相反。

值得注意的是，头肩顶形态完成后，向下突破颈线时，成交量不一定扩大，但日后继续下跌时，成交量会放大。头肩底向上突破颈线，若没有较大的成交量出现，可靠性将降低，或者会再跌回底部整理一段时间，积蓄买方力量才能上升。

3. 三重顶（底）形态

三重顶（底）形态（Triple Top and Bottom Patterns）是头肩形态的一种变体，它是由三个一样高或一样低的顶和底组成。其与头肩形的区别是头的价位回缩到与肩差不多相等的位置，有时甚至低于或高于肩部一点。从这个意义上讲，三重顶（底）与双重顶（底）也有相似的地方，前者比后者多涨落了一次。

图13-14是三重顶（底）的简单图形。三重顶（底）的颈线差不多是水平的，三个顶（底）也差不多是相等的高度。

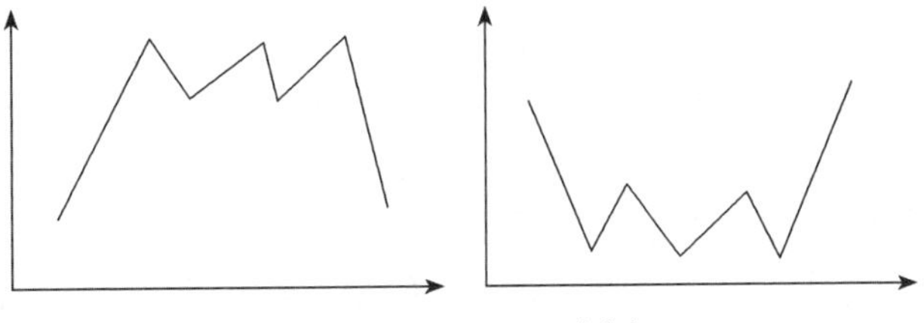

图13-14　三重顶（底）

应用和识别三重顶（底）主要是用识别头肩形的方法，可以直接应用头肩形的结论和应注意的事项。头肩形适用的规律三重顶（底）都适用，这是因为三重顶（底）从本质上说就是头肩形。有些文献甚至不把三重顶（底）单独看成一类形态，而直接将其纳入头肩形态。

与一般头肩形最大的区别是，三重顶（底）的颈线和顶部（底部）连线是水平的，这就使得三重顶（底）具有矩形的特征。比起头肩形来说，三重顶（底）更容易演变成持续形态，而不是反转形态。另外，如果三重顶（底）的三个顶（底）的高度依次从左到右是下降（上升）的，则三重顶（底）就演变成了直角三角形态。这些都是我们在应用三重顶（底）时应该注意的地方。

4.圆弧（圆形顶和圆形底）形态

圆弧形态（Rounding Top and Bottom Patterns）将股价在一段时间的顶部高点用折线连起来，每一个局部的高点都考虑到，我们有时可能得到一条类似于圆弧的弧线，盖在股价之上；将每个局部的低点连在一起也能得到一条弧线，托在股价之下（如图13-15所示）。

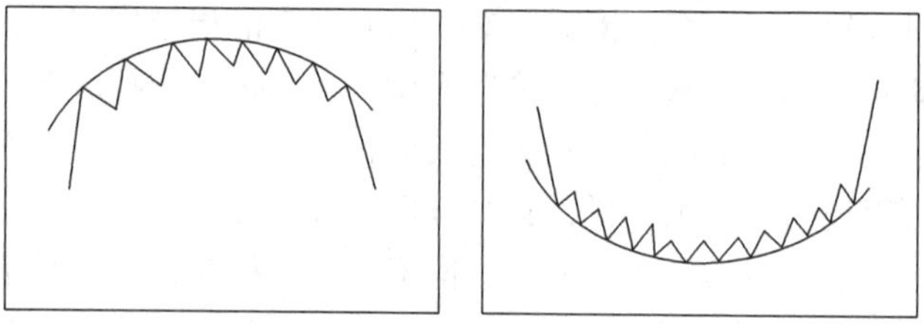

图13-15 圆弧顶（底）

圆弧形在实际中出现的机会较少，但是一旦出现，则是绝好的机会，它的反转深度和高度是不可测的，这一点同前面几种形态有一定区别。圆弧的形成过程与头肩形中的复合头肩形有相似的地方，只是圆弧形的各种顶或底没有明显的头肩的感觉。这些顶部和底部的位置都差不多，没有明显的主次区分。这种局面的形成在很大程度上是一些机构大户炒作的结果。这些人手里有足够的股票，如果一下抛出太多股价会下落太快，因此他们不能一下子全出手，只能一点一点地往外抛，形成众多的来回的拉锯，直到手中股票接近抛完时，才会大幅度打压，一举使股价跌到很低的位置。如果这些人手里持有足够的资金，一下子买得太多，股价上升得太快，也不利于今后的买入，也要逐渐地分批建仓，直到股价一点一点地来回拉锯，往上接近圆弧缘时，才会用少量的资金一举将股价提拉到一个很高的高度。因为这时股票大部分在机构大户手中，别人无法打压股价。

在识别圆弧形时，成交量也是很重要的。无论是圆弧顶还是圆弧底，在它们的形成过程中，成交量的过程都是两头多、中间少。越靠近顶或底，成交量越少，到达顶或底时成交量达到最少（圆弧底在达到底部时，成交量可能突然增大一下，之后恢复正常）。在突破后的一段，都有相当大的成交量。

圆弧形形成所花的时间越长，今后反转的力度就越强，越值得人们去相信这个圆弧形。一般来说，圆弧形形成所花的时间应该与一个头肩形形成的时间相当。

5.V形形态

V形是一种反转形态，它出现在市场进行剧烈的波动之中。它的顶或底只出现一次，这一点同其他反转形态有较大的区别，如图13-16所示。V形的反转一般事先没有明显的征兆，我们只能从别的分析方法中得到一些不明确的信号，如已经到了处于支撑、压力区域等。V形是一种失控的形态，在应用时要特别小心。

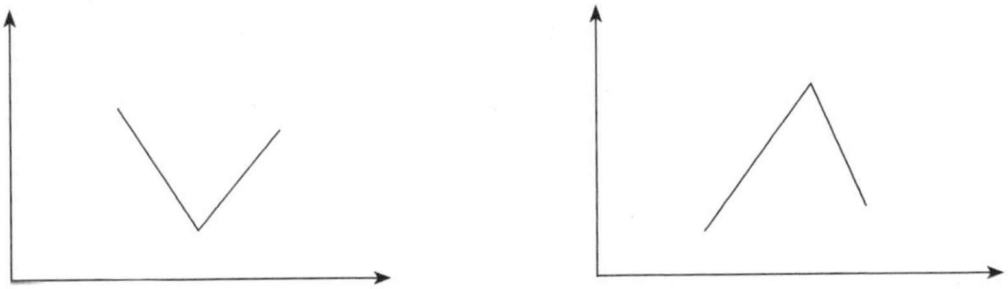

图13-16　V形顶和底

（二）整理形态

整理形态的出现表示股价原来趋势的继续，是市场仅仅在股价某一个水平做出必要的调整运动。调整完成后股价仍沿着原来的趋势继续运动而不是趋势的反转。整理形态主要有三角形、矩形、旗形和楔形等。

1.三角形

三角形属于持续整理形态的一类形态。三角形主要分为三种：对称三角形、上升三角形和下降三角形。

（1）对称三角形。对称三角形（Symmetrical Triangles Pattern）情况大多发生在一个大趋势进行的途中，它表示原有的趋势暂时处于休整阶段，之后还要随着原趋势的方向继续行动。由此可见，见到对称三角形后，股价今后走向最大的可能是沿原有的趋势运动。

图13-17是对称三角形的一个简化图形，这里的原有趋势是上升，所以，三角形态完成以后是突破向上。从图中可以看出，对称三角形有两条聚拢的直线，上面的向下倾斜，起压力作用；下面的向上倾斜，起支撑作用。两直线的交点称为顶点。另外，对称三角形要求至少应有四个转折点，图中的A、B、C、D、E都是转折点。至少有四个转折点的要求是必然的，因为每条直线的确定需要两个点，上下两条直线就至少要求有四个转折点。正如趋势线的确认要求第三点验证一样，对称三角形一般应有六个转折点，这样，上下两条直线的支撑压力作用才能得到验证。

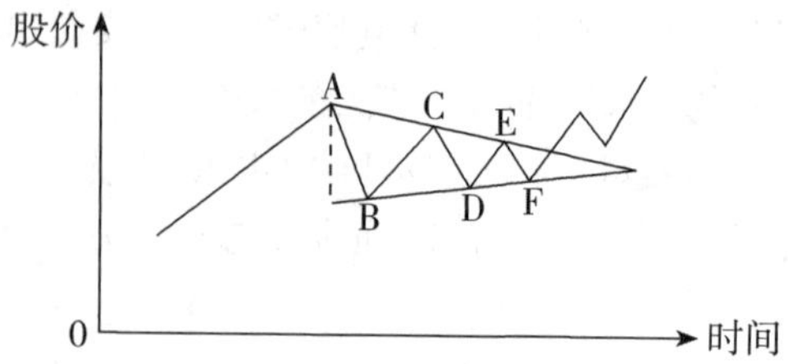

图 13-17 对称三角形

对称三角形只是原有趋势运动的途中休整阶段，所以持续的时间不应太长。持续时间太长了，保持原有趋势的能力就会下降。一般说来，突破上下两条直线的包围，继续沿原有既定的方向运动的时间要尽量早些，越靠近三角形的顶点，三角形的各种功能就越不明显，对我们进行买卖操作的指导意义就越不强。根据多年的经验，突破的位置一般应在三角形的横向宽度的1/2到3/4的某个点。三角形的横向宽度指的是图13-17中顶点到虚线的距离。

（2）上升三角形。上升三角形（Ascending Triangles Pattern）是对称三角形的变形体。对称三角形有上下两条直线，将上面的直线逐渐由向下倾斜变成水平方向就得到上升三角形。除了上面的直线是水平的以外，上升三角形同对称三角形在形状上没有什么差别。只不过上升三角形比起对称三角形来，有更强烈的上升意识。因为，在上升三角形中上面的压力线是水平的，始终都一样，没有变化，而下面的支撑线却是越撑越高。由此可见，多方比空方更为积极。通常以三角形的向上突破作为这个持续过程终止的标志。

如果股价原有的趋势是向上，则很显然，遇到上升三角形后，几乎可以肯定今后是向上突破。一方面要保持原有的趋势；另一方面形态本身就有向上的愿望。这两方面的因素使股价很难逆大方向而动。

如果原有的趋势是下降，则出现上升三角形后，前后股价的趋势判断会有些难度。一方要继续下降，保持原有的趋势；另一方要上涨，两方必然发生冲突。如果在下降趋势处于末期时（下降趋势持续了相当一段时间）出现上升三角形，还是以看涨为主，这样上升三角形就成了反转形态的底部。图13-18是上升三角形的简单图形表示。

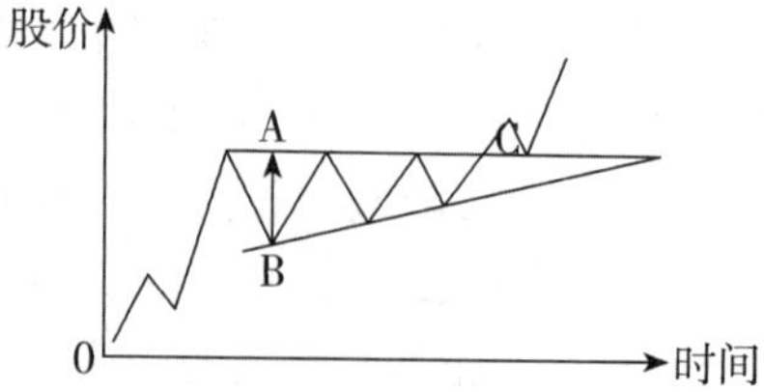

图 13-18 上升三角形

（3）下降三角形。下降三角形（Descending Triangles Pattern）同上升三角形正好反向，是看跌的形态。它的基本内容同上升三角形可以说完全相似，只是方向相反。从图 13-19 可以很清晰地看出下降三角形所包含的内容。

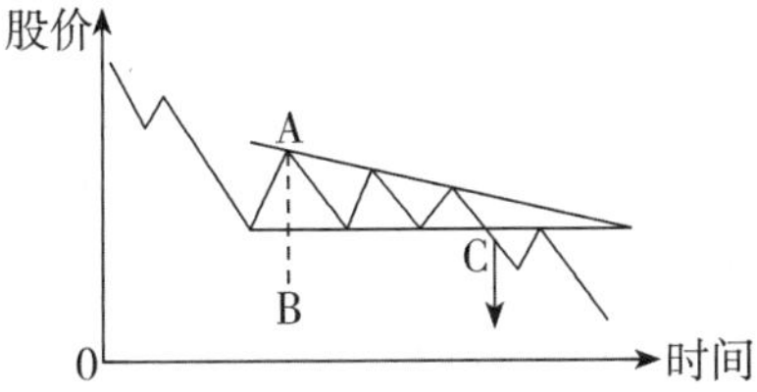

图 13-19　下降二角形

此外，三角形还有两种变体，即喇叭形与菱形，在实际中出现的次数不多。这两种形态的共同之处在于大多出现在顶部，而且两者都是看跌。受篇幅所限，这两种形态不做详细介绍。

2. 矩形

矩形又叫箱形，也是一种典型的整理形态。股票价格在两条横着的水平线之间上下波动，作横向延伸的运动。矩形在形成之初，多空双方全力投入，各不相让。空方在价格涨上去后，在某个位置就抛压，多方在股价下跌后到某个价位就买入。时间一长就形成两条明显的上下界线。随着时间的推移，双方的战斗热情会逐渐减弱，市场趋于平淡。

如果原来的趋势是上升，那么经过一段矩形整理后，会继续原来的趋势，多方会占优势并采取主动，使股价向上突破矩形的上界。如果原来是下降趋势，则空方会采取行动，突破矩形的下界。图 13-20 是矩形的简单图示。

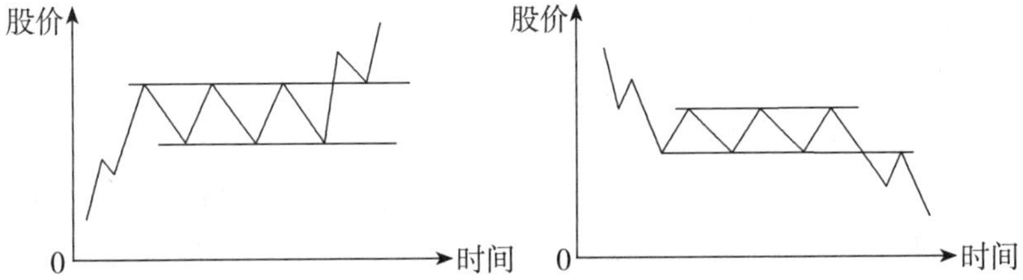

图 13-20　矩形

从图 13-20 中可以看出，矩形在其形成的过程中极可能演变成三重顶（底）形态，这是我们应该注意的。正是由于矩形的判断有这么一个容易出错的可能性，在面对矩形和三重顶（底）进行操作时，几乎一定要等到突破之后才能采取行动，因为这两个形态今后的走势方向完全相反：一个是持续整理形态，要维持原来的趋势；另一个是反转突破形态，要改变原来的趋势。

与别的大部分形态不同，矩形为我们提供了一些短线操作的机会。如果在矩形形成的早期能够预计到股价将进行矩形调整，那么，就可以在矩形的下界线附近买入，在矩形的上界线附近抛出，来回做几次短线的进出。如果矩形的上下界线相距较远，那么，这样短线的收益也是相当可观的。

3.旗形和楔形

旗形和楔形是两个最为著名的持续整理形态。在股票价格的曲线图上，这两种形态出现的频率最高，一段上升或下跌行情的中途，可能出现好几次这样的图形。它们都是一个趋势的中途休整过程，休整之后，还要保持原来的趋势方向。这两个形态的特殊之处在于，它们都有明确的形态方向，如向上或向下，并且形态方向与原有的趋势方向相反。例如，如果原有的趋势方向是上升，则这两种形态的形态方向就是下降。

（1）旗形。从几何学的角度看，旗形（Flags Formation）应该叫平行四边形，它的形状是一上倾或下倾的平行四边形，如图13–21所示。

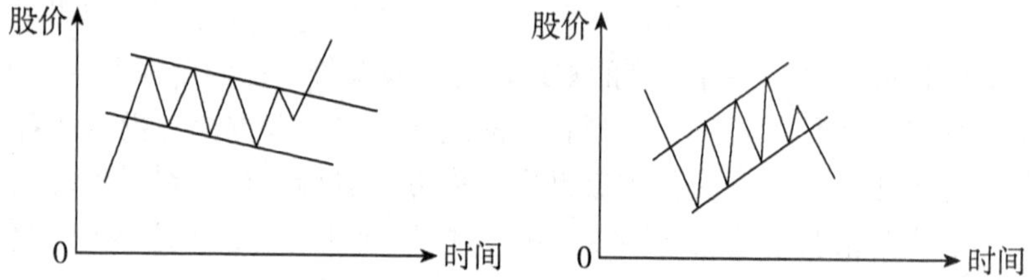

图13–21 旗形

旗形大多发生在市场极度活跃，股价的运动是剧烈的、近乎直线上升或下降的情况下。这种剧烈运动就是产生旗形的条件。由于上升或下降得过于迅速，市场必然会有所休整，旗形就是完成这一休整过程的主要形式之一。

旗形的上下两条平行线起着压力和支撑作用，这一点有些像轨道线。这两条平行线的某一条被突破是旗形完成的标志。

应用旗形时，有几点要注意：

第一，旗形出现之前，一般应有一个旗杆，这是由于价格做直线运动形成的。

第二，旗形持续的时间不能太长，时间一长，它的保持原来趋势的能力将下降。经验告诉我们，应该短于三周。

第三，旗形形成之前和被突破之后，成交量都很大。在旗形的形成过程中，成交量从左向右逐渐减少。

（2）楔形。如果将旗形中上倾或下倾的平行四边形变成上倾和下倾的三角形，就会得到楔形（Wedge Formation），如图13–22所示。

从图13–22中可以看出，三角形的上下两条边都是朝着同一个方向倾斜，这与前面介绍的三角形形态不同。

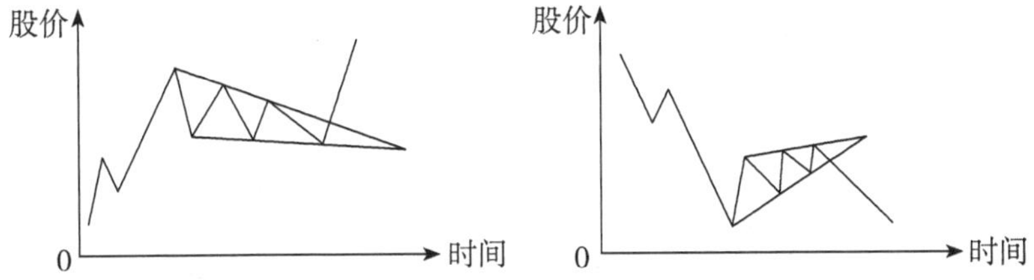

图13-22　楔形

同旗形和三角形一样，楔形有保持原有趋势方向的功能。股价运行趋势的途中会遇到这种形态。

与旗形和三角形不同的是，楔形偶尔也可能出现在顶部或底部而作为反转形态。这种情况一定是发生在一个趋势经过了很长时间且接近尾声的时候。我们可以借助很多别的技术分析方法，从时间上判断趋势是否可能接近尾声。尽管如此，当我们看到一个楔形后，首先还是把它当成中途的持续形态。

在形成楔形的过程中，成交量是逐渐减少的。楔形形成之前和突破之后，成交量都很大。

五、波浪理论

波浪理论全称是艾略特波浪理论，它是技术分析方法中最为神奇的方法，是以美国人艾略特（R.N.Elliott）的名字命名的一种价格趋势分析理论。该理论是依据大海的潮汐及波浪的变化规律，来描述和预测股票价格的波动规律及未来走势。波浪理论是股市分析理论中运用最多，而又最难了解和精通的方法。

（一）波浪理论的主要原理

波浪理论主要研究三方面问题：价格走势所形成的形态、价格走势图中各个高点和低点所处的相对位置、完成某个形态所经历的时间长短。其中，价格的形态是最重要的，它是波浪理论的基础。高点和低点所处的相对位置是波浪理论中波浪的开始和结束位置，它可以用黄金分割率加以推断。完成某个形态所处的时间可以预测某个大趋势的即将来临和结束，提示我们采取应变的措施。总之，这三个方面可以概括为：形态、比例和时间，其中，以形态最为重要。

（二）波浪理论的形态分析

波浪理论认为证券市场应该遵循一定的周期，周而复始、循环往复地向前发展。艾略特指出，股市的发展是依据一组特殊且不断重复的规律进行的，这组规律即是以5个上升浪和3个下跌浪作为一次循环交替推进，3个下跌浪可以理解为是对5个上升浪的调整。8浪结构的基本形态如图13-23所示。

0—1是第一浪，1—2是第二浪，2—3是第三浪，3—4是第四浪，4—5是第五浪。这5浪中，第一、第三和第五浪被称为上升主浪，而第二和第四浪被称为是对

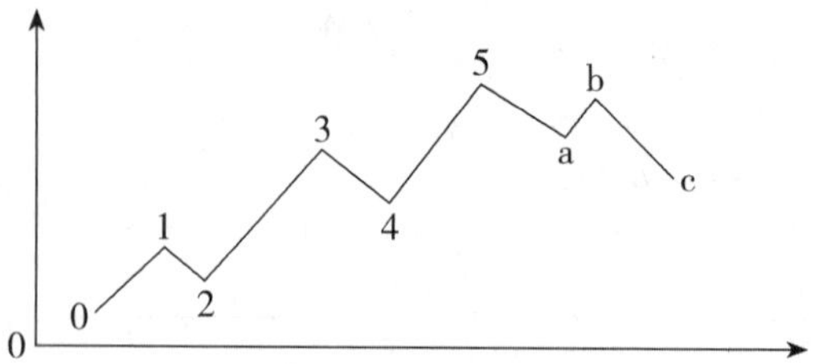

图13-23 8浪结构的基本形态

第一和第三浪的调整浪。上述5浪完成后，紧接着会出现一个3浪的向下调整，这3浪是：5—a为a浪，a—b为b浪，b—c为c浪。

考虑波浪理论必须弄清一个完整周期的规模的大小，因为趋势是有层次的，每个层次的不同取法，可能会导致我们在使用波浪理论时发生混乱。但是，我们要记住，无论我们所研究的趋势是何种规模，是原始主要趋势还是日常小趋势，8浪的基本形态结构是不会变化的。

在图13-23中，从0到5我们可以认为是一个大的上升趋势，而从5到c我们可以认为是一个大的下降趋势。如果我们认为这是2浪的话，那么c之后一定还会有上升的过程，只不过可能要等很长时间。这里的2浪只不过是一个大的8浪结构中的一部分。

（三）波浪的合并与波浪的细分

波浪理论考虑股价形态的跨度是可以随意而不受限制的。大到可以覆盖从有股票以来的全部时间跨度，小到可以只涉及数小时、数分钟的股价走势。正是由于上述时间跨度的不同，在数8浪时，必然会涉及将一个大浪分成很多小浪和将很多小浪合并成一个大浪的问题，这就是每一个浪所处的层次的问题。处于层次较低的几个浪可以合并成一个层次较高的大浪，而处于层次较高的一个浪又可以细分成几个层次较低的小浪。层次的高低和大浪、小浪的地位是相对的。对比其他层次高的浪，它是小浪，而对层次比它低的浪来说，它又是大浪。下面我们以牛市为例，说明波浪合并与细分的原则，如图13-24所示。

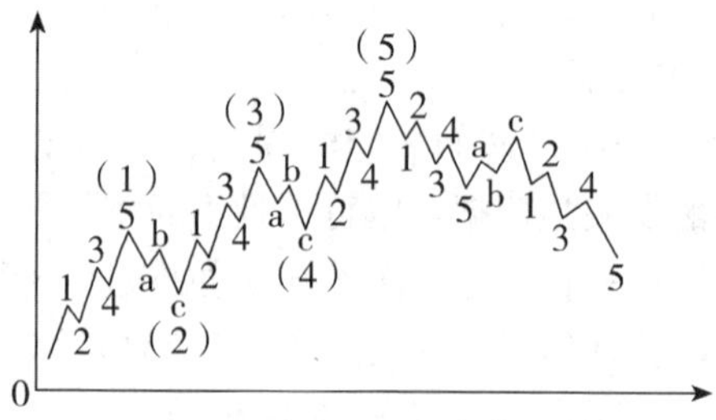

图13-24 波浪的合并与细分

从图13-24中可以看出，规模最大的是2浪，从起点到顶点是第一大浪，从顶点到末点是第二大浪，它是第一大浪的调整浪。第一大浪和第二大浪又可以细分成5浪和3浪，共8浪。第一大浪可以分成（1）、（2）、（3）、（4）、（5）共5浪，而第二大浪可以分成3浪，这8浪是规模处于第二大的大浪。

第二层次的浪又可以细分成下一层次的小浪，这就是图中的各个1、2、3、4、5以及a、b、c。数一下可知这样的小浪一共有34个。

将波浪细分时，会遇到这样的问题，是将一个较大的浪分成5个较小的浪，还是分成3个较小的浪呢？这个问题要看这个较大的浪是在上升还是在下降，同时还要看比这个较大的浪高一层次的波浪是上升还是下降。以上两个因素决定这个较大的浪应细分成3浪还是5浪。

（四）波浪理论的应用及应注意的问题

我们知道了一个大的周期的运行全过程，就可以很方便地对大势进行预测。首先，我们要明确当前所处的位置，只要明确了目前的位置，按波浪理论所指明的各种浪的数目就可以很方便地知道下一步该做什么。

要弄清楚目前的位置，最重要的是认真准确地识别3浪结构和5浪结构。这两种结构具有不同的预测作用。一组趋势向上（或向下）的5浪结构，通常是更高层次的波浪的1浪，中途若遇调整，我们就知道这一调整肯定不会以5浪的结构而只会以3浪的结构进行。

如果我们发现了一个5浪结构，而且目前处在这个5浪结构的末尾，我们就清楚地知道，一个3浪的回头调整浪即将出现。如果这一个5浪结构同时又是更上一层次波浪的末尾，则我们就知道一个更深的、更大规模的3浪结构将会出现。上升5浪、下降3浪的原理也可以用到熊市中，这时结论变成下降5浪、上升3浪。

从表面上看，波浪理论会给我们带来利益，但是从波浪理论自身的构造上我们会发现它众多的不足。

首先，波浪理论从理论上讲是8浪结构完成一个完整的过程，但是，主浪的变形和调整浪的变形会产生复杂多变的形态，波浪所处的层次又会产生大浪套小浪、浪中有浪的多层次形态，这些都会使应用者在具体数浪时发生偏差。浪的层次的确定和浪的起始点的确认是应用波浪理论的两大难点。

其次，面对同一个形态，不同的人会有不同的数浪法，而不同的数浪法产生的结果可能相差很大，且波浪理论只考虑了价格形态上的因素，而忽视了成交量方面的影响，这给人为制造形态提供了机会。正如在形态学中有假突破一样，波浪理论中也可能造成一些形态让人上当。当然，这个不足是很多技术分析方法都存在的。

第三节　技术分析指标

一、移动平均线——短线及中线指标

移动平均线（Move Averagely Line）法也是分析证券市场变化趋势的一种常用方法，它是人们为了克服道氏理论所存在的缺点而创建的证券市场长期趋势分析方法。

1.移动平均线的基本含义

移动平均线（MA）就是利用统计学上的“移动平均”计算方法，将过去一定时间周期内的股价指数收盘价每日往后移动一个股价指数进行移动平均运算，求出一系列移动平均值，并将其按时间序列绘制而成的一条曲线。天数就是MA的参数。MA的参数一般取5日、10日、20日、60日、120日、250日。

移动平均线的计算公式：$MA=(C1+C2+\cdots+Cn)/n$

式中，Cn为某个每日收盘指数，n为计算参数（天数）。

移动平均线的作用在于取得一段时期的平均股价的移动趋势，以避免人为的股价操纵，且通过移动平均线可以知道目前股价的平均成本。移动平均线所取的参数越大，其移动趋势越缓慢，线条越平滑，但较能反映真实的股价变动。一般情况下，移动平均线有两大作用：助涨作用和助跌作用。

（1）助涨作用。当某日某只股票的股价位于某条平均线之上，说明在此时买入股票的成本比前几日买入股票的平均成本要高。而当大盘指数出现这种情况时，往往说明当前的市场状态是买方的力量占优势地位，市场的人气较为旺盛，买盘力量偏大。因而，若此时移动平均线保持上行状态，则对股价产生一种不断上推的作用。这种作用即称移动平均线对股价的助涨作用。

（2）助跌作用。当某日某只股票价格处于某条移动平均线之下，说明在此时买入股票的成本要比前几日买入股票的平均成本低。而当大盘指数出现这种情况时，往往说明当前的市场状态是卖方的力量占优势地位，抛盘加重，买方力量支持不住，才使股价跌到移动平均线的下方，股价将呈现出下跌态势。而股价的下落，又进一步带动移动平均线的下降，移动平均线的下降又使市场买方的人气涣散，股价继续下跌。这种作用即称移动平均线对股价的助跌作用。

MA参数取值可以有很多种，取值不同可以得到不同的均线，如5日均线又称周线、10日均线又称半月线、20日均线又称月线、60日均线又称季线、120日均线又称半年线、250日均线又称年线。期限越短，敏感性越强。在股价变动剧烈的股市中，宜选择短期移动平均线。

2.证券买卖时机的选择

利用移动平均线与股价的变化可以决定买卖时机，西方的证券投资专家葛南维尔（Joseph Granvile）曾根据股价线与移动平均线之间的关系，给出了买卖证券的八大法则。图13-25即为葛南维尔利用200天移动平均线揭示的四大买入信号及四大卖出信号。

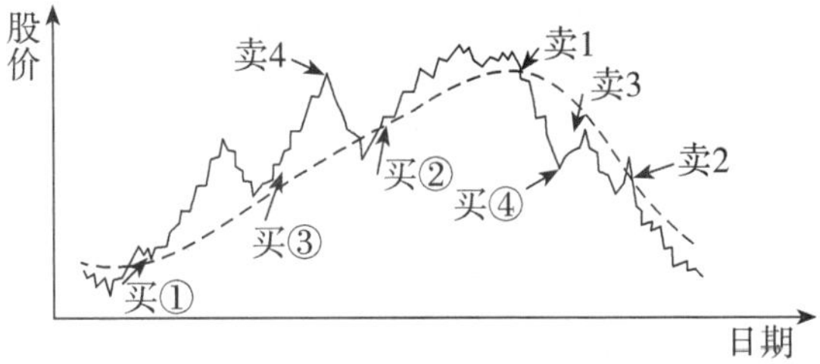

图13-25　葛南维尔的四大买入信号和四大卖出信号

（1）四大买入信号：

买入信号1：当移动平均线走势由下降逐渐转平或回升，股价从平均线的下方向上升穿平均线时，为买入信号。

买入信号2：股价连续上升后因获利回吐导致一时跌破平均线，但平均线在短期内仍继续上升，而股价回跌幅度不大，并马上恢复再次向上升穿平均线时，为买入信号。

买入信号3：股价连续上升远离平均线后出现大涨小回的突然下跌，但未跌破平均线又再度上升，仍可视为买入信号。

买入信号4：股价跌破平均线后，突然连连暴跌，远离平均线，属于超卖现象。当股价向平均线方向回升时，是短线技术反弹的有利买进时机。

（2）四大卖出信号：

卖出信号1：当平均线走势由上升逐渐走平转弯下跌，而股价从平均线上方向下跌破平均线时，为重要卖出信号。

卖出信号2：股价虽向上突破平均线，但又立即跌到平均线之下，而这时平均线仍在继续向下，为卖出信号。

卖出信号3：股价跌落于平均线以下，然后向平均线弹升，但未升穿平均线即又告回落，为卖出信号。

卖出信号4：股价升穿平均线后，在平均线上方急速上升，距平均线越来越远，且上涨幅度相当可观，属于超买现象，随时会因获利回吐产生卖压，为卖出信号。

应用以上法则时，采用不同天数的移动平均线则会发出不同的买入、卖出信号。葛南维尔的本意是用股价和200日移动平均线的相互关系来判断信号，但结合我国沪、深股市的实际，移动平均线的天数太长，则买卖信号的出现过于迟缓，并不适用。

3.线的组合分析

在实际使用中常用多条移动平均线的组合来进行股市分析，不同的组合有不同的预测功能。一般而言，5～10天的移动平均线反映短期趋势；30～60天的移动平均线反映中期趋势；100～200天的移动平均线反映长期趋势。通过将各种移动平均线加以适当组合，我们可以较客观地判断出市场趋势。

股价持续下跌后，探底、回升，对此短期线反应较为敏感。中期线表现为下降趋于缓慢，不久转为上升。若股价持续上升，长期线会随之趋于缓慢上升。因此各种移动平均线呈交错的局面。首先，短期线升过中期线，又升过长期线。如果股价仍继续上升，中期线也会升过长期线。这种中期线升过长期线，从而确认市场大势上升的情形，称为黄金交叉。黄金交叉之后，三条平均线从上至下依次是短期线、中期线、长期线，均处于持续上升态势，通常表示市场进入牛市。

股价上升缓慢并且在高价位上下徘徊时，短期线的上升会明显趋缓；随着股价下跌，短期线也开始下跌，接着对中期线、长期线产生影响，直至中期线跌至长期线之下。这时的两线交叉意味着上升市场的终结，故称其为死亡交叉。在死亡交叉之后，从下至上平均线的位置依次是短期线、中期线、长期线，通常表示熊市到来。

移动平均线在实际应用中的不足之处是出现买卖信号延迟，因此，在证券投资分析中不宜单独使用移动平均线来确定买卖信号，一般用移动平均线作长期趋势分析。黄金交叉与死亡交叉如图13-26所示。

图13-26 黄金交叉与死亡交叉

二、平滑异同移动平均线——中长线指标

平滑异同移动平均线（Moving Average Convergence and Divergence）指标的英

文缩写为MACD。该指标为G.阿普尔（Gerald Appel）于1979年首创。

（一）设计原理

我们介绍移动平均线时曾指出两条均线的偏离和交叉可以产生买卖信号，行情的演化总要经历快的移动平均线先穿过慢的移动平均线，然后两者之间的差距越来越大，到达某一点后快线开始回头，之后快慢线之间的距离又逐渐缩小，最后再次发生交叉，前后两次交叉产生两个相反的交易信号（即如前一交叉为买入信号，则后一交叉为卖出信号；反之亦然）。如果我们用一个指标来表示快慢移动平均线之间的离差值并且用柱状图表示，则该指标将围绕0轴上下不断地震荡，形成一个不规则的类似波谱的图形。这种离差值就是最初始的MACD。用公式表示为：

$$MACD=M_{快}-M_{慢}$$

式中：$M_{快}$为快速移动平均线，即较短时间的移动平均线；$M_{慢}$为慢速移动平均线，即较长时间的移动平均线。

实战中，一些技术分析人士就是如此使用MACD。但是，简单地利用移动平均线，有时会遇到均线交叉过于频繁的困境，尤其是在市场趋势不明朗时。因此，阿普尔认为可以对移动平均线作平滑处理，以过滤掉一些较小的波动所产生的扰动影响。所谓平滑处理，实质上是加权处理。我们通常所说的移动平均线皆为简单算术平均线。实际上，在构造平均线时也可以采用加权平均线。因此，移动平均线在作平滑处理后，本质上仍属移动平均线范畴。通常的平滑处理如下：

EMA=当日收盘价×&+前一日的EMA×（1-&）

式中：EMA为平滑值；&为平滑因子，在设计上&=2÷（N+1）（N为天数，通常取值12、26）。

从上式中我们可以看出，快线和慢线的平滑因子值是不一样的。例如，12日平滑移动平均线的平滑因子为2÷（12+1）=0.1538，26日平滑移动平均线的平滑因子为2÷（26+1）=0.0741。也就是说，当日收盘价在快线中所占的权重要比在慢线中大。在作平滑处理后，线的离差值可以表示如下；

DIF=12日EMA-26日EMA

式中：DIF为离差值；12日EMA是时间参数为12天的当日平滑值，即快的平滑移动平均线；26日EMA是时间参数为26天的当日平滑值，即慢的平滑移动平均线。

同移动平均线原理一样，单独的DIF也能进行行情预测，但为了使信号更可靠，依据“交错分析法”，阿普尔再展绝技，对DIF再次进行平滑，这一新的平滑值通常被称为MACD值（有的也称为DEA值）。

MACD=当日的DIF×B+前一日的DIF×（1-B）

式中：B为平滑因子，在设计上B=2/（m+1），m为平滑天数，通常取值为9。

上式是MACD的指标设计中最主要的创新。但将DIF的平滑值称为MACD，极容易让一般投资者尤其是新手产生误解或混淆，以为MACD指标就是DIF的平滑值。实际上，MACD包括两项指标，其一是DIF，其二是DIF的平滑值（也被称为MACD）。以上是MACD简明的设计原理。

将每日的DIF与DEA值分别绘在坐标轴上，就得出两条线，即MACD值，如图13-27所示。

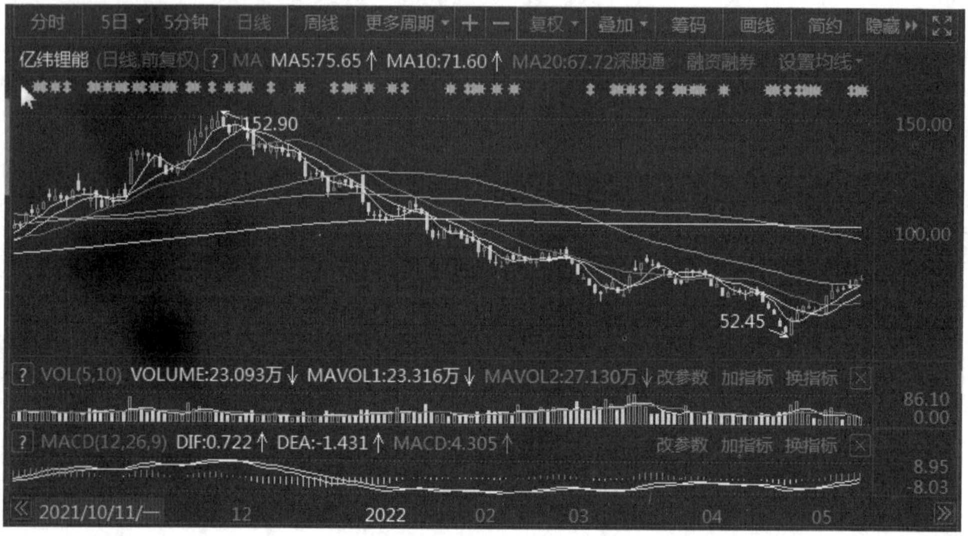

图13-27 MACD值

此外，在分析软件上还有一个指标BAR，BAR=（DIF线-MACD线）×2，为垂直的红绿柱状线。

（二）应用法则

1.当DIF线向上突破MACD平滑线，即为涨势确认之点，也就是买入信号；反之，当DIF线向下跌破MACD平滑线，即为跌势确认之点，也就是卖出信号。

2.一般而言，在持续的涨势中，12日EMA在26日EMA之上，其间的正差离值（+DIF）会越来越大。反之，在跌势中，差离值可能变负（-DIF），负差离值也越来越大。所以，当行情开始反转时，正或负差离值将会缩小。

3.分析MACD柱状线，由红变绿（正变负），为卖出信号；由绿变红，则为买入信号。当直线棒开始由大变小，即为卖出信号，当直线棒由最小（负数的最大）开始变大，即为买进信号。因此我们可依据直线棒研判短期的反转点。

4.0轴以下为空头行情，0轴以上为多头行情。

MACD的缺点同MA一样，在股市没有明显趋势而进入盘整时，失误的时候极多。另外，对未来股价的上升和下降的深度不能提供有帮助的建议。

三、相对强弱指数——多空力量的强弱指标

相对强弱指数（Relative Strength Index）简称RSI，是目前流行最广、使用最多的技术指标之一，它是由美国技术分析大师威尔德（J.Welles Wilder）在1978年提出的。RSI可应用于股票、期货和外汇等市场。

（一）相对强弱指数的基本含义

相对强弱指数即股市收盘指数（个股收盘股价）的相对升降幅度。它反映一段时间内，在股市中买方力量与卖方力量的相对强弱程度及买卖双方力量对比的变化情况，并以此为据来分析股价未来的走势。此方法运用简单，效果良好，成功率高，甚至有"RSI必胜"之说。

RSI的计算方法，是采用某一时期（N天）内收盘指数每天的涨跌大小，来反映这一时期内多空力量的强弱对比。RSI将N日内每日收盘指数涨势（即当日收盘指数高于前日收盘指数）的总和作为买方总力量，而N日内每日收盘指数的跌势（即当日收盘指数低于前日收盘指数）的总和作为卖方总力量。其计算公式为：

$$RSI(N)=\frac{A}{A+B}\times 100\%$$

式中：A为N日内股市收盘指数（个股收盘股价）升幅累计值；B为N日内股市收盘指数（个股收盘股价）跌幅累计值。

RSI（N）有两个极限值：一个是N日内股价全部下降，无一日上升，则上式的分子为0，RSI（N）也等于0；另一个是N日内股价全部上升，无一日下降，则分子、分母相等，RSI（N）等于100。这两种情况较少出现，通常情况下RSI（N）在0~100的范围内变化。

RSI选用的天数N可取6天、12天、24天等，天数越少曲线变化越频繁，天数越多则曲线变化相对越平稳。

将每日计算出的RSI值连接起来就得到RSI曲线，如图13-28所示。

（二）应用法则

1.强弱指标的值在0～100之间。RSI取值超过50，表明市场进入强势；RSI低于50，表明市场处于弱市；RSI高于80，表明市场超买严重；RSI低于20，表明市场超卖严重。

2.交叉信号：短期的RSI在20以下的水平，由下往上交叉长期的RSI时，为买进信号。短期的RSI在80以上的水平，由上往下交叉长期的RSI时，为卖出信号。

3.盘整时，RSI一底比一底高，多头势强，后市可能续涨，应买进；反之，是卖出信号。股价尚在盘整阶段，而RSI已整理完成，股价将随之突破。

图13-28 RSI曲线

4.背驰信号：从RSI与股价的背离方面判断行情。

（1）RSI处于高位，并形成一峰比一峰低的两个峰，而此时，股价却对应的是一峰比一峰高，这叫顶背离信号。股价这一涨是最后的衰竭动作，这是比较强烈的卖出信号。

（2）RSI在低位形成两个依次上升的谷底，而股价还在下降，这为底背离信号，股价是最后一跌或者说是接近最后一跌，是可以开始建仓的信号。

在RSI出现"顶背驰"和"底背驰"时，虽然RSI可小于80或大于20，也应视为重要的卖出或买入信号，此点请注意。

5.RSI在40～60之间的交叉信号尽量不用，骗线的可能性较大。

四、随机指数——反映价格走势的强弱和超买、超卖现象的指标

随机指数（%K、%D）亦称KDJ指标，与相对强弱指数的分析方法类似，常用来做短期的市场超买、超卖判断，并且以与股价走势的"背驰"现象作为重要的转势信号。

（一）随机指数的基本含义

随机指数（Stochastics）是研究判断股市中收盘价、最高价、最低价的波动及相互关系的一种指数，由美国技术分析大师乔治·兰（George Lane）创立。一般认为，在股市上升行情中，收盘价偏于高位；而在股市下跌行情中，收盘价则偏于低位。因此，可用收盘价与最高价和最低价之间的相互关系来判断股价走势。一般在股市上升行情中，%K线、%D线向上；而在股市下跌行情中，%K线、%D线则向下。

随机指数的计算方法：

1.在产生KDJ以前，先计算产生未成熟随机值RSV（Row Stochastic Value）。

$$RSV（N）=\frac{\frac{第N日股市收盘指数}{个股收盘股价}-\frac{N日内股市最低指数}{个股最低股价}}{\frac{N日内股市最高指数}{个股最高股价}-\frac{N日内股市最低指数}{个股最低股价}}\times 100$$

RSV（N）的极限值：当第N日的收盘价等于N日内的最高价时，分子、分母相等，RSV（N）等于100；反之，当第N日的收盘价等于N日内的最低价时，分子为0，则RSV（N）等于0。通常RSV（N）在0～100的范围内变化。N一般可取6日或9日。

2.计算%K及%D。

对RSV进行指数平滑，就得到如下K值：

当日%K=（2×前一日%K+当日RSV）÷3

对K值进行指数平滑，就得到D值：

%D=（2×前一日%D+当日%K）÷3

开始计算时，式中前一日%K及前一日%D的初始值均可取50。

%J=3×当日%D−2×当日%K

式中：3为平滑因子，可以改变成别的数字。

将计算出来的每日%K、%D、%J值连成平滑曲线即得到随机指数线，如图13-29所示。

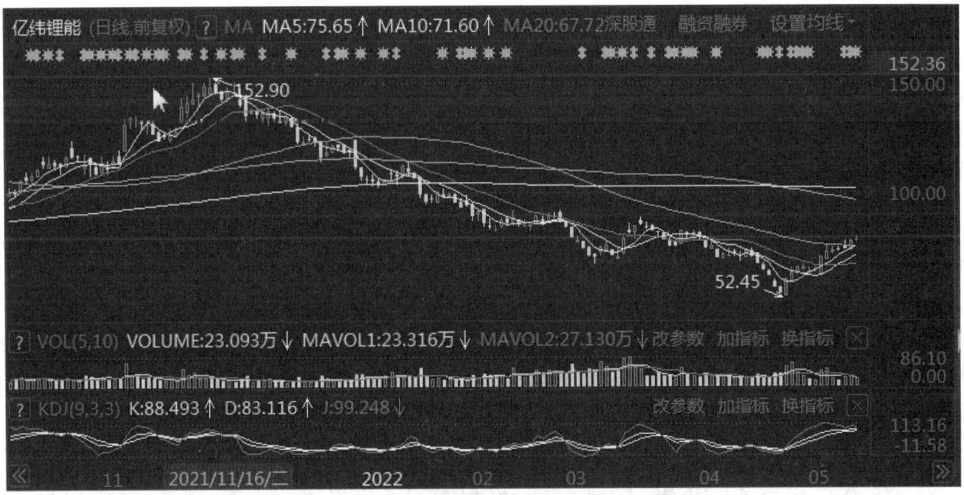

图13-29　KDJ曲线

（二）应用法则

1.超买、超卖区域的判断——K值在80以上，D值在70以上为超买的一般标准。K值在20以下，D值在30以下，即为超卖的一般标准。

2. 背离判断——当股价走势一峰比一峰高时，随机指数的曲线一峰比一峰低，或股价走势一底比一底低时，随机指数曲线一底比一底高，这种现象被称为背离，随机指数与股价走势产生背离时，一般为转势的信号，表明中期或短期走势已到顶或见底，此时应选择正确的买卖时机。

3.K线与D线交叉突破判断——K值大于D值时，表明当前是一种向上涨升的趋势，因此K线从下向上突破D线时，是买进的信号；反之，当D值大于K值，表明当前的趋势向下跌落，因而K线从上向下跌破D线时，是卖出信号。

K线与D线的交叉突破，在80以上或20以下较为准确。

4. 因随机指数具有随机概念，所以比相对强弱指数更为敏感，可用来进行短线操作。如与相对强弱指数和背离率配合使用，则更为可靠。

除以上介绍的技术分析方法和指标外，还有众多的方法与指标，本书在此就不一一介绍了。

第四节　中国证券交易所实时行情技术分析指标

前面几节介绍的技术指标大多是以交易日为单位，不适用于日内即时交易行情的判断。在此节我们将介绍我国证券市场中如钱龙、分析家等行情分析软件所普遍使用的一些衡量实时买卖双方力量的技术指标及术语，这些指标及术语对投资者分析日内实时行情走势具有一定的使用价值。

我国证券市场个股分时行情走势图参见图13-30。

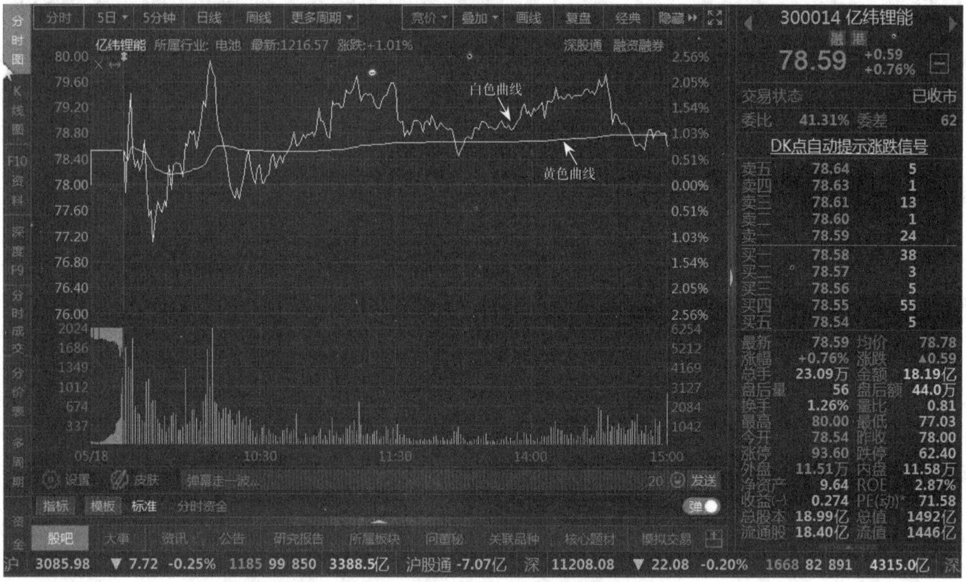

图13-30　个股分时走势图

如图13-30所示，个股分时走势图中有两根曲线，一根白色曲线、一根黄色曲线。那根白色波动频繁的线是分时价位线，表示该只股票的分时成交价格。那根黄色曲线表示均价即个股均价线。

在图的右侧还有一些常见指标

1.均价

均价即个股均价线，是现在这个时刻买卖股票的每股平均价格。其公式为：

$$均价=\frac{\sum(分时成交的量\times成交价)}{总成交股数}$$

均价线的原理与移动平均线的原理是一样的，只是均价线反映的是当天投资者的平均持股成本，只有一条线，而移动平均线有任意多条，反映的是一段时间内投资者的平均持股成本。投资者可以运用均价线来判断当天多空力量的对比。例如，K线虽然收阳，而股价却不能企稳于当天的均价线之上，说明市场抛压较重，上行行情难以持续。另外投资者可以有效识破主力的骗线行为，主力能够在尾市大幅拉高或刻意打压股价，通过改变收盘价来改变原来的K线形态或技术指标，但一般难以使当天均价线出现大幅变化。收盘时的均价客观地反映了全天的股价重心，尾市的波动对其影响较小。

一般来说，若股价一直在均价线之下运行，说明市场抛压沉重，后市看跌。有时日K线虽然收阳，但均价线却以平缓的角度向下倾斜，说明当天重心下移，短期上行阻力重，这是明显的冲高乏力的表现。若股价始终在均价线之上运行，说明当天投资者愿以更高的价格买入该股，处于强势，可重点关注。

应用均价线时，需注意与日线指标以及中线指标相对照，若日线指标和中线指标同时向多，均价线亦处于强势，即产生共振现象，此时买入风险较低，从日线图上看刚刚脱离底部的个股，中线买入安全性较高。

2.委比

委比是衡量某一时段买卖盘相对强度的指标。其计算公式为：

$$委比=\frac{委买手数-委卖手数}{委买手数+委卖手数}$$

我国证券交易所电脑主机将所有的委托买卖申请，按照价格优先原则自动从低往高排列，并实行五级委托买卖盘显示，也就是说，对于买方和卖方的报价分别显示五个价位以及各自的买卖数量，委买手数为当前个股委托买入下五档的总数量；委卖手数为当前个股委托卖出上五档的总数量。不难看出，委比值的变化范围为-100%~+100%，当委比值为-100%时，表示只有卖盘而没有买盘，说明市场的抛盘非常大；当委比值为+100%时，表示只有买盘而没有卖盘，说明市场的买盘非常有力；当委比值为负时，卖盘比买盘大；而委比值为正时，说明买盘比卖盘大。

一般情况下，委比只能说明在这一时刻，这只股票买卖的强度对比。所以，经常出现某只股票涨势不错，而委比却显示空方力量比较强的情况，此时就需要对这只股票进行连续观察。如果是在高位卖盘涌现，则有可能是主力拉高出货，投资者需要谨慎操作，不妨逢高减磅，适当降低风险；如果只是在较低位置或者在震荡整理时出现，则有可能是做多不坚决或者是割肉出局，投资者可以不必理会，应该坚决持有股票。

3.委差

委差也是衡量某一时段买卖盘相对强度的指标，其公式为：

委差=委买手数-委卖手数

其意义同委比。

4.现手

现手是现在交易所电脑主机最近时刻撮合成交的手数，单位手1手为100股。

5.内盘和外盘

成交价在买入价叫内盘；成交价在卖出价叫外盘。

例如，××股票的实时交易数据如表13-1所示。

表13-1 **××股票的实时交易数据** 金额单位：元

时间	买入	卖出	成交	成交手数	外盘累计手数	内盘累计手数
9：30	9.00	9.10	9.00	50	1 000	500
9：31	9.00	9.10	9.00	100	1 000	600
9：32	9.00	9.10	9.10	80	1 080	600

外盘：当成交价在卖出价时，将现手数量加入外盘累计数量中，当外盘累计数量比内盘累计数量大很多，而股价上涨时，表示很多人在抢盘买入股票，说明主动性买盘多，投资者看好后市，所以股票继续上涨的可能性较大。

内盘：当成交价在买入价时，将现手数量加入内盘累计数量中，当内盘累计数量比外盘累计数量大很多，而股价下跌时，表示很多人在抛盘，说明主动性抛盘多，投资者不看好后市，所以股票继续下跌的可能性较大。

6.量比

量比是一个衡量相对成交量的指标，它是开市后每分钟的平均成交量与过去5个交易日每分钟平均成交量之比。其公式为：

$$量比=\frac{现在成交总手}{\frac{过去5日平均成交总手}{240}\times 目前已开市时间(分钟)}$$

当量比大于1时，说明当日每分钟的平均成交量要大于过去5日的平均数值，交易比过去5日火爆；而当量比小于1时，说明现在的成交量比不上过去5日的平均水平。通过量比的观察，投资者可以简单地判断市场主力活动的动向，尤其是在洗盘过程当中。当股价下跌一定的幅度之后，成交量持续萎缩，量比一天比一天变小，如果突然有一天量比开始放大，股价上涨，则说明当前该股票开始变得成交活跃，极有可能是主力开始出来活动。

7. 换手率

换手率也称“周转率”，是指在一定时间内市场中股票转手买卖的频率，是反映股票流通性强弱的指标之一。它等于在某一时期内某只股票的成交量与发行在外总股数的比率。

换手率越高说明交投越活跃，人们购买的欲望就越强；反之则说明该只股票交投冷淡，少有人问津。有时投资者可以利用换手率的大小来观察机构大户的吸货行为，如果某只股票换手率在低位突然放大，必定有人在低位大量吸筹。但是，在股价大幅下跌时，成交量出现大幅增加，换手率高，说明市场产生了恐慌性的抛售。

8. 上证领先指标图中白线和黄线的含义

上证领先指标图参见图13-31。

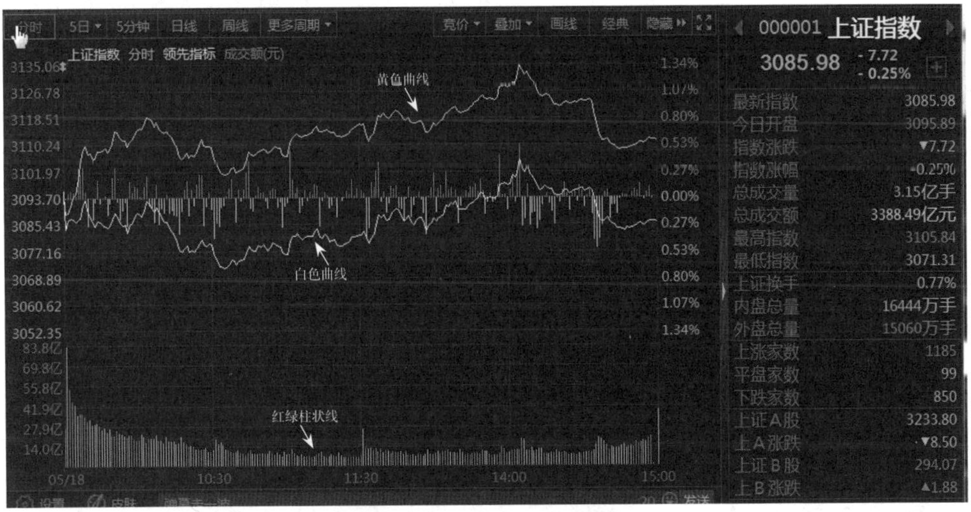

图13-31 上证领先指标图

在图13-31中有两根曲线，一根白色曲线、一根黄色曲线。白色曲线表示上证交易所对外公布的通常意义上的大盘指数，也就是按个股总股本加权平均计算得出的上证指数走势图；黄色曲线是不考虑上市股票发行数量的多少，将所有股票对上证指数的影响等同对待，不含加权的上证指数走势图。

因白色曲线表示的上证指数是以各上市公司的总股本为权数加权计算出来的，故盘子大的股票较能左右上证指数的走势，如中国工商银行、中国联通、宝钢股份、中国石化、浦发银行等。而黄色曲线表示的是不含加权的上证指数，各股票的权数都相等，所以价格变动较大的股票对黄色曲线的影响要大一些。这样，参考白色曲线和黄色曲线的相对位置，可以得到以下信息：当上证指数上涨时，如白线在黄线的上方，说明大盘股的影响较大，盘子大的股票涨幅比盘子小的股票要大；反之，如黄线在白线的上方，就是小盘股的涨幅比大盘股要大。而当上证指数下跌时，如黄线在白线的下方，表示大盘股的下跌幅度较小而小盘股的股票跌幅较大；反之，如白线在黄线的下方，表示大盘股的跌幅比较大。

9.红色及绿色柱状线的含义

红色柱状线和绿色柱状线反映当前市场即时所有股票的买盘与卖盘的数量对比情况。当红色柱状线长度逐渐往上增长时，表示买盘大于卖盘，指数增长的力量逐渐增强；而当红色柱状线的长度逐渐缩短时，表示卖盘大于买盘，股票指数增长的力量在渐渐减弱。

当绿色柱状线长度逐渐往下增长时，表示指数下跌的力量逐渐增强；而当绿色柱状线的长度逐渐缩短时，表示指数下跌的力量在渐渐减弱。

10.上证领先指标图中下方红绿柱状线的含义

图 13-31 中下方红绿柱状线表示市场中每分钟的成交量，单位为手（100股/手）。

其他需要了解的还有：

11.总成交额

总成交额表示一日交易下来的总金额，以万元为单位。

12.总成交量

总成交量是指一日交易下来的股票总数，以手为单位。

13.指数涨跌

指数涨跌是指现在股价指数减前一个交易日收盘股价指数。若为正值，表示股价在上涨，图中表示为红色；若为负值，表示股价在下跌，图中表示为绿色。

14.指数涨跌幅度

涨跌幅度（%）=（现在股价指数-前一个交易日收盘股价指数）/前一个交易日收盘股价指数

若幅度为正值，表示股价在上涨，图中表示为红色；若幅度为负值，表示股价在下跌，图中表示为绿色。

15.指数振幅

指数振幅是指开盘后最高股价指数、最低股价指数之差的绝对值与前日收盘股价指数的百分比。一般振幅大的股票有三种可能：①庄家高度控盘，外面流动的筹码很少，一点点成交量就会使股价存在形成很大波动的可能。②处于多空明显分歧的趋势，比如某个股票连续上涨甚至涨停（或者连续下跌甚至跌停）之后，打开涨停或者跌停时，就会出现较大的波动。③庄家通过大幅度拉高或者杀跌来吸筹或者出货。

【案例1】　矩形（箱体平台的整理与突破）（如图13-32所示）[①]

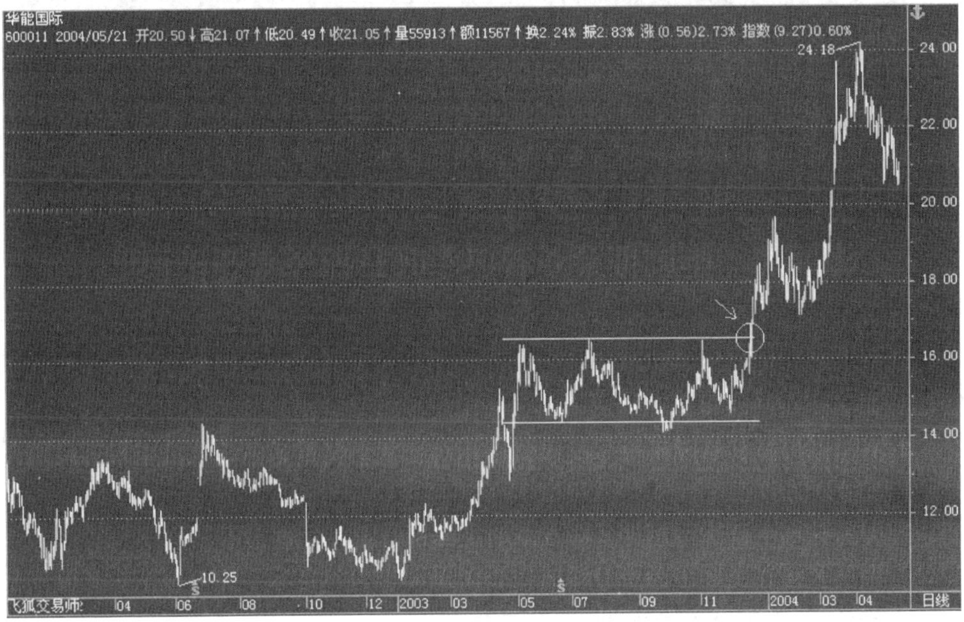

图13-32　矩形

① 以下两个案例由作者根据分析软件加工整理。

【案例2】 8个子浪的完整运动过程（如图13-33所示）

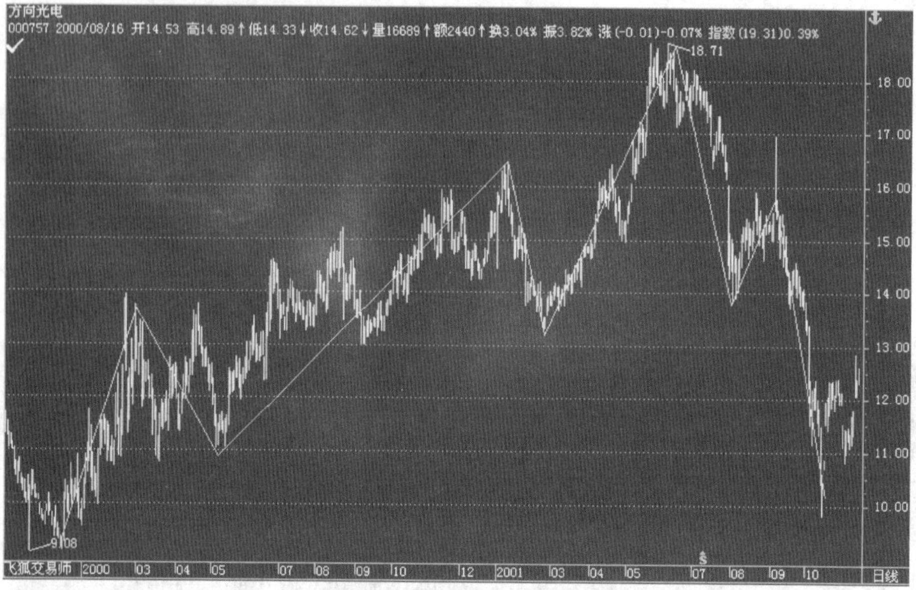

图13-33 8个子浪的完整运动过程

案例思考：根据图中所示股价波浪运动过程你如何理解“顺势而为”。

本章基本概念

道氏理论 波浪理论 移动平均线法 平滑异同移动平均线 K线图 相对强弱指数 随机指数 双重底 头肩底 上升三角形 双重顶 委比 量比 外盘 内盘

复习思考题

1. 道氏理论的要点是什么？它对技术分析有何贡献？
2. K线的基本种类有哪些？各有什么含义？
3. 波浪理论所阐述的主要思想是什么？
4. 怎样利用股票价格移动平均线进行趋势判断？
5. 怎样利用葛南维尔投资法则进行买卖操作？
6. 支撑线和压力线的作用是什么？如何判断和分析支撑和压力？
7. 股价的反转图形有几种？它们各有什么意义？
8. 股价的整理图形有几种？它们各有什么意义？
9. 什么是相对强弱指数？简述其优缺点。
10. 什么是随机指数KDJ？简述其优缺点和局限性。
11. 什么是成交量？它对研判行情有什么作用？
12. 技术分析方法的作用与局限是什么？

13.怎样看待基本分析与技术分析?

学习资料推荐

■你可以下载免费行情软件，如大智慧、同花顺、东方财富通，观察大盘和个股的行情走势，并通过参与这几个网站的模拟炒股大赛提高自己的理论和实践相结合的应用能力。

■你可以登录和讯网/投资学院/公开课，进入聊天室在线学习炒股技术。

第十四章

现代证券投资组合理论与绩效评价

本章提要

投资组合又称资产组合，是投资者将资金投入不同的若干种资产上，借助资产多样化效应，分散单个证券的风险进而减少总风险。本章主要阐述有效市场假说，分散化对总风险的影响，现代组合理论的形成及应用原理，可行区域与有效边界，确定最优投资组合的方法、步骤等。通过本章的学习，使学生知晓现代组合理论，掌握最优投资组合的构建方法，掌握资产定价模型的定价方法。

在过去的几十年里，投资领域取得的最大进步就是认识到：最优的投资组合并非是将许多风险收益特征良好的证券简单地组合在一起。具体说来，投资者必须考虑各种投资之间的相关性，才能建立符合投资目标的最优投资组合。本章渐进式地解释了证券投资组合理论，以及投资者应如何合理地选择自己的最佳投资组合等问题。

投资组合（Portfolio）通常是指个人或机构投资者同时所持有的各种有价证券的总称，如股票、债券、存款单等。投资组合不是证券品种的简单随意组合，它体现了投资者的意愿和投资者所受到的约束，即受到投资者对投资收益的权衡、投资比例的分配、投资风险的偏好等的限制。

第一节　有效市场假说

一、有效市场假说概述

市场有效性的基本假设是证券存在一种客观的均衡价值，股价反映所有已知的信息，且价格将趋向于均衡价值。这一假设意味着投资者是理性的，其购买和出售行为将使证券价格趋向其内在价值，且调整到均衡，依赖于信息的可利用性和市场的竞争性。高度竞争且又有众多掌握完全信息的参与者的市场，将会相当快速地将价格调整到均衡；相反，只有很少参与者且只有很不完全的信息流的市场，则可能要经历一个相当缓慢的调整过程。

从一定意义上讲，市场有效性假设意味着资源配置的有效性和市场运行的有效

本章建议阅读资料：

1. 中国证券投资基金业协会．证券投资基金［M］．北京：高等教育出版社，2020.
2. 埃尔顿，格鲁伯，等．现代投资组合理论与投资分析［M］．王勇，等译，北京：机械工业出版社，2017.
3. 豪根．现代投资理论［M］．5版．郑振龙，译．北京：北京大学出版社，2005.
4. 布朗，瑞利．投资分析与投资组合管理［M］．李秉祥，译．5版．沈阳：辽宁教育出版社，1999.

性，它是衡量证券市场信息分布、信息传递速度、交易的透明度和规范程度的一个重要标志。证券市场的发展目标最终是造就一个规范化的、高效率的、充满竞争的市场。只有市场有效，信息在价格中得到迅速、充分反映，才能实现资本的有效配置和最优化。

在1967年5月芝加哥大学举行的证券讨论会上，Harry V.Roberts根据股票对相关信息反映的范围不同，相应提出了证券市场有效性的三种形式：弱有效率市场（Weak form Efficiency）、次强有效率市场（Semi Strong form Efficiency）、强有效率市场（Strong form Efficiency）。但Harry V.Roberts的这篇文章似乎从未发表过。[①]1970年，芝加哥大学金融学家法玛（Fama）又对这三种效率市场做了阐述。[②]该假说为研究信息与价格变动之间的关系奠定了基础。该假说认为，在一个证券市场中，如果价格完全反映了所有可得的信息，则每一种证券的价格都永远等于其投资价值，这样的证券市场就称为有效市场。

当然，任何假说都有其假定条件。首先，市场有效假说假定市场中存在大量相互独立的以利润最大化为目标并对证券价值进行分析的参与者；其次，假定影响证券价格的信息以随机的方式进入市场；最后，假定投资者快速对影响价格的新信息做出反应，从而证券价格也快速做出调整，以反映新信息的影响，该项假定最为关键。

有效市场假说表明，在一个有效的市场中，投资者只能获取与其所承担的风险相称的收益，而不会获得高出其风险补偿的超额收益。因而，在一个有效的市场中，公平原则得到了真正体现，证券市场引导资源分配的信号功能得以充分发挥。但是，从市场达到有效的前提条件来看，证券市场是不可能完全有效的，现实中的信息获取是存在成本的，不可能所有的投资者都获得完全相同的信息。因而，从实际意义上来说，市场有效只是程度上的问题。

二、有效市场的分类

按照市场有效的程度不同，1970年，法玛把股票市场的有效性归纳为三类，弱有效率市场、次强有效率市场和强有效率市场，如图14-1所示。

1.弱有效率市场

如果市场是弱式有效的，那么证券价格充分反映了所有来自证券市场的市场信息。这些市场信息包括历史上一系列交易价格和交易量，以及其他由市场产生的信息，如大宗交易等，从而投资者不可能通过对以往的价格进行分析而获得超额利润。弱式有效观点认为，当前市场价格完全反映了过去由市场产生的有关信息，这

① 李昌震. 关于市场有效性假设［M］. //汤敏，茅于轼. 现代经济学前沿专题：第二集. 北京：商务印书馆，1993.

② 曹凤岐，刘力，姚长辉. 证券投资学［M］. 3版. 北京：北京大学出版社，2013.

暗示过去的收益率或其他市场数据与未来的收益率不会存在任何关系。因而，所有的图表或技术分析都是无效的，利用这些方法不会赚取超额收益。

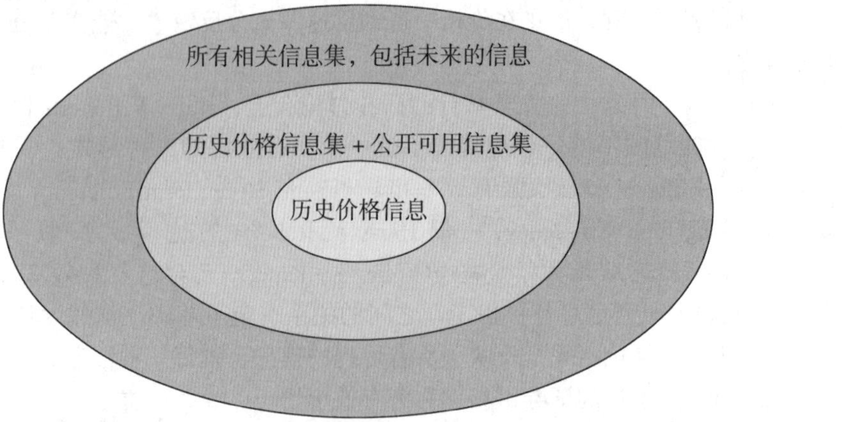

图 14-1　弱有效率市场、次强有效率市场和强有效率市场信息之间的相互关系

2.次强有效率市场

次强有效率市场也称半强式有效市场，假定包括历史数据在内的所有公开信息都已反映在现时股票价格中，这些公开信息不但包括市场信息，还包括所有非市场信息，如盈利报告、年度报告、财务分析人员公布的盈利预测和公开发布的新闻、公告等。如果用这些信息来预测未来的证券价格，投资者也将不会得到超额收益，因为证券的现价已在这些信息的作用下得到充分的反映。在这样的市场中，只有那些利用内部消息者才能获得超常的投资回报。因此，在次强有效率市场上，投资者既不能依靠技术分析也不能依靠基本分析来获取超额收益。

3.强有效率市场

强有效率市场假定，市场参与者具有非常强的消化吸收和预期能力，所有影响证券价格的公开信息和私人信息都在证券价格中得到反映。换句话说，证券价格除充分反映所有公开有用的信息外，也反映了尚未公开的或者原本应保密的内幕信息。可见，按照强有效率市场假设，股票价格对信息的反应能力相当迅速，市场中每一种证券的价格都永远等于其投资价值。也就是说，每一种证券总是按它的公平价值出售，任何试图寻找被错误估值的证券的努力都是徒劳的，市场上不留任何可以获得非正常回报的买卖机会。所有的职业投资者甚至内幕交易者对此都无能为力。显然，强有效率市场是一个极端假定。

三、有效市场理论对投资管理的启示

上述有效市场的划分对证券投资有着重要的实践意义，在不同的假设下投资者采用的投资策略应该是不同的。如果市场是弱式或次强式有效率的，投资者应该采取积极进取的态度，在证券选择和买卖时机上下功夫，努力寻找那些价格偏离价值的证券从而获得超常收益。如果市场是强有效率的，投资者应该选择被动的态度，只求获得市场平均的收益水平。在强有效率的市场态度下，指数化投资是最主要的一种投资策略。

第二节 现代证券投资组合理论

为解决证券投资中收益与风险的关系，现代投资组合理论应运而生。这一理论提出一整套分散投资的方法，可使投资者将投资组合的风险降到最低程度，并使投资者选出一个在一定收益水平下含有最小风险的最有效的投资组合。它的意义在于采用适当的方法选择多种证券作为投资对象，达到在保证预定收益的前提下使投资风险最小或在控制风险的前提下使投资收益最大化的目的。为此，瑞典皇家科学院将1990年的诺贝尔经济学奖授予哈里·马科维茨（Harry Markowitz）、威廉·夏普（William F.Sharp）和莫顿·米勒三位经济学家，以表彰他们在现代证券理论方面所取得的关键性的卓越贡献。

一、现代投资组合管理理论的形成与发展

（一）现代投资组合管理理论的形成

马科维茨是现代证券投资理论（Modern Portfolio Theory，MPT）的创始人，他于1952年3月在《金融杂志》上发表了一篇题为“资产组合的选择”的论文，为现代证券理论的建立和发展奠定了基础。马科维茨的现代证券投资理论主要解释了投资者如何衡量不同的投资风险，如何合理组合自己的资金以取得最大收益，认为组合证券资产的投资风险与收益之间有一定的特殊关系，投资风险分散有其规律性。马科维茨考虑的问题是单期投资问题：投资者在某个时期（称为期初）用一笔资金购买一组证券并持有一段时间（称为持有期），在持有期结束时（称为期末），投资者出售他在期初购买的证券并将收入用于消费或再投资。马科维茨在考虑这一问题时第一次对证券投资中的风险因素进行了正规阐述。他注意到，一个典型的投资者不仅希望“收益高”，而且希望“收益尽可能确定”。这意味着投资者在寻求“预期收益最大化”的同时追求“收益的不确定性最小”，在期初进行决策时必然力求使这两个相互制约的目标达到某种平衡。马科维茨分别用期望收益率和收益率的方差来衡量投资的预期收益水平和不确定性（风险），建立均值方差模型来阐述如何全盘考虑上述两个目标，从而进行决策。推导出的结果是，投资者应该通过同时购买多种证券而不是一种证券进行分散化投资。

（二）现代投资组合理论的发展

在投资者只关注“期望收益率”和“方差”的假设前提下，马科维茨提供的方法是完全精确的。然而，这种方法涉及计算所有资产的协方差矩阵，面对上百种可

选择资产，其计算量是相当可观的，在当时即使借助计算机也难以实现，更无法满足实际市场在时间上近乎苛刻的要求。这严重阻碍了马科维茨方法在实践中的应用。

1964年，马科维茨的学生威廉·夏普根据马科维茨的模型，建立了一个计算相对简化的模型——“单因素模型”。这一模型假设资产收益只与市场总体收益有关，使计算量大大降低，在此基础上发展出后来的“多因素模型”，以使图与实际有更精确的近似。这一简化形式使得投资组合理论应用于实际市场成为可能。特别是20世纪70年代计算机的发展和普及，以及软件的成套化和市场化，极大地促进了现代投资组合理论在实际中的应用。当今，在发达国家，因素模型已被广泛应用在同类资产内部不同的资产组合，如投资组合中普通股之间的投资分配上，而最初的、更一般的马科维茨模型则被广泛应用于不同类型的资产组合，如债券、股票、风险资产和不动产等证券之间的投资分配上。

也是在20世纪60年代初期，金融经济学家们开始研究马科维茨的模型是如何影响证券的估值的，这一研究导致了资本资产定价模型（Capital Asset Prices Model，CAPM）的产生。夏普、林特纳（Lintner）和莫辛（Mossin）三个人分别于1964年、1965年和1966年独立推导出著名的资本资产定价模型。这一模型阐述了在投资者都采用马科维茨的理论进行投资管理的条件下，市场价格均衡状态的形成，把资产预期收益与预期风险之间的理论关系用一个简单而又合乎逻辑的线性方程式表示出来。在实践中，很多专家用它来估计资产收益，指导投资行为，确定投资策略。这一模型在金融领域盛行了10多年。然而，1976年，理查德·罗尔（Richard Roll）对这一模型提出了批评，因为这一模型永远无法用经验事实来检验。这使讨论发展到了一个新的阶段。一方面，其他资产定价模型开始出现，其中以史蒂夫·罗斯（Steve Ross）提出的套利定价理论（Arbitrage Pricing Theory，APT）最为著名，这一理论认为，只要任何一个投资者不能通过套利获得收益，那么期望收益率一定与风险相联系。这一理论需要较少的假定。罗尔和罗斯在1984年认为这一理论至少在原则上是可以检验的。套利定价理论发展至今，其地位已不低于CAPM。另一方面，学者们通过释放传统CAPM的假设条件而发展了多种CAPM，以使其更接近现实。资产组合理论和资本资产定价模型的发展为科学评价职业货币经营者的业绩提供了依据。

二、资产组合理论

在构建投资组合时，投资者谋求的是在他们愿意接受的风险水平既定的条件下，使投资的预期收益最大化，或在预期收益一定的条件下使投资的风险最小，满足这一要求的投资组合被称为有效组合（Efficient Portfolios）。因为马科维茨是投资组合理论的创立者，有效组合有时又叫做“马科维茨有效组合”。

（一）有效边界

第十章我们已经学习了用期望收益率和方差或标准差来计量单个证券和证券组合的收益率与风险的方法。有效边界就是在以期望收益率为纵轴、以标准差为横轴的平面坐标系中，在各种风险水平上，期望值为最大点的轨迹。确定有效边界的前提是必须具有可行区域。所谓可行区域，是指在一系列条件约束下可能实现的投资组合。

1.两个证券投资组合的可行区域与有效边界

一般情况下，两个证券构成的可行区域是平面区域中的一条曲线。如果两个均是风险证券则是曲线，其曲线的弯曲程度由它们的相关系数决定，随着两个风险证券间的相关系数由1变为-1，曲线向左变得越来越弯曲。

假设由两项证券资产A和B构成投资组合，A的期望收益率为5%，标准差为20%；B的期望收益率为15%，标准差为40%；A和B的相关系数为ρ_{AB}，A、B在组合中的比例分别为w_A，w_B（$w_B=1-w_A$）。

以组合标准差为横轴、组合期望收益率为纵轴画图（如图14-2），当我们给定不同的投资比例w_A、w_B和不同的相关关系ρ_{AB}，可以得到不同的资产组合集合。

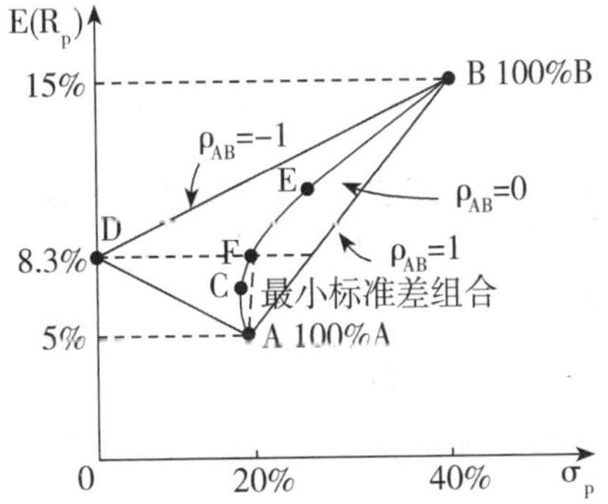

图14-2　二元投资组合的有效组合和有效边界

设$\rho_{AB}=0$，当赋予w_A、w_B不同值时，不同组合的期望收益率与标准差连接成一条曲线ACFEB，这条曲线就是$\rho_{AB}=0$时所有由A、B构成的资产组合的可行区域集合。在这一集合中，C点所代表的是最小方差（标准差）组合（该点$w_A=4/5$，$w_B=1/5$，$E(R_P)=7\%$，$\sigma_P=17.9\%$）。

尽管投资者可以在曲线ACFEB上任意选择投资组合，但因为对应线段AC上的每一组合（如点A），线段CEB上都有相应的一个组合（如点F），其风险程度（标准差）与AC段上的对应组合相同，但期望收益率更高。根据风险回避型投资者追求效用最大化的假设，投资者只会在线段CEB上选择其所需要的资产组合。线段CEB（最小标准差组合与资产B之间的全部组合）即为全部资产组合的有效边界，又称有效率资产组合。

设$\rho_{AB}=1$，A与B完全正相关，A、B构成的资产组合集合为直线AB，有效边界也为直线AB。

设$\rho_{AB}=-1$，A与B完全负相关，A、B构成的资产组合集合为折线ADB，D为最小标准差组合，直线DB为有效边界。

2.多个投资组合的可行区域与有效边界

将每个证券的期望收益、标准差以及由单个证券所能构成的全部组合的期望收益、标准差画在以标准差为横轴、以期望收益率为纵轴的坐标中，就会生成证券资产组合集合，其基本形状如图14-3所示。

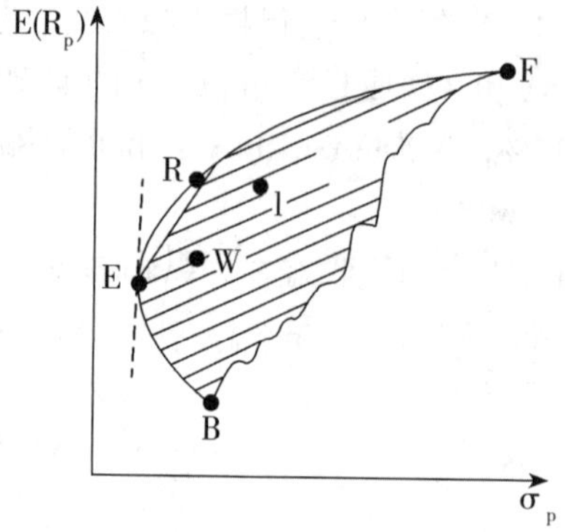

图14-3 多元投资组合的有效组合和有效边界

从图14-3中可以看出，多个证券构成的可行区域集是标准差-期望收益率坐标系中的一个弹头型平面区域。在不允许卖空的情况下，组合中每一证券的投资比例系数均为正，因此所形成的可行区域是闭合区域。

根据偏好收益、厌恶风险假设，我们可将可行区域的范围缩小，具体分析如下：

在可行区域BERF内，包括了全部单个证券与全部组合的风险与收益的坐标点。集合左边界BERF一段为最小方差边界，即在相同期望收益率的条件下，由投资风险（方差或标准差）最低的资产（证券）组合所组成的曲线。

BF线段的下半部即BE段为无效边界。因为在这一段，期望收益率越高，风险越低，投资者只会选择这一段的最高点，因为在最高点E上，资产组合的期望收益率最高，而风险却是最低的。

BF线段的上半部即ERF段为有效边界，它包括全部有效资产组合。有效资产组合的定义为：在相同风险情况下期望收益率最大的组合，或者在相同期望收益率的情况下风险最低的组合。

因此，依据偏好收益，投资者将范围缩小到上边界，依据厌恶风险，投资者将范围缩小到左边界，可行区域的左上边界即有效边界。只有有效边界上的点（代表一个投资组合）所代表的投资组合才是有效组合。效率边界是凹性的即凸向纵轴。

（二）最优投资组合的选择

给定若干有效组合供投资者选择，投资者最乐意选择的投资组合，即能达到效用最大化的投资组合为最优组合（Optimal Portfolio）。

由于每个投资者的偏好不同，因此需要根据投资者的个人偏好与无差异曲线进行选择。

对于风险回避的投资者而言，其效用的无差异曲线是凸性的（即向纵轴的相反方向凸出，在第十章已经讲述），能给投资者带来最大效用的就是最左上方的无差异曲线，而前面已经论证了效率边界是凹性的（即凸向纵轴），因此能够与最左上方无差异曲线相切的有效率边界的点，一定是给投资者带来最大效用的组合，即风险回避者的最佳组合一定位于效率边界上，且由于有效边界的特性与无差异曲线的特性，决定了它们之间的切点只有一个O，如图14-4所示。

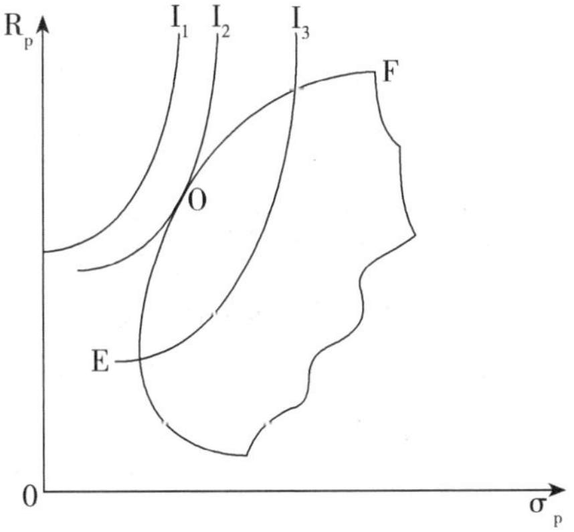

图14-4　最优资产组合的选择

在图14-4中，无差异曲线I_2优于I_3。投资者为获得I_3的效用，他可以有多种投资选择，但I_2投资给投资者带来的效用比I_3投资高。I_2与效率边界相切于O点，O组合就成为给投资者带来最大效用的投资组合。

（三）资产组合中资产数量与资产组合风险的关系

法玛在他1976年出版的《Foundations of Finance》一书中，对资产组合风险与资产组合中证券数量的关系做了实证研究。他首先计算了50种从纽约股票交易所随意选出的股票自1963年7月至1968年6月间月收益率的标准差，然后逐一计算1～50种资产的资产组合的标准差。他先选了一种标准差为11%的股票，然后又随机选了另一种加进去，权数相同的这两种股票组合的结果使资产组合的标准差降到了7.2%。依此类推，一种一种地增加股票，分别计算出各种组合的标准差。结果，法玛发现，在最初几种股票被加入资产组合时，对标准差的降低作用非常大，股票从4种增加到5种时，标准差的降幅最大，当股票数增加到20种时，再增加证券时，对资产组合标准差的降低作用就不大了。当股票数从30种增加到34种时，出现风险边际下降的情况，这是因为进一步增加资产数量只能加大交易费用和管理的困难。因此，资产组合理论认为，要想有效地降低风险，至少要有10种左右的资产，15种证券是比较好的数量，关于资产数量与资产组合风险程度的关系，如图14-5所示。

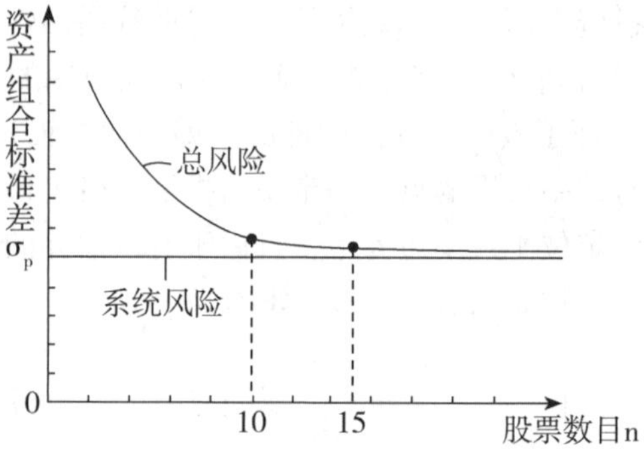

图14-5 资产数量与资产组合风险程度的关系

第三节 资本资产定价模型

在前一节中，研究问题的出发点是投资者应该怎样选择适合自己偏好的最优证券组合。在本节中，研究问题的出发点则是，如果投资者都按照上一节介绍的方法去选择投资组合的话，这种集体行为会对证券价格产生什么样的影响，从而建立了揭示市场均衡状态下证券收益与风险关系经济本质的资本资产定价模型。

一、假设条件

因为资本资产定价模型理论是建立在马科维茨的证券组合理论基础上的，所以资本资产定价模型中包含了证券组合模型的假设。除此之外，还补充了以下三个假设。

假设1：所有的投资者都依据期望收益率评价证券组合的收益水平，依据方差（或标准差）评价证券组合的风险水平，并采用上一节介绍的方法选择最优证券组合。

假设2：所有的投资者对证券的期望收益率、标准差及证券间的相关性具有完全相同的预期。

假设3：证券市场是完美无缺的，没有摩擦。所谓摩擦，是指对整个市场上的资本和信息的自由流通的阻碍。该假设意味着不考虑交易成本及对红利、股息和资本收益的征税，并且假定信息向市场中的每个人自由流动，在借贷和卖空上没有限制及市场上只有一个无风险利率。

在上述假设中，假设1和假设2是对投资者的规范，假设3是对现实市场的简化，即市场是效率市场，市场价格是均衡价格，且存在一种无风险资产，任何投资者都可以不受限制地以无风险利率进行借入和借出。

这些假设使CAPM得以清楚地反映在资本市场均衡状态下资产收益与风险之间的关系。

二、资本市场线

前面已经阐述了马科维茨模型，该模型的假设条件之一就是全部证券都存在风险（主要是股票）。CAPM模型假设还存在一种无风险资产，这样，投资者不仅可以投资于风险资产，还可以加上无风险资产的借与贷，达到进一步分散投资、建立个人对风险和收益不同偏好的投资组合的目的。资本市场线就是让投资者得到一种确定无风险证券和有风险证券有效组合的方法。

（一）无风险借贷对有效边界的影响

假定证券可以自由地按一定的利率借入或借出。当无风险证券f与风险证券i进行组合时，组合的期望收益率为：

$$E(r_p)=W_fE(r_f)+W_iE(r_i)$$
$$=W_fE(r_f)+(1-W_f)E(r_i) \tag{14.1}$$

组合的标准差为：

$$\sigma_p^2=w_f^2\sigma_f^2+2w_fw_i cov_{fi}+w_i^2\sigma_i^2 \tag{14.2}$$

由于CAPM模型假定投资期为一期，因而无风险资产意味着它的收益是确定的，由于不存在预期收益的变动，因此它的标准差为0。一般以到期日与投资者的投资期相等的国债代表无风险资产，如美国联邦政府发行的短期国库券。由于无风险证券的回报率是确定的，与任何风险证券的收益率无关，因此无风险资产收益率与风险资产收益率之间的协方差也等于0，它们之间的相关系数为0。因此，组合的标准差可以简化为：

$$\sigma_p=w_i\sigma_i$$
$$=(1-w_f)\sigma_i$$

$$w_f=1-\frac{\sigma_p}{\sigma_i}$$

根据公式（14.1）、（14.2）整理得：

$$E(R_p)=R_f+\left(\frac{R_i-R_f}{\sigma_i}\right)\sigma_p \tag{14.3}$$

从公式（14.3）可以看出收益和风险之间呈线性关系。这说明由无风险证券与有风险证券构成的全部组合都处在连接无风险证券与有风险证券两点的直线上。无风险证券与有风险证券进行组合的线性关系可以用图14-6来表示。

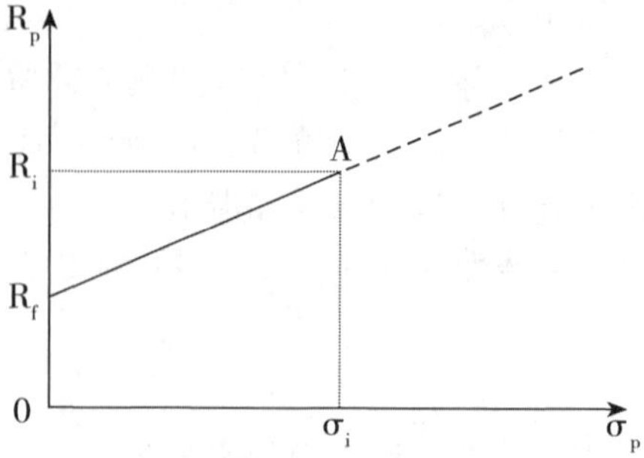

图14-6 无风险证券与有风险证券进行组合的线性关系

由于可以将一个投资组合看做一个单个资产，因此，前面的分析结论也可以适用于将无风险资产与一个风险资产组合组成的投资组合，即无风险资产与风险资产组合形成的任何组合的预期收益率和标准差都将落在连接它们的直线上。

引入无风险资产后，马科维茨模型的可行区域发生了变化，因此有效边界也随之发生了变化。新的效率边界变成了一条直线，即由无风险证券R_f出发并与原马科维茨模型的风险证券组合的有效边界相切的射线R_fMT，便是在现有假设条件下所有无风险资产与风险资产组合的有效边界（如图14-7所示）。R_fMT这条直线就成了资本市场线（Capital Market Line，CML），资本市场线上的点代表无风险资产和市场证券组合的有效组合。

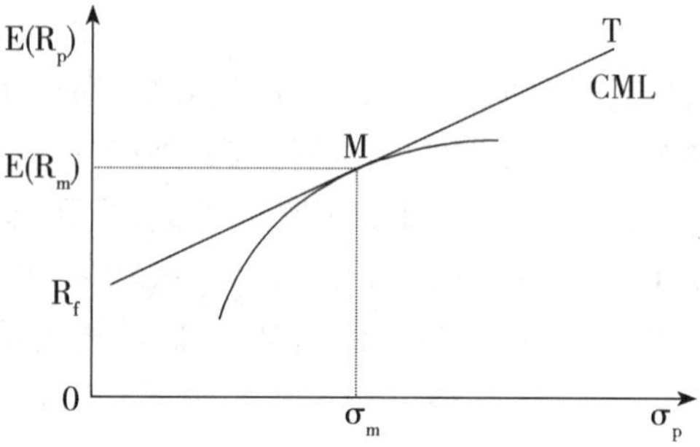

图14-7 无风险资产与风险资产组合的有效边界

在这条直线上的点，代表此时所有的有效组合都是由不同投资比例的无风险证券与切点T点风险组合而成的新组合。

这是因为，任何一条经过无风险利率点的射线，只要斜率低于那个切线的斜率，就不能带来最佳的收益与风险的匹配，因为在给定风险时，那个切线所带来的收益是最高的，因此给投资者带来的效用也是最大的。任何经过无风险利率点，但斜率高于切线的射线都不可能带来最佳的收益，因为在这条射线上的点都超过了马科维茨投资集的范围。

效率边界R_fMT的斜率是（R_m-R_f）$/\sigma_m$，该斜率表明单位总风险的市场价格。（R_m-R_f）代表风险溢价，即风险组合收益率超过无风险收益率部分。

切点M所代表的是市场组合，是有效组合中唯一一个不含无风险证券而仅由风险证券构成的组合。也就是说，市场上仅有两种资产，一种是无风险资产，另一种是风险资产，而风险资产就是市场组合M。如果投资者遵从效率原则，那么，任何一个投资者所选择的风险资产都是市场组合。不管投资者的效用函数如何，只要他是风险回避者，他的投资组合中的风险资产就一定包括市场组合。

（二）市场分离定理与投资者选择

由于资本资产定价模型前两条假设是：

假设1：所有的投资者都依据期望收益率评价证券组合的收益水平，依据方差（或标准差）评价证券组合的风险水平，并采用上一节介绍的方法选择最优证券组合。

假设2：所有的投资者对证券的期望收益率、标准差及证券间的相关性具有完全相同的预期。

因此，所有投资者对风险资产的选择都是相同的，即每个投资者选择的风险资产都是同一个资产组合。这意味着引入无风险借贷后形成的线性有效边界对所有投资者都是相同的，这和个人投资偏好没有关系。那么，效用函数和效用无差异曲线有什么作用呢？效用函数将决定投资者在效率边界上的具体位置。也就是说，效用函数将决定投资者持有无风险资产与市场组合的份额是多少，资本资产定价模型中这一特征被称为分离定理（Separation Theorem）。

根据分离定理，确定投资者无差异曲线之前，我们就可以确定风险资产的最优组合，即投资者的投资决策分为两个阶段：

第一阶段是对风险资产的选择。在这一阶段内，投资者只需考虑每项资产期望收益、方差和相关系数，即只考虑风险资产本身的特性，而无须考虑自身的风险偏好。因此，不管投资者之间风险偏好差异多大，只要他们对风险资产的特性的判断相同，他们就将选择同样的风险资产组合。

第二阶段是最终资产组合的选择。投资者将选定的风险资产组合M与无风险资产相组合，构成一个新的效率边界。在新的效率边界上，最优组合的位置将由与有效边界相切的投资者无差异曲线决定。

（三）市场组合

根据分离定理，在每一个投资者的投资组合中，对风险资产组合的选择与投资者个人的风险偏好无关，风险组合部分仅仅是对切点组合T的投资。这样就得出了资本资产定价模型的另一个重要特征，即在市场均衡状态下，切点组合T中各证券的构成比例等于该证券的市场价值占全部证券的市场价值的比例。也就是说，如果一种证券的市场价值为10，而全部证券的市场价值为100，那么在市场组合中该种证券所占比例就是10%。习惯上，人们将切点组合称为市场组合，并用M代替T来表示。

所谓市场组合，是将证券市场上的所有种类证券按照它们各自在整个证券市场总额中所占的比重组成的证券组合。市场组合是每一个愿意承担风险的投资者所必须持有的唯一风险资产，是独立于投资者效用函数的最佳组合。市场组合的预期收益率是市场上所有证券的加权平均收益率。市场组合中各单项证券的非系统风险会相互抵消，剩下的是证券投资活动中无法避免的系统风险，因此，市场组合可以提供最大限度的资产多样化效应。

由于资本资产定价模型是市场组合与无风险借贷的组合，并以此构成有效组合，因此，市场组合在资本资产定价模型中具有核心作用。

（四）资本市场线方程

通过上面的讨论我们知道：在资本资产定价模型假设下，当市场达到均衡时，市场组合M成为一个有效组合；所有有效组合都可视为无风险证券R_f与市场组合M的再组合。在均值标准差平面上，所有有效组合刚好构成连接无风险资产R_f与市场组合M的射线R_fMT，这条射线被称为资本市场线（如图14-7所示）。资本市场线揭示了有效组合的收益和风险之间的均衡关系，这种均衡关系可以用资本市场线的方程描述为：

$$E(R_p)=R_f+\frac{R_M-R_f}{\sigma_M}\cdot\sigma_p$$

式中：$E(R_p)$为有效组合P的期望收益率；σ_p为有效组合P的标准差；R_M为市场组合M的期望收益率；σ_M为市场组合M的标准差；R_f为无风险证券收益率。

资本市场线方程式为有效组合的期望收益率和风险之间的关系提供了十分完整的阐述。有效组合的期望收益率由两部分构成：一部分是无风险收益率R_f，它是由时间创造的，是对投资者放弃即期消费的补偿；另一部分是风险溢价$\frac{R_M-R_f}{\sigma_M}\cdot\sigma_p$，它与承担风险大小成正比，是对投资者承担风险$\sigma_p$的补偿。其中的系数即资本市场线方程式中第二项（斜率）代表了对单位风险的补偿，通常称之为单位风险的市场价格。

三、证券市场线

资本市场线只是揭示了有效组合的收益和风险的均衡关系，而没有给出任意证券或组合的收益风险关系。下面，我们首先建立任意单个证券的收益风险关系，之后将其推广到任意证券组合。

由资本市场线所反映的关系可以看出，在均衡状态下，市场对有效组合的风险

（标准差）提供补偿。而有效组合的风险（标准差）由构成该有效组合的各单个成员证券（指风险证券）的风险共同合成，因而市场对有效组合的风险补偿可视为市场对各单个成员证券的风险补偿的总和，或者说市场对有效组合的风险补偿可以按一定的比例分配给各单个成员证券。当然，这种分配应按各单个成员证券对有效组合风险贡献的大小来分配。不难理解，实现这种分配就意味着在单个证券的收益风险之间建立了某种关系。

为实现这种分配，首先要知道各单个成员证券对有效组合风险的贡献大小。鉴于市场组合M也是有效组合，因此将市场组合M作为研究对象，分析M中各单个成员证券对市场组合风险的贡献大小，之后再按照贡献大小把市场组合的风险补偿分配到各单个成员证券。

为能够分辨各单个成员证券对市场组合风险贡献的大小，我们自然要对衡量市场组合风险水平的指数——方差σ_M^2进行考察。数学上容易证明，市场组合M的方差可分解为：

$$\sigma_M^2=x_1\rho_{1M}\sigma_1\sigma_M+x_2\rho_{2M}\sigma_2\sigma_M+\cdots+x_n\rho_{nM}\sigma_n\sigma_M$$

$$=x_1\sigma_{1M}+x_2\sigma_{2M}+\cdots+x_n\sigma_{nM}$$

式中：x_i为第i种成员证券在市场组合M中的投资比例；σ_{iM}为第i种成员证券与市场组合M之间的协方差。

首先，把市场组合的方差改写成（14.2）分解的形式，我们就能够清晰地从中分离出单个成员证券对市场组合风险的贡献大小。因为，分解式中的$x_i\sigma_{iM}$可被视为投资比重为x_i的第i种成员证券对市场组合M的风险贡献大小的绝对度量，而$\frac{x_i\sigma_{iM}}{\sigma_M^2}$被视为投资比重为$x_i$的第i种成员证券对市场组合M的风险贡献大小的相对度量。

其次，期望收益率"E（r_M）$-r_f$"可被视为市场对市场组合M的风险补偿，即相当于对方差σ_M^2的补偿，于是分配给单位资金规模的证券i的补偿按其对σ_M^2做出的相对贡献应为：

$$\frac{x_i\sigma_{iM}}{\sigma_M^2}\left[E(r_M)-r_f\right]$$

最后，单位资金规模的证券i的补偿又等于"E（r_i）$-r_f$"，其中的E（r_i）表示证券i的期望收益率，于是有：

$$E(r_i)-r_f=\left[E(r_M)-r_f\right]\frac{\sigma_{iM}}{\sigma_M^2}$$

令$\beta_i=\frac{\sigma_{im}}{\sigma_m^2}$，则上述方程可改写为：

$$E(r_i)=r_f+\left[E(r_M)-r_f\right]\beta_i \tag{14.4}$$

这就是资本资产定价模型。由此模型可知：单个证券i的期望收益率与其对市场组合方差的贡献率$\beta_i=\frac{\sigma_{im}}{\sigma_m^2}$之间存在着线性关系，而不像有效组合那样与标准差（总风险）存在线性关系。因而从定价角度考虑，单个证券的风险用β_i来测定更为合理。β_i表示某一证券的收益率对市场收益率的敏感性和反映程度，用于测量某一证券风险相对于市场风险的比率。

可见，无论单个证券还是证券组合，均可将其β系数作为风险的合理测定，其期望收益与由β系数测定的系统风险之间存在线性关系。这个关系在以E（r_p）为纵坐标、β_p为横坐标的坐标系中代表一条直线，这条直线被称为证券市场线。图14-8给出的就是证券市场线或资本资产定价模型的图形。

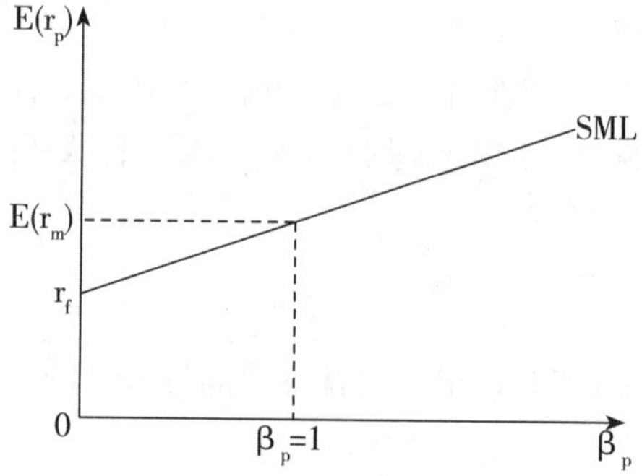

图14-8　证券市场线

证券市场线方程为任意证券或组合的期望收益率和风险之间的关系提供了十分完整的阐述。

首先，从CAPM可以看出，任意证券或组合的期望收益率由两部分构成，一部分是无风险利率r_f，它是由时间创造的，是对放弃即期消费的补偿；另一部分则是［E（r_m）$-r_f$］β_p，是对承担风险的补偿，通常称为风险溢价，它与承担的风险β_p的大小成正比，其中的［E（r_m）$-r_f$］代表了对单位风险的补偿，通常称之为风险的价格。

其次，从CAPM可以看出，任意证券或组合的总风险也由两部分构成：一部分是因为市场组合M收益变动而使资产i收益发生的变动，即β系数，这是系统风险；另一部分即剩余风险，被称为非系统风险。因为非系统风险是可以通过多元化投资分散掉的，所以当投资者持有市场组合时，就可以说是没有非系统风险。

因此，单个资产的价格只与该资产的系统风险的大小有关，而与其非系统风险的大小无关。

β系数在CAPM中成为衡量证券承担系统风险或市场风险的一个标准，用来反映证券或组合的收益水平对市场平均收益水平变化的灵敏度。一般来说，β系数的绝对值越大，表明证券承担的系统风险越大；β系数的绝对值越小，表明证券承担的系统风险越小。如果一只股票的β系数大于1，则这种股票被称为进取型股票，因为该股票收益率的变化大于市场组合收益率的变化；如果一只股票的β系数小于1，则这种股票被称为防守型股票，因为该股票的收益率变化小于市场组合收益率的变化。

资本市场线与证券市场线是资本资产定价模型中两个重要结论，二者存在着内在的关系：

第一，资本市场线表示的是无风险资产与有效率风险资产再组合后的有效资产组合期望收益率与总风险（σ_p）之间的关系，因此在资本市场线上的点就是有效组合；而证券市场线表明的是任何一种单个资产或组合的期望收益率与其系统风险（β）之间的关系，因此在证券市场线上的点不一定在资本市场线上。

第二，证券市场线既然表明的是单个资产或组合的期望收益率与其市场风险或系统风险之间的关系，因此在均衡情况下，所有证券都将落在证券市场线上。

第三，资本市场线实际上是证券市场线的一个特例，当一个证券或一个证券组合是有效率的时候，该证券或证券组合与市场组合的相关系数等于1，此时证券市场线与资本市场线就是相同的。

第四节　证券投资组合管理的策略与操作

一、证券投资组合管理策略

证券投资组合管理策略是指为了实现投资管理的目标而制订的投资谋略或方案。按照在充分估计风险承受力基础上对投资收益偏好是本期收益还是资本利得（资本增长）的标准划分，证券投资组合管理策略可划分为三种基本类型：收入型策略、增长型策略、收入-增长混合型策略。

1.收入型策略。收入型策略强调本金安全和当时收入。根据这一要求，收入型证券组合所选择的证券注重具有较高本期收益率、安全性较好且有一定增长潜力的证券。

为了兼顾本期收入的最大化、稳定性和规则性，建立收入型组合时常常将防守型证券（债券）和进取型证券（股票）按一定构成比例融合起来，这样可以兼顾风险和收益的平衡。

2.增长型策略。增长型证券组合管理策略的基本目标是使投资组合的将来价值尽量增大。它强调的是投资资金的增长或资本利得，而较少地考虑经常性收入。在各种证券中，普通股票最适合体现增长型组合的目标，可以作为主要的选择对象。同时，要适当选择组合的证券数目。

选择增长型目标要求的证券的标准是：①具有较大的盈利或股息增长的潜力；②盈利增长率很稳定；③发放股息水平较低；④预期收益率较高；⑤预期收益的变

动（风险）较低等。

3.收入–增长混合型策略。收入–增长混合型证券组合管理策略是一种介于收入型和增长型之间的投资管理策略。

这种策略既强调本期收入，又希望资本增长，因此需要在收入和增长之间进行权衡。这样，混合型证券投资对象的选择可以采取灵活兼顾的策略，既可以是收入型证券与增长型证券的综合，也可以是兼有收入和增长潜力的证券。

二、证券投资组合管理操作

一旦选择了若干证券进行投资购买，构造成一个证券组合以后，必须经常监视其效益如何，是否能较好地体现投资目标的要求。

如果发现某些证券或整个组合不能很好地满足投资组合管理目标的要求，就应及时进行必要的调整。

证券投资组合管理操作就是实施既定的证券投资组合策略和实现该策略的基本目标的具体过程。

证券投资组合构建的基本流程如图14–9所示。

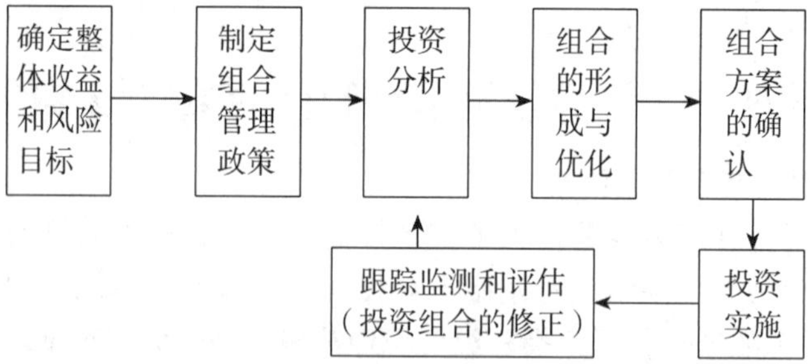

图14–9 证券投资组合构建的基本流程

第五节 投资组合管理业绩评价

对投资组合管理进行科学合理的考核评估是证券投资管理过程中的重要一环，它不仅是投资管理过程结束后的总体评价，也存在于整个投资管理过程之中。其目的是评价投资计划在多大程度上实现了原定的投资目标。

习惯上，评价组合管理业绩的标准往往采用直接计算期间投资收益率，然后再与市场平均收益率比较，或进行同行间的横向比较方法。这是一种非常简单的方法，仅比较不同组合之间收益水平的高低，收益水平越高的组合越是优秀的组合。然而，我们知道收益水平较高不仅仅与管理者的技能有关，还可能与当时市场整体向上运行的环境有关，原因是期间收益可能来源于三个方面：①管理收益，即由管理者的投资能力带来的收益，属于主动收益；②市场收益，即市场整体上涨带来的收益，属于被动收益；③风险收益，即管理人冒险带来的收益。

我们通过前面的学习知道，仅仅考虑投资收益率的方法不是一个恰当的绩效测评方法，还应结合风险大小考虑，因为风险和收益率之间有一定的关系，进行投资组合的目的是追求在风险相等的条件下收益水平最高或预期收益相同的条件下风险最小。因此，对投资组合的业绩评估除了要衡量其盈利水平以外，还必须与其所承担的风险大小相联系，应本着“既要考虑组合收益的高低，也要考虑组合所承担风险的大小”的基本原则，采用风险调整后的绩效测评法，即去掉由风险带来的收益后，再与市场绩效比较，或进行同行间的横向比较。而资本资产定价模型为组合业绩评估者提供了实现这一基本原则的多种途径。比如，可以考察组合已实现的收益水平是否高于与其所承担的风险水平相匹配的收益水平，也可以考察组合承受单位风险所获得的收益水平之高低。

本节主要介绍基于风险调整的思想而建立的专门用于评价证券投资组合优劣的风险调整指标。

一、夏普业绩指数

夏普（Sharpe）业绩指数是1966年由夏普提出的，它以资本市场线为基准，计算每承担一个单位的总风险所获得的风险补偿额的大小，其计算公式为：

$$s_p=\frac{r_p\quad r_f}{\sigma_p}$$

式中：s_p为Sharpe指数；r_p为证券组合P的实际平均收益率。

在图形上，一个证券的Sharpe指数是连接证券组合与无风险资产的直线的斜率，如图14-10所示。

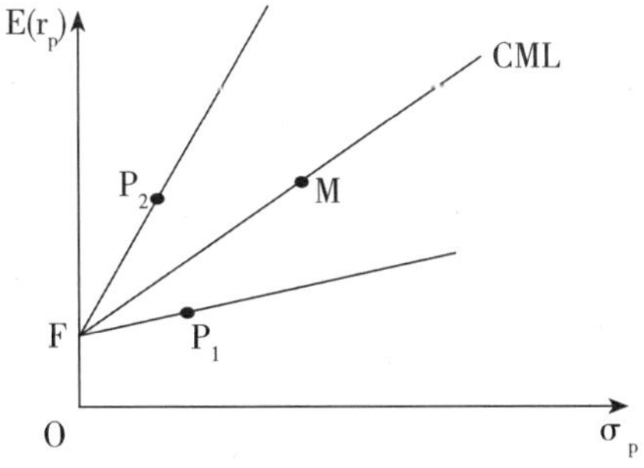

图14-10　Sharpe业绩指数

将投资组合与市场组合的Sharpe指数比较来衡量组合投资的业绩，较高的Sharpe指数（图14-10中P_2）表明该管理者经营得比市场好，而较低的Sharpe指数（图14-10中P_1）表明该管理者经营得比市场差。前者的组合位于资本市场线上方，后者的组合则位于资本市场线下方。位于资本市场线上的组合的Sharpe指数与市场组合的Sharpe指数均相等，表明管理具有中等绩效。

二、特雷诺业绩指数

特雷诺（Treynor）业绩指数是1965年由特雷诺提出的，他想创建一个适用于所有投资者，无论其风险偏好如何的业绩衡量尺度。他假定风险由两部分组成：一是由于整个市场波动而产生的风险；二是由于组合中单个证券的波动而产生的风险。他在证券市场线的基础上侧重于考核因承担系统风险而得到的收益，指出证券市场线的斜率可以衡量一个投资组合的收益相对整个市场收益的波动性，这一斜率是该投资组合的β系数。他指出，理性的风险规避型的投资者总是倾向于那些具有较大斜率的投资组合可行线，原因是具有较高斜率的可行线能使投资者位于效用较高的无差异曲线上。这种投资组合可行线的斜率用Treynor的第一个字母T来表示，其公式为：

$$T_P=\frac{r_p-r_f}{\beta_p} \tag{14.5}$$

式中：T_p为Treynor指数；r_p为证券组合P的实际平均水平。

在图形上，一个证券组合的Treynor指数是连接证券组合与无风险证券的直线的斜率，如图14-11所示。

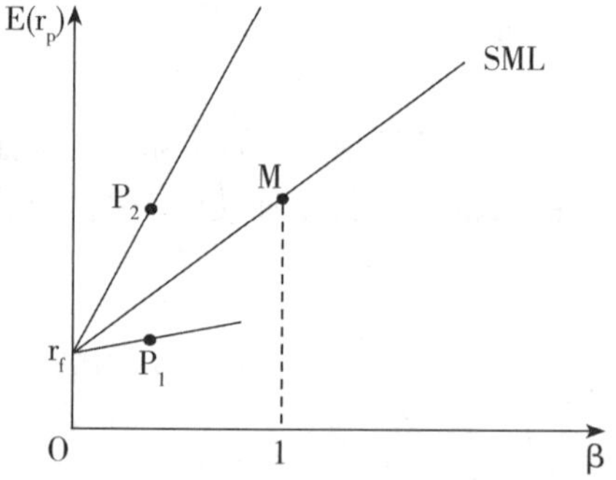

图14-11 Treynor业绩评估指数

当这一斜率大于证券市场线的斜率（$T_P>T_m$）时（如图14-11中P_2），投资组合位于证券市场线上方，表明该投资组合具有优秀的风险调整业绩，即投资组合的绩效好于市场绩效；相反，斜率小于证券市场线的斜率（$T_p<T_m$）时（如图14-11中P_1），投资组合位于证券市场线下方，表明该投资组合的绩效不如市场绩效。

Treynor业绩指数衡量尺度与Sharpe业绩指数有明显相似之处，因为等式中的分子为投资组合的风险溢价，所以该衡量尺度也反映每单位的风险溢价收益，不同之处在于分子不同，Sharpe业绩指数衡量尺度采用收益标准差作为风险衡量标准，而Treynor业绩指数衡量尺度所采用的却是β值（系统风险），这样，Sharpe业绩指数衡量尺度是从收益和风险水平两方面来评价投资组合的业绩。

对于一个完全分散的投资组合来说（即不存在非系统风险），两种衡量尺度对投资组合评价的结果是相同的，因为完全分散的投资组合的总方差就是它的系统方差。另外，一个分散水平很低的投资组合的业绩，采用Treynor的衡量尺度评价时会很高，而采用Sharpe衡量尺度评价则会很低。这两种测量尺度评价结果的差别是由分散水平不同而直接造成的。

这两种业绩衡量尺度提供了关于业绩的相互补充但却不同的信息，所以应同时使用这两种衡量尺度。如果评价的是一组分散水平很高的投资组合，这两种衡量尺度评价的结果是一致的。

Treynor和Sharpe衡量尺度的缺点是它们对投资组合业绩的评价是一个相对结果，而不是绝对结果。我们不能确定的是，这种差别在统计上的显著性如何。

三、詹森业绩指数

詹森（Jensen）业绩指数是1969年由詹森提出的，它以证券市场线为基准，指数值实际上就是证券组合的实际平均收益率与由证券市场线所给出的该证券组合的期望收益率之间的差。其公式为：

$$J_P=r_P-[r_F+(r_M-r_F)\beta_P] \tag{14.6}$$

式中：J_p为Jensen指数；r_p为证券组合P的实际平均收益率。

可见，Jensen指数就是证券组合所获得的高于市场的那部分风险溢价，风险由β系数测定。

在图形上，Jensen指数值代表证券组合与证券市场线之间的垂直落差，Jensen业绩指数如图14-12所示。

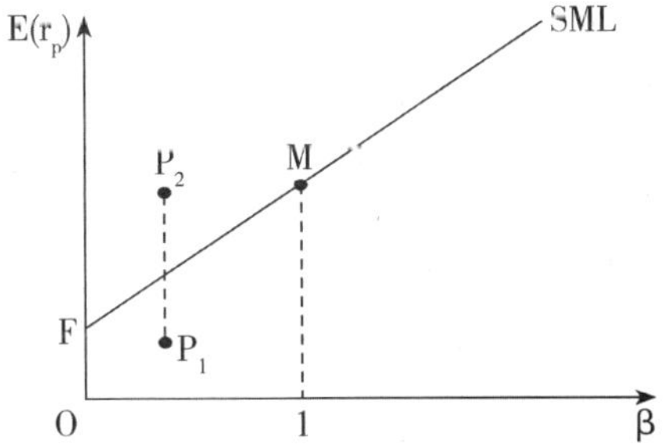

图14-12　Jensen业绩指数

从图14-12中可以看出，如果证券组合的Jensen指数为正，则其位于证券市场线的上方（如P_2），落差大于0，表明业绩较好；如果组合的Jensen指数为负（如P_1），则其位于证券市场线的下方，落差小于0，表明绩效不好。

四、业绩评估应注意的问题

使用Treynor指数、Sharpe指数以及Jensen指数评价组合业绩固然有其合理性，但也不能忽视这些评价方法的不足。这种不足主要表现在三个方面：

其一，三类指数均以资本资产定价模型为基础，后者隐含与现实环境相差较大的理论假设。这可能导致评价结果失真。

其二，三类指数中都含有用于测度风险的指标，而计算这些风险指标有赖于样本的选择。这可能导致基于不同的样本选择所得到的评估结果不同，也不具有可比性。

其三，三类指数的计算均与市场组合发生直接或间接关系，而现实中用于替代市场组合的证券价格指数具有多样性。这同样会导致基于不同市场指数所得到的评估结果不同，也不具有可比性。

正因为如此，实际应用中应当注意评估指数在理论假设方面存在的局限性、在组合风险估值和市场指数选择方面的多样性，并多做一些研究，在实践中不断摸索，以获得更为科学的评价结果。

【案例】 昔日私募冠军创势翔被基金业协会注销[①]

广州创势翔投资有限公司（以下简称创势翔）曾风光无限。其2009年成立，2013年作为私募黑马冠军横空出世，重仓乐视网和掌趣科技，以超120%的收益，力压当年徐翔90%的收益，登上私募冠军宝座。凭借着12月不断轮动操作热点板块，创势翔单月获得57.42%的高收益，2014年年度收益达300.80%，卫冕2014年冠军，打破私募冠军魔咒，成为私募界首个两连冠。

然而好景不长，2016年，创势翔便因踩雷欣泰电气巨亏了2个亿，随后销声匿迹。2019年5月25日，中国证券投资基金业协会（以下简称“协会”）宣布注销20家异常经营私募基金管理人登记。在这20家机构中，昔日私募冠军创势翔在列。

豪赌欣泰电气失败或是创势翔被注销的导火索。

欣泰电气2016年3月份公告显示，创势翔在2016年3月1日至3月18日，以13.28元的增持均价买入约859.11万股欣泰电气，耗资约1.14亿元，持股比例达5.008%，并成为欣泰电气第三大股东。此后，在2016年3月30日至4月20日，创势翔以14.02元的增持均价继续买入约856.47万股欣泰电气，耗资约1.2亿元，增持比例4.992%，总持股比例达到10%，成为欣泰电气第二大股东。

值得注意的是，欣泰电气早在2015年7月便发布了股票存在暂停上市风险的提示性公告，指出公司因涉嫌信息披露违法违规被中国证监会立案调查。

创势翔的豪赌很快尝到了苦果。欣泰电气2016年7月收到证监会“行政处罚决定书”及“市场禁入决定书”，7月12日股票复牌后连续11个“一字”跌停，7月27日打开跌停后次日继续下跌，至2016年8月22日，欣泰电气收盘价仅为3.03元。

2017年7月，欣泰电气公告显示，公司于2017年6月23日收到深圳证券交易所关于终止

① 中国证券投资基金业协会．关于注销20家异常经营私募基金管理人登记的公告［EB/OL］．［2019-05-25］．http：//www.amac.org.cn/cms/article/preview？ID=394022；佚名．创势翔创始人30岁财务自由 35岁私募冠军！如今踩雷被罚后注销［EB/OL］．（2019-05-25）.http：//simu.jrj.com.cn/2019/05/25162027622066.shtml.

公司股票上市的决定，自2017年7月17日起，公司股票交易进入退市整理期。欣泰电气股价走势如图14-13所示。

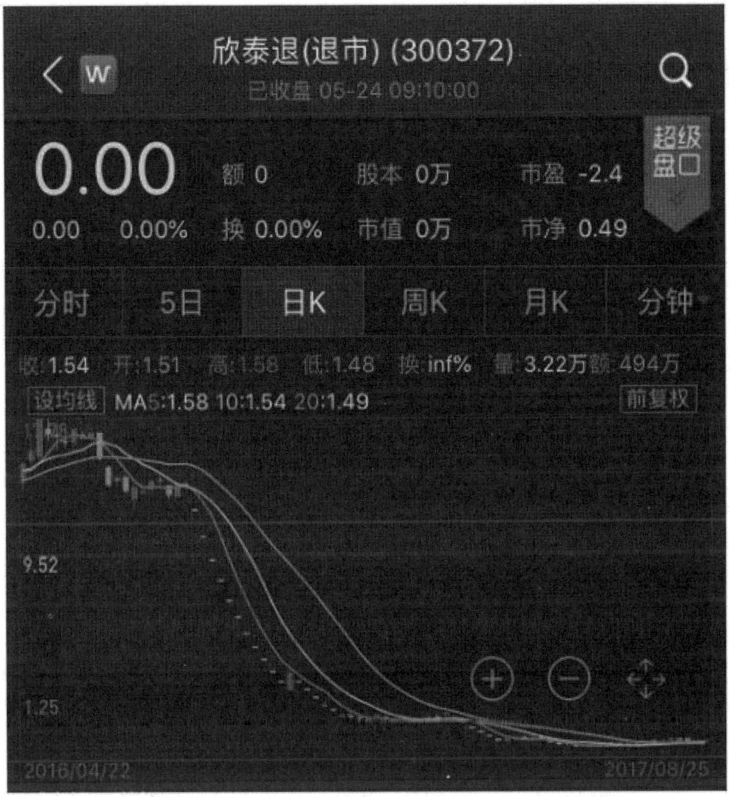

图14-13　欣泰电气日k线图（2016/04/22—2017/08/25）

深陷欣泰电气退市整理事件之际，创势翔还于2016年受到证监会处罚。

证监会2016年11月发布的行政处罚决定书显示，创势翔在2015年7月17日至8月26日期间，利用其实际控制的“粤财信托—创势翔盛世”等37个账户，通过连续交易、开盘虚假申报、尾市拉抬等方式，影响“辉丰股份”“汉缆股份”“国农科技”“天广消防”“富临精工”“广博股份”6只股票的股价和交易量。创势翔的上述行为违反了《中华人民共和国证券法》第77条第1款第（1）项、第（4）项的规定，有操纵证券市场的行为。依据《中华人民共和国证券法》第203条的规定，证监会决定没收创势翔违法所得2 073.8万元，并处以6 221.5万元的罚款；对直接责任人创势翔董事长兼投资总监黄平给予警告，并处以60万元罚款；对其他责任人员创势翔交易主管张毅给予警告，并处以10万元罚款。

2亿元豪赌欣泰电气失败、因操纵市场受罚超6 000万元、合规风控不合格，创势翔的失败，或许并不令人意外。

案例思考：结合该案例，谈谈你对证券组合投资业绩评价方法的认识。

本章基本概念

有效市场　证券投资组合理论　可行区域　有效边界　资本市场线　证券市场线　詹森业绩指数　特雷诺业绩指数　夏普业绩指数

复习思考题

1．有效市场给我们带来什么启示？

2．效率市场如何分类？

3．什么是组合投资？构建组合投资有何意义？

4．马科维茨均值方差模型的前提假设条件是什么？

5．使用马科维茨均值方差模型进行投资分析的基本步骤如何？

6．资本资产定价模型的基本假设以及它的最终结论是什么？

7．绩效评估的基本方法有哪些？试比较这些方法的异同。

8．计算题

（1）假设无风险收益率为3%，市场已处于资本资产定价模型所描述的均衡状态。如果已知市场上有一种风险证券，其期望收益率为6%、β系数为0.5，那么，β系数为1.5的证券的期望收益率是多少？

（2）某投资基金2022年的实际收益率是7.2%，经估算该投资基金的标准差为10%，它的β系数为0.9，市场组合的实际收益率是8%，标准差为14%。试用三种指数评价该投资基金的业绩。假设无风险收益率为5%。

学习资料推荐

■你可以登录各家基金公司网站了解更多基金资产组合投资情况，如华夏大盘精选混合基金（000011）资产组合投资。

■你可以登录晨星网，了解对基金资产组合投资业绩的评价方法。

■你还可以登录中国证券投资基金业协会官网，了解基金评价理论、方法、标准以及各大评级机构的标价结果等。

第四篇　市场管理篇

第十五章
证券市场法规制度与监管

本章提要

中外证券市场发展历史上的风风雨雨，告诫我们证券市场的发展对国民经济具有双刃剑的作用，也从另一个侧面证明了加强证券市场监管的必要性。本章通过典型案例阐述了证券监管的意义及市场诚信建设的重要性，重点介绍西方各国证券监管法律体系的模式及特点，阐述证券市场监管要素及中国证券业从业人员的资格管理规定。

第一节　证券监管的目的

尽管证券市场引领着人类经济的一次次进步，但是，证券市场毕竟是一个利益的角斗场，方方面面的市场参与者在这里追逐着各自的利益。于是，谁来捍卫竞争中的公平，用怎样的手段遏制逐利者可能使用的欺诈行为，这也是股票市场发展历程中一个永无休止的话题。

【实例1】法国的密西西比公司事件

18世纪初期，有一个名叫John Law的苏格兰人，他在本国杀了人，逃往法国巴黎居住。此人善于交际、精于赌博，在上流社会很吃得开。1715年法国国王路易十四去世，新王年幼，由叔父奥尔良大公摄政。那时的法国兵祸连年，政府负债累累，国民经济百业不兴，濒临崩溃。John Law虽是赌徒和冒险家，却颇有些经济头脑，他向摄政的奥尔良大公建议，成立国家银行，发行纸币代替金银为通货，从而加大了信用膨胀，带来了工商企业的复兴，一时很见功效，为此备受奥尔良大公的器重。借此机会，他组织创立了"密西西比公司"，独占了法国对美洲大陆密西西比河流域的开发权。公司成立时发行了1亿法郎的股票，每股500法郎。由于这笔钱事先已有盟约，计划要转借给法国政府使用，所以，公司每年只能使用政府支付的借款利息。但是，为了提高公众的认股兴趣，公司尽其所能宣传这块处女地的富庶。但是到了1719年，该公司的股票下跌到300法郎一股，这时他们耍了一个花招，宣布6个月后公司将用500法郎一股把市场上的股票买回，接着公司又从政府那里得到许多经营特权，于是该公司的股票价格开始大肆上涨。趁此时机，公司又

本章建议阅读资料：

1.中国证券业协会．证券业从业资格考试统编教材——金融市场基础知识［M］．北京：中国财政经济出版社，2020.

2.中国证券业协会．证券业从业资格考试统编教材——证券市场基本法律法规［M］．北京：中国财政经济出版社，2020.

3.张光平．巴林银行倒闭与金融衍生工具［M］．上海：上海人民出版社，2003.

4.凌华薇，王烁．银广夏陷阱［J］．财经．2001（8）．

将15亿法郎借给政府用以还清国债，这样一来，一方面公司声誉大增，另一方面公众得知政府的债务能清还，可以有钱来买股票，于是公司的股票价格又一次暴涨，最高时竟达到18 000法郎一股。当时股票交易在一条小巷进行，沿街生意利市百倍，连街上的补鞋匠都发了财。据说每天从欧洲其他国家来这里参加交易的竟有30多万人。有一个脚夫经主人吩咐以8 000法郎一股买入250股，但到手不久就被人以10 000法郎一股购去，转手之间就赚了50万法郎。许多人来这里大肆从事股票投机，不久就成了百万富翁。据说“百万富翁”一词就是从那时开始使用的。但是好景不长，由于通货膨胀，物价大涨，不久大家就争着脱手股票换取现金购买实物，结果股价一落千丈，投资人蒙受了巨大的经济损失，连整个国家经济也濒临崩溃了。

【实例2】英国南海公司事件

1711年英国的一群商人与许多贵族组建了“南海公司”（South Sea Company），所谓南海就是现在的拉丁美洲，公司的目的是向南美洲进行贸易扩张。该公司获得了南美贸易的专利，进行垄断经营。然而，公司成立之后的8年间，除了无休止地向南美洲贩运黑奴之外，几乎没干过一件能够盈利的事。

到了1718年，英国皇家的气派依然豪华，但在这雍容华贵的背后，其国家债务总额已经累积到了3 100万英镑。1720年，南海公司向国会建议由他们负责承担国债，以换取若干特权。根据他们的建议，凡是持有国债者可直接换取南海公司的股票。由于国会议员大多数都得到了该公司的贿赂，因此他们的建议很容易就在国会中通过了。

在政府的默许下，公司管理层为南海公司编造了一个又一个美妙的故事，宣称在这个地区公司发现了金矿、银矿、香料，如何赚钱。没有人知道南海公司到底在做什么，只知道这家公司能够赚大钱，是很好的投资对象。当时弥漫着一种狂热的气氛，人们争先恐后购买股票，像牛顿这样理智的科学家也购买了南海公司的股票。失去理性的狂热大众，使南海公司的股价迅速飙升。据历史记载，该公司的股票在1720年3月到9月短短半年的时间里，价格一举从每股330英镑涨到了1 050英镑。而当时的政府成员，他们也许可以被称为最早的内幕交易者，在股价越涨越高的时候，卖掉了所持的股票。消息走漏后，立即引起股价暴跌，引发了南海泡沫的破灭。到12月份每股股价已经跌到125英镑，数以千计的中小投资者损失惨重。南海公司事件除了其本身给公众及社会造成了极大的危害外，它的波及性影响给社会造成的危害更大。

当时英国的财政部长在南海公司的内幕交易中，为自己赚取了90万英镑的巨款。丑闻败露之后，他被关进了著名的英国皇家监狱——伦敦塔。但是，比他更悲惨的却是那些不知情的投资人，如科学家牛顿，他在南海泡沫中的损失超过了2万英镑，事后，他不无伤感地写道："我可以准确地计算出天体的运动规律，但我却无法计算出股票市场的变化趋势。"英国的经济也为此付出了惨重的代价，南海泡沫的破灭让神圣的政府信用随之破灭了，英国没人再敢问津股票。从那以后，整整100年间，英国没有发行过一张股票，从而为发达的英国股市历史留下了一段耐人寻味的空白。

【实例3】美国1929年证券市场大动荡

美国由于第一次世界大战后经济的繁荣，股价从1924年后就逐步上升，到1927年涨势加剧，证券信用放款超过35亿美元，1928年上半年证券市场的投机越发厉害。由于一小群投机者的诱导，汽车及收音机的股价大升，投机气氛感染全国。到1929年夏天，股票投机愈演愈烈，股价与现实完全脱节；当时以信用方式购买证券的就有百万人之多，信用放款利息高达12%~15%，总额达70亿美元，银行、公司及外国资金纷纷流入华尔街，到9月，股票价格进入最高峰。但跨入10月股票价格开始下跌，不久就呈现出一发不可收拾的局面，整个美国证券市场马上进入一场大恐慌、大动荡。伴随股市的暴跌，美国经济也随之陷入了困境。据说当时纽约街头每天排队领面包的人竟有一两千人，投资人的损失难以计算。据统计，1920—1933年间发行的证券总值为500多亿美元，到1933年有一半变成了一文不值的废纸。1929年9月1日纽约证券交易所上市证券总值890亿美元，两年半以后只值150亿美元。此次股市暴跌，引发了资本主义世界最严重的一次经济危机。当时千百家企业、银行破产倒闭，成千上万的失业者沦落街头，无数家庭为无隔夜粮而愁苦，成为股票历史上惨痛的一幕。

【实例4】美国华尔街"黑色星期一"风暴

历史将永远记住这个令人心惊胆战的日子：1987年10月19日，星期一。这的确是不平常的一天，上午9点，位于华尔街11号的美国纽约证券交易所开市了，营业大厅里人头攒动、荧屏闪烁。突然间，就像平静的海面上旋起了一阵龙卷风，股票价格发生了大幅度的跌落，一时间股民们发疯般竞相抛售。大厅里人们几乎用同一个声音在吼叫：抛出!抛出!开盘仅3个小时后，道・琼斯工业股票价格指数就下跌了508.32点，下跌幅度为22.62%，成为自第一次世界大战以来美国股票市场上最大一次下跌，远远超过了1929年10月28日那一天12.8%的跌幅。顷刻间，华尔街一片混乱，纸片飞扬，喊声震天。22.62%的跌幅意味着持股者手中的股票一天之内就贬值两成多，即大众的5 000亿美元资产瞬间随风而去，相当于美国全年国内生产总值的1/8。

纽约上空这阵股市龙卷风不仅立即影响到芝加哥等美国其他城市的证券市场，而且很快就掀起了全球性的风暴。首先被牵动的是与纽约仅有5小时时差的英国伦敦股市。《金融时报》100种股票价格指数当天就下跌10.8%，损失450亿英镑，次日跌势有增无减，又损失了500多亿英镑。随后，太平洋西岸的东京股票市场也狂风骤起，225种日经股票平均指数继10月19日下跌4%以后，20日出现了历史性暴跌，一天之内净跌3 836.48点，收盘时降至21 910.8点，跌幅达14.9%，资产价值损失约4 000多亿美元，创历史最高纪录。紧接着香港股市恒生指数一天内陡降420.81点，跌幅达11%，也创历史最高纪录。除了这四大金融中心外，其他主要股市也发生了空前的暴跌。当日法国巴黎股市下跌了9.7%，米兰股市下跌了6.26%，荷兰股市下跌了12%，比利时股市下跌了11.15%，悉尼股市下跌了25%。

星期一，本来是个极其普通的日子，但这一天股市的风暴给它赋予了黑色的、灾难性的色调。“黑色星期一”导致了许多人陷入绝境而自杀身亡。58岁的美国人维隆·兰伯格因股价暴跌损失50万美元，由于无力偿还欠下的巨额债务，在旅馆用煤气自杀。贝特曼是一家金融机构的副总裁，华尔街股市的大崩溃使他陷入绝境，他知道大势已去，即使赔上自己的整个家产也无法偿还股票买卖的巨额亏损，于是在绝望之际从纽约一幢32层的高楼上纵身跳下，告别了这个纷繁的世界。亚瑟·凯思这位股票投机人，几年来曾靠股票投机赚取了百万家财，但在“黑色星期一”的风暴中，一夜之间就赔了1 000多万美元，在债主催逼之下，他开枪打死了证券公司的副总经理，打伤了自己的经纪人，然后开枪自杀。

“黑色星期一”股市风暴对美国的整个国民经济也产生了巨大的影响。美国有三家股票经纪公司倒闭，几百名经纪人和律师失业，硅谷等高科技产业的投资受到严重制约，社会消费水平普遍锐减，美元在世界金融市场的地位进一步下降。

【启示】

国外证券市场发展史上的风风雨雨告诫我们，证券市场的发展对国民经济具有双刃剑的作用，也从另一个侧面证明了加强证券市场管理的必要性。而实际上世界许多国家的证券管理立法也正是经受了这些事件后才得以重视和确立。英国南海公司事件的直接结果是1720年“BUBBLE ACT”法的严格实施。1929年证券市场动荡在经济上给美国政府的严重打击，迫使总统罗斯福亲自向国会提议，通过严格立法来加强对证券市场的管理。美国的《证券法》《证券交易法》《证券投资者保护法》《信托契约法》《投资公司法》等一系列法律文件在1933年之后相继问世了，它们的实施让整个证券市场踏上了一条规范发展的道路。

第二节 证券市场法律法规概述

为了使证券市场健康发展，必须防止证券市场隐藏的欺诈行为、人为操纵市场、内幕交易、不良投机等缺陷，以使证券市场发挥最大效能，从而培养投资者的信心，促进经济发展。世界各国都先后颁布了有关的证券管理法律。根据西方国家证券法规的特点，可将各国证券管理的法律大体分为三个体系——美国体系、英国体系、欧洲大陆体系。

一、美国体系

美国证券市场的法律体系建设是在1929年的股灾之后开始的。1932年罗斯福当政之后，接受了凯恩斯主义的经济学理论，强调政府对宏观经济的调控作用，开创了美国经济历史上的一个全新的时代。一系列完整的有关证券市场的法律法规，在他推行新政的过程中问世了：1933年的《证券法》、1934年的《证券交易法》、1935年的《公共事业控股公司法》。之后，美国又推出了1939年《信托契约法》、1940年《投资公司法》，以及1970年《证券投资者保护法》。这些法律由联邦证券交易委员会负责统一执行。此外，各州都制定了本州的证券法，即“蓝天法”。在政府的监督下，证券商自律性组织保留相当的自律权力，可以制定证券交易规则，从而形成了联邦立法、州立法和自律组织规则这样一个完整的证券法律体系，并注重公开原则，通过强制性的手段保护投资者的知情权。美国证券法体系在世界上最具代表性。采用该体系的国家有日本、加拿大、菲律宾等。

二、英国体系

英国证券法律制度源于普通法，它体现在证券立法中最主要的特点是没有专门的证券法律法规，而是由《公司法》中有关公开说明书的规定、有关证券商的登记、防止欺诈条例和有关资本发行的管理等法规组成，对证券交易所及其会员则采取本身自律为主的态度。英国证券市场的自律管理体系是以下列三个机构为基础确立起来的：一是英国证券交易所协会；二是收购和兼并问题专门小组；三是证券业理事会。这些机构负责制定并实施有关证券发行、证券交易等活动的规则，大家定规矩，大家来遵守，这就是自律的基本模式。传统上，伦敦证券交易所是完全自律的，不受政府的干预。

英国的证券市场是世界上最为古老的证券市场，伦敦证券交易所对本所的业务有严格的交易规定，并且拥有较高水准的专业性证券商和采取严格的注册制度和公开说明书制度，且其一套完善的自律监管体系经历了数百年的市场磨合与考验。因此，英国基本上可以依靠自律性组织去完成市场的监管任务。许多英联邦的成员国都采用了这一法律体系。

但后来，许多英联邦国家或地区在公开原则与证券商的监管方面也采用了美国的一些做法。例如，1967年英国新的《公司法》和1986年《金融服务法》中有关证券方面的条例，在某些方面就效仿美国证券法中的类似规定；另外，1997年，英国金融监管局宣告成立，它不仅监管着英国的货币市场和银行体系，同时也担负着证券市场监管的义务。

三、欧洲大陆体系

欧洲各国对证券市场采用严格的实质性管理，并在公司法里规定有关新公司成立与证券交易等方面的规章。欧洲大陆体系对证券发行人的特殊利益有所限制，它要求公司股东的实际出资一律公平，这一点比美、英体系要严格。但在公开原则的实行方面，欧洲大陆体系做得不够。比如证券的发行人通常只在招股说明书中对公司章程与证券的内容稍作披露，缺少充分的公开。此外，采用该体系的部分国家还缺少对证券进行全面性管理的专门机构。采用该体系的国家除欧洲大陆的西方国家外，还有拉丁美洲和亚洲的一些国家。

第三节　证券市场监管体系及内容

一、监管原则

1.保护投资者利益原则

投资者保护不仅关系到资本市场的规范和发展，也关系到整个经济的稳定增长。投资者，尤其是中小投资者，由于信息不对称、持股比例小，相对于控股股东和管理层处于弱势地位，因此，需要重点保护。投资者被保护得好，他们对市场就有信心，入市的资金和人数就多。从资本市场的发展历程来看，保护投资者利益，让投资者树立信心，是培育和发展市场的重要一环，是监管部门的首要任务和宗旨。国际研究表明，一国或地区对投资者保护得越好，资本市场就越发达，抵抗金融风险的能力就越强，对经济增长的促进作用也就越大。投资者保护不仅在我国有很强的现实性，同时也是全球的一个共性问题。即使在成熟的市场上，侵害中小投资者利益的事件也时有发生，因此，维护中小投资者的利益是证券市场公平的前提。严厉打击损害中小投资者利益的行为，全力维护市场的“三公”，是各国证券监管的首要任务。

2.“三公”原则

“三公”原则，即公开原则、公平原则和公正原则。

（1）公开原则：要求证券市场具有充分的透明度，以实现市场信息的公开化。

（2）公平原则：要求证券市场不存在歧视，参与市场的主体具有完全平等的权利。

（3）公正原则：要求证券监管部门在公开、公平原则基础上，对一切被监管对象给予公正待遇。

对市场的监管者来说，“公开”是最为重要的原则，没有“公开”就无所谓“公平”；没有“公开”也不可能“公正”。正是这样一个简单但却十分深刻的道理，揭示出资本市场监管核心就是实施强制性信息披露制度。

3.监督与自律相结合原则

这一原则是指在加强政府、证券主管机构对证券市场监管的同时，也要加强从业者的自我约束、自我教育和自我管理。国家对证券市场的监管是证券市场健康发展的保证，而证券从业人员的自我管理是证券市场正常运行的基础。国家监督与自我管理相结合的原则是世界各国共同奉行的原则。

二、证券市场监管的要素

1.监管主体

从监管实践上看，实施证券监管活动的主体是多元化的，可以是国家证券监督管理机构，也可以是证券业协会或证券交易商协会或证券交易所等机构，一般根据各国的具体情况而定。证券市场监管大多是由政府、行业协会和交易所共同完成的。

2.监管目标

证券市场监管的目标在于：运用和发挥证券市场机制的积极作用，限制其消极作用；保护投资者权益，保障合法的证券交易活动，监督证券中介机构依法经营；防止人为操纵、欺诈等不法行为，维持证券市场的正常秩序；根据国家宏观经济管理的需要，运用灵活多样的方式，调控证券发行规模与证券交易规模等。国际证监会组织公布了证券监管的三个目标：保护投资者；保证证券市场公平、效率和透明；降低系统风险。

3.监管对象和内容

监管的对象是证券市场，包括证券市场的参与者和他们在证券市场的活动和行为。证券监管的内容包括证券发行、成交、交易、代理、咨询、融资融券活动及参与者之间的关系等。目前中国主要对证券市场的信息披露、市场操纵、欺诈行为、内幕交易四个方面进行监管。

4.监管手段

（1）法律手段，是通过建立完善的证券法律、法规体系和严格执法来实现的。这是证券市场监管部门的主要手段，具有较强的威慑力和约束力。

（2）经济手段，是通过利率政策、公开市场业务、税收政策等经济手段，对证券市场进行干预。这种手段相对比较灵活，但调节过程可能较慢，存在时滞。

（3）行政手段，是指通过制订计划、政策等对证券市场进行行政干预。这种手段比较直接，但运用不当可能违背市场规律，无法发挥作用甚至会遭到惩罚。一般多在证券市场发展初期，法制尚不健全、市场机制尚未理顺或遇突发事件时使用。

【实例5】四川明星电力——“负翁”何以变“富翁”①

2006年9月4日，四川明星电力股份有限公司（以下简称明星电力）原董事长周益明锒铛入狱，但针对明星电力国有股权转让引发的案件侦查并没有结束。顶着“福布斯最年轻富豪”光环的周益明，在入主明星电力时净资产实际为负数，那么

① 蒋作平，谭浩，江毅．四川明星电力——“负翁”何以变“富翁”［EB/OL］．（2006-09-04）．http：//finance.qq.com/a/20060904/000301.htm.

他是如何取得明星电力价值3.8亿元控股权的呢？

“新华视点”记者通过深入调查，一幅“民营企业家”掏空国有上市公司的犯罪流程图跃然纸上：第一步，中介机构疯狂造假，一夜之间虚构出周益明27亿元的身价；第二步，银行高管出谋划策，让周益明用贷款收购股权；第三步，国有股权转让决策草率，引狼入室；第四步，国企高管内外勾结，放任周益明大肆侵吞国有资产。这四步欺诈术其实并不高明，但是几乎所有监管环节都被击穿，周益明顺利地实现了“空手套白狼”，涉案金额高达7.6亿元。

第一步：11万元买来27亿元身价。

明星电力是遂宁市380万人口水、电、气的主要供应商。2002年8月，周益明得知明星电力欲转让28.14%的国有股，价值为3.8亿元。当时的明星电力没有外债，企业流动资金达1亿元，良好的资产状况引起了他的强烈兴趣。

周益明立即着手组建深圳市明伦集团并与遂宁市接洽，但当时他的净资产实际为负数，而按照规定，收购上市公司的资金不能超过集团公司净资产的50%，周益明和他的明伦集团根本没有资格和实力收购明星电力股份，这似乎是个“不可能完成的任务”。

为了取得收购资格，2003年3月，周益明让人找到深圳市中喜会计师事务所，要将公司净资产做到10亿元以上。在拿到公司资料的第二天，这家事务所就做出了一份总资产27亿元、净资产12亿元的2002年年度资产审计报告。更离谱的是，由于收购上市公司需要有连续2年的财务审计报告，中喜会计师事务所又补充了一份2001年度的假审计报告。

周益明一夜之间从“负翁”变成了“身价27亿元的富翁”，付出的代价仅仅是给了中喜会计师事务所11万元业务费。

中喜会计师事务所所长吴光影承认，整个审计报告出炉过程中，事务所根本没有派人到明伦集团进行资产核对，在此之前他甚至都没听说过有明伦集团这么一家公司。事实上，这家于1995年成立的会计师事务所曾因违规受到过警告处分，后于2005年更名，同年又因违规被注销。多年来，这样一个屡次违规的会计师事务所却一直活跃在这一行业。据公安机关透露，中喜会计师事务所2年内出具的虚假审计报告竟然多达5 000份。

第二步：银行高管出谋划策，贷款成为收购资金。

在明星电力案中，银行内部“潜规则”被周益明发挥得淋漓尽致，他不仅用银行贷款组建了集团公司，还凭借与几个银行高管的“深交”，违法获取贷款直接用作收购资金。

据遂宁市公安机关侦查，2002年8月，周益明得知明星电力部分股权将转让的消息时，他的企业还只是深圳市明伦实业有限公司，周益明一边虚构明伦集团与遂宁市洽谈收购事宜，一边临时组建所谓的集团公司。他先以10万元买来深圳某公司，用8 000万元银行贷款进行反复倒账，虚增母公司及7个子公司的注册资本金3亿元，直到2002年12月，明伦集团才正式完成了市场监管登记注册。

此时的周益明可谓“万事俱备，只欠东风”。虽然顶着“27亿元身价”的光环，但他仍拿不出一分钱来收购明星电力股权，他的眼睛又盯在了银行贷款上。而按证券市场管理的有关规定，银行贷款严禁用于上市公司收购，这似乎又是个“不可能完成的任务”，但周益明与银行高管的“深交”发挥了关键作用。

据公安机关侦查，周益明与时任华夏银行广州分行行长郭某和上海浦东发展银行深圳罗湖支行行长韩某等人“交情匪浅”。郭某曾接受过周益明的两台高级小轿车，逢年过节还有银行卡等“过节费”可拿，周还曾许诺送他一栋别墅。而韩某曾为了增加银行存款业绩，找周益明帮过不少忙，韩也在其中得到“政绩”和“实惠”。

据郭、韩等交代，2003年周益明向他们明确提出收购明星电力资金上有缺口，希望他们能“支持一下”。但银行资金不得用于上市公司收购，为了规避监管，华夏银行广州分行、浦发银行深圳罗湖支行及广发银行深圳分行春风路支行都做了一个“过桥贷款”的方案：以企业流动资金的名义给周益明放贷，使得他获得了3.8亿元资金，完成了“空手套白狼”式的资本运作。

第三步：“瞎子”、“聋子”和“家贼”。

在股权转让前，遂宁市曾派出考察组到深圳市考察明伦集团。周益明经过精心安排，带着他们到自己合作伙伴的企业参观，并称是自己的企业。这样赤裸裸的欺诈，竟然成功地蒙混过关。

许多当地干部表示，揭穿周益明的骗术其实并不难。明伦集团号称有27亿元总资产，那样大的规模总该有各方面的数据和事实支撑。只要到当地市场监管部门查一下注册资本金，到税务部门查一下税收，到企业库房看一看产品，参观企业时看一下营业执照，就不难发现明伦集团的真面目。

中喜会计师事务所出具的两份审计报告，粗略一看就漏洞百出，如反映2002年“借款”一项，期末数有13笔，其中上千万元的就达10笔，5 000万元的就有2笔，但合计仅313多万元。如此漏洞百出的假报告，竟成了“购买”明星电力的“通行证”。

而据案发后对周益明提供的这两份假报告的重新审计，2002年年底明伦集团的总负债已高达2.8亿元，净资产实际为-6 477万元。事实上，遂宁当地干部对记者透露，当时曾有人提出，明伦集团到底有没有实力，不能光凭周益明提供的审计报告下结论，应该聘请会计师事务所重新审计一下，但建议最终没有被采纳。

第四步：国有资产流失。

周益明在被捕后交代，他原本打算“捞”上几亿元后，就让明伦集团破产，以便抽身退出。他在入主公司后不到4个月，就从明星电力划走了5亿元。然而面对这样庞大的可疑资金的流出，作为公司国有股代表的总经理周某不仅没有履行自己的监管职责，反而收受周益明的贿赂，坐看国有资产大量流失。

判决结果：

1.明星电力原总经理已被“双规”，初步查明其收受贿赂达百万元以上。

2.2006年12月1日，四川省遂宁市中级人民法院一审以合同诈骗罪，判处四川明星电力股份有限公司原大股东、深圳市明伦集团有限公司董事长周益明无期徒刑，并处没收个人全部财产，剥夺政治权利终身。深圳市明伦集团犯合同诈骗罪，判处罚金5 000万元人民币。其余5名被告犯合同诈骗罪，分别被判处有期徒刑3年到5年，并处罚金10万元至20万元。

3.2007年4月2日，四川省高级人民法院终审裁定：依照《中华人民共和国刑事诉讼法》第一百八十九条第（一）项的规定，原判决认定事实和适用法律正确，量刑适当，裁定驳回上诉，维持原判。法院审理认为，被告单位深圳市明伦集团有限公司，被告人周益明、刘文中等人，采取虚构事实、隐瞒真相、提供虚假资产审计报告等手段，并与银行高级管理人员勾结，违规获得银行贷款，骗取了四川明星电力股份有限公司28.14%的控股权，并在控制明星电力后采取多种手段，非法占有公司资金4.63亿元人民币和1 074万美元，共计约5.5亿元人民币。至此，周益明成为中国证券资本市场上第一个以合同诈骗罪被追究其掏空上市公司行为，并被判处无期徒刑的上市公司高管。

三、证券监管制度体制模式

1.集中型监管体制模式

这种监管模式是指政府通过制定专门的证券法规，并设立全国性的证券监管机构，来统一管理全国证券市场。在这种模式下，政府积极参与证券市场管理，并在市场监管中占主导地位，而各种自律性组织，如行业协会则起协助政府监管的作用。美国是这一类监管模式的代表。这类模式的权威性较强，但行政干预过多，自律组织和政府的配合往往难以协调。

2.自律型监管体制模式

这种监管模式是指政府除了一些必要的国家立法之外，很少干预证券市场，对证券市场的监管主要由证券交易所、证券商协会等自律性组织进行，强调自我约束、自我管理的作用。英国是这一类监管模式的代表。这类模式的灵活性、针对性较强，但缺乏强有力的立法后盾，监管软弱。

3.中间型监管体制模式

这种监管模式是指既强调集中立法管理，又强调自律管理，是二者相互渗透、相互结合的产物。它包括二级监管和三级监管两种子模式。二级监管是中央政府和自律机构结合的监管；三级监管是中央、地方两级政府和自律机构结合的监管。德国是这一类监管模式的代表。这种监管可以结合前两种模式的特点，发挥各自优势，使监管更有效率。这种监管模式越来越广泛地得到各国的认同。

4. 中国的监管体制

我国在总结证券市场发展经验教训的基础上，确立了指导证券市场健康发展的“法制、监管、自律、规范”八字方针，基本上建立了证券监管的法律法规框架体系，设有全国性的证券监管机构——中国证券监督管理委员会，同时与国家金融监督管理总局、国家发改委、地方政府及有关部委、地方监管部门共同组成有机整体。从1997年开始，证券交易所由证监会领导，强化了证券市场监管的集中性和国家证券主管机构的监管权力，初步形成了有中国特色的集中统一监管体系。

证监会作为政府对证券市场的监管机构，通常两手抓，一只手抓住信息披露，以规范上市公司行为；另一只手则抓住市场中的自律性组织，以规范市场的交易行为，特别是证券从业人员的职业操守。

四、中国证券市场法律法规

中国证券市场在形成和发展的30多年时间里，出台了大量相关法律法规，基本上建立了证券监管的法律法规框架体系，对市场的规范和有序发展起到了重要作用。这些法律包括：

1.《中华人民共和国公司法》，2018年10月26日第十三届全国人民代表大会常务委员会第六次会议第四次修正。

2.《中华人民共和国证券法》，2019年12月28日第十三届全国人民代表大会常务委员会第十五次会议第二次修订。

3.《中华人民共和国证券投资基金法》，2015年4月24日第十二届全国人民代表大会常务委员会第十四次会议修正。

4.《中华人民共和国刑法》，2020年12月26日，中华人民共和国第十三届全国人民代表大会常务委员会第二十四次会议修正。

5.《中华人民共和国合同法》，1999年3月15日第九届全国人民代表大会第二次会议通过。2021年1月1日起《中华人民共和国民法典》施行，《中华人民共和国合同法》同时废止。

6.《中华人民共和国信托法》，2001年4月28日第九届全国人民代表大会常务委员会第二十一次会议通过。

7.《中华人民共和国反不正当竞争法》，2019年4月23日第十三届全国人民代表大会常务委员会第十次会议修正。

8.《中华人民共和国民法典》，2020年5月28日第十三届全国人民代表大会第三次会议通过。

9.《中华人民共和国民事诉讼法》，2023年9月1日，第十四届全国人民代表大会常务委员会第五次会议修正。

10.《中华人民共和国外商投资法》，2019年3月15日第十三届全国人民代表大会第二次会议通过。

11.《中华人民共和国反洗钱法》，2006年10月31日第十届全国人民代表大会常务委员会第二十四次会议通过。

12.《最高人民法院关于适用〈中华人民共和国公司法〉若干问题的规定（五）》，2019年4月22日由最高人民法院审判委员会第1766次会议通过。

第四节　证券市场诚信建设与证券业从业人员资格管理

一、诚信建设的重要意义

诚信是市场经济有效运转的重要基础，诚信是一个证券从业人员的基本素质。巴林银行倒闭事件就是一个教训。

【实例6】巴林银行倒闭事件

巴林银行作为全球最古老的银行之一，曾经是英国贵族最为信赖的金融机构，成立于1762年。该银行集团主要包括四个部分：一是巴林兄弟公司，主要业务是公司融资、银行业务及国际资本市场交易；二是巴林证券公司，主要从事证券经纪业务；三是巴林基金管理部，该部门代为管理全球400多亿美元的机构及个人基金；四是控制美国一家投资银行Dillon Read 40%的股份。到1993年年底，巴林银行资产额为59亿英镑，在英国列第18位，世界排名第523位。在英国商人银行中，巴林银行曾一直位居榜首，后退居次位。到1994年10月止的半年中，该行盈利5 500万英镑，英国女王伊丽莎白二世也是该行的客户。但是，200多年优异的经营历史，并没有逃过破产的结局，而最令人震惊的是，这样一个惨痛的结局，竟出自一个普通的证券交易员之手。

巴林银行倒闭的直接原因是一名交易员尼克·理森越权使用金融衍生工具。尼克·理森1989年加盟巴林银行，1992年被派往新加坡，成为巴林银行新加坡期货公司总经理。期货交易员难免会有在交易中出现一些错误的情况，因此，他们一般都会开设一个特殊账户，用以暂时存放那些错误的交易，等待适合的行情出现时，再挽回损失。但是，错误账户在尼克·理森的手中改变了用途，他把自己失败的交易记入其中，用以掩盖损失。结果，为了赚回赔掉的钱，尼克·理森的赌局越开越大，以至于到了无法收拾的境地。

尼克·理森授权从日本的股票市场与利率市场中套利，在一个市场买进一种金融工具，然后在另一个市场卖出。理森在一段时期内一直沽售日本政府债券和欧洲日元，并购入日经指数期货合约。但自1995年1月起理森开始大量买入日经指数期货合约多头。不幸的是日本股市自该年年初不断下滑，尤其是受关西大地震的影响，日本股市更是节节下挫。但是理森并不甘心，继续入市购买，并逃过新加坡国际期货交易所（SIMEX）和巴林银行的监管，从1月底到2月23日买进15 000～20 000笔日经指数期货合约，总价值达70多亿美元。

按照新加坡期货交易所的规定，日经股指每份期货合约须缴纳保证金62.5万日元，如因价格变动使得保证金降低到50万日元水平以下，客户必须补足保证金至62.5万日元水平。至2月23日新加坡期货交易所要求巴林银行为其所持多头日经期货增加保证金时，伦敦巴林银行总部方才发现理森已亏损9亿多美元，而且因其期货合同仍在有效期，损失还在继续增加。据测算，如果日经指数下跌1点，巴林银行的损失就将增加2 000万日元。巴林银行资本金加储备1993年年底为3.1亿英镑，合45亿美元，而损失已达8.6亿美元，致使该行已无法独立生存，巴林银行不得不寻求英格兰银行的保护。1995年3月5日，巴林银行被荷兰商业银行收购。至此，一场震惊全球的金融风波才告平息。

然而，巴林银行事件给国际金融市场带来的影响却是深远的。1995年2月27日，亚洲股市不同程度地下跌，其中日经指数下跌了664.24点，收市时为16 808.70点，跌幅为3.8%；中国台北地区股市也下跌了3.1%。同时，英镑汇率也受到极大的冲击，当天英镑对马克汇率迅速跌穿2.3000的重要支持位，成为两年多来的低点，英国股市也受到压力。

1995年2月23日傍晚，已经赔光了整个巴林银行的尼克·理森踏上了逃亡之旅。但是，惊弓之鸟般的逃亡生涯仅仅维持了4天，2月27日，在德国法兰克福机场，刚刚走下飞机舷梯的尼克·理森就被抓捕了。1995年11月22日，尼克·理森被从德国引渡回新加坡，仅仅一周之后就被送上了审判台。根据新加坡《证券交易法》，尼克·理森因欺诈罪被判有期徒刑6年半，从而变成了新加坡塔那梅拉监狱中的阶下囚。

“尼克·理森事件”绝非偶然。在资本市场发展的历史中，违规事件时有发生。因此，市场需要一系列严明的法律约束，同时需要加强诚信建设。

二、从业人员资格管理

对证券业从业人员实行资格管理是国际通行的做法。考虑到市场对“诚信、守法、自律”的严格要求，以及增强证券经营机构整体竞争能力的需要，1995年，国务院证券委发布了《证券业从业人员资格管理暂行规定》，开始在我国推行证券业从业人员资格管理制度。根据这个规定，我国于1999年首次举办证券业从业人员资格考试。2002年12月16日，中国证监会又公布了《证券业从业人员资格管理办法》，并于2003年2月1日起按该办法对证券从业人员实施资格管理，《证券业从业人员资格管理暂行规定》同时废止。

1.从业资格要求

2002年12月16日证监会令第14号《证券业从业人员资格管理办法》，要求从事证券业务的机构中的专业人员，应当取得从业资格和执业证书，持证上岗。机构不得聘用未取得执业证书的人员对外开展证券业务。

从事证券业务的机构是指：

（1）证券公司。

（2）基金管理公司、基金托管机构（商业银行）、基金销售机构（含商业银行）。

（3）证券投资咨询机构。

（4）证券资信评估机构。

（5）证券登记结算机构。

（6）资产管理公司。

专业人员是指：

（1）证券公司中从事自营、经纪、承销、投资咨询、受托投资管理等业务的专业人员，包括相关业务部门的管理人员。

（2）基金管理公司、基金托管机构中从事基金销售、研究分析、投资管理、交易、监察稽核等业务的专业人员，包括相关业务部门的管理人员；基金销售机构中从事基金宣传、推销、咨询等业务的专业人员，包括相关业务部门的管理人员。

（3）证券投资咨询机构中从事证券投资咨询业务的专业人员及管理人员。

（4）证券资信评估机构中从事证券资信评估业务的专业人员及管理人员。

（5）中国证监会规定需要取得从业资格和执业证书的其他人员。

2.从业资格管理机构

中国证券业协会（SAC）负责从业人员从业资格考试、执业证书发放以及执业注册登记等工作。中国证监会对中国证券业协会有关证券业从业人员资格管理的工作进行指导和监督。考试报名、准考证打印及成绩查询的唯一网址为协会官方网站：www.sac.net.cn。

3.从业资格考试报考条件

自2003年始，证券业从业资格对社会开放，只要满足以下三个条件都可以报考：

（1）报名截止日年满18周岁。

（2）具有高中或国家承认相当于高中以上文化程度。

（3）具有完全民事行为能力。

4.考试类别与科目

考试类别包括一般从业资格考试和专项业务类资格考试，见表15-1。

表15-1 证券从业资格考试类别与科目

考试类别	考试科目
一般从业资格考试	《证券市场基本法律法规》 《金融市场基础知识》
专项业务类资格考试	《发布证券研究报告业务》 （证券分析师胜任能力考试） 《证券投资顾问业务》 （证券投资顾问胜任能力考试） 《投资银行业务》 （保荐代表人胜任能力考试）

考试成绩合格可取得成绩合格证书（协会网站考试成绩查询栏目下载）。从业资格考试科目成绩长期有效。专项业务类资格考试科目成绩合格后，应每年参加并完成中国证券业协会组织的相应业务培训；未按要求完成相应业务培训的，其合格成绩不再有效。

【案例】 43家公司被立案调查 财务造假等不断暴露①

2019年5月，已有15家上市公司收到立案调查通知书，创2019年单月立案调查数量新高。

据《中国证券报》记者不完全统计，2019年以来，已有43家上市公司或董监高等因违法违规行为被立案调查。加上此前被立案调查的33家公司，总数达到76家。*ST凯迪、*ST康得、*ST华泽、天翔环境等公司因立案对象或事项不同被两次或多次立案。资金占用、违规担保、财务造假等成为这些公司被立案调查的重要原因，且违法违规情形在数量、金额上均大幅增长。

部分公司在被立案调查之前已有前兆。有的公司问题缠身，且被立案调查后股价连续跌停。

以*ST赫美为例，自2018年下半年开始，公司频频收购高知名度标的，并购易到，与英雄互娱重组，但均以失败告终。4月2日，深交所对*ST赫美下发的关注函中指出，公司3月28日公告中表示英雄互娱重组项目进展顺利，4月2日即表示股份转让协议终止，要求自查是否存在虚假记载或误导性陈述，是否充分披露重组终止风险，是否涉嫌“忽悠式”重组。

*ST赫美的股价则坐上过山车。2月1日至3月21日，公司股价从年内最低点5.41元/股一路上涨，最高涨至21.41元/股。随后则快速下跌，自4月29日开始连续18日跌停。

因涉嫌财务问题遭立案调查的公司不乏曾经业绩优良的“白马股”。1月22日，*ST康得公告，因涉嫌信息披露违法违规，被证监会立案调查。2018年10月29日，因实控人钟玉未披露与中泰创赢之间的一致行动关系，*ST康得及其实控人被证监会立案调查。

① 张红瑜. 今年以来43家公司被立案调查 财务造假等不断暴露［N］. 中国证券报，2019-05-29.

从立案原因看，在被立案调查的76家上市公司中，涉嫌信息披露违规为主要原因。随着立案调查的推进，大股东资金占用、上市公司违规担保、财务造假等违法违规情形不断暴露。

4月30日，康美药业发布公告称，由于核算账户资金时存在错误，造成货币资金多计299.44亿元。*ST康得同日公告，122亿元银行存款"不翼而飞"。

证监会新闻发言人高莉2018年7月在新闻发布会上表示，信息披露违规案件主要呈现四个特点：一是财务造假手法隐蔽复杂；二是涉案领域涉及公司债等业务；三是多种违法行为交织，信息披露违法违规的背后，往往隐藏着不法关联交易、违规资金占用、恶性利益输送等严重违法的线索；四是不少案件违法手段恶劣，有的持续多年实施财务造假且金额巨大，有的还涉嫌背信损害上市公司利益等多项违法犯罪。

除了信息披露违规，深大通则因为暴力抗法被立案调查。5月23日，深大通公告称，收到证监会调查通知书，因公司及其实控人在证监会依法履行职责过程中未予配合，涉嫌违反相关证券法律、法规。根据有关规定，证监会决定对公司及其实控人立案调查。

5月以来被立案调查的公司大幅增长，这与部分公司未能及时披露财务报告有关。截至4月30日，*ST毅达、*ST新亿、华泽退、*ST长生、*ST东南未披露2018年年度报告，证监会决定对这5家公司涉嫌信息披露违法行为进行立案调查。

证监会主席易会满在中国上市公司协会2019年年会上表示，上市公司和大股东必须牢牢守住"四条底线"：一是不披露虚假信息；二是不从事内幕交易；三是不操纵股票价格；四是不损害上市公司利益。对于问题严重、拒不整改或整改不力的，证监会将综合运用监管、行政处罚、市场禁入、刑事移送等手段，追究公司特别是大股东、上市公司董监高、实控人的责任。

案例思考：结合案例，谈谈你对证券市场诚信建设的认识。

本章基本概念

注册制度　公开原则　实质性管理　"三公"原则

复习思考题

1. 证券监管的目的何在？
2. 简述西方各国证券监管体制模式。
3. 简述中国证券市场监管的法律体系构成。
4. 证券监管要素构成有哪些？
5. 中国证券市场健康发展的"八字方针"是什么？
6. 为什么要加强证券市场诚信建设？
7. 中国对证券业从业人员资格管理有哪些规定？

学习资料推荐

■你可以登录中国证券监督管理委员会网站了解更多证券市场法律法规与监管制度。

■你也可以登录中国证券业协会（SAC）网站了解更多投资风险案例、从业人员及证券公司相关资格情况及从业人员的报考、业务培训信息。

■你还可以登录中国证券投资基金业协会网站，了解法律法规、基金从业人员管理、从业资格考试等情况。

附录

分析计算题参考答案

扫码查询分析计算题参考答案

参考文献

[1] 王玉霞. 证券投资学 [M]. 大连：东北财经大学出版社，2020.

[2] 邢天才，王玉霞. 证券投资学 [M]. 5版. 大连：东北财经大学出版社，2020.

[3] 邹立明，王春红. 证券投资学 [M]. 北京：清华大学出版社，2009.

[4] 夏雅丽. 证券市场与股份制度研究 [M]. 北京：科学出版社，2007.

[5] 刘德红. 证券投资教程 [M]. 北京：经济管理出版社，2009.

[6] 曹凤岐，刘力，姚长辉. 证券投资学 [M]. 3版. 北京：北京大学出版社，2013.

[7] 朱宝宪. 投资学 [M]. 北京：清华大学出版社，2005.

[8] 任淮秀. 证券投资学 [M]. 3版. 北京：高等教育出版社，2016.

[9] 陈松南. 投资学 [M]. 上海：复旦大学出版社，2002.

[10] 霍文文. 证券投资学 [M]. 5版. 北京：高等教育出版社，2017.

[11] 陈保华. 证券投资原理 [M]. 2版. 上海：上海财经大学出版社，2003.

[12] 吴晓求. 证券投资学 [M]. 5版. 北京：中国人民大学出版社，2016.

[13] 黄良文. 投资学 [M]. 北京：中国对外经济贸易出版社，1999.

[14] 陈伟忠. 组合管理与投资基金管理 [M]. 北京：中国金融出版社，2004.

[15] 库恩. 投资银行学 [M]. 李申，等译. 北京：北京师范大学出版社，1996.

[16] 格利茨. 金融工程学 [M]. 唐旭，等译. 北京：经济科学出版社，1998.

[17] 豪根. 现代投资理论 [M]. 5版. 郑振龙，译. 北京：北京大学出版社，2005.

[18] 赖利，诺顿. 投资学 [M]. 李月平，译. 6版. 北京：机械工业出版社，2009.

[19] BODIE，KANE，ALAN J. Investments [M]. 5th ed. New York：McGraw-Hill Companies，Inc.，2002.

[20] SHARPE W F，ALEXANDER G J. Investments [M]. 5th ed. New York：Prentice Hall International Inc.，1995.

[21] 法博齐，莫迪利亚尼. 资本市场：机构与工具 [M]. 唐旭，译. 3版. 北京：经济科学出版社，2004.

［22］希金斯．财务管理分析［M］．沈艺峰，洪锡熙，等译．5版．北京：北京大学出版社，2009.

［23］布朗，瑞利．投资分析与投资组合管理［M］．李秉祥，译．5版．沈阳：辽宁教育出版社，1999.

［24］斯特朗.衍生产品概论［M］．王振山，付金樑，等译．大连：东北财经大学出版社，2009.

［25］路透．金融衍生工具导论［M］．北京：北京大学出版社，2001.

［26］刘立喜．可转换债券［M］．上海：上海财经大学出版社，1999.

［27］张光平．巴林银行倒闭与金融衍生工具［M］．上海：上海人民出版社，1998.

［28］郑超文．技术分析详解［M］．上海：复旦大学出版社，1993.

［29］曹雪峰．证券技术指标精解［M］．上海：上海财经大学出版社，2001.

［30］鲁正轩．看盘高手［M］．广州：广东经济出版社，1999.

［31］盖地．财务会计学［M］．3版.天津：南开大学出版社，2007.

［32］巴菲特，克拉克．巴菲特教你读财报［M］．李凤，译．北京：中信出版社，2015.

［33］ZVI BODIE，ALEX KANE，ALAN J. Investments［M］．5th ed.，New York：McGraw-Hill Companies，Inc．北京．机械工业出版社，2002.

［34］爱德华.股市趋势技术分析［M］．郑学勤，朱玉辰，译．9版．北京：机械工业出版社，2010.

［35］格雷厄姆．证券分析［M］．巴曙松，陈剑，等译.6版.北京：中国人民大学出版社，2018.

［36］格雷厄姆．聪明的投资者［M］．王中华，黄一义，译．4版．北京：人民邮电出版社，2011.

［37］利弗莫尔．股票作手回忆录［M］．马晓佳，译．北京：中国青年出版社，2012.

［38］中国证券业协会．证券业从业资格考试统编教材（2020）——金融市场基础知识［M］．北京：中国财政经济出版社，2020.

［39］中国证券业协会．证券业从业资格考试统编教材（2020）——证券市场基本法律法规［M］．北京：中国财政经济出版社，2020.

［40］中国证券投资基金业协会．证券投资基金［M］．北京：高等教育出版社，2020.

［41］中国证券投资基金业协会．股权投资基金［M］．北京：中国金融出版社，2020.